ITALIENISCHE SCHRIFTEN

ERNST NOLTE

ITALIENISCHE SCHRIFTEN

Europa – Geschichtsdenken –
Islam und Islamismus

Aufsätze und Interviews aus den Jahren 1997 bis 2008

LANDT

INHALT

VORWORT

Der Titel dieser Sammlung von Aufsätzen, Artikeln und Interviews bedeutet nicht, dass es sich um Schriften handelt, die von einem deutschen Autor in italienischer Sprache verfasst wurden, sondern dass Texte vorgelegt werden, die auf Deutsch, aber für italienische Organe geschrieben wurden. Von den üblichen Sammlungen bereits veröffentlichter Aufsätze oder Artikel unterscheidet sich das vorliegende Buch also dadurch, dass es zwar schon publizierte Texte zusammenstellt, die jedoch in Deutschland unbekannt sind. Der Leser dürfte indessen leicht erkennen, dass eine enge Verbindung zwischen dem (in Deutschland) Unbekannten und dem (weit über Deutschland hinaus) allgemein Bekannten besteht, nämlich dem »Historikerstreit« der Jahre 1986–88, dem im Jahre 2006 aus Anlass des »zwanzigsten Jahrestages« seines Beginns mehrere Bücher[1] und Artikel gewidmet worden sind.

Für mich, der ich von früh an als der Initiator zwar nicht der ganzen Auseinandersetzung um zentrale Fragen der deutschen und europäischen Geschichte galt, wohl aber ihres am meisten emotionalisierenden Bestandteils, nämlich der Frage nach dem äußeren und inneren Verhältnis der beiden wichtigsten ideologischen Bewegungen und Regime des 20. Jahrhunderts, des Bolschewismus und des Nationalsozialismus, hatte dieser Streit besonders gravierende Auswirkungen: Nach einer Übergangsphase von immerhin etwa acht Jahren wurde mir – vor allem nach dem langen, aber von der Redaktion in schroff entstellender Weise dargebotenen *Spiegel*-Gespräch vom Herbst 1994 und nach dem *FAZ*-Artikel über »Unser unvollständiges Parteiensystem« – der Zugang zu deutschen Periodika so gut wie vollständig versperrt, und die *FAZ* kündigte die Zusammenarbeit von nahezu einem Vierteljahrhundert auf. Ich war von da an (und im Grunde schon seit den Anfängen des »Historikerstreits«) in Deutschland so etwas wie ein Ausgestoßener und Verfemter,

1 Volker Kronenberg (Hrsg.): *Zeitgeschichte, Wissenschaft und Politik. Der »Historikerstreit« – 20 Jahre danach,* Wiesbaden 2008; Steffen Kailitz (Hrsg.): *Die Gegenwart der Vergangenheit. Der »Historikerstreit« und die deutsche Geschichtspolitik,* Wiesbaden 2008.

denn ich hatte kritisch an dasjenige gerührt, was von führenden Politikern für die unantastbare Grundlage des deutschen Selbstverständnisses nach dem Zweiten Weltkrieg erklärt wurde, nämlich den unvergleichbaren Charakter von »Auschwitz« als des »absoluten Bösen«, so dass die Frage nach den geschichtlichen Verknüpfungen und die wissenschaftliche Forderung nach historischem Verstehen als gegenstandslos, ja als verwerflich erscheinen musste.

In der Tat kann das Hauptergebnis des »Historikerstreits« als eine zerschmetternde Niederlage für mich betrachtet werden – wenn auch nur unter quantitativen Gesichtspunkten, denn fundamentale philosophische Einsichten und wissenschaftliche Maximen können durch noch so tiefgreifende Erfahrungen großer Gruppen von Menschen und zumal durch politische Desiderate nicht auf die Dauer außer Kraft gesetzt werden. Faktisch ergab sich jedoch für mein persönliches Leben keine einschneidende Veränderung, denn die Aufforderungen zu Stellungnahmen, die Einladungen zu Vorträgen und Tagungen, die Wünsche hinsichtlich des Verfassens von Aufsätzen über grundlegende oder aktuelle Fragen wurden mir ohne jede Initiative von meiner Seite in fast überreichem Maße von italienischen (und zeitweise auch von französischen) Institutionen und Vereinigungen geboten, und das vorliegende Buch gibt davon eine Auswahl. Diese umfasst bei weitem nicht alle Aufsätze, Artikel und Bücher, die ich im Laufe der Jahre von 1994 bis 2008 für italienische Zeitschriften und Verlage geschrieben habe – allein die italienische Entsprechung zum *Spiegel*, *L'Espresso*, ein durchaus linksorientiertes Magazin, hat mich etwa ein dutzendmal um ein Interview gebeten, das durchweg ohne Kürzungen publiziert wurde. Meine Bücher über die *Weimarer Republik*, über die *Geschichte Europas von 1848 bis 1918* und über *Das zwanzigste Jahrhundert als das Zeitalter der gewalttätigen Ideologien* wurden zuerst in Italien publiziert und könnten also den »Italienischen Schriften« zugezählt werden; sie sind jedoch inzwischen auch in Deutschland veröffentlicht.[2]

[2] Die *Geschichte Europas 1848–1918* (München 2007) ist aus Gründen, zu denen ich mich nicht äußern möchte, in Deutschland nur noch in Antiquariaten greifbar.

Weil ich glaube, dass mein intellektuelles Leben gerade wegen seines abweichenden Charakters eine genuine »Geschichte« darstellt, habe ich als »Anhang« einen bisher nur auf Französisch publizierten Text in (auf Wunsch des Verlegers) etwas erweiterter Gestalt diesem Buch hinzugefügt, nämlich den »Umriss einer intellektuellen Biographie«, den ich auf das dringende Verlangen des Pariser Verlages Laffont als einen der fünf Begleittexte zu der 2008 erschienenen und nahezu vollständigen Neuausgabe meiner ins Französische übersetzten Werke zum Thema »Faschismus« geschrieben habe.[3] Wenn die vorliegende Sammlung aber den Titel »Italienische und französische Schriften« hätte erhalten sollen, hätte noch sehr viel, insbesondere François Furet betreffend, hinzugefügt werden müssen. Deshalb schien ein »Anhang« der richtige Platz für diesen Text zu sein.

Ich glaube nicht, dass dieses Buch als »bloße Sammlung« von bereits veröffentlichten Titeln charakterisiert werden kann, und es wäre in aller Objektivität zu wünschen, dass meine deutschen Kritiker es sorgfältig läsen, ohne sich die Suche nach »revisionistischen« oder »unkorrekten« Stellen von vornherein zur Hauptaufgabe zu machen. Es wäre an der Zeit, auch über die beliebte Rede vom »verfemten« oder mindestens »umstrittenen« Historiker einige Überlegungen anzustellen. Die Autoren sollten sich dabei eine der letzten Äußerungen von Rudolf Augstein vor Augen halten, die mir von einer unbedingt verlässlichen Persönlichkeit mitgeteilt wurde[4]: In fünfzig Jahren werde jeder Einsichtige die Nolteschen Thesen »für unbestreitbar halten«. Auf den Einwurf, weshalb er das nicht im *Spiegel* sage, habe Augstein geantwortet, Fest überschätze seine (Augsteins) Macht und unterschätze zugleich seine Klugheit; er sei »kein Idiot«. Es ist mir wahrscheinlich,

3 *Fascisme & Totalitarisme. Édition établie et présentée par Stéphane Courtois,* Paris 2008 (mit Einführungen von Stéphane Courtois, Bernard Bruneteau, Emilio Gentile, Andreas Wirsching, Gilbert Merlio).

4 Es handelt sich um Joachim Fest. Ich wollte den Namen nicht nennen, aber es war mir entgangen, daß die Äußerung bereits in der Öffentlichkeit bekannt sein konnte, nämlich durch ein entsprechendes Zitat in Dieter Schröders Buch *Augstein* (München 2004, S. 290).

dass es in der Geistesgeschichte der Bundesrepublik Deutschland nur wenige Sätze gibt, die erhellender und des weiteren Nachdenkens würdiger wären.

Ernst Nolte Berlin, im Februar 2011

I.

»EUROPA« ALS PROBLEM

1. DIE »WESTLICHE ZIVILISATION« – FRAGEN UND PROBLEME

Der Begriff der »westlichen Zivilisation« ist in sich ein Problem, denn niemand weiß genau, wo »der Westen« beginnt oder wo er endet, ob »Westen« etwas anderes ist als »Okzident«, ob Zivilisation etwas anderes bedeutet als »Kultur« oder ob es sich um eine Identität handelt. Ich beginne daher mit einer Realität, die auf jeden Fall zum »Okzident« bzw. zum »Westen« gehört, nämlich mit »Europa«, das in aller Regel nicht bloß als ein Teil des Okzidents verstanden wird, sondern als dessen Ursprung oder mindestens als dessen Kern.

Anders als »der Westen« ist »Europa« auch eine innerpolitische Wirklichkeit und nicht ein bloß außenpolitisches Bündnis wie die NATO, nämlich in Gestalt der »Europäischen Union«. Aber merkwürdigerweise ist von einer »europäischen Frage« kaum je die Rede gewesen. Die »orientalische Frage« gehörte zu den zentralen Tatbeständen der Geschichte des 19. Jahrhunderts, und sie wurde nach zahlreichen Kämpfen und Kriegen erst unmittelbar vor dem Ersten Weltkrieg durch die fast vollständige Verdrängung der Türkei aus Europa gelöst; lange Jahrzehnte standen auch die »deutsche« und die »italienische Frage« auf dem Programm der Weltpolitik, und beide fanden ihre Lösung durch die Einigungskriege von 1859/60 bzw. 1866 und 1870/71. In beiden Fällen blieb ein ungelöster Rest zurück, nämlich das Faktum der »unerlösten Gebiete« Italiens und der großdeutschen Konzeption in Deutschland, aber die Grenzen des Erstrebten waren klar, nämlich die Sprachgrenzen bei Salurn bzw. Triest und die Grenzen von Deutsch-Österreich. Beide Lösungen mussten aber ebenso wie die Lösung der orientalischen Frage gegen mächtige Widerstände durch blutige Kriege erkämpft werden: Italien war bekanntlich für Metternich bloß ein »geographischer Begriff«, und die preußischen Konservativen nahmen sich noch in den fünfziger Jahren des 19. Jahrhunderts vor, die Protagonisten eines »vagen Deutschtums« mit der Reitpeitsche zur Räson zu bringen. Einer politischen Einigung Europas stellten sich dagegen keine ausgeprägten Feindschaften in den Weg; wer die Memoiren des Grafen Coudenhove-Kalergi, des ersten Vorkämpfers für »Paneuropa« (das weder England noch Sowjetrussland einbeziehen sollte) liest, ist erstaunt, welche freundliche Aufnahme seine Konzeption weithin fand, vornehmlich, wie bekannt, bei Briand und Stresemann. Zwar begegnete ihm von seiten der deutschen Nationalsozialisten und der italienischen Faschisten heftige Feindschaft, aber beide Bewegungen hatten eigene Vorstellungen von einem einigen Europa der Zukunft, und als Europa nach dem Zweiten Weltkrieg zerschmettert, aber in Teilen auch scheinbar siegreich, am Boden lag, fanden die Einigungspläne, zu deren Vorkämpfern sich Churchill und dann Adenauer, De Gasperi und Schuman machten, fast allgemeinen Beifall, und über verschiedene Etappen wurden aus der Gemeinschaft für Kohle und Stahl das »Europa der Sechs« und das »Europa der Fünfzehn«, und heute steht die Bildung des »Europa der Fünfundzwanzig« unmittelbar bevor. Dieses vereinigte, aber keineswegs einheitliche Europa macht sich von Brüssel aus im Leben jedes einzelnen Europäers fühlbar, nämlich durch Regelungen mannigfaltiger Art, die den nationalen Souveränitäten entzogen sind, und nicht zuletzt durch die Existenz eines »Europäischen Parlamentes«.

Dennoch haben zahlreiche Fragen bis heute keine überzeugende Antwort gefunden, und jede dieser Fragen weist auf ein Problem hin. Gleichwohl will ich im Folgenden »Fragen« und »Probleme« unterscheiden, indem ich den schwierigeren und tieferliegenden Fragen den Rang von »Problemen« zuerkenne. Ich gebe daher zunächst einen – ganz unvollständigen – Überblick über die vielerörterten Fragen von aktuell-politischer Art, wobei ich mit der Frage der äußeren Grenzen des politischen Europa beginne, dann gehe ich zu Problemen der geschichtlichen Identität Europas über, und ich werde mit Problemen der inneren Grenzen Europas enden, die zugleich Probleme der okzidentalen Zivilisation bedeuten. Die abschließende Frage wird dahin gehen, ob sich eine Bewegungsrichtung erkennen lässt, welche nicht mehr nur die »europäische« oder die »westliche« Zivilisation, sondern die Menschheit insgesamt betrifft.

Die Frage »Wo liegen die Grenzen Europas?« ist eine ganz aktuelle, von allen Zeitungen und in vielen Parlamenten erörterte Frage geworden, seitdem der Beitritt der Türkei zur Debatte steht. Als nur »die Sechs« den Namen »Europa« in Anspruch nahmen, stellte sich die Frage nicht, denn diese Gemeinschaft grenzte überall an andere Staaten, die ebenfalls europäisch waren, und wenn »die Fünfzehn« Außengrenzen hatten, jenseits deren nichteuropäische Staaten lagen, so konnte es doch um diese Grenzen keinen ernsthaften Streit geben. Die Türkei aber liegt nur mit einem winzigen, wenngleich sehr wichtigen Teil ihres Staatsgebietes in Europa, und sie ist, anders als sämtliche Staaten selbst des »Europa der Fünfundzwanzig«, ein islamisches Land, das noch 1912 als »Feind Europas« galt, weil es große Teile der Balkanhalbinsel unterworfen hatte und weiterhin beherrschte. Ferner ist die Erinnerung noch nicht ganz geschwunden, dass die Existenz der »Türkengefahr« einer der Hauptgründe für die frühesten Konzepte einer Einigung Europas waren. Freilich muss man die Türkei zur »westlichen Zivilisation« zählen, wenn die NATO als ein wesentlicher Teil dieser Zivilisation gilt. Überdies ist die Türkei seit Kemal Atatürk in einem Prozess der »Verwestlichung« begriffen, der durch einen Anschluss des Landes an die Europäische Union sehr gestärkt werden würde. Hin und wieder wird darauf hingewiesen, dass die Türkei vor zwei Jahrtausenden ein authentischer Teil jener antiken Mittelmeerwelt war, zu der auch das klassische Griechenland, das alte Israel und das römische Imperium gehörten, also jene »Wurzeln« der okzidentalen Kultur, die freilich als solche weder »europäisch« noch »westlich« genannt werden können. Wer diesen kulturellen und letztlich christlichen – oder vielleicht nachchristlichen – Aspekten besonderen Wert zumisst, muss den Gedanken eines Beitritts der Türkei für absurd halten; wer sich ganz auf das moderne Konzept der »Menschenrechte« und der »Säkularisierung« beruft, kann für seine negative

Einstellung nur auf den Mangel an Garantien für die individuellen Menschenrechte hinweisen; wer die Europäische Union bloß als kurzes Zwischenstadium bis zum Entstehen einer grenzenlosen Welt des Freihandels oder eines »Weltstaates« ansieht, muss den Beitritt aus vollem Herzen bejahen. Was fast immer aus den Erörterungen fortgelassen wird, ist indessen Folgendes:

Deutschland, von dem man gesagt hat, es sei zu schwach gewesen, um Europa zu beherrschen, und zu stark, um in Europa zu wohnen, musste erst zwei Weltkriege verlieren, bevor es äußerlich und innerlich »europareif« werden konnte; niemand zieht gegenwärtig eine Aufnahme Russlands ernstlich in Erwägung, weil dieses Land unverhältnismäßig größer ist als jeder andere Staat der Europäischen Union; aber die nicht weniger evidente Unverhältnismäßigkeit hinsichtlich der Türkei wagt man nicht einmal zu erwähnen, nämlich die gewaltige Differenz der Fertilitätsraten, die erwarten lässt, dass nach einer Vollmitgliedschaft der Türkei im Verlauf von hundert Jahren Europa ganz ohne Kriege und machtpolitische Konflikte (wenn auch vielleicht nicht ohne Bürgerkriege) türkisch geworden sein wird. Die einzige Hoffnung würde dann darin bestehen, dass durch die Einbeziehung der Türkei in die »westliche Zivilisation« deren Bevölkerungsvermehrung auf den »westlichen Stand« gesenkt werden könnte. Ob es sich dabei tatsächlich um eine »Hoffnung« handeln kann, ist ein genuines Problem, auf das am Ende zurückzukommen ist.

So viel ist sicher, dass jener tief emotionale und positive Akzent, der mit dem Wort »Europa« verknüpft sein kann, durch die Aufnahme der Türkei oder auch Russlands verlorengehen würde. Er wurde ja zu einer besonders eindrucksvollen Wirklichkeit, als in den frühen achtziger Jahren in einigen kleinen europäischen Staaten des »Ostblocks« von wenigen Intellektuellen zuerst eine »Heimkehr nach Europa« ins Auge gefasst und postuliert wurde. Damit war offenkundig nicht in erster Linie jene Einbeziehung in die »westliche Wohlstandssphäre« gemeint, deren spätere Verwirklichung von deutschen Intellektuellen verächtlich auf einen »D-Mark-Nationalismus« zurückgeführt wurde, sondern hier galt Europa als nicht bloß zweidimensional-flächige, sondern als dreidimensional-spirituelle Lebenswelt. Wenn dieser Akzent der Vorstellung von Europa bis heute nicht ganz verlorengegangen ist, so ist das nicht zuletzt als ein Verdienst jener ungarischen und polnischen Intellektuellen anzusehen.

Aber muss diese Emotion nicht zwangsläufig verlorengehen, wenn die Frage der politischen Organisation Europas im Sinne eines Bundesstaates gelöst werden sollte? Zwar wäre die Bildung eines Bundesstaates durch freiwillige Vereinbarungen oder durch die Wahrnehmung greifbarer Vorteile – wie etwa der gewaltigen Zuschüsse seitens einiger »Nettozahler« – nicht mit der gewaltsamen Einigung gleichzusetzen, wie Philipp von Spanien, Ludwig XIV., Napoleon und auch Hitler sie zu realisieren versuchten, aber ein Europa, in dem Frankreich, Italien und Deutschland nur Provinzen wären, würde schwerlich noch in einem kulturell geprägten Sinne »Europa« sein. An dieser Stelle gab es denn auch innerhalb Europas heftigen Widerstand gegen »Europa«, nämlich durch Charles de Gaulle und seine Konzeption eines »Europa der Vaterländer«. Aber wenn der Bundesstaat Europa sich zu stark von den europäischen Traditionen unterscheidet, so unterscheidet sich der de Gaullesche Staatenbund zu wenig. Es bleibt nur das recht unbestimmte, ja etwas hilflose Postulat, das künftige Europa müsse mehr als ein Staatenbund sein, aber es dürfe nicht den Charakter des Bundesstaates haben.

Wird es indessen nicht schon zu einem Bundesstaat, wenn es sich eine eigene »Verfassung« gibt? Zwar riefen im noch nicht gesamtstaatlich organisierten Deutschland der Jahre von 1945 bis 1948 die allein politikfähigen »Länder« wie Bayern und Hessen eigene Verfassungen ins Leben, und diese wurden nicht abgeschafft, als 1949 die Verfassung der Bundesrepublik Deutschland, das »Grundgesetz«, ins Dasein trat. Aber heute kennen nur noch Spezialisten diese Landesverfassungen, und wenn die gegenwärtig in der Erarbeitung begriffene Verfassung Europas eine authentische Verfassung würde, dann wären in zwanzig oder dreißig Jahren das deutsche Grundgesetz und die italienische Verfassung nur noch marginale Gegenstände im Schulunterricht. Gewiss machte in Deutschland die Bismarck-Verfassung innerhalb weniger Jahrzehnte aus Bayern, Schlesiern, Holsteinern und Pfälzern Menschen, die sich in erster Linie als »Deutsche« empfanden, aber um wie viel tiefer, »mehrdimensionaler« ist der Unterschied zwischen Italienern, Deutschen und Franzosen! Wie unwahrscheinlich ist es, dass sie in absehbarer Zeit zu einem »europäischen Volk« verschmelzen würden, das durch die gemeinsame Verfassung entstanden wäre. Und würde eine solche Verschmelzung wirklich wünschenswert und fruchtbringend sein?

Doch noch viel ernster dürfte eine andere Frage sein, die keinen im engeren Sinne politischen Charakter hat. Im Europa der Zwischenkriegszeit sind jene »totalitären« Regime entstanden, die eine vernichtungswillige Feindseligkeit gegen alles an den Tag legten, was bis dahin als »europäisch« galt: die Rechtsstaatlichkeit, das Parteiensystem mit seinen mannigfaltigen, tief in die Vergangenheit zurückreichenden Wurzeln, die individuelle Meinungsfreiheit, die Wissenschafts- und Religionsfreiheit – kurz die »westliche Demokratie«, die auch als das »Europäische Liberale System« bezeichnet worden ist. Das ältere der beiden Regime, das »sowjetische« des Marxismus-Leninismus, brachte das Konzept und die Realität der »Klassenvernichtung« in die Welt, und es vernichtete in einem Prozess voller unerhörter Leiden und Grausamkeiten nicht nur die »zurückgebliebene« Struktur des russischen Bauerntums, der Mehrheit des Volkes, und Hunderttausende der widerstrebenden Individuen, sondern auch die sogar in den Augen von Marx höchst progressive »Bourgeoisie« nebst dem Kleinbürgertum und dem Adel. Schon in ganz früher Zeit wurden auf dieses Regime parteiübergreifend Termini wie »asiatisch«, »mongolisch« und »antieuropäisch« angewandt.

Aber »antieuropäische« und »barbarische« Charakterzüge wurden ebenfalls sehr früh in der stärksten der Gegentendenzen und Gegenbewegungen entdeckt, nämlich dem italienischen Faschismus und dem deutschen Nationalsozialismus. Hier gab es zwar keine »Klassenvernichtung«, wohl aber war auch hier die »westliche Demokratie« mit allen ihren Kennzeichen das Angriffsziel, und schon früh ließ sich die Frage aufwerfen, ob nicht auch eine Analogie zur »Klassenvernichtung« hervortreten musste, da ja der ganze Ernst der Feindschaft ohne Vernichtungswillen kaum existieren kann. Lange Zeit, ja bis in die Anfänge des deutsch-sowjetischen Krieges hinein, der in Wahrheit ein »europäischer Bürgerkrieg« war, konnte man der Meinung sein, lediglich das altbekannte Phänomen des Antisemitismus bilde eine schwache, nur auf »Vertreibung« abzielende Analogie. Aber am Ende des Krieges war klar geworden, dass die »Judenvernichtung«, dass die »Endlösung« oder die »Shoa« oder der »Holocaust« oder »Auschwitz« eine noch schrecklichere, nämlich nicht mehr im Prinzip bloß soziale, sondern biologistische Vernichtung bedeutet hatte. Es dauerte zwar fast zwei Jahrzehnte, bis dieser Zusammenhang ausdrücklich thematisiert wurde, aber dann kam relativ bald eine neuartige Frage auf: War der Nationalsozialismus vielleicht gar nicht »antieuropäisch« gewesen, sondern ganz im Gegenteil prononciert europäisch, ja der Höhe- und Endpunkt der europäischen Existenz schlechthin? Hatte es eine verbreitete und mörderische Judenfeindschaft, anders als im Islam, nicht gerade im Bereich des okzidentalen und später des östlichen Christentums gegeben? Waren aber nicht auch die Verachtung der »niederen Rassen« und die destruktive Intensität der »Modernisierung« gemeinsame Kennzeichen des ganzen Europa gewesen, so dass die deutschen Nationalsozialisten nichts anderes als eine radikale Erscheinungsform des britisch-amerikanischen Rassenhochmuts, des englischen Sklavenhandels und der amerikanischen Indianerausrottung darstellten? So entwickelte sich der linke Antiokzidentalismus, der in der Spur von Mary Wollstonecraft und John Stuart Mill auch den Feminismus und in der Nachfolge des radikalen Kulturkritikers Ludwig Klages die Kritik an der naturzerstörenden Industrialisierung an sich ziehen konnte. Partiell trat er als Antizionismus das Erbe des Antisemitismus an, und nichts war konsequenter, wenn Israel weiter nichts als eine Erscheinungsform des »westlichen Imperialismus«

war. Aber hier bewirkte die Erinnerung an »Auschwitz« eine Abschwächung, und die letzte Radikalität des Antiokzidentalismus kam paradoxerweise nur im Islamismus der konservativen oder »reaktionären« islamischen Welt zustande.

Diese vielfältige Feindschaft stellte eins in jedem Fall unter Beweis: dass »Europa« oder »der Okzident« eine Realität war und nicht eine wie ein Zuckerstück in einer »Weltgemeinschaft« sich auflösende und obsolete Identität. Und eben dadurch entstand eine zweite und ganz andersartige Frage: Würden nun nicht auch jene möglicherweise positiven Züge wieder auftauchen, die zuerst durch den gemeinsamen Sieg der verbündeten Feinde im Jahre 1945 verdrängt worden waren und dann auch während des Kalten Krieges in Vergessenheit gehalten wurden? Als einer dieser »positiven Züge« muss das Wiederauftauchen der Erinnerung an die Leiden und die Ungerechtigkeiten gelten, die von den Besiegten ertragen und erduldet worden waren: die völkerrechtswidrigen Luftangriffe gegen die Zivilbevölkerung deutscher, japanischer und auch italienischer Städte mit ihren Hunderttausenden von Opfern, die ebenso völkerrechtswidrigen Massenvertreibungen vieler Millionen von Deutschen und Ungarn aus den Ländern Ostmitteleuropas und aus den Ostprovinzen des Deutschen Reiches, die nur teilweise rechtsförmigen Massenrepressalien gegen präsumtive Faschisten und das letztlich gemeinte Bürgertum in Italien und Frankreich. Aber als »positiv« muss auch das wiedergewonnene Verständnis dafür betrachtet werden, dass nicht nur der Nationalsozialismus als »antieuropäisch« empfunden worden war, sondern dass diesem Schrecken die Beängstigung durch das »asiatische« Regime der Sowjetunion und Stalins vorhergegangen war. Ansätze zu einer solchen Erinnerung und zu einer solchen Fragestellung sind heute in ganz Europa und in den USA zu beobachten, und sie hören nicht schon dadurch auf zu existieren, dass sie von ihren Gegnern, großenteils zu Unrecht, als »Revisionismus« bezeichnet werden. Aber wer nur alte Auffassungen restauriert und die neue Realität des Antiokzidentalismus nicht ernst nimmt, darf sich zwar auf das Prinzip der Gedankenfreiheit berufen, doch er kann kein ernstzunehmender Partner sein, wenn die Frage nach »Europa« und nach der »okzidentalen Zivilisation« von neuem aufgeworfen werden soll.

Diese Fragen dürfen sich indessen nicht nur auf die Gegenwart beziehen. Was ist die geschichtliche Herkunft der Begriffe und der Wirklichkeiten »Europa« und »der Westen«? Lassen sich Merkmale erkennen, die über Jahrtausende hinwegreichen, und konstituieren diese Merkmale trotz aller Wandlungen in den historischen Verläufen einen Kern des »Wesenhaften«, Unverwechselbaren, vielleicht Einmaligen?

Es ist allgemein bekannt, dass der Name »Europa« aus der griechischen Mythologie stammt, und zumal den Deutschen fällt bei der Frage nach der Herkunft Europas zuerst das klassische Griechenland ein: der Götterberg Olympos und die Akropolis von Athen, die Philosophie des Sokrates und Platons, die Polis-Verfassung und Philipp von Mazedonien, der die Axt an deren Wurzeln legte. Aber dieses Griechenland hatte weitaus engere Beziehungen zum Orient Vorderasiens und Ägyptens als zu den nebelverhangenen Gefilden Germaniens und Galliens, und es ist unzulässig, die Griechen der Antike als »Europäer« zu bezeichnen. Dasselbe gilt für die ersten Christen und deren Ursprung im alten Israel: Trotz des Missionsgebots des Stifters und trotz der weiten Reisen des Paulus von Tarsos war auch das frühe Christentum ebenso wie das Judentum eine »orientalische« Religion. Rom wird neben Athen und Jerusalem häufig als die dritte der symbolischen Hauptstädte bezeichnet, von denen Europa herzuleiten ist; aber das Imperium Romanum umfasste neben der ganzen Mittelmeerwelt zwar auch Gallien und große Teile Germaniens, doch sein Untergang war zu einem erheblichen Teil auf diejenigen Menschenstämme zurückzuführen, die keine Hauptstadt besaßen und als »Barbaren« galten, nämlich die germanischen Ethnien der Völkerwanderungszeit. Erst als diese vier Elemente sich vereinigt hatten, taucht aus dem Dunkel dieser Jahrhunderte das Frankenreich auf, das christlich und germanisch-keltisch war, in enger Verbindung zum Papst in Rom stand und sich neben der römischen auch Spuren der griechischen Bildungswelt angeeignet hatte. Als der Frankenkönig Karl der Große von Papst Leo III. im Jahre 800 zum Kaiser gekrönt wurde, war er bereits als »pater Europae« bezeichnet worden, und das karolingische Reich ist in der Tat die früheste historische Wirklichkeit, auf die der Name »Europa« mit vollem Recht angewendet werden darf. Das spätere Frankreich, das spätere Italien und das spätere Westdeutschland waren der Kern Europas, und sie blieben es bis heute. Der Name freilich wurde nicht sehr häufig gebraucht, denn dem Selbstverständnis nach sah man sich als »Christenheit« und zugleich als Fortsetzung des Römischen Reiches. Aber gerade mit der Christenheit konnte man sich nicht in eins setzen, denn schon bald zeichnete sich die Teilung in ein westliches und ein östliches Christentum ab, und der Kaiser in Konstantinopel durfte mit weit höherem Recht als Karl der Große eine direkte Verbindung mit dem römischen Imperium in Anspruch nehmen. Das karolingische Europa war also das »Abendland«, der Okzident, das Gebiet der Westkirche Roms, dem das christliche Morgenland, der Orient als der Raum der Ostkirche gegenüberstand, der sich bis nach Russland ausdehnte, das seinerseits für viele Jahrzehnte unter die Herrschaft der Mongolen geriet. »Okzident« bezeichnete also damals einen weit kleineren Raum als »Europa«, während vom Beginn der Neuzeit an »der Westen« den amerikanischen Kontinent einschloss und also zu der räumlich größeren Wirklichkeit wurde.

Das zunächst karolingische und der Kirchensprache nach römisch-lateinische Europa war für lange Jahrhunderte noch weit davon entfernt, gegenüber dem Byzantinischen Reich im Osten und dem riesigen islamischen Gebiet im Osten und Süden des Mittelmeerraums der durch Macht und Reichtum hervorstechende Kontinent zu sein, aber er hatte einige Merkmale aufzuweisen, die in ihrer charakteristischen Verbindung nur ihm zukamen. Dem Kaiser des »Heiligen Römischen Reiches« (mit dem späteren Zusatz »deutscher Nation«) gelang es nicht, auch zum Haupt der Kirche zu werden, da der Papst in Rom eine selbständige Stellung zu behaupten vermochte, so dass eine Trennung zur Wirklichkeit wurde, zu der es weder im Byzantinischen Reich noch in der Welt des Islam eine Entsprechung gab. Innerhalb der westlichen Christenheit konstituierten sich in langen Kämpfen die Nationalstaaten England und Frankreich, welche die Souveränität des Kaisers höchstens noch formell anerkannten, aber neben einer starken Monarchie auch über einen selbstbewussten Kriegeradel verfügten, welcher nie, wie später in Russland, zu einem bloßen Dienstadel wurde. Und die Städte entwickelten sich zu selbstverwaltenden Einheiten, in denen ein handeltreibendes Bürgertum häufig die Rolle eines Patriziats spielte. Daher kann man schon den christlichen Okzident des Mittelalters eine »polygonale Gesellschaft« nennen, in der mehrere relativ selbständige und selbstbewusste Mächte miteinander rangen, ohne die übergeordnete Einheit zu gefährden. So darf auch heute noch die folgende Bestimmung als erhellend gelten: Europa erstreckt sich so weit, wie die Dome und Münster der Bischofsstädte und die Burgen oder Schlösser der Monarchie und des Adels zu finden sind. Aber schon die Reformation stellte diese grundsätzliche Einheit der Lebensauffassung und Lebensführung, die in Byzanz bis zum Untergang des Jahres 1453 und im Islam bis heute grundlegend blieb, in Frage, weil sie, anders als die Sunna bzw. die Schia im Islam, gravierende dogmatische Differenzen entstehen ließ.

Dennoch wurden die Staaten des »alten« und des »neuen« Glaubens nicht zu getrennten und selbständigen Welten; sie blieben trotz aller harten und blutigen Konflikte als ein »System« in engem Kontakt, und in den freien Räumen zwischen den absoluten und dogmatischen Wahrheitsansprüchen konnte etwas Neues Gestalt gewinnen und sich schließlich sogar institutionalisieren, das Neue des Skeptizismus, der autonomen Wissenschaft, der Naturreligion, der »Aufklärung«. Ansätze zu Vergleichbarem gab es auch im Islam, aber dort wurden sie immer bald von der überwältigenden Kraft des einheitlichen Glaubens zerstört oder mindestens zurückgedrängt.

Sehr wichtig wurde in diesem Prozess die Entdeckung und Besiedlung der »Neuen Welt« des nördlichen und südlichen Amerika, wodurch Europäer mit dem ganz Fremdartigen in Berührung kamen, das ihnen auch in abgeschwächter Form durch die Entdeckungsreisen des 17. und 18. Jahrhunderts entgegentrat – man braucht ja nur Montesquieu zu lesen, um sich davon zu überzeugen. Wie immer man den großen Prozess, der seit der Reformation und dann zumal durch die »Aufklärung« im 18. Jahrhundert in Gang kam, kennzeichnen will – etwa als »Säkularisierung«, »Emanzipation«, Abbau der Adelsherrschaft oder gar Anfang der »Demokratisierung« –: jedenfalls bietet sich wieder eine übergreifende Kennzeichnung »Europas« an, nämlich als »die sich selbst säkularisierende Gesellschaft«, zu der es nirgendwo auf der Erde eine genuine Entsprechung gab, denn China war seit jeher »weltlich«, und im Islam, ja sogar im orthodoxen Christentum Russlands wurden die Ansätze von außen, »vom Westen« her induziert. Erst von der Mitte des 18. Jahrhunderts an darf man einen Vorrang Europas wahrnehmen, der in der anhebenden Industriellen Revolution seinen sichtbarsten Ausdruck fand. Nun erst wurde die »Weltherrschaft« Europas zur ausgeprägten Wirklichkeit, aber auch die Kritik daran, die in der aufkommenden sozialistischen Bewegung und deren Anti-Imperialismus sowie in der Vorstellung von der künftigen Weltgemeinschaft ohne Staaten und Klassen ihren schärfsten Ausdruck fand, also in einer Bewegung, die den europäischen Emanzipationsprozess zu seinem logischen Höhepunkt führen wollte und sich andererseits von ganz uneuropäischen, wenngleich im Alten Testament vorgebildeten Ideen wie der Rückkehr zu einer besseren Vergangenheit – freilich auf »höherer Stufe« – und einer merkwürdigen Orientierung an archaischen Despotismen wie »Peru« und »Ägypten« leiten ließ. Aber alldurchdringend war nicht die sozialistische oder marxistische Ideenwelt, sondern die liberale Grundauffassung und in eins damit das Konzept der »Kulturstaaten« als einer säkularisierten Gestalt des »corpus christianum«. Jener übergreifende Prozess war nämlich nicht im politischen Sinne »revolutionär« gewesen, sondern zugleich »konservativ«: Das weltbeherrschende Europa der »Pentarchie« des 19. Jahrhunderts war zwar in erheblichem Ausmaß säkularisiert, aber es hatte das Christentum nicht etwa fortgestoßen, und wenn es einen paradigmatischen Charakter der griechisch-römischen Welt nicht mehr akzeptierte, so erhielten seine führenden, adlig-bürgerlichen, Schichten doch eine »humanistische« Erziehung, und sie blickten ohne viel Beunruhigung auf die emanzipierte ehemalige Kolonie der »Vereinigten Staaten von Amerika«, die sich als Teil einer »neuen«, der »westlichen« Welt vom »alten Europa« der Monarchien und des »Feudalismus« absetzten.

Aber als weltbeherrschende und die Welt durch »Europäisierung« prägende Macht hätte Europa auch ohne den Ausbruch des Ersten Weltkrieges die erste Hälfte des 20. Jahrhunderts schwerlich überlebt, und die Jahre 1914 und 1917 markieren bis heute den Anfang der Gegenwart, die innerhalb von drei Jahrzehnten Europa auf den tiefsten Stand seiner Existenz brachte, indem es geteilt in die völlige Abhängigkeit von dem neuen »Westen« der USA und dem neuen »Osten« der Sowjetunion geriet, also von zwei Mächten, die von den älteren Europäern nicht als »Kulturstaaten«, sondern als Erscheinungsformen der »Massenzivilisation« betrachtet wurden.

Es ist nun an der Zeit, dass wir uns denjenigen Fragen zuwenden, die weder bloß gegenwärtig noch rein geschichtlich sind und denen wir in erster Linie den Rang von »Problemen« zuerkennen wollen. Und da muss es in erster Linie und in neuem Ansatz um das Problem der »Identität« der europäischen bzw. westlichen Kultur oder Zivilisation gehen.

Es ist ja nicht genug, wenn festgestellt wird, Europa sei aus den noch-nicht-europäischen Elementen des Griechentums, des Christentums, des Römischen Imperiums und der germanischen Stämme entstanden. Diese Bestimmung fügt sich allzu leicht in eine bloß rühmende und harmonisierende Rede ein. Das Problem wird erst sichtbar, wenn die Fremdheit und wechselseitige Feindseligkeit dieser Elemente in die Überlegungen einbezogen werden. Auf der populären Ebene wird häufig und gern Verwunderung darüber zum Ausdruck gebracht, dass das heitere, diesseitige, sinnenfrohe Griechentum zu der prekären Einheit einer Koexistenz mit dem asketischen und dem »Jenseits« zugewendeten Christentum gelangen konnte und dass die herrscherliche Strenge des alten Rom durch den anarchischen Ansturm der germanischen Barbaren nicht einfach zerbrach, sondern sein Gesetz noch für mehr als tausend Jahre den Staaten der zunächst ungebändigten Barbaren auferlegen konnte. Tatsächlich ist jene populäre Verwunderung in der Geschichte Europas immer wieder aufgegriffen und präzisiert worden. Das Christentum verhielt sich schon in der Antike nicht wie eine liebende Tochter zu ihrer Mutter, sondern es löste sich nur unter heftigen Kämpfen zwischen Judenchristen und Heidenchristen von seinem Ursprung, und noch im sogenannten »Antisemitismus« der Neuzeit blieb etwas von den christlichen Vorwürfen gegen den Starrsinn der Juden und vom Hochmut der triumphierenden *Ecclesia* gegenüber der verblendeten *Synagoga* erhalten, und lebendig blieben auch die schroffen Schimpfreden des *Talmud* gegen den »Hurensohn« Jesus von Nazareth, die freilich kaum je zitiert werden. Aber noch in dem Juden Heine, der das »Entreebillet zur europäischen Kultur« lösen wollte, indem er zum Protestantismus übertrat, ist der uralte religiöse Gegensatz gegen das sinnenfeindlich-finstere Christentum ganz lebendig, obgleich er diesem in der Regel nicht die Predigt der biblischen Propheten, sondern die strahlende Harmonie des griechischen Daseins gegenüberstellt.

In der Gegenwart hat etwa Emanuel Levinas die »Ortlosigkeit« des Judentums und dessen Willen zur Vernichtung aller »Götzen« rühmend dem Katholizismus gegenübergestellt, der die heidnischen Götzen nur sublimiert habe. Aber schon nahezu 2000 Jahre früher hatte der ketzerische Kirchenlehrer Marcion den »Gott der Rache« des *Alten Testaments* dem »Gott der Liebe« des Christentums auf das schroffste gegenübergestellt. Luther verwarf »Rom« mit großer Heftigkeit und machte ihm den Abfall vom »reinen Evangelium« zum Vorwurf, und er zielte damit zugleich auf das Lateinische, das die Sprache des deutschen Volkes nicht zur Entfaltung kommen ließ. Der Deutsche Idealismus war ganz »hellenisch« orientiert, und auch darin kommt ein deutscher Gegensatz gegen »den Westen« zum Vorschein, der heute auf sehr einseitige Weise nur in der Differenz der politischen Verfassungen erblickt wird. Martin Heidegger sah in seinen Vorlesungen während des Krieges Europa »in der Zange« zwischen zwei geistwidrigen Weltmächten, und in seiner Interpretation von Hölderlins Hymne »Der Ister« schreibt er über die USA und in der Sache über die »Zivilisation des Westens« ganz ohne die Doppeldeutigkeit, die eine ähnliche Kritik bei Karl Marx gehabt hatte: »Der Eintritt Amerikas in diesen planetarischen Krieg ist nicht der Eintritt in die Geschichte, sondern ist bereits schon der letzte amerikanische Akt der amerikanischen Geschichtslosigkeit und Selbstverwüstung ... « Heute kommt die entgegengesetzte Feindseligkeit in den Äußerungen jener amerikanischen »Neokonservativen« zum Vorschein, die ein »neues« von einem »alten« Europa unterscheiden, um Europa im Ganzen gefügig zu halten.

Mit anderen Worten und in allzu knapper Zusammenfassung: Die Elemente, aus denen Europa oder der Okzident entstanden ist, sind einander im Ursprung und in immer neuen Manifestationen feindlich, und es ist staunenswert, dass gleichwohl von einer »Identität« Europas gesprochen werden darf. Diese uralte, spannungsreiche, »dialektische« Identität hat jenem Polyzentrismus der konkreten geschichtlichen Kräfte den Hintergrund gegeben und hat es verhindert, dass ein »heiliges Buch«, die Bibel, die Zivilisation des Okzidents ebenso vollständig und dauerhaft beherrschte, wie es der *Koran* in der islamischen Kultur tat. Nur deshalb konnte Europa jenen Prozess der Säkularisierung hervorbringen, der zugleich ein Prozess der Modernisierung, der »Verbürgerlichung« und schließlich der Demokratisierung war, jener Prozess, der Guizot zur Rühmung der Bourgeoisie als der sich selbst universalisierenden Klasse und Tocqueville zu dem Gedanken der Vorbildlichkeit der amerikanischen Demokratie für das sowohl aristokratische wie bereits radikal-revolutionäre Europa brachte.

Aber weder einfache Rühmung noch schlichte Kritik darf das letzte Wort sein, wenn es um ein abschließendes Urteil zu dem Hauptproblem der okzidentalen Zivilisation geht. Die Gesamtheit der in aller Kürze umrissenen Prozesse hat den Individualismus als die höchste und ganz exzeptionelle Blüte der okzidentalen Zivilisation erzeugt, jenen Individualismus, der die säkularisierte Gestalt der christlichen Auffassung vom unvergleichlichen Rang der individuellen Menschenseele und damit der Person ist. In allen anderen Kulturen hat eine Kollektivität den unbedingten Vorrang, sei es der Stamm, das Volk oder die religiöse Gemeinschaft. Alle Gesetze, Institutionen und Strukturen zielen auf diesen Vorrang des Kollektivs und des Interesses seiner Selbsterhaltung ab, wie es schon in der griechischen Polis auf paradigmatische Weise der Fall war. Aus einer solchen Unterordnung unter den Gattungscharakter kann sich ein Lebewesen nur lösen, wenn es in der Philosophie zum Bewusstsein seines Ausgreifens über alle endlichen Dinge bis hin zum Ganzen, zum Universum oder zu Gott gelangt ist. Für dieses Hinausgreifen des kosmischen Wesens, des Menschen, über alle Dinge gibt es in allen Kulturen großartige Beispiele. Aber nur in einer einzigen Kultur ist die »theoretische Transzendenz« zur »praktischen Transzendenz« geworden, welche »die Kunst« als das Gemachte oder Manipulierte immer mehr der vorhandenen Natur entgegenzustellen und mit ingeniösen Apparaten sogar nach den Sternen zu greifen vermag. Selbst die Wissenschaft kann so zu einem Massenphänomen werden, aber eine singuläre Grenze ist erst dann überschritten, wenn eine große Anzahl von Individuen zu der Ansicht gelangt, es komme nur auf die individuelle »Selbstverwirklichung« an, und legitime Forderungen eines Kollektivs, sei es die Nation oder sei es die Menschheit, gebe es nicht. Dann ist die Transzendenz nicht nur praktisch, sondern trivial geworden, und die höchste Blüte der okzidentalen Zivilisation wird zur Wurzel des Untergangs. Die Widersprüchlichkeit der europäischen und schon längst »westlichen« Zivilisation erreicht damit ihre letztmögliche Stufe. Die antiokzidentalistische Kritik erfüllt sich dann im Tun bzw. im

Unterlassen des Okzidents. Wenn dieser den Weg der letzten 100 Jahre fortsetzt, wird er in 200 Jahren aus der Welt verschwunden sein. Dann werden die anderen Zivilisationen vor der gravierendsten Entscheidung stehen, die sie je zu treffen hatten. Halten sie an ihren »primitiven«, aber zukunftsvollen Kollektivismen, sei es auch in abgewandelter, modernisierter Form fest, oder machen sie sich jene todbringende Blüte der verschwindenden okzidentalen Zivilisation zu eigen? Dann nämlich wäre die Existenz der Menschheit im Ganzen – jenseits der vielgefürchteten Atombomben und der möglichen Vergiftung der Luft und der Meere – zum höchsten und äußersten aller Probleme geworden.

2. ZU EINEM INTERVIEW MIT FRANCIS FUKUYAMA

Wer den Aufsatz von Francis Fukuyama vom Sommer 1989 über das »Ende der Geschichte?« kennt, der ihn weltberühmt machte, und sich des Buches mit dem gleichen Titel (nur ohne Fragezeichen) aus dem Jahre 1992 erinnert, der reibt sich verwundert die Augen, wenn er das Gespräch mit Paolo Mastrolilli liest. Zwar hatte die eindrucksvollste These von Aufsatz und Buch darin bestanden, dass nun die »allgemeine Einführung der westlichen liberalen Demokratie als finaler Regierungsform« unmittelbar bevorstehe und dass darin »das Ende der Geschichte« zu sehen sei – daher könnte man meinen, es sei eine konsequente Weiterführung dieser Idee, wenn Fukuyama jetzt »die Innovation« als den unwiderstehlichen Grundzug der Nachgeschichte beschreibt, welche von den USA erfolgreich vorangetrieben und von Europa infolge einer Fülle von Restbeständen alter Vorstellungen bzw. Realitäten behindert werde. Aber im Aufsatz und im Buch hatte Fukuyama noch keineswegs die Auffassung vertreten, dass die »technologische Innovation« in Amerika begonnen habe und dass das Land heute vor allen anderen Staaten mit weitem Vorsprung an der Weltspitze stehe, wie schon allein durch die rasante Vergrößerung des Sozialprodukts unter Beweis gestellt werde, hinter der Europa noch weit mehr als einige asiatische Staaten zurückbleibe. Damals hatte er nämlich die Bedeutung der »vorliberalen Traditionen« sehr stark und positiv hervorgehoben, ohne die eine Demokratie nicht stabil sein könne, ja die eine positive Arbeitsmoral als die Vorbedingung aller »Modernisierung« erst möglich gemacht hätten. Das System von Rechten und verfassungsmäßigen Einrichtungen, auf dem auch das amerikanische System beruht, ging ja der Modernisierung und der Industrialisierung bekanntlich weit voraus, und weder Jefferson noch Hamilton hätten ihre Konzeptionen entwickeln können, wenn sie sich nicht auf alte europäische Traditionen hätten stützen können. Und die heute tatsächlich vorhandene Modernität als Folgeerscheinung des Liberalismus wies damals für Fukuyama höchst negative Züge auf: »Drogenmissbrauch, Obdachlosigkeit,

Kriminalität, Umweltzerstörung und Exzesse des Konsums« – Züge, die keineswegs in die Richtung einer »Innovationsgesellschaft« wiesen, welche für alle ihre Mitglieder Zufriedenheit und eine Überfülle an Reichtum hervorbringen würde, sondern in die Richtung der vollständigen Zersetzung jener »präliberalen Werte«, welche die Lebenskraft demokratischer Gesellschaften ausmachen, ja in die Richtung des »letzten Menschen«, dessen Epoche eine »sehr traurige Zeit« sein werde, in welcher es nur noch um »wirtschaftliche Kalkulationen, endloses Lösen technischer und Umweltprobleme und die Befriedigung ausgefallener Konsumentenwünsche« gehe. Man konnte den Eindruck haben, dass Fukuyama die »asiatischen Gesellschaften«, in denen die uralte Überlieferung des »Gemeinsinns« noch lebendig ist, als die »Gesellschaften der Zukunft« betrachtet.

Von all dem ist in dem Interview nichts mehr zu spüren. Wenn den asiatischen Ländern ein lobendes Wort gilt, dann bezieht es sich darauf, dass sie sich mit großer Entschiedenheit auf den amerikanischen Weg des uneingeschränkten Vorrangs der »technischen Innovation« begeben haben. Europa aber bleibt weit zurück, weil man dort fürchtet, die Eigenart der europäischen Kultur könne Schaden leiden, und weil dort politische Organisationen existieren, die es sich zur Aufgabe machen, die Interessen partikularer Gruppen zu verteidigen.

Nun steht es außer Zweifel, dass die Vereinigten Staaten in den wichtigsten Teilen der modernen Technologie – in der Bio- und Nanotechnologie, in der Computerindustrie, in der Entwicklung der »Künstlichen Intelligenz« usw. – die führende Rolle spielen und dass in der Tat von ernsthaften Widerständen gegen diese Entwicklung nicht die Rede sein kann. Aber als die Hauptursache dieses technologischen Vorsprungs der USA sieht Fukuyama gerade nicht die Abwesenheit von Hindernissen an, sondern die Elementartatsache einer Immigration, die aus aller Welt die besten Köpfe nach Amerika führt und dort in einen überaus produktiven Wettbewerb treten lässt. Wenn man die natürlichen Ressourcen des riesigen Landes, die Arbeitsfreude auch der eingeborenen Bevölkerung und den gewaltigen Vorteil hinzunimmt, den die USA im Zweiten Weltkrieg als ungefährdetes Waffenarsenal der Alliierten genossen, so sind schon Gründe genug genannt, welche den technologischen und produktionsmäßigen Vorrang der Vereinigten Staaten erklären.

Aber können diese amerikanischen Bedingungen in Europa Nachahmung finden? Wenn auch Europa gewillt wäre, dem amerikanischen Beispiel des »brain drain« zu folgen und die »besten Köpfe« Indiens, Afrikas und eines Tages vielleicht auch Chinas anzuwerben, dann würde die Lage dieser Länder hoffnungslos werden, da für sie keine Möglichkeit mehr bestehen würde, eines Tages aus eigener Kraft das Elend zu überwinden.

Als Beispiel für eine echte »Blockierung« nennt Fukuyama nicht einen Widerstand gegen eine technologische Neuentdeckung, sondern die englischen Bergarbeiter mit ihrem Kampf gegen die heilsamen liberalen Reformen Margaret Thatchers. Aber die englischen Gewerkschaften waren vor 1978 kein bloßes Hindernis, sondern sie schienen auf dem Wege zu sein, die bestimmende Macht des Landes zu werden, und die Entscheidung, welche die neue Premierministerin erzwang, war eine Grundsatzentscheidung zwischen dem Gewerkschaftsstaat auf der einen Seite und der freien Wirtschaft auf der anderen. Was Fukuyama wirklich im Auge hat, ist der »europäische Sozialstaat«, in dem tatsächlich »partikulare Interessen« verteidigt werden können und in dem weder »big business« noch »big science« für sich allein oder in Zusammenarbeit mit einer willfährigen Zentralregierung ausschließlich das Sagen haben. Aber ist dieser »europäische Sozialstaat«, der in seinen Anfängen auf die »vormodernen Realitäten« des Bismarckschen Deutschland zurückgeht, nicht eine der wichtigsten Errungenschaften der ganzen westlichen Welt, die schließlich in Teilen sogar von den USA übernommen worden ist? Ist die politische Bewegungs- und damit Selbstverteidigungsfreiheit der einfachen, der gewöhnlichen Menschen nicht geradezu das Wesen der Demokratie, so gewiss zumal in Deutschland Exzesse der Sozialstaatlichkeit zu konstatieren sind, die abgebaut werden müssen? Ist die Versicherung gegen den sozialen Notfall, die der Sozialstaat im Kleinen und im Großen bedeutet, nicht wertvoll genug, um das Zurückbleiben beim jährlichen Sozialprodukt auszugleichen?

Und ist die fessellose freie Wirtschaft, zu deren Lobredner Fukuyama sich macht, wirklich eine so verlässliche Realität, dass man sich ihr ohne schwere Sorgen anvertrauen könnte? Es sind nicht feindselig gesinnte Europäer, sondern vornehmlich amerikanische Ökonomen und Publizisten, welche die Kehrseite herausstellen: Zwar »boomt« die amerikanische Wirtschaft seit nahezu einem Jahrzehnt, aber die zahllosen Arbeitsplätze, die neu geschaffen werden, sind großenteils sehr schlecht bezahlt, und viele Menschen müssen zwei oder drei »jobs« übernehmen, um ihr Auskommen zu haben; die USA ziehen aus der ganzen Welt einen Riesenstrom von Kapitalien an sich, weil die Bevölkerung des »Sparens« entwöhnt und ganz auf den Konsum ausgerichtet ist, der kurzfristig der Wirtschaft positive Impulse gibt, aber auf längere Frist die Verlagerung großer Teile der Produktion in »Billiglohnländer« nach sich zieht und im Verein mit der Übermacht des spekulativen Finanzkapitals die Wirtschaft sehr krisenanfällig macht. Eine einzige große Panik unter den wenigen tausend Menschen, welche »die Finanzmärkte« in Gang halten und in immer neue Bewegungen versetzen, kann wie 1929 zu einer Weltwirtschaftskrise führen, und dann würden in den USA vermutlich eine Fülle von »partikularen Gruppen« gemeinsam gegen »das System« anstürmen, während die Auswirkungen der Krise zwar auch in Europa sehr spürbar sein würden, aber gerade durch das ehemalige »Hindernis« der Sozialstaatlichkeit sehr abgeschwächt sein dürften.

Doch auch ein europäisches Beispiel kann deutlich machen, dass »Hindernisse« nicht notwendigerweise etwas Negatives darstellen. Wenn sich die gegenwärtige Europäische Union – der Wahrscheinlichkeit zuwider – zu einem Zentralstaat entwickeln sollte, würde »Brüssel« zwar zweifellos viel effizienter geworden sein, aber Europa hätte viel von dem unvergleichlichen Reichtum verloren, der in der relativ selbständigen Existenz seiner Nationen und Staaten besteht.

Und auch in den USA sind Entwicklungen vorstellbar, welche auf der Linie der Postulate Fukuyamas liegen und doch ein wahres Verhängnis darstellen würden. Nicht ganz wenige bedeutende Naturwissenschaftler – die sogenannten Extropier – haben sich das außerordentliche Ziel gesetzt, unter Wegräumung aller moralischen Bedenken und praktischen Hindernisse eine Synthese von Mensch und Computer zu verwirklichen, die es über kurz oder lang erlauben würde, die bisher allein bekannte Menschheit als eine Anzahl von Kulturwesen aus Fleisch und Blut – »abzuschaffen« und ein »transhumanes« Zeitalter herbeizuführen – den Triumph eines Intellekts, der sogar die Hindernisse, die bisher mit ihm selbst gegeben sind, überwunden hat. So interessant dieses Projekt unter philosophischen Gesichtspunkten ist, so katastrophal wäre selbst der ernsthafte Versuch der Realisierung zweifellos für »die Menschen«, denn die schlimmste Befürchtung, welche die – überwiegend europäische – »Kulturkritik« je artikuliert hat, wäre übertroffen: Der menschliche Intellekt hätte die Menschen aus der Welt gebracht.

Fukuyama selbst scheint auf einen »mittleren Weg« hinzudenken. Im letzten Satz des Interviews sagt er, es sei möglich, die Innovation zu mäßigen oder zu lenken, sie könne aber nicht »blockiert« werden. Nun lassen sich einzelne Innovationen sehr wohl blockieren, wie etwa die Fortentwicklung der Überschallflugzeuge, aber »die« Innovation lässt sich in der Tat nicht aufhalten. Welche konkreten Gestalten sie annimmt, hängt indessen entscheidend von den »Hindernissen« ab, auf die sie trifft und an denen sie sich abarbeiten muss.

Fukuyama ist von dieser Einsicht in seinem Interview offenbar viel weiter entfernt als in den früheren Schriften – man könnte behaupten, er habe sich nach dem Beispiel jener Publizisten, die aus dem »American exceptionalism« fraglosen Stolz und ungetrübte Zukunftsfreude herleiten, »amerikanisiert«. Aber hat er hier nicht von vornherein »Europa« und »Amerika« zu sehr auseinandergerissen? Ist nicht der Gedanke der »checks and balances« ebenso amerikanisch, wie er ursprünglich europäisch ist? Wer in den Augen der Extropier »zurückgeblieben« ist, kann gerade deshalb zwar nicht »den« Fortschritt, wohl aber den »menschlichen Fortschritt« zu seinem Losungswort machen.

3. DIE VERSCHIEDENEN GESICHTER EUROPAS

Kein anderer Teil des menschlichen Körpers ist so »menschlich« wie das Gesicht – es ist mit seiner emotionalen Bewegtheit und mit den Augen im Zentrum sozusagen der Mensch im Menschen, wenn auch das Gehirn weitaus komplizierter und wichtiger ist. Wenn durch einen schweren Unfall ein Gesicht zerstört und das Augenlicht erloschen ist, verliert der betroffene Mensch den größten Teil seines Verhältnisses zur Welt; er kann niemanden mehr anblicken, und er weiß nicht mehr mit Bestimmtheit, ob und wann er angeblickt wird. Er ist zwar nach wie vor ein Mensch und nicht ein Toter, der er wäre, wenn eine Kugel sein Gehirn zerschmettert hätte, aber er ist gleichsam zu einer jener Leibnizschen Monaden geworden, die keine Fenster haben. Indessen ist das Gesicht des normalen Menschen nicht in allen Lebensaltern das gleiche. Oft genug erkennt der Verwandte, der das kleine Kind auf seinen Armen getragen hat und dann ausgewandert ist, bei der Rückkehr das Gesicht des jungen Mannes nicht mehr, und das Antlitz des Greises hat oft nur noch wenig Ähnlichkeit mit dem Gesicht des Mannes in der Vollkraft seiner Jahre. Im übertragenen Sinne kann auch eine Landschaft, eine Stadt, ja ein Land und sogar eine ganze Kultur ein Gesicht, das heißt einen besonderen, unverwechselbaren Charakter haben, und nicht zufällig weist das Gesicht als das Sehende, das von anderen vornehmlich gesehen wird, Ähnlichkeit mit jenem »eidos« auf, das nach Platon als Gestalt oder Struktur das »Wesen« des einzelnen Menschen und der einzelnen Sache ist.

Aber erst das ausgebildete, voll entwickelte Gesicht bringt das ganze Wesen zum Ausdruck, und so kann man von einem »Gesicht Europas« nicht schon dann sprechen, wenn man den vielfältig gegliederten Erdteil im Auge hat, der bereits von den alten Griechen Europa genannt wurde. Das Gesicht Europas als eines Kulturraums gewinnt erst allmählich feste Züge, und nur für eine spätere Zeit darf der Plural verwendet werden, indem man von »Gesichtern Europas« spricht. Wie eine Mutter ihre Kinder liebevoll anblickt und voller Abneigung, ja Hass diejenigen ins Auge fasst, die ihren Kindern schaden wollen, so kann eine Religion und eine Kultur anderen Religionen und Kulturen verschiedene Gesichter zeigen: etwa ein verehrungsvolles Gesicht der älteren und verwandten Religion oder Kultur gegenüber oder ein abweisendes Gesicht im Hinblick auf das Fremde, das als »barbarisch« empfunden wird. Aber auch der angeblickte Mensch, die angeblickte Religion nimmt ein Gesicht wahr, das sie als freundlich oder feindlich, als verwandt oder als abscheulich empfindet, und auch in diesem Sinne darf von »Gesichtern Europas« gesprochen werden – das sehende Gesicht im Wechsel seiner Ausdrucksformen ist ja fast immer auch ein gesehenes Gesicht, ein Gesicht »für« jemanden statt bloß ein Gesicht »an sich«.

Das »Gesicht Europas« im Sinne von »Charakter« und »Wesen« hat sich in einem langen Prozess herausgebildet, in dem sich drei Komponenten begegneten, die sich ursprünglich weit eher feindlich als freundlich gegenüberstanden, und die sich dann aneinander verwandelten, nämlich das Judentum, das Griechentum des Hellenismus und das römische Weltreich, bildlich gesprochen: Jerusalem, Athen und Rom. Das Judentum der bloßen Halbstaatlichkeit im Rahmen des Imperium Romanum ist der unmittelbare Ursprung des Christentums, und Jesus von Nazareth war ein Jude dieser Zeit. Aber so sehr er sich auf die jüdische Geschichte und deren Messias-Hoffnungen stützte, so eindeutig ging er in seiner Predigt doch über den »universalistischen Partikularismus« der jüdischen Volksreligion mit ihrer Erwartung einer um Jerusalem, »Zion« und »das (jüdische) Gesetz« vereinten Menschheit hinaus zu dem reinen Universalismus des »Lehret alle Völker« und auch des Gebots, um der Lehre willen Vater und Mutter zu verlassen, d. h. von den eigenen Wurzeln in Familie, Stamm und Volk Abschied zu nehmen. Die Selbstbezeichnung von Jesus als »Sohn Gottes« wurde erst durch Paulus von Tarsos und die frühen Kirchenväter zu einer Theologie von der Gottmenschlichkeit Jesu als des »Christus« und von der Dreieinigkeit Gottes entwickelt, die weder den Juden noch den

Hellenen noch den Römern leicht zugänglich war und die in der Fülle der verschiedenartigen Auslegungen das Hauptmerkmal des Christentums als einer Mysterienreligion wurde, von welcher der Kirchenvater Tertullian bekanntlich um das Jahr 200 »nach Christus« sagte, er glaube, obwohl es sich für den gewöhnlichen Verstand um eine Absurdität handle. Aber jedenfalls sprach das frühe Christentum nicht ein Volk oder eine Kultur an, sondern die Gesamtheit aller Einzelnen, für welche es um die »Rettung ihrer Seele« gehen würde.

Das Christentum hätte sich jedoch nicht so schnell verbreitet, wenn nicht durch Griechen und Römer die Mittelmeerwelt längst vor der Geburt Jesu zu einer Einheit gemacht worden wäre. Die griechische Philosophie prägte das entstehende Christentum tief, und ohne deren Einwirkung wäre es schwerlich zur Entwicklung des Begriffs der »persona« gekommen. Der politische Rahmen blieb jedoch weiterhin das römische Imperium, und wenn es ein Mythos war, dass der »Apostelfürst« Petrus der Bischof von Rom gewesen sei, so handelte es sich doch um einen kennzeichnenden Mythos.

So wurde das Imperium Romanum nach den Kämpfen von drei Jahrhunderten zu einem christlichen Reich, und als der Westteil durch die angreifenden Germanenstämme der Völkerwanderung unterging, lebte der Ostteil in direkter Kontinuität als Byzantinisches Reich fort, dessen »orthodoxes« Christentum sich erst im 11. Jahrhundert definitiv vom Christentum des »Abendlandes« trennte. Dieses Christentum hatte die verschiedenen Germanenstämme, insbesondere die Franken, für sich gewonnen, und Karl der Große war der Erste, der »pater Europae« genannt wurde. Das früheste Gesicht Europas war also das karolingische Reich, aus dem durch Erbteilungen und sprachliche Entwicklungen zuerst die nationale Monarchie Frankreich unter den Kapetingern hervorging, während die deutschen Könige als Kaiser des »Römischen Reiches« das Imperium Romanum ebenso fortzusetzen versuchten, wie das Oströmische Reich es tatsächlich fortsetzte, so dass die Bildung einer nationalen Monarchie misslang. Aber wichtiger war, dass sich nun die entscheidenden Merkmale des abendländischen Christentums herausbildeten: nach langen Kämpfen, im Gegensatz zu Byzanz, die Trennung der beiden Schwerter der geistlichen und der weltlichen Gewalt, das heißt des Papsttums und des Kaisertums, die Geburt eines neuen Adels aus der alten Hocharistokratie und den von unten aufsteigenden Ministerialen, die Entwicklung selbstverwaltender Städte und eines selbstbewussten Bürgertums, der Aufstieg der jungen Nationalstaaten Frankreich, England und tendenziell Spanien, die aber doch Teile eines übergreifenden Systems blieben, welches schon in seiner Frühzeit das »Liberale System« oder das »System der produktiven Differenzen« genannt werden darf.

Die Voraussetzung war die gemeinsame Abwehr des Islam, der in einem beispiellosen Ansturm im 7. und 8. Jahrhundert den ganzen und teilweise christlichen Vorderen Orient sowie beträchtliche Teile Europas wie Spanien und Sizilien erobert hatte. Auch die Kreuzzüge können als Bestandteile der großen »reconquista« betrachtet werden, die einen fundamentalen Beitrag zur Ausbildung der Grenzen des christlichen Europa zwischen Moskau und Córdoba und zwischen Skandinavien und der Küste des Mittelmeers leisteten. Aber erst das erneute, durch islamische Denker vermittelte Eindringen der antiken Philosophie, insbesondere des Aristoteles, die Gründung von Universitäten und das Bewusstsein einer neuen Bedrohung infolge der Vernichtung des Byzantinischen Reiches durch die Türken in der Mitte des 15. Jahrhunderts, das Aufkommen des Humanismus und der Renaissance sowie vor allem die Reformation, die das Christentum und das westliche Europa in Konfessionsparteien zu teilen schien und doch die umfassendere Einheit nicht zerbrach, ließ dasjenige Europa entstehen, das häufig noch immer »die Christenheit« genannt wurde, obwohl es an religiöser Einigkeit nicht mehr mit der islamischen »umma«, der »Nation des Islam«, auf eine Stufe gestellt werden konnte. Mithin war sein »Gesicht« zu Beginn des 16. Jahrhunderts vollständig ausgebildet, so lebendig, das heißt wandlungsfähig, die einzelnen Züge auch blieben.

Und dieses scheinbar von den inneren Kämpfen seiner elementaren Bestandteile – der Idee und der immer noch vorhandenen Wirklichkeit des Römischen Reiches, der National- und Territorialstaaten, der »Stände« des Adels, der Bürger und der Bauern, der Konfessionen von Lutheranern, Reformierten und Katholiken – »zerrissene« Europa wandte nun sein Gesicht der restlichen Welt zu, und es war ein welteroberndes Gesicht. Die anschaulichste Realisierung war die Eroberung Südamerikas durch die Spanier und Portugiesen, welcher die Verdrängung und weitgehende Ausrottung der Indianer Nordamerikas durch die Einwandererwellen aus Engländern, Schotten und Deutschen folgte. Aber auch die Indios Südamerikas waren zu Opfern der überlegenen Kriegstechnik der Europäer und einer Massierung von Grausamkeiten geworden, denen Zeitgenossen und Nachfahren nicht selten den Charakter eines umfassenden »Genozids« zuschrieben, obwohl die Indios in viel stärkerem Maße christianisiert wurden und die Existenz bewahren konnten als die Indianer des Nordens. Diese Welteroberung vollzog sich indessen auch als kultureller Prozess. Der von Johannes Gutenberg erfundene Buchdruck verbreitete sich seit der zweiten Hälfte des 15. Jahrhunderts über nahezu die ganze bekannte Welt und legte damit eine »demokratisierende« Kraft an den Tag, ohne welche die Reformation schwerlich möglich gewesen wäre. Im Bereich des Islam traf sie jedoch auf heftigen Widerstand, weil die überragende Stellung des *Koran* und die Bedeutung der handschriftlichen Tradition jener Entsakralisierung entgegenstanden, die mehr und mehr Europa zu der »sich selbst säkularisierenden Gesellschaft« machten. So gab es im ganzen Gebiet des Islam bis in das 18. Jahrhundert hinein kaum Druckereien, und der Islam schwächte sich selbst in der beginnenden Auseinandersetzung mit der europäischen, der »christlichen« Kultur. Sogar gegenüber den Osmanen, die alle christlichen Balkanvölker unterworfen hatten, kehrte sich seit deren Niederlage vor Wien im Jahre 1683 die Richtung um, und die »Emanzipation« dieser Völker wurde so gut eine Forderung der anhebenden Aufklärung wie die Emanzipation des »Dritten

Standes« in Frankreich, der irischen Katholiken in England und der Frauen sowie der Juden in ganz Europa. Die Aufklärung kritisierte das Christentum, aber sie blieb in dessen Spuren, soweit man diese als protohumanistisch bezeichnen darf. Die Mysterienreligion und deren Theologie führten freilich schon im 18. Jahrhundert nur noch einen verzweifelten Abwehrkampf gegen die »Säkularisierung«, aus der sowohl die industrielle Revolution in England wie die Französische Revolution hervorzugehen schienen.

Die Französische Revolution ließ jedoch in ihrer jakobinischen Phase eine so blutige und paradoxe Übersteigerung ihrer Forderungen erkennen, dass ein neuartiger Konservativismus, insbesondere derjenige des einstigen liberalen Vorkämpfers Edmund Burke, auch unter den Anhängern der »Partei der Bewegung« Beachtung und Zustimmung fand. So wurde ein weiteres Hauptkennzeichen Europas noch anschaulicher als bisher: Die Faktoren der europäischen Geschichte, in sich unmodern wie schon die Reformation Luthers oder der Widerstand der adligen Fronde gegen den Absolutismus in Frankreich, verwandelten sich im Widerstreit aneinander und schufen so eine »Modernität«, die keiner von ihnen als solche angestrebt hatte.

Aber wenn das innere Gesicht Europas nach dem Zeitalter der Französischen Revolution und Napoleons tief verändert war, ohne seine Identität verloren zu haben, so trat der Charakter der Welteroberung nun nur um so stärker hervor. Jetzt erst bildete sich das riesige Kolonialreich Englands und zumal die Herrschaft über Indien auch formell heraus, jetzt erst gewannen die Franzosen Hinterindien und Nordafrika. Jetzt erst entschieden die »Vereinigten Staaten von Amerika« der europäischen Einwanderer den Kampf um die keineswegs ganz leeren Räume des nördlichen Kontinents definitiv für sich, nicht nur gegen die Indianer, sondern ebenso gegen das von der Kolonialherrschaft der Spanier befreite Mexiko, dem in einem unverhüllten Angriffskrieg der größte Teil des heutigen Kalifornien fortgenommen wurde. Jetzt erst gelangte im Inneren Europas der Prozess der Bildung von Nationalstaaten durch Bismarck und Cavour in Deutschland und

Italien zu einem vorläufigen Höhepunkt. Ohne jeden Zweifel war »Europa«, das auch in der Sprache der Diplomaten ein geläufiger Begriff blieb, in Gestalt der »Pentarchie« der europäischen Großmächte um 1900 der technisch, militärisch, wissenschaftlich und kulturell allen anderen Staaten und Kulturen weit überlegene und insofern die Weltherrschaft innehabende, wenn auch politisch nicht geeinigte Kontinent. Diese Weltherrschaft wurde jedoch durchweg als ein Prozess der Erschließung und der Zivilisierung der »zurückgebliebenen« oder noch »barbarischen« Teile der Erde aufgefasst. So verstand sich Europa mit Recht als »Initiativkraft der Weltgeschichte«, und nicht zuletzt der Karl Marx des *Kommunistischen Manifests* blieb 1848 im Blick auf die Gegenwart durchaus innerhalb dieser Konzeption. Man hätte auch von einem »wohltätigen Gesicht« Europas sprechen können, wenn dieses Wort nicht den Eindruck bloß karitativer Tätigkeit hervorriefe, in der selbst das Wirken der christlichen Missionare nicht aufging.

Doch nicht alle Europäer stimmten diesem optimistischen Selbstverständnis zu; Europa war nicht nur der die Welt beherrschende, sondern auch der selbstkritische Kontinent, und dazu finden sich in anderen Kulturen ebenso wenig überzeugende Entsprechungen wie zu der Unterschiedenheit von »Staat« und »Kirche«, zu den spezifischen Kennzeichen des Feudalismus, zu der Tendenz auf den Parlamentarismus hin innerhalb der »Ständegesellschaft« oder zu dem in sich differenzierten Bürgertum.

Gerade das früheste und machtvollste Hinausgreifen von Europäern über Europas Grenzen hinaus stieß auf die schärfste Kritik: Die Eroberung zunächst Mittelamerikas und der karibischen Inseln durch die Spanier wurde von einem Spanier, nämlich dem Dominikanerpater und späteren Bischof Bartolomé de Las Casas auf eine Weise angeprangert, die jahrhundertelang ohnegleichen blieb: In den vierzig Jahren seit der Landung des Kolumbus seien »durch das erwähnte tyrannische und teuflische Verfahren der Christen mehr als zwölf Millionen Männer, Weiber und Kinder auf die ruchloseste und grausamste Art zur Schlachtbank geführt« worden. Das Bild, das Las Casas entwirft, ist von einer kaum fassbaren Entsetzlichkeit: »Sie wetteten miteinander, wer unter ihnen einen Menschen auf einen Schwertstreich mitten entzwei hauen, ihm mit einer Pike den Kopf spalten oder das Eingeweide aus dem Leib reißen könnte. Neugeborene Geschöpfchen rissen sie bei den Füßen von den Brüsten ihrer Mütter und schleuderten sie mit den Füßen wider die Felsen ... Sie machten auch breite Galgen, dass die Füße beinahe die Erde berührten, hingen zu Ehren und zur Verherrlichung des Erlösers und der zwölf Apostel je dreizehn und dreizehn Indianer an jedem derselben, legten dann Holz und Feuer darunter und verbrannten sie alle lebendig.« Nach der Darstellung von Las Casas fielen in der Tat Teufel in Menschengestalt, »Christen« oder »sogenannte Christen«, über eine gutmütige, zur Verteidigung weder fähige noch willige Bevölkerung her und rotteten sie mit sadistischer Freude am Quälen aus. Als Grund für ein so unverständliches Verhalten nennt Las Casas die Gier nach Gold, nach jenen Reichtümern, welche die Indios ihnen trotz ihrer Gutwilligkeit nicht freiwillig auslieferten und mit deren Hilfe sie sich ungleich höher emporschwingen wollten, »als es ihr Stand und ihre Verhältnisse erlaubten«. Der große Völkermord an den Indios geschah also nach Las Casas aus ökonomischen Motiven, denen allerdings eine Menge an Sadismus zugesellt sein musste. Dagegen sind die Indios in den Augen des Bischofs »weder stolz, noch hoffärtig noch habsüchtig«, sozusagen Christen von Natur, die nur noch auf die Verkündung des Evangeliums warteten, um im Vollsinn zu Christen zu werden.

Andere Berichterstatter wussten freilich viel Negatives von den Indios zu berichten, die zumal in Mexiko und Peru ja alles andere als gutmütige und schwächliche Menschen waren und durch ihre zahlreichen rituellen Menschenopfer das Entsetzen der Spanier erregten. So brachte Las Casas seine Anklagen zwar bis vor den Thron Karls V., und er fand nicht wenig an Gehör, aber es traten ihm auch viele Gegner entgegen, welche die Richtigkeit seiner Zahlenangaben bezweifelten und seiner Idee einer Missionierung durch liebevolle Zuwendung keine Aussicht auf Erfolg zusprachen. Der eigenartige »Absolutismus« der Geschichtsdeutung von Las Casas, der keine »Kehrseiten« kannte und von den Engländern bald durch die Ausbildung einer »schwarzen Legende« instrumentalisiert wurde, fand also eine im Prinzip sachgerechte Kritik, und damit wurden auch spätere Vorgänge oder Postulate antizipiert.

Zwei Jahrhunderte später nahmen Vorkämpfer der »Aufklärung« die Anklagen von Las Casas gegen die kolonialen Unternehmungen der Europäer wieder auf und stützten sie durch neues Material, in erster Linie Diderot und Raynal, der in seiner *Histoire philosophique et politique des deux Indes* die gewöhnliche Wertsetzung umkehrte und die Europäer »Barbaren« nannte, welche sich des Völkermordes schuldig machten. Auch Condorcet, der wie kein zweiter den Geist der politisch und geschichtsphilosophisch orientierten Aufklärung verkörperte, stellte die Europäer wegen ihrer hochmütigen Verneinung der Gleichheit aller Menschen und der daraus resultierenden Greueltaten in den Kolonien unter Anklage; Turgot hatte bereits vorher im Blick auf das »Neu-England« in Nordamerika vorhergesagt, dass die Kolonien sich aus der Botmäßigkeit der europäischen Mutterländer befreien würden. Aber schon Rousseau hatte sich mit seinem Begriff des »von Natur guten« Menschen dem europäischen Zivilisationsstolz und dessen Glorifizierung des »Lichts der Aufklärung« entgegengestellt, wie es auf andere Weise sogar Montesquieu durch seinen vergleichenden und damit relativierenden Blick auf andere Kulturen tat. Louis-Sébastien Mercier, einer jener Utopisten, welche die bessere, ja perfekte Zukunft in der fernsten Vergangenheit vorgebildet sahen, machte sogar den Vorschlag, ein »Sühne-Monument« für die Opfer der Spanier[5] zu errichten. Und selbst Hegel, dessen Philosophie doch ein Musterbeispiel für einen »Eurozentrismus« war, in dessen Sicht die Weltgeschichte in Europa und zumal der germanisch-protestantischen Welt ihren Höhepunkt und geistigen Abschluss fand, gestand ein, dass in den beiden Teilen Amerikas »gegen sieben Millionen Menschen ausgerottet« worden seien.

5 Domenico Losurdo: »Selbstbewußtsein, falsches Bewußtsein, Selbstkritik des Abendlandes«, in: *Das geistige Erbe Europas*. Hrsg von Manfred Buhr, Neapel 1994, S. 737 ff.

Ein weiteres Jahrhundert später, als das Wort »Imperialismus« schon allbekannt geworden war, fand die Tradition des englischen radikalen Liberalismus in John Atkinson Hobson durch den Blick auf die Gegenwart des »Burenkrieges« in Südafrika eine neuartige Erscheinungsform. Hobson, im Grunde ein »Little Englander«, war davon überzeugt, dass alles, was in England produziert werde, auch in England bis auf den kleinen Rest der für Importe erforderlichen Güter konsumiert werden könnte, wenn die Reichen oder Kapitalisten nicht beträchtliche Teile des englischen Sozialprodukts um des höheren Gewinns willen im Ausland anlegten und damit die einfachen Menschen zu Unterkonsumtion und Armut verurteilten. Der »internationale Kapitalismus« ist für ihn also nichts anderes als eine Verschwörung zu Lasten des englischen Volkes, und zwar vor allem eine jüdische Verschwörung, denn die großen Unternehmungen in dem Londoner Finanzbezirk befänden sich »vornehmlich in den Händen von Angehörigen einer einzigen und besonderen Rasse, welche viele Jahrhunderte von Finanzerfahrung hinter sich hat«. Der Burenkrieg sei ihnen ein Mittel, ihre Macht und ihren Reichtum ins Ungemessene zu vermehren. Damit knüpft Hobson an jenen »Antisemitismus« der Linken an, der schon bei den Frühsozialisten im Rahmen der Polemik gegen die »Herrschaft des Geldes« eine bedeutende Rolle spielte, der von Marx eine Zeitlang aufgegriffen wurde und auch im Werk Eugen Dührings bestimmend war. Aber für Hobson war dieser internationale Kapitalismus nicht als solcher »jüdisch«, sondern von den Anfängen her »europäisch«, und er selbst wurde nicht zu einem Sozialisten, sondern er blieb ein demokratischer Radikaler, der sich indessen der »Lebensphilosophie« näherte, indem er das Emporkommen einer geldverleihenden Aristokratie als eine Gestalt der Dekadenz und der Verminderung der Vitalität nach dem Beispiel des späten Altertums betrachtete. Kein anderer der europäischen Zeitgenossen hat so großen Einfluss auf Lenin ausgeübt wie Hobson, und damit weist er über die europäische Selbstkritik hinaus auf jenen »Antiokzidentalismus«, der Europa nicht mehr von innen, sondern von außen kritisiert und ihm als Forderung der Entkolonialisierung entgegentritt.

Ihren Höhepunkt erreichte die Selbstkritik Europas jedoch unmittelbar vor dem Ausbruch des Ersten Weltkrieges im Werk eines Deutschen, der den Antirationalismus der Lebensphilosophie noch viel konsequenter in eine Anklage gegen die Moderne umwandelte und viel älteren historischen Phänomenen eine Hauptverantwortung zuschrieb, nämlich dem Christentum und dem Judentum. Im Jahre 1913 erschien der Essay »Mensch und Erde« von Ludwig Klages, der zum Kreis um Stefan George gehört hatte, und darin konnten die Angehörigen des »führenden Kulturvolkes der Erde«, nämlich die Deutschen, zu ihrer Betroffenheit oder Empörung Sätze wie die folgenden lesen: Wo der »Fortschrittsmensch« mit seiner Irrlehre des »Kampfes ums Dasein« die Herrschaft antrat, »hat er ringsum Mord gesät und Grauen des Todes … um ihr Bedürfnis nach wertlosen Zeitungen zu erfüllen, roden die Europäer in tropischen Ländern die Urwälder und begehen dadurch nackten Frevel … eine Verwüstungsorgie ohnegleichen hat die Menschheit ergriffen, die ›Zivilisation‹ trägt die Züge entfesselter Mordlust, und die Fülle der Erde verdorrt vor ihrem giftigen Anhauch«.

Die letzte Ursache für die Weltkatastrophe, welche die europäische Zivilisation anrichte, sei das monotheistische Christentum mit seiner Feindschaft gegen die Natur und den Polytheismus, sei aber in noch früherer Zeit das jüdische Gebot der Bibel, dass die Menschen »sich die Erde untertan« machen sollten. Der Tendenz nach führt Klages schon 1913 diese beiden lebensfeindlichen Mächte auf eine noch ursprünglichere »vampyrische« Macht zurück, nämlich den »Geist«, der die Entfremdung des Menschen von der Natur sowie den »Mammonismus« hervorbrachte und der sein Rasen nicht einstellen wird, »bis alles Leben … dem Nichts überliefert ist«.

Hier ist die Selbstkritik Europas also zur Selbstverwerfung fortgetrieben und es ist vermutlich kein Zufall, dass die »grüne« Bewegung des Naturschutzes und der »Rettung der Erde« in der Sache an niemanden stärker als an Klages anknüpft, dem sie doch andererseits vorsichtig aus dem Wege geht, weil er auch vor 1914 die später klar hervortretende Tendenz erkennen ließ, den »Geist« in enge Verbindung zum Judentum zu bringen. Jedenfalls ist für Klages »das Gesicht Europas« ein zerstörungswilliges, aber auch der Selbstzerstörung zugewandtes Gesicht.

Die unmittelbare und anschauliche Selbstzerstörung Europas schien sich nach der Meinung vieler Zeitgenossen schon im Ersten Weltkrieg zu vollziehen. Zwei der fünf Großmächte der ehemaligen Pentarchie griffen zum Schwert gegen die drei anderen: Deutschland und Österreich-Ungarn gegen Frankreich, Russland und England, und schon der völkerrechtswidrige deutsche Einmarsch in Belgien zog eine Spur der Verwüstung durch das Land, die mit dem Brand der alten Universitätsstadt Löwen ihren markantesten Punkt erreichte. Aber von Beginn an stellte sich eine andere Deutung gegen die so einfache und fassliche These der Alliierten vom Abwehrkampf »der Zivilisation« gegen »die Barbarei«. Deutschland, Europas Mitte, sei nach hinterhältigen Absprachen von den neidischen Randmächten angegriffen worden und habe sich, wie jede von Feinden umgebene Macht der Mitte, nur durch einen Angriff verteidigen können. Nicht »die Zivilisation« sei von der Mitte her angegriffen worden, sondern »die Kultur« vom Rande aus. Vielleicht hätte diese Auffassung sich durchgesetzt, wenn nicht schon im September der deutsche Vormarsch auf Paris zum Stehen gebracht worden wäre und der lange, so überaus verlustreiche Stellungskrieg begonnen hätte, dessen Höhepunkt die »Blutmühle« von Verdun war. Jetzt musste jeder Friedensschluss Deutschland schwere Wiedergutmachungsleistungen auferlegen, sofern er nicht durch einen deutschen Sieg erzwungen worden wäre. Wieder schien dieser Sieg im Frühjahr 1917 unter dem Zeichen der Erfolge des »unbeschränkten U-Bootkrieges« und durch den absehbaren Triumph über Russland nahe zu sein. Aber das Eingreifen der USA entschied den Krieg der Europäer, und begreiflicher Hass sowie verständliche Triumphgefühle verhinderten einen Friedensschluss der Vernunft.

Doch die vielen Millionen gefallener Soldaten, die vielen Hunderttausende verhungerter Zivilisten hätten einen solchen Friedensschluss nicht notwendigerweise unmöglich gemacht, denn die Napoleonischen Kriege und nicht zuletzt der amerikanische Bürgerkrieg von 1861 bis 1865 hatten vergleichsweise kaum weniger Opfer gefordert und doch genuine Friedensschlüsse nicht verhindert, wenn es sich auch im Falle der USA um einen Frieden der politischen, aber nicht der sozialen Vernichtung handelte.

Eine qualitative Differenz trat erst ein, als eine Macht der »sozialen Vernichtung« auftrat, die so handelte, wie die Radikalen der amerikanischen Nordstaaten gegenüber der Pflanzeraristokratie des Südens gehandelt haben würden, wenn bestimmte Umstände sie nicht daran gehindert hätten. Diese Macht war der marxistische Sozialismus, der seinen Ursprung in Europa hatte und lange Zeit ein ganz »europäisches« Bild der Weltgeschichte besaß: Die sozial fortgeschrittenen großen Staaten Europas würden in gemeinsamer Revolution die Herrschaft des Kapitalismus und der Bourgeoisie brechen und dann auf freundschaftliche Weise den zurückgebliebenen Staaten helfen, in das Zeitalter des erlösenden Sozialismus einzutreten, und zwar ohne größere Gewaltanwendung, da die Überzahl der Proletarier den wenigen Kapitalmagnaten an Macht ebenso überlegen sein würde wie die sozialistischen Staaten Europas dem Rest der Welt. Aber die Probe auf das Exempel konnte nicht gemacht werden, da der siegreiche Leninismus unter schwersten Kämpfen die soziale Vernichtung riesiger Klassen, nicht etwa nur der »Bourgeoisie«, sondern auch des Kleinbürgertums und der bessergestellten Bauern durchsetzen musste, wenn er sich weiterhin als »marxistisch« und »weltrevolutionär« und nicht als national-sozialistischen Sonderweg Russlands zur Modernität verstehen wollte. Nichts war begreiflicher, als dass sich die entsprechenden Klassen in Europa und sogar in Amerika durch diesen präzedenzlosen Vorgang in ihrer Existenz bedroht fühlen mussten und dass unter ihnen eine Partei aufkam, welche Militanz gegen Militanz und Vernichtung gegen Vernichtung setzen wollte. Es handelte sich um die »faschistisch«

genannten Parteien des radikalen, ja extremen Antibolschewismus, die 1922 in Italien und 1933 in Deutschland zum Siege gelangten. Die einander todfeindlich gesinnten Regime in Russland und in Deutschland sowie in Italien waren sowohl »europäisch« wie »antieuropäisch«: Der Bolschewismus war europäisch seiner intellektuellen Herkunft nach und antieuropäisch im Parteidespotismus der »Liquidierung« ganzer Klassen; der Nationalsozialismus war zusammen mit seinen radikalfaschistischen Verbündeten in Rumänien, Ungarn und in der Spitze Italiens europäisch in seinem anfänglichen Willen zur Verteidigung des bedrohten Gesellschaftssystems und antieuropäisch in der praktischen Realisierung des Vernichtungsbegriffs, die nicht zufällig und doch entgegen der europäischen Verwerfung der »kollektivistischen Schuldzuschreibung« primär gegen die Juden gerichtet wurde. So wurde der Zweite Weltkrieg, ganz anders als der Erste, auch als ein »ideologischer Bürgerkrieg« ausgefochten, und die Entscheidung wurde abermals durch die USA herbeigeführt, jene ursprünglich in schroffer Vereinfachung europäische, aber ihrer innersten Tendenz nach antieuropäische, auf eine künftige »Weltzivilisation« ausgerichtete Macht. Das neue »Gesicht Europas« aber war nach 1945 so blutleer und entstellt, wie es nie zuvor gewesen war.

Diese tiefe Schwächung Europas hatte zur Folge, dass seine Kolonien mit einer Schnelligkeit und Überstürzung ihre Selbständigkeit erlangten, die weitaus mehr an Todesopfern nach sich zog, als ihre Eroberung oder Inbesitznahme gekostet hatte, zumal bei der Teilung Indiens in einen hinduistischen und einen muslimischen Staat. Der »antieuropäische« Vorgang, der von dem europäischen Liberalismus antizipiert und gefordert worden war, brachte natürlich eine ganze antieuropäische und antiokzidentalistische Literatur hervor, innerhalb deren der Schriftsteller Frantz Fanon besonders hervortrat. Die Paradoxie bestand darin, dass die noch verbleibende Realität der Unterdrückung durch Europa keine überzeugte Verteidigung und Neubegründung der eigenen Kultur in sich schließen konnte, da das unterdrückende Europa etwa in der Frage der Stellung der Frau so viel »aufgeklärter« und moderner war als die einheimische Kultur des Islam. Schon vor dem Kriege hatte ja Rabindranath Tagore als Sprecher der uralten indischen Hochkultur, die von den Engländern überwältigt worden war, Europa »verzehrende Selbstsucht« und »systematische Entmenschlichung« vorgeworfen und die Lehre der Veden und Upanischaden als das Tor zu harmonischem Dasein und kosmischem Einheitsgefühl dagegengestellt, aber die Realität des indischen Kastensystems hatte er weitgehend ausgespart.

Nach 1945 war die Kritik an dem »hässlichen Gesicht Europas« auf der Seite der nichteuropäischen Kritiker überwiegend in die marxistische Sprache gekleidet, aber die radikalste Kritik kam aus den USA selbst und mochte »antiamerikanisch« genannt werden. Der Krieg der Amerikaner »gegen Vietnam«, der in Wirklichkeit ein Verteidigungskampf zugunsten der Restbestände des französischen Kolonialreichs in Hinterindien darstellte, war mehr Anlass als Ursache, und ein Mann wie Noam Chomsky, der selbst Jude war, weitete die einhellige Verwerfung des Nationalsozialismus bzw. Deutschlands und der im »Holocaust« gipfelnden »deutschen Verbrechen« tendenziell auf die USA aus. Es lag ja sehr nahe, im Rückblick Hitler als den entschiedensten Vorkämpfer des bösen Westens zu betrachten, denn wo war ein wesentlicher Unterschied zu »Auschwitz« zu sehen, wenn die Amerikaner durch ihre Wirtschaftspolitik und auch durch die Greueltaten ihrer Klienten in der zentralamerikanisch-karibischen Region jedes Jahr in einem »stillen Genozid« elf Millionen Kinder zu Tode bringen? Und im radikalen Flügel der Feministinnen begnügte man sich nicht damit, den christlichen Patriarchalismus anzugreifen und den jüdischen Kampf gegen die lebensvollen Naturkulte der Ureinwohner Palästinas anzuprangern, sondern man nahm sich ausdrücklich vor, die gesamte »Struktur der bisher bekannten Kultur« aus der Welt zu bringen. Damit wurden Europa und der ganze Okzident nicht nur angegriffen, sondern der Vernichtung geweiht: Europa sollte kein »Gesicht« mehr haben, auch nicht ein hässliches oder abstoßendes, sondern es sollte verschwinden. Der Ayatollah Chomeini hingegen, ein schroffer Antagonist des westlichen Feminismus und des Westens überhaupt, hätte vermutlich Folgendes gesagt: Nicht die militärischen und ökonomischen Attacken des Westens gegen islamische Länder seien das schlimmste – der Westen gleiche vielmehr einem angefaulten Apfel, der mit den ebenso verführerischen wie verhängnisvollen Düften seiner Dekadenz und Verworfenheit die ganze Welt in einen Zustand der Benommenheit versetze; nur der Islam könne und werde der schleichenden Verfaulung widerstehen und am Ende über diesen »Satan« triumphieren.

Dennoch blieb es eine Tatsache, dass Jahr für Jahr zahllose Amerikaner und andere Nicht-Europäer nach Europa reisten, weil sie in ihm – bewusst oder unbewusst – das »Juwel der Welt« sahen, den am meisten durch eine tausendjährige Geschichte bis in die Dörfer hinein geprägten Erdteil. An prunkvollen Herrschersitzen und herrlichen Moscheen war im islamischen Gebiet der Welt kein Mangel, und was durfte einen höheren Rang beanspruchen als der Taj Mahal und die Cheops-Pyramide? Aber nur in Europa waren in zahlreichen Groß- und Kleinstädten Kathedralen wie die von Chartres zu finden, gab es die vielen Burgen und Schlösser eines Adels, der seine leibeigenen Bauern tatsächlich ausgebeutet hatte und dabei doch in erster Linie für die fernen Nachkommen wirkte, stachen überall die großen Plätze in der Mitte der mittelalterlichen Städte mit ihren patrizischen Bürgerhäusern ins Auge. Schritt für Schritt stieß der Besucher auf Inschriften und Hinweise zur Erinnerung an bedeutende Individuen von Thomas von Aquin und Dante bis zu Goethe und Einstein. Freilich gab es auch zahlreiche Schlachtfelder zu sehen, von Austerlitz bis Solferino, von Verdun bis zur Atlantikküste der Normandie, und einstige Vernichtungslager wurden in Polen von Hunderttausenden besucht oder in den Weiten Russlands und Sibiriens von Forschern aufgespürt. Vielleicht waren jene Herrlichkeiten nur noch Objekte der Neugier und der Besichtigung, und zweifellos konnten nicht wenige Menschen voller kulturkritischen Zorns ausschließlich der großen Kultur Europas ihre Aufmerksamkeit und Liebe widmen. Aber Europa war eben nicht nur Kultur oder Zivilisation, sondern auch Kultur- und Zivilisationskritik; es war nicht nur Säkularisierung, sondern nach wie vor die Stätte von theologischen Hochschulen, und solange diese bestanden, war das Christentum nicht vollständig zu einer anthropozentrischen Sozialdoktrin geworden; Europa war nicht nur von Krieg und Gewalt geprägt, sondern hier waren die überzeugendsten Predigten und Traktate zum Weltfrieden entstanden; Europa umfasste sowohl Weltflucht wie Weltzuwendung, sowohl Revolution wie Reaktion; Europa war, abkürzend gesagt, nicht so sehr das Nebeneinander als vielmehr das Miteinander, ja die oftmals geglückte Synthese einer Vielfalt von Lebensentwürfen und Denktendenzen, wie es sie in dieser Fülle und Widersprüchlichkeit nirgendwo sonst in der Welt gab; es war immer schon eine dialektische Einheit zwischen seinem jeweiligen Selbst und dem Anderen gewesen, aus der neue Gegensätzlichkeiten entstanden und neue Synthesen postulierbar wurden, wobei in aller Vielfalt des Ausdrucks das ursprüngliche Gesicht nie unerkennbar wurde. Aber Europa hat insbesondere aus sich heraus einen Prozess in Gang gebracht, den man »Globalisierung« oder mit einem philosophischen Begriff »praktische Transzendenz« genannt hat, und dadurch wurde es vor Probleme gestellt, die noch einer Lösung harren und die letzten Endes die Frage implizieren, ob Europa »sein Gesicht wahren« und als es selbst weiterexistieren kann. Man kann jene »Globalisierung« in starker Verkürzung als den Weg zur universalen »Supermarktgesellschaft« charakterisieren, die als Gesellschaft des zureichenden, ja übervollen Angebots eine Realisierung wesentlicher Forderungen des Sozialismus wäre und als »Marktgesellschaft« mit ihren unvermeidbaren Ungleichheiten die Grundstruktur des Kapitalismus aufwiese. Universal geworden, würden alle ihre Mitglieder nur ein gemeinsames und fundamentales Interesse haben, nämlich dass diese Gesellschaft als Grundlage des Lebens aller Menschen nicht in Gefahr gerät; ein besonderes Interesse als Europäer, als Franzosen, als Deutsche, als Chinesen oder als Inder brauchten sie nicht zu haben. Sie könnten es aber besitzen, und die Frage wäre, ob der universale Supermarkt und dessen Voraussetzungen einschließlich der bedingungslosen Verwerfung aller und nicht bloß der nationalsozialistischen Gewalttaten das Ganze ihres Lebens sein würden oder nur ein selbstverständlicher, alle Menschen betreffender Boden, auf dem sich die Bauten der verschiedenen und notwendig partikularen Kulturen erheben würden. Auch das »Gesicht Europas« würde sich mithin tiefgreifend verändern, aber es würde erhalten bleiben. Die philosophische Frage, die in eins damit zu entscheiden wäre, ist die, ob die Menschheit zu einer rein universalen, ort- und charakterlosen Gattung werden kann, oder ob in ihr Universales und Partikulares sich immer aufs Neue verbinden müssen, solange sie auf der Erde existiert.

Für Europa selbst stellt sich eine engere und aktuellere Frage. Die Europäische Union, die durch die Geschichte des letzten Halbjahrhunderts zustande gekommen ist, umfasst nur einen Teil Europas, denn sie schließt die großen osteuropäischen Nationen, die Ukrainer und die Russen aus, und zwar aus schwerwiegenden, wenngleich nicht schlechthin zwingenden Gründen, weil angesichts der überragenden Größe Russlands an Raum und Bevölkerungszahl das bisherige Gleichgewicht unter den Mitgliedern nicht zu wahren sein würde – nicht zuletzt müsste das Verhältnis zwischen der katholischen und der protestantischen Religion einerseits und der orthodoxen Religion andererseits völlig neu bestimmt werden. Aber die Politiker der EU haben es infolge bestimmter historischer Präzedentien und schließlich unter dem Druck der geostrategischen Interessen der USA für richtig gehalten, dem Drängen der Türkei nach der Vollmitgliedschaft in der Union nachzugeben und damit faktisch Europa für die vom Ursprung her auf Welteroberung ausgerichtete Kriegerreligion des Islam und deren gewaltige demographische Überlegenheit zu öffnen. Daher ergeben sich drei Möglichkeiten, durch die das Gesicht Europas entweder wie nie zuvor in der Geschichte verändert oder aber völlig zerstört werden wird.

Die einfachste, nächstliegende und verantwortungsbewussteste Entscheidung ist die, die halb geöffnete Tür im wachsenden Bewusstsein der lebensgefährlichen Differenz wieder zu schließen. Die zweite besteht in dem Beharren auf der grundlegenden Forderung, dass die in Europa ohne beschränkende Bestimmungen einwandernden Muslime sich »europäisieren«, d.h. auf einen wesentlichen Teil ihrer bisherigen Identität verzichten müssen. Die Zukunft Europas würde dann nach dem Muster jenes Grundkennzeichens Europas verlaufen, gemäß dem etwa der Katholizismus und am Ende auch der Sozialismus lernen mussten, auf ihren bisherigen Totalitätsanspruch zu verzichten und sich in das »Liberale System« einzuordnen. Das nachchristlich-islamische Europa der Zukunft würde dann ein tief verändertes, aber immer noch klar erkennbares Gesicht aufweisen. Allerdings ist zu bedenken, dass die gegenwärtige Gesellschaft Europas nur noch bedingt als »Liberales System« bezeichnet werden darf, sondern dass sie wegen der anscheinend uneingeschränkten Vorherrschaft eines einzigen von dessen Faktoren eher eine »liberistische« Gesellschaft genannt werden sollte, während es überaus zweifelhaft ist, ob der Islam in absehbarer Zeit ebenfalls auf seinen Charakter als religiöse, durch strenge Gesetze und Regeln geprägte Gesellschaft verzichten kann. Eine Epoche schwerer, möglicherweise sogar bürgerkriegsartiger Kämpfe wäre daher zu erwarten. Wenn die dritte Möglichkeit, die der schrankenlosen Einwanderung, sich realisieren sollte, würde Europa nach menschlichem Ermessen in kaum mehr als hundert Jahren zu einem vorwiegend islamischen Erdteil geworden sein und als unterschiedene, sich unterscheidende Kultur nicht mehr existieren. Die lange, ebenso ruhmreiche wie leidvolle Geschichte seiner epochalen »Ausdrucksgesichter« und seines langwährenden »Grundgesichts« wäre an ihr Ende gelangt.

Aber wenn die Geschichte Europas zugleich mit der Einsicht in ihren dialektischen und synthetischen Charakter zu einer Überzeugung Anlass gibt, dann ist es die, dass diese Geschichte nie ganz so verlaufen ist, wie sie im Denken konstruiert und vorhergesagt wurde, dass sie vielmehr immer Paradoxien aufwies und Überraschungen mit sich brachte. Unser gegenwärtiges Nachdenken darf daher nicht in eine langfristige Vorhersage münden, sondern es sollte die Entschlossenheit hervorrufen, im Sinne desjenigen praktisch tätig zu sein, was möglich und möglichst gut zu sein scheint, und die entferntere Zukunft demjenigen zu überlassen, was frühere Generationen »die Vorsehung« nannten.

4. DAS RÄTSEL DER »EUROPÄISCHEN IDENTITÄT«

»Identität« ist heute ein in vielen Zusammenhängen oft gebrauchter Begriff: So spricht man von der »Identität eines Volkes«, der »Identität einer Kultur«, der »Identität einer Partei«, und meist ist dabei, bewußt oder unbewußt, der Begriff des »Identitätsverlustes« mit im Spiel. Der Begriff begegnet aber auch grundsätzlicher Kritik, und von »Essentialismus« ist heute in Wissenschaft und Publizistik meist mit negativem Akzent die Rede. »Identität« scheint dasselbe zu sein wie »Wesen«, und »Wesen« als zeitüberdauernde Selbigkeit wird als Gegenbegriff zu der überwältigenden Macht der Zeit sowie der natürlichen und historischen Umstände verstanden, als fixierende Abstraktion, die den Zeitfluss und das Werden vergewaltigt, nicht anders als Platons »Ideen«. Diese sind nach der Auffassung des Philosophen kosmische Ursprünge, »Gedanken Gottes«, aber in Wahrheit, so heißt es, stellen sie nur Konstruktionen der menschlichen Vernunft dar, welche die unfaßbare Mannigfaltigkeit der Welt überschaubar und handhabbar zu machen versucht. Wie weit kann doch schon eine jüngere Generation von der älteren entfernt sein, obwohl in den Genen oder im »Blut« unverkennbare Kontinuitäten vorliegen, wie fremd stehen einander oft die verschiedenen Schichten eines Volkes gegenüber, obwohl sie sich derselben Sprache bedienen!

Am Begriff »Europa« lassen sich, wie es scheint, diese Schwierigkeiten besonders gut exemplifizieren. Was ist dem Raubritter des 14. Jahrhunderts mit dem Intellektuellen der Gegenwart gemeinsam, was hat Erasmus von Rotterdam mit dem Wikinger Erik dem Roten zu tun? Würden der Kaiser Otto der Große und der Staatsmann Georges Clemenceau sich selbst Zusammengehörigkeit zuschreiben, wenn sie einander begegnen und ein Gespräch führen könnten? Muss für die »europäische Identität« nicht dasselbe gelten, was für den Begriff der »asiatischen Identität« gilt: nämlich dass die religiösen, geographischen und staatlichen Unterschiede viel zu tiefgreifend sind, als dass ein gemeinsamer Begriff sie zusammenzufassen und zu überwölben vermöchte? Selbst wenn man den Begriff unter Vorbehalten akzeptiert: ist unter »Europa« das lateinisch-katholische Abendland zu verstehen, oder schloss es auch das orthodoxe Russland und das byzantinische Ost-Rom ein, war es gleichbedeutend mit »der Christenheit« oder hat es eher als der »Okzident« zu gelten, als die »westliche Welt«, welche auch die Vereinigten Staaten von Amerika mitumfaßt?

Aber solchen Zweifelsfragen ist am leichtesten zu entgehen, wenn man sich vor Augen stellt, dass dieses Europa Feinde hat, die es auf das schärfste kritisieren, und zwar in allen seinen Versionen: Feinde, die seit 1945 zahlreicher und radikaler geworden sind als jemals zuvor, Feinde, die nur teilweise von außen, sondern überwiegend von innen kommen. Vorkämpfer der »sexuellen Revolution« kritisieren die Naturfeindlichkeit und die Triebunterdrückung, von der die jüdisch-christliche Tradition seit ihren Anfängen gekennzeichnet gewesen sei; Naturschützer klagen das Bibelgebot »Machet euch die Erde untertan« als den Beginn der Naturzerstörung an; Feministinnen attackieren den »Patriarchalismus« schon des *Alten Testaments* und die daraus resultierende Unterdrückung des weiblichen Geschlechts; Muslime erinnern an das schreckliche Blutvergießen bei der Eroberung Jerusalems durch die christlichen Kreuzfahrer; Indios greifen die Anklagen wieder auf, welche Bartolomé de Las Casas gegen den millionenfachen Genozid der Spanier und Portugiesen in Süd- und Mittelamerika gerichtet hatte; die schwarzen Amerikaner verlangen Wiedergutmachung für den Sklavenhandel, der viele Hunderttausende ihrer Vorfahren dem afrikanischen Heimatboden entrissen und unter unbeschreiblichen Bedingungen zu qualvoller Arbeit in die »Neue Welt« transportiert hatte; die antiokzidentalistische Linke in der Dritten Welt und in Europa selbst stimmt mit der antikapitalistischen Linken in der scharfen Kritik am Kolonialismus und Imperialismus der europäischen Mächte des 19. Jahrhunderts weitgehend überein, und eine Anhängerin des »Third Worldism« artikulierte Kritik und Hass unter abermaliger Ausweitung des Begriffs »Europa« besonders schroff: Die weiße Rasse sei der

Krebs der Welt. Aber schon in den zwanziger Jahren hatte der deutsche und von Selbsthass erfüllte Jude Theodor Lessing sich auf ganz ähnliche Weise ausgedrückt, und Alfred Rosenberg hatte während eines Parteitags der NSDAP voller Empörung darauf Bezug genommen.

Aus all dem ist zu folgern: eine »historische Identität Europas«, wie immer sie näher zu bestimmen ist, muss es schon deshalb geben oder mindestens gegeben haben, weil sonst die scharfe Kritik so vieler Gegner und Feinde ins Leere zielen würde. Aber diese Identität wird als rundum negative gefasst.

Ein anderer Charakter der europäischen Identität kommt in den Blick, wenn die islamische Welt zum Vergleich herangezogen wird. Auch in ihr lassen sich nicht wenige Differenzen aufweisen: Die Sunna ist anders als die Schia, die Charidschiten sind mit den Sufis nicht zu verwechseln. Über innerislamische Kriege lassen sich umfangreiche Geschichtsbücher schreiben. Und doch springt die Identität jedem Beobachter ins Auge und gegenüber dem Zeitpunkt des Jahres 1000 der christlichen Zeitrechnung macht sich im Jahr 2000 kein tiefgreifender Unterschied bemerkbar: Fünfmal am Tage rufen die Muezzin von den Minaretten der Moscheen die Gläubigen zum Gebet, und dieses Gebet setzt nicht die bloße Beugung der Knie voraus, sondern die Niederwerfung vor Allah, dem einzigen Gott; keine »Kirche« steht neben einem Staat, sondern die Kirche ist selbst Staat, seit Mohammed und dessen unmittelbare Nachfolger ihre Anhänger zu Herren eines großen Teils der bewohnten Erde gemacht hatten; die Pluralität der islamischen Staaten wird als ein bloß zufälliges Faktum betrachtet, welches die Einheit der »Nation des Islam« nicht beeinträchtigt; im Inneren dieser Kirchenstaaten, die indessen außer bei den Schiiten keinen eigenen Klerus aufweisen, wird den Andersgläubigen, den Christen und Juden, Toleranz gewährt, solange sie sich mit dem Status von »dhimmis«, von Schutzbefohlenen, zufriedengeben und keinen Anspruch auf politische Emanzipation erheben; die einfachen und mysterienlosen Lehren des *Koran* bestimmen das Leben der Muslime vom

Morgengrauen bis in die tiefe Nacht hinein und von der frühesten Kindheit bis ins späteste Alter. Kein Beobachter kann behaupten, es gebe keine islamische Identität. Diese Identität ist aber nicht eine staatliche oder soziale, sondern eine religiöse. Aus dem Vergleich mit dem Christentum ist die folgende These abzuleiten: die europäische Identität war zu keiner Zeit in einem ebenso umfassenden Sinne religiös wie die islamische, und sie muss in der Gegenwart jedem Muslim und auch jedem Buddhisten als eine völlig irreligiöse Realität erscheinen.

Es ist jedoch unerlässlich, nach der negativen Interpretation der Gegner und nach der Vergegenwärtigung einer radikalen Andersheit auch das etablierte Selbstverständnis Europas zu Wort kommen zu lassen. In stärkster Verkürzung ließe es sich folgendermaßen wiedergeben: Europa, schon geographisch durch seine reiche Gliederung deutlich von Asien verschieden, erwuchs als geschichtliches Gebilde aus der Synthese zwischen der griechisch-römischen Kultur der Antike, der aus jüdischer Wurzel hervorgegangenen Religion des Christentums und der jugendlichen Lebenskraft der germanischen Stämme, die während der Völkerwanderungszeit den Westteil des Römischen Reiches in Besitz nahmen, einer Synthese, die voller fruchtbarer Spannungen war, etwa denjenigen zwischen der älteren Religion des Judentums und der jüngeren des Christentums und zwischen der antiken Diesseitigkeit und der christlichen Jenseitsorientierung. Aus dieser Synthese gingen das Heilige Römische Reich deutscher Nation des Mittelalters, aber auch die frühesten Nationalstaaten wie Frankreich, England und Spanien hervor, und in einem Prozess, der so etwas wie »Weltgeschichte« zum Dasein gelangen ließ, vollzog sich die »Europäisierung« großer Teile der Welt, durch welche »die Moderne« hervorgebracht wurde. Aus dieser Konzeption lassen sich leicht Antworten auf viele Anklagen der Gegner ableiten: nicht nur für Hegel, sondern sogar für Marx war die asketische, »sinnenfeindliche« Einstellung des frühen und mittelalterlichen Christentums die notwendige Voraussetzung für die spätere Vorherrschaft der Vernunft, ganz wie der Kampf der Priester und Propheten Israels gegen die orgiastischen Naturkulte der Kanaanäer eine Vorbedingung für die Entstehung des Christentums gewesen war; die Eroberung Amerikas durch die Spanier, Portugiesen und Engländer bedeutete trotz beklagenswerter Begleitumstände die Erschließung und Einbeziehung eines großen Teiles der Erde in übergreifende Zusammenhänge; und das Gleiche gilt für den Kolonialismus, ja für den Imperialismus der europäischen Mächte im 19. Jahrhundert, die für die Einwohner der Kolonien und der abhängigen Gebiete mehr Vorteile als Nachteile mit sich brachten.

Durch diese lange Zeit vorherrschende Auslegung wurden sowohl Russland wie das byzantinische Ost-Rom von Europa ausgeschlossen, da dort keine Verbindung zur klassischen Antike vorhanden war, aber die älteste, die katholische Version tendierte dazu, sogar die Reformation und deren Folgeerscheinungen als Phänomene der »Säkularisierung« auszustoßen oder mit einem Stigma zu belegen, während die jüngste, die liberaldemokratische Version nur höchst mühsam eine Verbindung mit dem »finsteren Mittelalter« herzustellen vermochte. In allen ihren Gestalten neigte die etablierte Interpretation zur Glorifizierung Europas, und sie geriet um so mehr in eine Verteidigungsposition, je mehr sie anerkennen musste, dass Selbstkritik von früh an eine charakteristische Eigentümlichkeit Europas gewesen war und dass angesichts der von Europa ausgegangenen Weltkriege sowie vor allem des Nationalsozialismus eine solche Selbstkritik unumgänglich war. So wurde die schroffe Entgegensetzung von »Abendland« und »antichristlichem Nationalsozialismus« nach einer kurzen Blüte schon seit etwa 1955 unglaubwürdig, und die zum Extrem fortgebildete feindliche These, im Nationalsozialismus und dessen in »Auschwitz« kumulierender Judenfeindschaft sei nicht so sehr eine deutsche Eigentümlichkeit, sondern ein Grundzug Europas zum Vorschein gelangt, stieß überwiegend nur noch auf Sprachlosigkeit.

Ich will versuchen, im Folgenden einen Ansatz zu skizzieren, der einen Platz jenseits von Verwerfung und Glorifizierung einzunehmen sucht.

Auch für Europa war die Religion nicht minder von grundlegender Bedeutung als für die islamische Welt und für die buddhistischen Staaten Südostasiens, aber es handelte sich um eine Religion von besonderer und scharf abgegrenzter Art. Als Mysterienreligion vom Gottmenschen Jesus Christus und damit von der »Trinität« Gottes sowie durch die Lehre von der Unsterblichkeit der individuellen Seelen ist das Christentum auf der einen Seite von der Mysterienlosigkeit der streng monotheistischen jüdischen und islamischen Religion und auf der anderen von der Individualitätsfeindschaft des Buddhismus und des Hinduismus auf das Klarste verschieden. Menschen, die wie der Kirchenvater Tertullian von ihrem Glauben sagen müssen, dem vernünftigen Urteil erscheine er absurd und gerade dadurch begründe er eine Hoffnung, die über alle bekannten Hoffnungen weit herausgehe, nämlich die gläubige Gewissheit der individuellen Unsterblichkeit, sei es einer seligen im Himmel oder einer unseligen in der Hölle, nehmen eine völlig andere Stellung zur Welt im Ganzen ein als diejenigen, die davon überzeugt sind, durch Askese und Gebet dem Weltungeheuer des »samsara« durch das Verlöschen im Nirwana entkommen zu können. Dem ursprünglichen Judentum war die Hoffnung auf individuelle Unsterblichkeit fremd, und sie blieb auch später gegenüber der strengen Regelung des irdischen Lebens in der Erwartung des irdischen Messiasreiches eine untergeordnete Vorstellung, und Ähnliches trifft trotz aller Ausmalungen des Himmels und aller Drohungen mit Höllenqualen auf den Islam zu. Die grundlegende Verschiedenheit des Weltverhältnisses schließt nicht aus, dass Christen, Juden und Buddhisten miteinander Handel treiben und Gespräche führen, aber selbst die erstaunlichste Entwicklung von Handel und Industrie wird für gläubige Christen, Juden, Muslime und Buddhisten immer von bloß sekundärer Bedeutung sein.

Daher ist es in den Augen von gläubigen Christen ebenfalls nur von sekundärer, ja sogar von negativer Bedeutung, wenn aus dem Glauben an die individuelle Unsterblichkeit ein alltäglicher und weltlich orientierter »Individualismus« hervorgeht, denn das kann nicht ohne einen allgemeinen Prozess der »Säkularisierung« und der »Modernisierung« geschehen. Eben dieser Prozess geht zwar nicht aus dem Christentum als Religion, wohl aber aus der christlichen Gesellschaft hervor. Anders als im Islam, anders auch als im byzantinischen Ost-Rom sind im abendländischen Mittelalter Kirche und Staat, Papst und Kaiser nicht miteinander identisch, und neben den beiden Hauptmächten entfalten sich schon bald eigenständige Staaten sowie in Kontinuität zum Städtewesen der Antike selbstverwaltete, meist nicht vom Adel, sondern vom »Bürgertum« bestimmte Städte. Insofern weist schon die mittelalterliche Gesellschaft Europas im Ansatz die Kennzeichen des »Liberalen Systems« auf und ist als eine »polygonale« oder mehrpolige Gesellschaft zu bezeichnen. Aber trotz aller Kämpfe zwischen Kaiser und Papst, trotz des Großen Abendländischen Schismas, trotz des Hundertjährigen Krieges zwischen Frankreich und England, d. h. zweier Dynastien um die Herrschaft über Frankreich und England, trotz der Ketzerbewegungen und deren blutiger Unterdrückung bleibt das mittelalterliche Europa kaum weniger von der christlichen Religion geprägt, als Nordafrika und Teile Vorderasiens, ja Spaniens vom Islam geprägt sind, und in der materiellen Kultur kann von einem Vorrang Europas noch im 16. Jahrhundert keine Rede sein.

Eine qualitative Differenz kommt erst durch die Reformation zustande: Hinfort geht durch die Christenheit ein Riss, der auch dogmatische Bedeutung hat, anders als die Trennung von Sunna und Schia im Islam. Sowohl die Papstkirche, die sich weiterhin »katholisch« nennt, wie die neuen Kirchen der Reformatoren erheben den Anspruch, die allgemeine Kirche zu sein, aber sie können ihn nicht durchsetzen und müssen ihre vermutlich dauerhafte Verschiedenheit schon um die Mitte des 16. Jahrhunderts und endgültig im Westfälischen Frieden von 1648 akzeptieren. Die englische Whig-History war geneigt, Protestantismus und Modernität gleichzusetzen, aber Luther und Calvin waren alles andere als »moderne Menschen«, und weit richtiger dürfte die folgende These sein: Indem Katholizismus und Protestantismus trotz aller Feindschaft eng miteinander verbunden blieben, konnten die gegensätzlichen Absolutheitsansprüche miteinander verglichen und dadurch »relativiert« werden, so dass eine autonome Philosophie und Wissenschaft, sozusagen in den Zwischenräumen, zu entstehen vermochte.

Am Beispiel von Pierre Bayle und auch von John Locke lässt sich dieser Vorgang sehr leicht anschaulich machen. Da die Religionskriege des 16. und 17. Jahrhunderts in Frankreich und Deutschland die Feindschaft zu einem unerträglichen Höhepunkt geführt hatten, drängten sich die Bemühungen um Ausgleich und Versöhnung zwischen den Konfessionen, wie etwa diejenigen von Leibniz, geradezu auf. Daher muss man sagen: Aus dem Kampf unmoderner Elemente, der durch die Struktur des »Liberalen Systems« ermöglicht wurde, ging Modernität hervor, und in eins damit vollzog sich der Prozess der Säkularisierung, die den Konfessionen der herrschenden Religion ihre hervorstechende Stellung nahm und eine übergreifende »deistische« oder »natürliche« Religion in den Vordergrund zu stellen versuchte. Mit dem Beginn der in sich keineswegs monolithischen Aufklärung wurde eine neue Definition der europäischen Identität möglich: Das europäische Liberale System war die sich selbst modernisierende und sich selbst säkularisierende und insofern die sich selbst überholende Gesellschaft. Daher kann weder der Liberalismus, der im erfolgreichen Kampf des englischen Adels gegen den – in gewisser Weise moderneren – Absolutismus der Stuarts seinen Anfang nahm, noch die Aufklärung noch, trotz der ihr anhaftenden Zufälligkeiten, die Französische Revolution noch das Aufkommen des Sozialismus aus dem Begriff »Europa« ausgeschlossen werden, und der große Kämpfer gegen den »Philosophismus« der Aufklärung, Joseph de Maistre, legte einen allzu engen Begriff zugrunde, als er 1821 kurz vor seinem Tode sagte: »Je meurs avec l'Europe.«

Die um 1760 in England beginnende »industrielle Revolution« hatte gewiss vielfältige und auch »materielle« Ursachen, aber sie ist gleichwohl vom Ringen der »Nonconformists« um ihre Selbstbehauptung nicht zu trennen. Seit Turgot und Condorcet wurde

»der Fortschritt«, für den es bis dahin nicht einmal einen anerkannten Begriff gegeben hatte, zu einer zentralen und weithin leitenden Vorstellung, die sich im radikalen Liberalismus und im Sozialismus zu Ideologien ausformte, welche die religiösen Ursprünge des Begriffs »Europa« zwar nicht leugneten, aber ein langsames »Absterben« voraussahen. Nirgendwo auf der Welt gab es eine andere Gesellschaftsform, die sich selbst modernisierte und säkularisierte, am wenigsten innerhalb des Islam, der eine viel unmittelbarere, nicht durch den Glauben an ein Mysterium vermittelte Beziehung zwischen Religion und »Welt« aufwies, so dass er eigentlich gar nicht »säkularisiert« werden konnte. So war Europa als der »Erdteil des Fortschritts«, wie man sagen könnte, zur Herrschaft über die Welt aufgestiegen, und viele seiner Protagonisten blickten voller Geringschätzung auf die »unmodernen« Teile der Welt herab, die man großenteils schon unterworfen hatte und nun »zivilisieren« wollte. Zuerst die Saint-Simonisten und dann die anderen Schulen des Sozialismus sahen einen Weltzustand voraus, in dem der Fortschritt zu Egalität und Wohlstand als die eigentliche Identität Europas die ganze Erde in ein Paradies ohne Staaten und ohne Klassen verwandelt haben würde. Die älteste, schon ganz an den Rand gedrängte Deutung der europäischen Geschichte und Identität, die katholische, neigte dagegen zu der These, die Identität des säkularisierten und »fortschrittlichen« Europa sei gerade die Nicht-Identität oder die Selbstzerstörung.

Und doch war Europa noch zu Beginn des 20. Jahrhunderts bei weitem nicht so säkularisiert und modernisiert, wie es Jeremy Bentham und Karl Marx für eine nahe Zukunft vorhergesagt hatten. Als der türkische Sultan Abdul Hamid in den Jahren 1894 bis 1896 die ersten und von den europäischen Mächten unterstützten Bestrebungen der christlichen Armenier seines Reiches nach einer auch politischen Emanzipation, d. h. nach Aufhebung des Status als »Schutzbefohlene«, durch die Anordnung von Massakern großen Umfangs niederzuhalten suchte, schrieb der deutsche Botschafter in einem Bericht an das Auswärtige Amt, es sei an höchster Stelle in Konstantinopel die vorgefasste Meinung, dass die Armenier für alle Zeiten unschädlich gemacht werden müssten. Dazu machte Kaiser Wilhelm II. die Randnotiz: »d. h. alle Christen sollen totgeschlagen werden. Und das sollen die christlichen Mächte ruhig mitansehen ... Schande über uns alle.« Und als zwanzig Jahre später die armenischen Überlebenden des ersten großen Völkermords des 20. Jahrhunderts, die 5000 Menschen, welche sich in Kilikien auf den Berg Musa Dagh an der Küste des Mittelmeers geflüchtet hatten, von französischen Kriegsschiffen aufgenommen wurden, da stand, wie es Franz Werfel in seinem Roman sehr anschaulich geschildert hat, die Aktion unter der Parole: »Christen retten Christen.«

Auch das Europa des Jahres 1913 verstand sich weithin noch als ein »christliches Europa«; die Forderung Voltaires »Ecrasez l'infâme« war nicht in Erfüllung gegangen; das europäische System hatte sich nicht nur als ein fortschreitendes, sondern auch als ein bewahrendes erwiesen, das die älteren seiner Bestandteile zwar zurückdrängte, aber nicht vernichtete. Nur dadurch blieb es eine polygonale Struktur voller potentiell gefährlicher, doch auch potentiell fruchtbarer Spannungen; die altextreme These von der Selbstvernichtung war ebenso weit von der Realität entfernt geblieben wie die neuextreme Vorstellung vom zwangsläufigen, trotz einer möglicherweise revolutionären Zwischenphase harmonischen Übergang zu einer homogenen und egalitären Weltgesellschaft.

Der Erste Weltkrieg schuf eine völlig neue Situation, nicht zuletzt deshalb, weil er als ein »christlicher Krieg« betrachtet werden konnte, mindestens aber als ein Krieg, den das Christentum nicht zu verhindern vermocht hatte. Die Vorkriegskritik an Europa musste sich also sehr verstärken, und die aussichtsreichste Kritik war die der sozialistischen Parteien, welche sowohl in Deutschland wie in Frankreich kurz vor dem Kriegsausbruch bedeutende Wahlsiege errungen hatten. Die Frage war, ob sie, wie es ihrem Programm entsprach, nach »der« politischen Macht greifen oder ob sie »europäisch« handeln und durch den freiwilligen oder erzwungenen Verzicht auf die Vernichtung ihrer Gegner die

Struktur des Systems in aller Veränderung bewahren würden. Die erste Vorentscheidung war dadurch gefallen, dass sie, entgegen der marxistischen Ideologie, fast ohne Ausnahme auf die Seite der kriegführenden Staaten getreten waren und mit den »bürgerlichen« Parteien einen »Burgfrieden« geschlossen hatten. Die zweite resultierte daraus, dass die Mehrheit der Parteiführer und der Anhänger negativ auf die Machtergreifung derjenigen sozialistischen Partei reagierte, welche als nahezu einzige die Zustimmung zu den Kriegskrediten abgelehnt und die Umwandlung des Völkerkrieges in einen Bürgerkrieg gefordert hatte, nämlich der russischen Bolschewiki.

Im Prinzip orientierten sich die Bolschewiki wie Marx an der Hegelschen Idee der »Realisierung«: Sie wollten die »europäische Kultur« nicht etwa zerstören, sondern erfüllen, d.h. deren uneingelöste Versprechungen zur Wahrheit machen – genauer gesagt: die Versprechungen der »bürgerlichen« Fortschrittslehre. Aber der innerste und nicht erst aus dem Marxismus herrührende Kern ihrer Intention war die Ersetzung der profitsüchtigen Verkehrs- oder Marktwirtschaft durch eine Planwirtschaft, die der Bedarfsdeckung dienen würde. Daher mussten sie die Beseitigung der »Kapitalisten«, d.h. der Unternehmer, zu ihrem ersten Ziel machen, und mit den »Bourgeois« mussten deren Verbündete ausgeschaltet werden: der Adel, die Kirche, die selbstwirtschaftenden Bauern. So verbreitete sich rasch in Russland und in ganz Europa trotz der Sympathien, die sogar in den Ländern der Alliierten der kriegsgegnerischen Partei entgegengebracht wurden, rasch ein Schrecken ohnegleichen, denn die bolschewistische Partei erwies sich schon innerhalb weniger Jahre, und keineswegs nur infolge des Bürgerkrieges, den sie selbst verursacht hatte, als die größte Kraft der sozialen Vernichtung, die es in Europa nach den Ansätzen in der Französischen Revolution je gegeben hatte: Die »feindlichen Klassen« wurden »liquidiert«, der Idee nach durch Einbeziehung in die allgemeine Gleichheit, der Realität nach weithin durch harte Unterdrückung und blutigen Terror. Durch die Beseitigung wesentlicher Elemente des – in

Russland freilich noch embryonalen – Liberalen Systems wurde der Grundprozess der Zurückdrängung durch den der Vernichtung ersetzt, und es war völlig verständlich, wenn der Bolschewismus im nichtrussischen Europa als ein »antieuropäisches«, ein »asiatisches« Phänomen betrachtet wurde, für das schon bald der Begriff des »Totalitarismus« in Gebrauch kam. Als Staat einer uneingeschränkten Einparteiherrschaft ohne Unternehmertum und selbständige Bauern, als Zitadelle einer »Gottlosenbewegung« und deren fesselloser Propaganda, als Staat eines weltrevolutionären Anspruchs, der jenseits seiner Grenzen, zumal in Deutschland, zahlreiche Anhänger besaß, war die Sowjetunion die erste große Drohung, die sich gegen ganz Europa und die europäische Gesellschaftsordnung richtete.

Nichts war näherliegend, als dass an vielen Stellen des Erdteils antibolschewistische und militante Gegenbewegungen aufkamen, die den innenpolitischen Kampf gegen die kommunistische Weltbewegung mit größerer Energie führen wollten, als der liberale Staat des pluralistischen Parteiensystems es tat. Schon 1922 gelangte die erste Bewegung dieser Art in Italien zum Siege, und zwar unter der Führung des Mannes, der vor dem Kriege ein radikaler Sozialist und in gewisser Weise der Begründer des italienischen Kommunismus gewesen war – offenkundig handelte es sich nicht um eine bloße Abwandlung der konservativen oder reaktionären Tendenzen der Vorkriegszeit. Auch von Adolf Hitler sind wie von Benito Mussolini frühe Äußerungen überliefert, in denen die Verteidigung der »christlichen Kultur« für das Ziel der Bewegung erklärt wird. Dennoch konnte es für genaue Beobachter schon früh deutlich werden, dass Hitler in der Tradition der Nietzscheschen Begriffe vom Aufstand der von jüdischen und christlichen Ressentiments erfüllten Massen und von der heraufziehenden »Gesamtentartung der Menschheit« stand. So war bald zu erkennen, dass der radikal-antibolschewistische Nationalsozialismus dem Feinde ein andersartiges Vernichtungskonzept entgegensetzte und insofern als ein »antieuropäisches« Phänomen gerade mit ihm übereinstimmte. Dieses Vernichtungskonzept zielte bekanntlich auf das Judentum, aber letzten Endes ebenfalls auf dessen angebliches Erzeugnis, das Christentum. Auch das Judentum war ein wesentlicher Bestandteil des »Liberalen Systems«: für ein Jahrtausend als die ältere, in Übereinstimmung und Auseinandersetzung vom Christentum unablösbare Religion und seit dem Anfang des 19. Jahrhunderts als die intellektuellere, noch nicht vollständig assimilierte Schicht der Bevölkerung. Zwar bewahrte Hitler die überlieferte Hochschätzung der klassischen Antike und erst recht diejenige des Germanentums, aber es war wegen des Archaismus der Vorstellung vom »Lebensraum« und von der Urtümlichkeit des Krieges nicht einmal eine verstümmelte europäische Kultur, die er verteidigen wollte. Da in Deutschland kein genuiner Bürgerkrieg stattfand, nahm der nationalsozialistische »Antisemitismus« nicht wie der bolschewistische Antikapitalismus sofort den Charakter der blutigen Vernichtung an, sondern beschränkte sich bis in den Zweiten Weltkrieg hinein auf den Versuch der vollständigen Vertreibung, aber im Angriffskrieg gegen die Sowjetunion fielen die letzten Schranken, und auch der Nationalsozialismus erwies sich endgültig als eine Realität der Vernichtung, ja sogar einer biologischen statt der bloß sozialen Vernichtung.

Daher darf man sagen, dass 1945 ein antieuropäisches Regime besiegt wurde, aber es wurde von einem anderen antieuropäischen System unter entscheidender Mithilfe einer stark verkürzten und vereinfachten Erscheinungsform »Europas« besiegt, nämlich der amerikanischen Erscheinungsform, die damals nur in der vorherrschenden Ideologie, nicht aber in der alltäglichen Realität »antirassistisch« war. Die Länder des westlichen Kontinents, der Kern Europas, waren nun äußerlich und auch innerlich schwach geworden, doch mit Hilfe der USA und gutenteils unter der Führung christlich-demokratischer Parteien vermochten sie sich notdürftig zu rekonstituieren, und es bedeutete einen der eigenartigsten Siege Europas, dass in den sowjetisierten Ländern Osteuropas seit den siebziger Jahren intellektuelle Tendenzen bemerkbar wurden, die sich eine »Rückkehr nach Europa« zum Ziel setzten: Europa wurde offensichtlich nicht überall als ein »amerikanisiertes« Anhängsel der USA empfunden.

So war es doch nicht ausschließlich die Hochrüstungspolitik des Präsidenten Reagan, die in den Jahren 1989–1991 den Zusammenbruch der kommunistischen Regime in Osteuropa und der Sowjetunion selbst herbeiführte. Niemand konnte bezweifeln, dass der zähe Widerstand der polnischen Kirche von großer Bedeutung gewesen war, und vielleicht hatte sogar die Wahl eines polnischen Kardinals, Karol Wojtyłas, zum Papst im Jahre 1978 einen entscheidenden Einfluss. In der selbständig gewordenen Ukraine erklärten sich, glaubwürdigen Berichten zufolge, 90 Prozent der Bevölkerung als orthodoxe Christen, nachdem sie sich vor 1991 als Atheisten deklariert hatten. Im Jubelsturm der Jahre 1989–1991 mochte man tatsächlich glauben, die Identität Europas habe sich gegen die großen totalitären Vernichtungslehren des 20. Jahrhunderts behauptet und sei, wenngleich als gewandelte, für die vorhersehbare Zukunft gesichert. In den Fortschritten der europäischen Einigung, die in dem Beschluss zur Einführung einer einheitlichen Währung ihren Höhepunkt fanden, durfte man ein verheißungsvolles Zeichen sehen, obwohl das Wachstum einer riesigen Bürokratie in Brüssel, aber auch das Vordringen jener Pseudo-Religion, welche unter der Leugnung oder Verdrängung der historischen Zusammenhänge den deutschen Nationalsozialismus für das »absolute Böse« erklärte, einige Bedenken hervorrief.

Aber es zeigte sich schon bald, dass ein ganz neuartiger Totalitarismus heraufzog, der gerade das Gegenteil der bisherigen Totalitarismen zu sein schien: nämlich die Alleinherrschaft des entfesselten Weltmarkts, der »Globalisierung« oder des »Turbokapitalismus«, wie man die neue Wirklichkeit zu kennzeichnen suchte. Was auch bisher schon die eigentliche Weltrevolution gewesen war, nämlich das immer weitere Kreise ziehende, sowohl neue Kooperation wie neue Konflikte erzeugende Gegen- und Miteinander zahlloser Einzelner und zahlreicher Firmen erwies sich mehr und mehr als ein Sturm, der keine überlieferte Lebensform unangetastet ließ, der bisherige Grenzen einriss und die emanzipierten Individuen einer liberistischen Gesellschaft mit der Forderung der Flexibilität für seine Bedürfnisse zurechtschliff. Die wissenschaftlich-technische Konkurrenzgesellschaft des ganzen Planeten schien nun alle Visionen Condorcets und Comtes zu verwirklichen: Nie zuvor in der Weltgeschichte hatte eine so große Anzahl von Menschen sich eines so hohen Lebensstandards mit so vielfältigen Möglichkeiten der Unterhaltung erfreut, und trotz der frustrierenden, alle ökonomischen Fortschritte gleich wieder zunichtemachenden »Bevölkerungsexplosion« in der Dritten Welt schien auf mittlere Frist die emporhebende Angleichung so gut wie sicher. Die Differenzierung und Spezialisierung nahezu aller Tätigkeiten hatte einen solchen Grad erreicht, dass trotz der unübersehbaren Herausbildung neuer Funktionseliten gesellschaftliche Schichten im überlieferten Sinne, wie Bürgertum und Arbeiterschaft, ihren bisherigen Charakter verloren; selbst die Unterschiedenheit der Sprachen musste angesichts der gigantischen Informationsströme, die sich täglich und stündlich um die ganze Erde, ja in gewisser Weise bis zum Monde und zum Mars bewegten, als ärgerliches Hindernis erscheinen, das am besten durch die Einführung einer Weltsprache, sei es des Englischen oder des Esperanto, überwunden werden würde. Die entstehende Weltzivilisation, welche die Hauptmerkmale der Geschichte wie den großen Krieg und die abgegrenzten Kulturen hinter sich gelassen hätte, würde als der neuartige Totalitarismus, den sie darstellte, als »pensée unique«, niemanden wegen abweichender Meinungen oder Haltungen in Konzentrationslager schleppen oder durch Genickschüsse liquidieren, doch sie würde keine ernstzunehmende Andersheit dulden, und damit würde sie, aus der Geschichte Europas hervorgegangen, der »europäischen Identität« das endgültige Ende bereiten … Aber auf dem Gipfel der Fortschrittskonzeption wird gerade dasjenige vermisst, was das Hauptmerkmal der »Fortschrittsreligion« war, nämlich der Optimismus, die Zuversicht im Hinblick auf die Zukunft.

Sogar aus der Alltagswirklichkeit entstehen Besorgnis und Angst. Jene »Märkte«, die an die Stelle des »Schicksals« getreten zu sein scheinen, sind zwar nicht in der schlichten Weise früherer Zeiten auf die gewinnsüchtigen Manöver von einigen Hunderttausend Millionären zurückzuführen, sondern gigantische Pensionsfonds spielen eine große Rolle, und wenn sie zusammenbrächen, würden viele Millionen kleiner Leute in aller Welt aufs schwerste betroffen sein. Aber gleichwohl ist das System fragil, denn trotz der großen Zahlen handelt es sich um eine Minderheit, und Minderheiten stehen potentiell in einem Gegensatz zum demokratischen Gedanken. Der nächstliegende Weg zur unmittelbaren Erleichterung des Loses der Mehrheit der Weltbevölkerung scheint die Masseneinwanderung in die »reichen Länder« zu sein, aber diese Länder und nicht zuletzt Europa sehen sich vor ein fundamentales Dilemma gestellt: dass sie ihre Identität in einem besonders tiefgreifenden Sinne verlieren werden, wenn sie sich von der Idee der egalitär verstandenen Gerechtigkeit leiten lassen und den radikalen Forderungen nach »Öffnung der Grenzen« nachgeben, und dass sie mit sich selbst in Widerspruch geraten, wenn sie diese Grenzen völlig schließen und sich zu Festungen ausbauen. Immerhin kann diesen Gefahren auf konkrete und handgreifliche Weise begegnet werden: eine gewaltige Anstrengung zur Erhöhung der Entwicklungshilfe mag in Verbindung mit einer antinatalistischen Propaganda unter den Frauen der Dritten Welt den Druck erheblich vermindern, und die wirtschaftliche Globalisierung ist kein Naturprozess, da doch selbst ein Ökonom vom Range Milton Friedmans, kaum anders als die sogenannten »Globalisierungsgegner«, das Wirken des Internationalen Währungsfonds für verderblich und eine grundlegende Änderung für erforderlich hält.

Aber es droht auch eine Gefahr von anderer Art. Jene Gesellschaften der islamischen und der buddhistischen Welt, die von Europa aus so oft als »unmodern« geringgeschätzt wurden, weisen eine eigentümliche Stärke auf, und sie können diese Stärke vielleicht in einen kampfbereiten Dauerzustand überführen: Sie wissen noch, dass Sexualität nur als begrenzte und geregelte ihren Gattungszweck zu erfüllen vermag und dass die Entfesselung der

Sexualität in den liberistisch-hedonistischen Gesellschaften Europas und Amerikas deren Bevölkerungszahl immer weiter senken wird, so dass sie in absehbarer Zeit nicht nur ihre Identität, sondern ihre Existenz verloren haben werden. Wird nicht von großen Parteien in aller Offenheit die marxistische These abgewandelt, dass das Privateigentum abgeschafft werden müsse, nämlich das »Privateigentum« der Nationen an dem Boden, den sie bewohnen?

Und doch gibt es eine noch viel tiefergreifende Beängstigung. Was sogar vor einem halben Jahrhundert unvorstellbar war, ist in den Bereich der realen Möglichkeit gerückt: dass der nicht mehr bloß atheistische, sondern antitheistische Impuls der Weltzivilisation den Bereich des Unverfügbaren, Schicksalhaften und insofern »Göttlichen« immer mehr einschränkt und am Ende die menschliche Natur selbst überschreitet, so dass von einer Vernichtung des menschlichen Wesens durch die emanzipierte, in der Gestalt intelligenter Computer verselbständigte Intelligenz die Rede sein muss, auch wenn die vorhandenen Menschen imstande sein sollten, als eine Art gleichgültiger Überbleibsel ihr Dasein auf der Erde bequem einzurichten.

Aber der Mensch, so wird man sagen dürfen, kann in der Vielzahl der Individuen nie darin aufgehen, scheinbar selbstbestimmtes, in Wahrheit vielfältigsten Zwängen unterliegendes Atom in einer gigantischen Maschine zu sein. Er ist nicht nur ein Mitwirkender in jenem Prozess der Weltbemächtigung durch die Gattung, welcher als »praktische Transzendenz« zu bezeichnen ist, sondern früher und ursprünglicher ist er als Ergriffener und Denkender von jenem anderen Weltverhältnis geprägt, das ihn durch die »theoretische Transzendenz« der Welt im Ganzen in einer Weise gegenüberstellt, mit der keine Astronomie und keine Weltraumfahrt zu vergleichen ist.

Keine Wissenschaft kann ihm sagen, ob er sich einem Weltungeheuer oder einem »Kosmos«, ob er sich Gott oder dem Nichts gegenübersieht und wie er sich in diesem Horizont verhalten soll, welcher derjenige der theoretischen Transzendenz, d.h.

heute der großen Theologien und Philosophien ist. Aber in der »europäischen Identität« waren einige davon in einer Weise zusammengebracht, wie es sonst nirgendwo auf der Welt der Fall war. Die europäische Identität kann auf verschiedenen Ebenen fortexistieren und verteidigt werden. Die oberste Ebene ist die des religiösen Weltverhältnisses, und hier mag sie zum Vorbild und zur Präfiguration eines »Ökumenismus« werden, der sowohl Ausgleich wie Selbstbehauptung zur Voraussetzung hat, eine Doppelheit, die paradigmatisch in der Anerkennung des Judentums als der älteren und brüderlichen Religion durch Papst Johannes Paul II. zum Vorschein kommt, die aber nicht etwa eine »Rejudaisierung« des Christentums bedeutet, sondern dessen Charakter als Mysterienreligion vom Gottmenschen unverändert aufrechterhält. Aber während der Islam der Gefahr des Festhaltens an seinem Absolutheitsanspruch ausgesetzt bleibt, ist der Wille zu einer Verchristlichung der Welt aussichtslos geworden. Nur in einer Art von Inseln werden die christlichen Konfessionen, aber auch die nichtchristlichen »Weltanschauungen«, soweit sie das Leben zu prägen imstande sind, in Europa und in den USA überleben. Eben damit erhalten sie jedoch jene wesentliche Pluralität aufrecht, die ein Hauptkennzeichen der europäischen Identität war und die die Voraussetzung dafür ist, dass die Weltzivilisation kritisierbar bleibt und denjenigen Abstand zu sich selbst aufrechtzuerhalten vermag, ohne den ein »menschliches« Leben inmitten des verwirrenden Informationschaos der Panmixie von bloßen Individuen nicht möglich sein wird. Nur so wird für die Europäer und ihre »jüngeren Brüder«, die Amerikaner, die rätselhafte, sich selbst überholende und auflösende »europäische Identität« auf einer höheren Reflexionsstufe anzueignen und zurückzugewinnen sein.

5. DIE GRENZEN DER »EUROPÄISCHEN UNION«

In vielen Reisebeschreibungen der Zeit vor dem Ersten Weltkrieg ist mit Enthusiasmus davon die Rede, dass die Reisenden ohne Ausweise und Pässe »frei durch die ganze Welt reisen« konnten. Oberflächlich betrachtet, stimmte das, zumal dort, wo die Staatsgrenzen fest und anerkannt waren wie in Europa, aber wenn der Reisende sich dort oder irgendwo anders etwas zuschulden kommen ließ oder wenn er zum Opfer eines Raubüberfalls wurde, bekam er es sofort mit »Behörden« zu tun, die den Souverän des Landes repräsentierten, und selbst wenn er sich völlig frei in riesigen Wüstenlandschaften zu bewegen schien, bekam er gegebenenfalls rasch zu spüren, dass bestimmte Stämme oder Stammesverbände sich eine Art von Besitz- und Jurisdiktionsrecht oder gar ein Recht zu Raubüberfällen zuschrieben. Seit Stammesverbände und »Staaten« existieren, gab es Grenzen, schon vor der Zeit der Hochkulturen, und es gibt sie auch im gegenwärtigen Zeitalter der beginnenden »Weltzivilisation«.

Aber Grenzen hatten in der Geschichte und haben in der Gegenwart einen sehr unterschiedlichen Charakter, je nachdem, ob es sich um Nationalstaaten, um Reiche bzw. Imperien oder um Unionen von Staaten handelt.

Nationalstaaten haben in aller Regel Grenzen, die seit Jahrhunderten unverändert sind und häufig »von der Natur« vorgeschrieben zu sein scheinen. Den Engländern ist der Wohnsitz auf ihrer Insel offenkundig von der Natur oder von Gott zugewiesen, auch wenn sich die geschichtlichen, d.h. durch menschliche Aktionen zustande gekommenen Grenzen, etwa gegenüber Schottland, im Laufe der Jahrhunderte verändert haben; die Franzosen wohnen im Hexagon des Landes zwischen dem Atlantik, den Alpen und den Pyrenäen, und die historischen Kämpfe um die Rheingrenze erscheinen im größeren Zusammenhang nur wie ein unbeachtliches Detail. Allerdings gilt all das nur von den vollendeten Nationalstaaten, in deren Grenzen ganz überwiegend Menschen zu finden sind, welche dieselbe Sprache sprechen und also der »Nation« angehören, die das Land zwischen den Grenzen beherrscht. Die großen Kämpfe um die nationale Einheit etwa der Italiener und der Deutschen mochten lange währen und unter vielem Blutvergießen die nationalen Grenzen erst schaffen, aber es gab in aller Regel einen bestimmten Zeitpunkt, wo die Bildung der Nation und ihres Staates als abgeschlossen gelten durfte. Selbst die revisionistischen oder irredentistischen Nationalstaaten fielen aus diesem Bilde nicht vollständig heraus, denn die Erreichung des Ziels schien in naher Zukunft möglich zu sein.

Nur Deutschland bildete nach Bismarck und trotz Bismarck eine gravierende Ausnahme. Wenn tatsächlich alle Deutschen in einem Staat vereinigt sein sollten, musste in Mitteleuropa ein Nationalstaat von gewaltiger Größe entstehen, der viele Fremde wie etwa die Tschechen in seinen Grenzen eingeschlossen hätte und der trotzdem nicht wenige deutsche Gruppen mit eigenem Siedlungsgebiet in anderen Staaten hätte belassen müssen wie etwa die Siebenbürger Sachsen in Rumänien. Dieser Zustand war ab 1939 im Rahmen des »Großdeutschen Reiches« hergestellt, aber wie er nur durch kriegsähnliche Vorgänge und durch Kriege realisiert werden konnte, so hätte er gegen den Widerstand von nahezu der ganzen übrigen Welt behauptet werden müssen.

Eine andersartige Qualität wiesen aber auch England und Frankreich auf, und zwar als Kolonialmächte, welche sogar »jenseits des Meeres« große Besitzungen hatten, die indessen als Kolonien und selbst als Dominien vom »Mutterland« abhängig waren, auch in dem seltenen Falle eines kurzen Augenblicks, als Frankreich die südliche Gegenküste, nämlich Algerien einschließlich seiner ganz verschiedenartigen Bevölkerung, zu einem Bestandteil dieses Mutterlandes zu machen versuchte.

In gewisser Weise gehörten die Weltreiche der Engländer und Franzosen aber bereits zu einem anderen Staatentypus, demjenigen der »Reiche« oder »Imperien«. Deren Hauptkennzeichen ist die Tendenz zur Grenzenlosigkeit. Schon einige Könige der babylonischen Frühzeit nannten sich »König der vier Weltgegenden« oder sogar »König der Welt«. Ein Reich verleibt sich durch kriegerische oder kommerzielle Eroberung oder durch eine mit Zwang und Drohung betriebene Bündnispolitik immer größere Gebiete ein, und wenn die Anfänge auch immer mit einem führenden Volk verknüpft sind, so werden später doch keine grundsätzlichen Unterschiede zwischen den oftmals sehr unterschiedlichen Angehörigen des Reichs gemacht, und im Römischen Reich der späteren Zeiten war es wichtiger, ein »civis Romanus« zu sein als ein Bürger von »verbündeten« Schutzstaaten. Faktisch übte das Imperium Romanum in der damals bekannten Welt tatsächlich die Weltherrschaft aus, und als der Kaiser Caracalla allen Einwohnern das römische Bürgerrecht verlieh, war eine alte Tendenz zu einem konsequenten Abschluss gelangt, so verhängnisvoll die Auswirkungen sein mochten.

Ähnliches lässt sich vom englischen, vom französischen und vom russischen Weltreich sagen. Überall trat freiwillige Bejahung an die Stelle des ursprünglichen Zwangs, auch wenn die Vorstellungen vom einheitlichen »Sowjetmenschen« oder von »dem (übernationalen und gewissermaßen ›farblosen‹) Franzosen« sich nur auf höchst unvollkommene Weise verwirklichen ließen. Alle diese Weltreiche gingen als formelle und »politische« Gebilde zugrunde, sei es durch Überdehnung, sei es durch den »fortschrittlichen Konservativismus« ihrer multinationalen Bestandteile. Heute existiert nur noch das »informal Empire« der USA.

Aber die Freiwilligkeit ist das essentielle Kennzeichen aller genuinen Unionen von Staaten und damit auch der Europäischen Union. Der vergleichsweise kleine Zusammenschluss der sechs Gründermächte dehnte sich im Verlauf eines halben Jahrhunderts, hauptsächlich vom Zerfall des Sowjetimperiums profitierend, über ganz Europa aus und potentiell sogar darüber hinaus. Die Grenzen der EU waren mithin so unfixiert wie diejenigen der Reiche, aber kein Staat wurde zum Beitritt gezwungen. Die Grenzen schienen nur durch den Namen, d. h. durch die geographische Gegebenheit des Kontinents gegeben zu sein, aber Europa hatte keineswegs nur physische Grenzen. Es war seit vielen Jahrhunderten durch eine unverwechselbare Kultur geprägt, als deren Ursprünge man bildlich die drei Städte Jerusalem, Athen und Rom bezeichnen mag, die aber zumal in ihren handgreiflicheren Erscheinungsformen seit Langem einen expansiven Charakter hatte, welcher eine gemeinsame »Weltzivilisation« der Menschheit zwar vorbereitete, aber keineswegs schon schuf, da andersartige Kulturen, wie in geographischer Nähe zumal die islamische, ihren individuellen Charakter zu bewahren vermochten.

Die EU weist also keineswegs nur äußere Grenzen auf, die nicht eindeutig fixiert sind, da viele Europäer bzw. Nachkommen von Europäern in geschlossenen Räumen außerhalb Europas leben wie die Israelis und die Neuseeländer, während die Russen, zweifellos Europäer und in ihrer großen Mehrheit in Europa lebend, wegen der immer noch überragenden Größe ihres Staates als nicht beitrittsfähig gelten. Die inneren Grenzen, die durch Kultur und Geschichte gebildet werden, dürften noch wichtiger sein.

Eine dieser Grenzen wird durch das explizite Selbstverständnis der EU unzweideutig festgelegt: Die EU ist ein Verband und möglicherweise irgendwann ein Bundesstaat aus demokratischen Staaten, und sie wird es von vornherein strikt ablehnen, einen »totalitären« Staat aufzunehmen. Nun ist es bis zu einem gewissen Grade strittig, was »demokratisch« und was »totalitär« bedeuten soll.

Ich werde daher noch einige andere Ausschließungsgründe erwägen, die zum Teil aber gewisse Ähnlichkeiten mit dem ersten Fall erkennen lassen.

Die EU ist ein Verband von säkularen Staaten, in denen trotz beachtlicher Unterschiede keine Religion, und zumal keine »messianische«, die weitere Ausbreitung zum Ziel machende Religion eine zentrale Rolle spielt. Ein genuiner Religionsstaat wie etwa der Iran könnte daher nicht aufgenommen werden, selbst wenn er auf europäischem Boden läge. Die Aufnahme eines solchen Staates würde in den anderen im Gegenzug religiöse oder quasireligiöse Bewegungen ins Leben rufen und möglicherweise zu einer neuen Art von religiös geprägten Bürgerkriegen innerhalb der EU führen.

Die EU ist ein Verband von zwar nicht »postnationalen«, wohl aber postnationalistischen Staaten. Ein auch nur in starken Tendenzen nationalistischer Staat kann daher allenfalls provisorisch und gleichsam »auf Bewährung« aufgenommen werden.

Der EU gehören nur »zivilisierte« Staaten an. Ein noch »barbarischer«, d. h. unzivilisierter Staat könnte daher kein Beitrittskandidat sein, denn entweder würde er in aller Kürze einen »kolonialen« Charakter erhalten oder aber durch Rücksichtslosigkeit und physische Kraft die anderen Staaten überwältigen bzw. zur Nachahmung zwingen.

Der schwierigste und konkreteste Gesichtspunkt ist indessen der folgende: Die EU ist ein Gebilde aus geburtenschwachen Ländern, die darin aber im Einklang mit einer Haupttendenz der industriellen Zivilisation stehen. Es würde überaus gefährlich sein, ein Land aufzunehmen, das eine weitaus höhere Geburtenrate aufweist. Unweigerlich müsste nach dem Zugeständnis der vollen Mitgliedschaft dasjenige, was man »friedliche Migration« nennen mag, als dasjenige erscheinen, was von allen Möglichkeiten am entschiedensten auszuschließen ist, nämlich als Aggression eines Mitglieds gegen ein anderes oder sogar alle anderen. Schwere innere Konflikte und sogar Bürgerkriege würden mit hoher Wahrscheinlichkeit die Folge sein.

Aber die EU könnte auch mit ihren inneren Grenzen und durch sie in einer Weise zugrunde gehen, die am Ende der Anlass zu großen Feiern sein würde: Sie könnte sich auf erfolgreichere Weise das amerikanische Konzept des demokratischen Messianismus zu eigen machen und die Aufnahmegesuche aus aller Welt erfüllen, während die USA nach allem menschlichen Ermessen nicht einmal Mexiko in den eigenen Staatsverband aufnehmen würden.

Am Ende würde sich dann die EU in die Föderation der demokratischen Staaten der Welt verwandelt haben, und das Konkurrenzverhältnis zu den USA wäre ohne Kriege und Konflikte zu einem glücklichen Abschluss gelangt.

Diese Möglichkeit muss unrealistisch erscheinen und würde allenfalls nach Jahrhunderten zu verwirklichen sein. Die größte

Gefahr für die EU resultiert jedoch aus der Tatsache, dass diese Tendenz zur politisch-überpolitischen Welteinheit keineswegs eine bloße Erfindung träumerischer Menschen ist, dass aber diese träumerischen oder »guten« Menschen glauben, sie anders als auf dem mühseligen und langwierigen Weg der Staatenunionen erreichen zu können. Sie reden daher einer unbegrenzten Einwanderung armer Menschen aus benachteiligten Staaten das Wort, letzten Endes also der Besitznahme Europas durch den Rest der Welt, und verbieten – selbst überwiegend Europäer – der großen Mehrzahl der Europäer durch die Verwendung von unzureichend definierten Schlagworten wie »Rassismus« die Selbstverteidigung. Ob sie Erfolg haben werden oder nicht, hängt von vielen Umständen ab, unter anderem davon, wie die Europäer mit ihrer eigenen Selbstkritik umgehen, etwa mit dem Begriff »Dekadenz« und dessen widerspruchsvoller Realität.

Einer dieser Umstände ist auch die Frage der Aufnahme oder Nicht-Aufnahme der Türkei, die für die vorliegenden Reflexionen eine unausgesprochene Leitungsfunktion hatte, die aber dadurch nicht zur Konsequenz einer unmittelbaren und apodiktischen Entscheidung, sondern zu umfassenderen Überlegungen führen sollte.

6. DIE EUROPÄISCHE PHILOSOPHIE UND DIE ZUKUNFT EUROPAS

Der Name »Europa« stammt, wie allgemein bekannt ist, aus der griechischen Mythologie, aber in der Weltliteratur ist von »Europa« betontermaßen erst seit der Zeit die Rede, als der ältere Begriff der »Christenheit« zurücktrat oder sogar verschwand. Um die gleiche Zeit, in der Epoche der »Aufklärung« und ansatzweise in deren Vorstadien, erhält der Begriff der »Zukunft« ein eigenständiges Gewicht, denn in der christlichen Geschichtstheologie war die eigentliche Zukunft »das Jüngste Gericht« und damit das Ende der Geschichte; einzelne und konkrete Phasen der Zukunft waren ohne Interesse. Gleichwohl lässt sich von der »europäischen Philosophie« nur reden, wenn in knappem Umriss auch vom Denken und von der Religion der »Antike« gesprochen wird, also von jenen »Wurzeln«, ohne welche Europa nicht »Europa« wäre. Dabei wird im Folgenden unter »Philosophie« nicht Ontologie, Metaphysik oder Erkenntnistheorie verstanden, sondern Geschichtsdenken und Geschichtsphilosophie.

In dem ganzen ungeheuren Werk des Aristoteles fehlt jeder Hinweis, dass zukünftige Schritte hin zu größeren Einheiten unter den Menschen möglich, wünschenswert oder gar notwendig seien. Unter politischen Gesichtspunkten bleibt Aristoteles ein Denker der »Polis«, und die Polis, der unabhängige griechische Stadtstaat, ist für ihn nicht ein bloßes Zwischenspiel, obwohl er die Zeit Alexanders des Großen noch erlebte, der sein Schüler war. Ähnliches lässt sich unter leichter Abwandlung von Platon sagen. Für Empedokles gab es zwar Epochen, von denen ihm eine als die Epoche der großen Harmonie galt, aber es handelte sich um kosmische Perioden und nicht um Abschnitte der menschlichen Geschichte. Nicht in der griechischen Philosophie, sondern in der griechischen Dichtung lassen sich jene Fundamentalbestimmungen der Geschichte finden, die bis heute gebräuchlich sind: die Konzeptionen der Geschichte als Aufstieg und als Niedergang.

Die Geschichte als Prozess der Formierung und der Lichtung, wie sie in der »Theogonie« des Hesiod verstanden wird, ist indessen ebenfalls ein kosmischer Vorgang, und nur die absteigende Folge der Zeitalter, vom »goldenen« der ersten Menschen über das »silberne« und das »erzene« hin zum »eisernen« der Gegenwart, handelt von der menschlichen Geschichte, von deren harmonischen Anfängen, von der traurigen, hoffnungslosen Gegenwart und von der noch schlimmeren Zukunft, in der die letzten Götter die Erde verlassen haben werden und nirgends eine »Abwehr des Unheils« zu finden sein wird. Aber die Lehre von der konfliktlosen, harmonischen Urzeit und von der Geschichte als fortschreitendem Niedergang ist nicht eigentlich »europäisch« oder auch nur »griechisch«; sie ist ebenfalls in Aussagen Buddhas zu entdecken, und sie findet ihre folgenreichste Abwandlung in der Lehre des Polybios vom Kreislauf der Verfassungen, einem ewigen »Auf und ab«.

Nur an einer einzigen Stelle der vorchristlichen Zeit standen Geschichte und Zukunft im Mittelpunkt des Denkens und Empfindens, nämlich im alten Israel, wo die außerordentlich gefährdete Position eines kleinen Volkes auf der Landbrücke zwischen den Weltreichen bei den Propheten aus der sehnsuchtsvollen Erinnerung an eine bessere Vergangenheit die »messianische« Hoffnung auf eine Zukunft nährte, in der die belohnenden und strafenden Taten Jahwes als des Gottes seines »auserwählten Volkes« zu dem Endzustand einer Menschheit geführt haben würde, wo die Schwerter zu Sicheln umgeschmiedet sein würden und die Vertreter aller Völker sich in Jerusalem zur Verehrung Jahwes eingefunden hätten. Dieser partielle Universalismus wurde vom Christentum zu einem vollständigen, an kein einzelnes Volk gebundenen Universalismus fortgebildet, in dem die christliche Kirche – nicht ohne schwere Auseinandersetzungen zwischen der älteren und der jüngeren Religion – an die Stelle des alten Israel trat.

Bei allen Unterschieden im Einzelnen ist das gesamte christliche Geschichtsdenken von Augustinus über Dante, Otto von

Freising, Joachim von Floris bis hin zu Bossuet von der Vorstellung eines Prozesses bestimmt, der von der Erschaffung der ersten Menschen durch die langen Perioden des Heidentums und der Kämpfe der Kirche um eine Verchristlichung der Welt hindurch bis zum Endgericht Gottes führt, das für einen Teil der Menschen die ewige Verdammung und für den anderen Teil das ewige Leben in der Anschauung Gottes bedeutet. Das eigentliche und von Gott geleitete Subjekt der Weltgeschichte ist also »die Christenheit« und die potentiell christliche Menschheit; von einem speziellen Geschick »Europas« ist nirgendwo die Rede, und die historische Realität macht sich nur insofern bemerkbar, als es eine orientalische – bis 1453 überwiegend byzantinische – und eine okzidentale Christenheit gibt, der indessen ein unbestreitbarer Vorrang zuerkannt wird, da sie in Kontinuität zum römischen Imperium steht, das etwa für Dante die »pienezza dei tempi« darstellte, während deren die Menschheit unter der »perfetta monarchia del Divo Augusto« glücklich in der »tranquillità di una pace universale« lebte, soweit es um die »cose temporali« ging.[6]

Es war ein Symptom des Endes eines mehr als tausendjährigen Zeitalters, als Philosophen, die sich selbst überwiegend als »Europäer« verstanden, diesen »zeitlichen Dingen« ein größeres Gewicht zumaßen als den »ewigen« und als schließlich nicht mehr, wie für Descartes, Bacon und Galilei, die Natur und deren Erkenntnis im Mittelpunkt des Interesses standen, sondern »die Menschheit« und deren Geschichte. Diese Geschichte musste zu einer »bisherigen« und kritisierbaren werden, da sie nicht mehr unter der unmittelbaren Leitung Gottes stand. Für Voltaire war die bisherige Geschichte und insbesondere diejenige Europas ein »ramas de crimes«, und eine riesige Blutspur zieht sich vom alten Israel bis zu dem »Wüten des Papsttums«, das aus Europa für zwei Jahrhunderte ein Meer von Blut machte. Aber diese Einsicht begründet zugleich die weit ausgreifende Hoffnung, dass im beginnenden Zeitalter »der Philosophie«, d.h. der Aufklärung, nach

6 Dante: *De Monarchia*, I, 16.

der Auffassung schon Turgots die Sitten »immer milder« werden und die Vereinigung der isolierten Nationen durch Handel und Politik ständig weiter voranschreitet.

Am schroffsten tritt im 18. Jahrhundert die Kritik, und nicht zuletzt die Kritik an »Europa«, im Werk von Condorcet hervor, der als Girondist zum Vorkämpfer und dann zum Opfer der Französischen Revolution wurde, aber in erster Linie ein Geschichtsphilosoph blieb. Als solcher handelte er in seinem Werk von 1794, der *Esquisse historique des progrès de l'esprit humain* ebenso apodiktisch von der Menschheitsgeschichte im Ganzen, wie die Philosophen bis hin zu Kant von »Gott, Freiheit und Unsterblichkeit« gehandelt hatten. Und bei ihm erhält die Zukunft einen Vorrang, den sie bis dahin nur in der Gestalt des Weltgerichts und des Weltendes gehabt hatte, einen Vorrang, der eine weitgehende Verwerfung der Vergangenheit in sich schließt: »Sie wird also kommen, die Zeit, da die Sonne hienieden nur noch auf freie Menschen scheint, Menschen, die nichts über sich anerkennen als ihre Vernunft; da es Tyrannen und Sklaven, Priester und ihre stumpfsinnigen oder heuchlerischen Werkzeuge nur noch in den Geschichtsbüchern und auf dem Theater geben wird …, um im Gefühl des Schreckens über ihre Untaten sich in heilsamer Wachsamkeit zu erhalten und den Blick zu schärfen für die ersten Keime des Aberglaubens und der Tyrannei … «[7] Die Philosophen freilich, welche diese Zukunft der Vernunft und der Sittlichkeit vorbereiten, sind keineswegs gleichmäßig unter alle Völker verteilt, sondern an der Spitze der Menschheit stehen die »aufgeklärtesten, freiesten und vorurteilslosesten Völker«, nämlich die Franzosen sowie die Anglo-Amerikaner, also Europäer, und auf der anderen Seite scheint die schlimme Vergangenheit nicht bloß auf Despoten und Priester zurückzuführen zu sein, denn es sind »die Europäer«, die bisher die Rechte und die Unabhängigkeit der anderen Völker »mit so viel Verwegenheit« verletzt haben.[8] Die aufklärerische

7 Condorcet: *Entwurf einer historischen Darstellung der Fortschritte des menschlichen Geistes.* Hrsg. von Wilhelm Alff, Frankfurt a. M. 1976, S. 355.

8 Ebd., S. 351.

Geschichtsphilosophie Condorcets schließt also im Keim sowohl ein positives wie ein negatives Urteil über »die Europäer« in sich.

Es musste von vornherein im höchsten Grade wahrscheinlich sein, dass eine Gesellschaftsordnung, die mehr als tausend Jahre überdauert hatte und die man die christlich-adlig-dynastische nennen kann, Verteidiger finden und sich nicht vor den zuversichtlichen Behauptungen einer autonomen »Vernunft« widerstandslos selbst aufgeben würde.

Joseph de Maistre war weitaus weniger als Condorcet ein Opfer der Französischen Revolution, doch er suchte dieser Umwälzung den Stempel des »Satanischen« aufzudrücken, des Aufstands gegen die Autorität Gottes und der durch Gott geheiligten Mächte der Monarchie und der Aristokratie. Die Begründung, die er gibt, ist vornehmlich gegen Rousseau gerichtet: »Der Mensch ist zu schlecht, um frei zu sein.« Und diese anthropologische Aussage verknüpft er direkt mit der Rühmung des alten Frankreich: »Was unser elendes Jahrhundert Aberglauben, Fanatismus, Intoleranz usw. nennt, war ein notwendiger Bestandteil der französischen Größe.«[9] Aber es handelt sich dabei nicht um eine nationalistische Äußerung, sondern de Maistres Herz hängt ganz und gar an der Einheit des christlichen Europa. Um so bedeutungsvoller ist der tiefe Pessimismus, der ihn kurz vor seinem Tode im Jahre 1821 sagen lässt: »Je meurs avec l'Europe.«

Längst nicht alle Kritiker der Französischen Revolution blickten indessen so düster in die Zukunft, und längst nicht alle waren nur so kurzfristig mit der anhebenden Weltbewegung des Liberalismus verknüpft wie Joseph de Maistre. Edmund Burke etwa war ein führender »Whig« und ein Helfer der nach Unabhängigkeit strebenden Amerikaner gewesen, und so konnte er in seinen *Reflections on the Revolution in France* mit dem ganzen Gewicht einer zuvor erworbenen Autorität von der sich abzeichnenden Barbarei der Zukunft und von der »Finsternis unseres aufgeklärten Zeitalters« sprechen, während sein wichtigster Schüler in Deutschland,

9 Ernst Nolte: *Der Faschismus in seiner Epoche*, München 1963, S. 67.

Friedrich Gentz, der Revolution alle diejenigen Vorwürfe zu machen imstande war, die diese gegen das »Ancien régime« gerichtet hatte: sie sei ein Despotismus und habe eine neue Inquisition ins Leben gerufen. Burke stützte seine Zuversicht hinsichtlich der Zukunft auf die Festigkeit der englischen Verhältnisse, d.h. einer Verfassung, die ohne schriftliche Fixierung konstitutionell war und sich weder der Monarchie noch der Aristokratie entgegenstellte. Gentz wiederum wurde zum wichtigsten Mitarbeiter des Fürsten Metternich und damit einer der Baumeister der »Restauration«, welche trotz aller Umbrüche für ein ganzes Jahrhundert jener christlich-adlig-dynastischen Gesellschaftsordnung die Fortexistenz sicherte.

Von allen Gegnern der Französischen Revolution entwickelte Thomas Robert Malthus das zukunftsvollste Konzept, indem er den Optimismus der Aufklärer durch eine ganz empirische Argumentation in Zweifel zog, nämlich durch die Herausstellung des »Bevölkerungsprinzips«, das der Macht der Vermehrung in allen Lebewesen und auch im Menschen einen unbedingten Vorrang vor allen technischen Verbesserungen zuschrieb, denn im biologischen Bereich schaffe jede Verbesserung des Angebots sofort ihre eigene Nachfrage, weil jede Vermehrung der Lebensmittelproduktion ein entsprechendes Ansteigen der Geburtenzahlen zur Folge habe; daher seien die Lehren von Condorcet und anderen utopistisch und hätten keinerlei Aussicht auf Verwirklichung. Aber Condorcet selbst hatte schon den Gedanken der Geburtenverhütung ins Spiel gebracht, und wenn Malthus unter dem Heilmittel des »prudential check« die christliche Selbstbeherrschung in einer tugendhaften Gesellschaft verstand, so lag es nur allzu nahe, dass einige seiner Schüler, wie John Stuart Mill, auf eben jenes Verfahren der künstlichen Einschränkung der Geburtenzahlen verfielen, das in der Zukunft ständige Verbesserungen sichern konnte, das aber von Malthus selbst als lasterhaft verworfen wurde.

Weder für Condorcet noch für Burke oder Malthus ist der Gedanke vom »goldenen Zeitalter« vor dem Beginn der Geschichte wichtig, aber für den ganzen »Deutschen Idealismus« ist er als Vorstellung einer »Wiederherstellung auf höherer Stufe« von grundlegender Bedeutung. Für Fichte, den Anhänger der Französischen Revolution, der seine Hoffnungen hinsichtlich der Zukunft schließlich von den Franzosen auf die Deutschen übertrug, ist der Endzustand der vollständigen Versittlichung der Welt nichts anderes als der Wiedergewinn der Lebensform eines vorgeschichtlichen »Normalvolkes«, und auch die Dialektik von Hegel und Schelling ist von einer ähnlichen Voraussetzung abhängig. Es ist allgemein bekannt, dass für Hegel die christlich-germanisch-protestantische Welt jene »Versittlichung« bedeutet, aber wenn für ihn die eigene Philosophie das »absolute Wissen« und das »Selbstbewusstsein Gottes« darstellt, so ergeht er sich im Blick auf die Zukunft doch in eigenartigen Andeutungen: Amerika sei das Land der Zukunft und auch »die große slawische Nation« stehe noch außerhalb der Geschichte; die schwierigste Aufgabe für die künftige Geschichte sei jedoch die Lösung des »Knotens«, der aus den Fortschritten des Liberalismus als des Prinzips der Atome resultiere.

Es ist leicht zu sehen, inwiefern die Lehre von Marx eine zu praktischer Aktivität auffordernde Fortführung des Deutschen Idealismus und zugleich die Übernahme eines zentralen Satzes von Saint-Simon ist: »L'âge d'or du genre humain n'est point derrière nous; il est au-devant, il est dans la perfection de l'ordre social, nos pères ne l'ont pas vu, nos enfants y arriveront un jour; c'est à nous de leur frayer la route.« So groß der Unterschied zwischen den »Proletariern« von Marx und den »Bankiers« von Saint-Simon ist, so sehr stimmen der angeblich utopische und der angeblich wissenschaftliche Sozialist doch in der Überzeugung überein, dass »Europa« oder »die westliche Zivilisation« der übrigen Welt auf dem Wege zu dem neuen »goldenen Zeitalter« bzw. der zukünftigen Gesellschaft ohne Klassen und Staaten vorangehen müsse.

Eine eingehende Analyse der für Europa kennzeichnenden Gesellschaftsordnung wird aber weder von Saint-Simon noch von Marx vorgenommen, sondern sie findet sich am ehesten in den

Vorlesungen der Jahre 1828–1830 über die »Histoire de la Civilisation en France« von Guillaume Guizot, wo Europa als »Liberales System« der offenen, aber friedlichen Austragung gesellschaftlicher Konflikte und einer führenden Schicht, der Bourgeoisie, verstanden wird, die sich in diesem Prozess selbst universalisiert und damit den Boden für eine künftige Selbstüberschreitung Europas vorbereitet.

Mit dem endgültigen Abschied von der Geschichtstheologie, der definitiven Ersetzung des Begriffs »Christenheit« durch »Europa« oder den »Okzident«, dem Festhalten an der Vorstellung des »goldenen Zeitalters« unter Verwendung neuer Worte, der festen Etablierung des Begriffs »Fortschritt«, aber auch der zunehmenden Infragestellung dieser Konzeption und dem Wiederauftauchen der Konzeption des »Niedergangs« war der Rahmen geschaffen, innerhalb dessen sich im 19. und 20. Jahrhundert die Geschichtsphilosophie mit ihren Sicherheiten und das Geschichtsdenken mit zunehmenden Zweifeln bewegten. Es wird nun möglich, »die deutsche Geschichtsphilosophie« oder »das Geschichtsdenken in Italien« zum Thema zu machen. In einem kurzen Vortrag aber kann nicht mehr getan werden, als am Beispiel einiger, fast zufällig herausgegriffener Geschichtsdenker in äußerster Kürze der Frage nachzugehen, wie der Fortschrittsbegriff verändert und erweitert und wie eine Beziehung zu »Europa« und zur »Zukunft Europas« hergestellt wird.

Für Karl Marx und Friedrich Engels war Europa und war innerhalb Europas England die Geburtsstätte der industriellen Revolution und der sich daraus entwickelnden Klassenkämpfe; in der Zukunft würde ein sozialistisches Europa den weniger entwickelten Teilen der Welt bei deren Modernisierung hilfreich sein. Mithin würde die unvermeidbare proletarische Revolution in Europa dem Rest der Welt den Weg zur Evolution freimachen.

Henri de Saint-Simon und Auguste Comte sahen das zukünftige Verhältnis zwischen Europa und den noch zurückgebliebenen Ländern des Erdkreises ganz ähnlich, aber indem sie in der

Geschichte Europas »organische« und »kritische« Epochen unterschieden und die kritischen Epochen, in der Gegenwart diejenige der Aufklärung, für historisch notwendig, aber auch für überholbar erklärten, zeichneten sie vom »Fortschritt« ein Bild, das mit einem kontinuierlichen Aufstieg ebensowenig zu vereinbaren war wie die marxistische Endrevolution, die ja aus dem Abgrund der Erniedrigung und der Entfremdung hervorgehen sollte.

Alexis de Tocqueville formulierte die Grundfrage des Geschichtsdenkens »Où allons-nous donc?« aus dem Blick auf den gleichartigen, weil der Aristokratie entgegengesetzten, und dennoch ganz unterschiedlichen, nämlich revolutionär-zerstörerischen und evolutionär-bewahrenden, »Gang der Demokratie« in Frankreich und Amerika, jene zwieschlächtige Gestalt des Fortschritts, die als solche, wenngleich nicht überall mit derselben Intensität, die »Natur des Menschen« gefährdete, auch in Gestalt des »Marsches zur (Welt)Einheit«, als dessen Hauptfiguren sich Amerikaner und Russen erwiesen. Tocqueville hält diese Entwicklung für unumgänglich, ja für providentiell, und dennoch bejaht er sie nicht mit ganzem Herzen: Zwar führt die Geschichte zur Wahrheit des Menschen, der ein universales Wesen ist, aber sie zerstört die Schönheit der bisherigen aristokratischen Verhältnisse und zugleich die Größe einzelner Menschen. Und Hoffnung für die Zukunft Europas lässt sich nur noch aus einer paradoxen Möglichkeit schöpfen, dass nämlich die amerikanische Gestalt der Demokratie sich auch in Frankreich sowie im übrigen Europa gegen die französisch-revolutionär-destruktive Erscheinungsform durchsetzt.

Der diplomatische Untergebene des zeitweiligen Außenministers Tocqueville, Arthur de Gobineau, kam weit mehr als dieser von dem »germanischen« Selbstverständnis des französischen Adels her, aber er verknüpfte diese altertümliche Konzeption mit tendenziell sehr modernen Betrachtungsweisen naturwissenschaftlicher Art, und so erschien ihm die ganze Weltgeschichte als ein einziger Prozess der Dekadenz, der aus der zunehmenden Rassenmischung resultierte und schließlich eine

Bevölkerung hervorbringen würde, die den »wiederkauenden Büffeln in den stagnierenden Pfützen der Pontinischen Sümpfe« zu vergleichen sein würde.

Wesentliche Teile der Philosophie Nietzsches lassen sich von diesem einfachen Ansatz herleiten, nicht zuletzt sein schroffer, nach Vernichtung der Entarteten durch eine neue »Partei des Lebens« rufender Antisozialismus, aber sein Denken ist viel zu umfassend und widerspruchsvoll, als dass auch nur eine Skizze sinnvoll wäre.

Es war ein Engländer und schwerlich ein Philosoph, William Thomas Stead, der im Jahre 1902 mit seinem Buch *The Americanization of the World* dem Denken des 20. Jahrhunderts eins der aktuellsten Stichwörter gab. Die Zukunft Europas ist mithin nichts anderes als Amerika, und in dieser Auffassung kommt er bei allem abgründigen Unterschied des Niveaus Tocqueville nahe. Während des Ersten Weltkriegs formuliert ein Wortführer der Gedanken Wilsons, George D. Herron, das amerikanische Selbstverständnis mit dem Satz, Amerika habe sich selbst zum kriegerischen Kämpfer für das tausendjährige Friedensreich der Apokalypse gemacht, d.h. er entwirft eine säkularisierte Version der christlich-jüdischen Geschichtstheologie.

Aber schon vor dem Weltkrieg war in Europa die schroffste der Gegenthesen entwickelt worden, nämlich die Lehre von Ludwig Klages über den Geist als Widersacher der Seele, d.h. über die Zerstörung aller menschlichen »seelenhaften« Kulturen durch die aus jüdisch-christlicher Wurzel herkommende lebensfeindliche Macht des »Geistes«, welche um die gleiche Zeit von so bedeutenden Geschichtsdenkern wie Kurt Breysig und Walther Rathenau als »mechanistische« beschrieben und kritisiert wurde. Wie sehr dieser »Geist« jedoch ein europäischer war, zeigte insbesondere Max Weber mit seinem Konzept der okzidentalen Rationalisierung, welche für ihn die weltgeschichtliche Auszeichnung Europas und gleichwohl ein Verhängnis war, dem er nur mit Abneigung ins Auge sehen konnte. Schon in seiner Antrittsvorlesung von 1894 hatte er in Anknüpfung an Malthus davon gesprochen, »der dunkle Ernst des Bevölkerungsproblems« lasse es nicht zu, »Frieden und Menschenglück im Schoße der Zukunft verborgen zu wähnen«. Aber während des Weltkriegs sah er im Widerstand gegen angelsächsische Konvention und russische Bürokratie die europäische Aufgabe Deutschlands. In eben dieser ausgedehnten Kriegsliteratur Deutschlands wurde zum letzten Mal »die edle ritterliche Kultur« dem verächtlichen Utilitarismus der kommerziellen Zivilisation entgegengestellt, und zwar als ein Kennzeichen Deutschlands und Österreichs, während auf der Gegenseite ein so bedeutender Philosoph wie Henri Bergson »die Zivilisation«, d. h. die westeuropäisch-amerikanische Welt, im Kampf gegen »die Barbarei« begriffen sah. Aber kein Geringerer als Oswald Spengler prophezeite im Jahr 1914, bei dem – von ihm erhofften – Siege Deutschlands werde dort, also in der Mitte Europas, ein »vollkommen seelenloser Amerikanismus« zur Herrschaft gelangen.

Dem Vortragenden müssten mindestens sechs Stunden gewährt werden, wenn von ihm erwartet würde, dass er die lange Reihe der wichtigsten Geschichtsphilosophen und Geschichtsdenker, die nach dem Ende des Ersten Weltkriegs das Wort ergriffen, auch nur im knappsten Umriss darzustellen und zu charakterisieren versuchte: Oswald Spengler und Ernst Bloch, Carl Schmitt und Ernst Jünger, Benedetto Croce und Giovanni Gentile, Theodor Lessing und Sigmund Freud, Arnold Toynbee und Karl Popper, Max Horkheimer und Theodor Adorno, Arnold Gehlen und Martin Heidegger, Raymond Aron und Hans Jonas sowie viele andere. Ich muss mich mit einigen sehr zugespitzten Thesen begnügen.

Die Zukunft Europas und der Welt entschied sich nach dem Ersten Weltkrieg so wenig wie irgendwann zuvor durch die Werke oder einzelne Formulierungen von Philosophen und Geschichtsdenkern, aber diese Philosophen und Geschichtsdenker waren stärker als je vorher in die politischen und ideologischen Kämpfe der Zeit einbezogen, und mindestens einige von ihnen gaben Anstöße, ohne welche die Epoche nicht recht vorstellbar ist. Diese Epoche kann nämlich als die Zeit der zur praktischen Realität gelangten Geschichtsphilosophien verstanden werden.

Die in Russland vom Oktober 1917 an zur Alleinherrschaft gelangte Partei der Bolschewiki, d.h. der sogenannten »Mehrheitler« in der russischen Sozialdemokratie, verstand sich als der überstaatliche Staat der Verwirklichung der Lehre des Marxismus und das heißt der Herbeiführung der schon von Condorcet beschriebenen Einheit einer durch die Gleichheit der Individuen geprägten Menschheit. Aber sie stellte auf ganz unmarxistische Weise eine aktivistische Minderheit in einem riesigen Bauernlande dar, und in den Augen ihrer Gegner, welche von ihr sozial und großenteils physisch vernichtet wurden, musste sie als ein mörderisches Regime von Verbrechern gelten. Jedenfalls war Sowjetrussland der erste außerordentliche, ideokratische, Staat des 20. Jahrhunderts.

Es ist von vornherein ausgeschlossen, dass ein so gigantisches welthistorisches Phänomen nicht die Existenz von Gegenparteien hervorgerufen hätte, die ebenso weltgeschichtlich und ebenso ideokratisch sein wollten wie der Hauptfeind. Gleichwohl hingen die konkrete Form, die sie annahmen, und zumal ihre Siegeschancen von zahlreichen Umständen ab, auch von solchen persönlicher Art. Schon vor dem Sieg des italienischen Faschismus unter dem ehemaligen Sozialisten Mussolini strebte der Führer des deutschen Nationalsozialismus, Adolf Hitler, mit einigem Erfolg die Bildung einer Gegenpartei an, die ebenso militant sein sollte wie die kommunistische Weltpartei. Wie Lenin sich an Marx und Condorcet orientierte, so stand Hitler in der Tradition von de Maistre, Gobineau und Nietzsche, und die deutsche Niederlage machte ihn als den entschiedensten Kämpfer gegen den »Diktatfrieden von Versailles« populär. Aber letzten Endes war seine stärkste Triebkraft der Hass gegen den Marxismus und der Drang nach dem Gewinn eines »Schlüssels«, der ihm die rätselhafte Stärke des Feindes erklärte. Dieser Schlüssel war ihm bekanntlich das Judentum als eine in der gesamten Weltgeschichte verhängnisvoll wirkende Macht, die also den gleichen Rang besaß wie die Macht des die ganze Geschichte durchwirkenden »Privateigentums« nach der marxistischen Auffassung.

Wer Gobineau und Nietzsche gelesen hat, wird sich hüten, diesen »Antisemitismus« als eine bloße Obsession statt als die allzu konkrete und verallgemeinernde Interpretation eines unbezweifelbaren Tatbestandes zu betrachten, nämlich der hervorstechenden geschichtlichen Bedeutung des alten Israel und später des Judentums. Raymond Aron, selbst Jude, hielt noch 1983 in seiner Autobiographie die Auffassung für unbestreitbar, die führenden Schichten würden ausgerottet werden, falls die Rote Armee Westeuropa besetze. Warum soll man die Echtheit der sozialen Ängste Hitlers in Zweifel ziehen, wenn das Beispiel Arons beweist, dass auf den angeblichen Schlüssel verzichtet werden konnte? Aber mit völliger Bestimmtheit kann man sagen, dass Joseph de Maistre seine Gegenrevolution in Hitler nicht erkannt und anerkannt haben würde, weil sie in seinen Augen durch den »Fortschritt« zu einer besonders hassenswerte Form der Revolution gemacht worden wäre. Jedenfalls war das nationalsozialistische Deutschland der zweite außerordentliche und ideokratische Staat der ersten Hälfte des 20. Jahrhunderts, welcher jedoch nicht einmal die Jahrhundertmitte erreichte, da er eine katastrophale Niederlage erlitt, die von seinen Feinden als Niederlage aller »Reaktionäre« empfunden wurde und die doch auf verschlungenen Wegen an der fast ebenso katastrophalen Niederlage der Sowjetunion im Jahre 1991 einen beachtlichen Anteil besaß.

Aber es gab einen dritten außerordentlichen und auf andere Weise ideokratischen Staat im 20. Jahrhundert, welcher nach der Jahrtausendwende noch ungeschwächt dastand, nämlich das zionistische Israel. Die Angst vor dem Untergang des Volkes, aus der der Zionismus letztlich entstanden war, war weitaus echter und begründeter als die entsprechende Angst Hitlers, und das europäische Kolonisierungsunternehmen mitten im Kernbereich des Islam und freilich im uralten »Heiligen Lande«, das der Zionismus unzweifelhaft war, war um vieles verständlicher und gerechtfertigter als Hitlers projektierte Eroberung und Besiedlung des slawischen Osteuropa; der militante Angriffs- und Verteidigungswille gegen einen scheinbar übermächtigen Gegner war weit erfolgreicher als im Falle des nationalsozialistischen Deutschland. Trotzdem gehört die Leugnung jeder Vergleichbarkeit zu den großen Irrtümern der Gegenwart. Und die Zukunft Europas hängt heute zu einem entscheidenden Teil von der Zukunft Israels ab. Wenn sich die weitverbreitete Vermutung als richtig herausstellen sollte, dass die Vorbereitung des amerikanischen Angriffskrieges gegen den Irak und der Krieg selbst ohne die Einflussnahme Israels und der israelfreundlichen Kräfte in den USA nicht zustandegekommen wären, dann bedeutet der Sieg, ob auf blutige oder unblutige Weise errungen, den Anfang einer neuen Geschichtsepoche, in welcher der Expansionswille der amerikanischen Erscheinungsform der Weltzivilisation das überlieferte Völkerrecht von sich stößt und als »einzige Weltmacht« danach streben muss, auch Europa vollständig seinem politischen Willen und seinem kulturellen Einfluss zu unterwerfen. Es würde für Europäer nicht leicht sein, darin, wie es einst Tocqueville trotz seiner Sorgen und Ängste tat, ein positives Ereignis zu sehen.

Aber sogar hier ist noch eine Alternative zu erkennen. Wenn Israel in stillschweigender Übereinstimmung mit den Amerikanern die Gelegenheit der Kriegs- und Nachkriegsturbulenz wahrnimmt, um den von vielen seiner Bürger so oft geforderten »Transfer« der Palästinenser ins Werk zu setzen, wird nur noch »Auschwitz« als Unterscheidungsmerkmal übrigbleiben, also ein Tatbestand, der einen großen Krieg zur Vorbedingung hatte, zu welchem es im Nahen Osten kein Analogon gibt. Wenn Israel dagegen mit den Palästinensern und dem Islam zwar gewiss nicht zu Freundschaft, aber doch zu einem tragbaren und gerechten Modus vivendi gelangt, dann können auch die Europäer den Willen entwickeln, nicht die Vasallen einer »einzigen Weltmacht«, sondern selbständige Freunde und Alliierte der USA zu sein. Jene erste Alternative muss dagegen zu einer Explosion des islamistischen Terrorismus führen, und da neuerdings unter »Massenvernichtungswaffen« nicht mehr in erster Linie Atombomben verstanden werden, zu deren Fabrikation umfangreiche und aus der Luft leicht erkennbare Anlagen erforderlich sind, sondern biologische Waffen neuer

Art, die in versteckten Kellern hergestellt werden und die schon in geringer Quantität zur Tötung von vielen Hunderttausenden von Menschen benutzt werden können, dann kann allenfalls ein weltweites Überwachungssystem der Menschheit eine prekäre Sicherheit geben, mit dem verglichen die Totalitarismen der Vergangenheit liberale Musterbilder waren. Irgendeinen qualitativen Unterschied zwischen Europa und den USA oder Europa und Indonesien wird es dann in Zukunft nicht mehr geben.

Aber haben wir uns damit nicht allzu weit von der Philosophie entfernt und von der möglichen Zukunft Europas ein Bild gezeichnet, das nicht eine Spur von »Europäischem« mehr an sich hat? Die in Kellern oder im Wüstensand versteckten biologischen Waffen würde es indessen so wenig geben wie die globale Kommunikation; und die völlig flexiblen modernen Menschen, die von einer »Kolonisierung des Weltalls« träumen und diese ansatzweise vorbereiten, würden so wenig existieren wie die Hedonisten, welche auf der Erde zurückbleiben, wenn nicht im Menschen als einzigem uns bekannten Wesen jene »Fortschrittlichkeit« zu konstatieren wäre, von der seit Turgot und Condorcet so viele Philosophen gesprochen haben. Aber ein Condorcet müsste sich heute eingestehen, dass er sich vom »Fortschritt« eine viel zu idyllische, viel zu simple Vorstellung gebildet hatte, obwohl er sich gewiss nicht den Gegenbegriff des Niedergangs oder der Dekadenz zu eigen machen würde. Ebensowenig würde er sich mit der Feststellung trösten, dass die Entstehung des »Fortschritts« sehr wesentlich mit »Europa« verknüpft war. Deshalb scheint es mir unter philosophischen Gesichtspunkten erforderlich zu sein, den Begriff des Fortschritts durch den der Transzendenz zu ersetzen und innerhalb dieses altbekannten und doch für das Geschichtsdenken neuartigen Begriffs Unterscheidungen vorzunehmen. Aber darüber zu sprechen, wäre wahrhaftig ein »allzu weites Feld«, und ich habe Ihre Geduld schon viel zu lange in Anspruch genommen, obwohl ich mich nicht in der Lage sah, ein Bild von der Zukunft Europas zu umreißen, das Optimismus und Zuversicht hervorrufen würde.

7. DAS EUROPA KAROL WOJTYŁAS

Dass Karol Wojtyła, der erste Nichtitaliener auf dem päpstlichen Stuhl seit mehr als 400 Jahren, nicht wenig von seinem polnischen Nationalbewusstsein in das höchste Amt der katholischen Kirche hinübergenommen und dort bewahrt hat, kann keinem Zweifel unterliegen. So sagte er etwa als junger Bischof von Krakau in einer Predigt: »Geschichte und Kultur Polens sind aus dem Christentum hervorgegangen. Und ihm haben wir es zu verdanken, dass wir unseren nationalen Charakter besitzen, unsere Literatur und unsere Tradition. Wenn wir dies alles erhalten, bewahren wir unsere nationale Identität.« Als Papst scheute er sich nicht, 1985 in das Rundschreiben *Slavorum Apostoli* zur 1100-Jahr-Feier des Wirkens der »Slawenapostel« Cyrill und Methodius eine persönliche Bemerkung einfließen zu lassen und zu schreiben, alle könnten verstehen, mit welcher Freude der erste Sohn slawischer Herkunft an dieser Jubiläumsfeier teilzunehmen gedenke, welcher berufen sei, nach fast 2000 Jahren den Bischofssitz des heiligen Petrus innezuhaben. Aber letzten Endes fügt er sich damit doch nur in die Tradition jener Institution ein, welche als Einzige in Europa ein lebendiges Geschichtsbewusstsein besitzt, das viele Hunderte von Jahren zurückreicht, so dass sie etwa den 1600. Jahrestag des Ersten Konzils von Konstantinopel feierlich begehen kann. Daher ist es für Papst Johannes Paul II. selbstverständlich, vom bevorstehenden »dritten Millennium der christlichen Ära« zu sprechen und in einer Zeit europäischer Selbstkritik ungescheut und mit positivem Akzent an die »gemeinsame Kultur und tausendjährige Geschichte der miteinander eng verbundenen europäischen Nationen« zu erinnern. Doch wenn er den kommunistischen Regimen vorwarf, sie hätten nach 1945 den Versuch gemacht, »das historische Gedächtnis und die säkulare Wurzel der Kulturen der osteuropäischen Länder auszulöschen«, so ist seine Auffassung dennoch ebenso wenig eurozentrisch, wie sein polnischer Patriotismus nationalistisch ist, und auf einer seiner Reisen in Afrika konnte er in Gabun vor einem großen Publikum den erstaunlichen Ausspruch tun: »Seid stolz, Gabuner zu sein.«

Mithin könnte man behaupten, das »Europa Karol Wojtyłas« sei das »christliche Europa«, ja sogar das lateinisch-katholische Europa, das sich eine universale Mission zuschreibe, und von hier aus lasse sich die scharfe Kritik an gewissen modernen Phänomenen wie Abtreibung, Verabsolutierung der Ökonomie und exzessivem Rationalismus leicht erklären, die diesem Papst in progressiven Kreisen den Ruf des »Konservativismus« eingebracht haben.

Aber so paradox sie klingt, ist die Frage gleichwohl berechtigt, ob man nicht statt von dem »Europa Wojtyłas« besser von dem »Wojtyła Europas« sprechen sollte, d.h. von dem Papst, dem es in der Nachfolge des Zweiten Vatikanischen Konzils vor allem um den Ausgleich zwischen der Kirche und dem modernen Europa bzw. der modernen Welt und damit um den Abbau schroffer Trennungen ging. Diese Frage macht einen kurzen historischen Rückblick erforderlich.

Katholisch war Europa bis zur Reformation, und sogar bis dahin gab es die lateinische Westkirche und die griechisch-byzantinisch-orthodoxe Ostkirche. »Christlich« konnte sich Europa nennen, als die siegreichen Mächte mit dem russischen Zaren an der Spitze nach der Niederwerfung Napoleons in ihrem Grundvertrag die »Heilige Dreifaltigkeit« anriefen. Gegen Ende des 19. Jahrhunderts waren Termini wie »Kulturstaaten« oder auch »imperialistische Mächte« geläufig geworden, so gewiss ein Begriff wie »europäisches Konzert« noch nicht außer Gebrauch gekommen war. Ein adäquaterer Begriff ist »Liberales System«, und wenn man den Begriff »bürgerlich« nicht so eng fasst, dass er nur auf die »bourgeoise« Gesellschaft des französischen Julikönigtums passt, darf man von einem »bürgerlichen Europa« sprechen. Dieses mehr und mehr »pluralistische« Europa, das sich vor allem auf die »Aufklärung« berief, war indessen dem katholischen Europa des Mittelalters nicht, wie es oft meinte, lediglich entgegengesetzt, sondern es beruhte auf jener Trennung zwischen einer »geistlichen« und einer »weltlichen« Macht – zwischen Papsttum und Kaisertum –, die einen Bruch in der Gesellschaft bedeutete, welchen die einheitlich verfassten Gesellschaften wie etwa die islamische trotz aller inneren Kämpfe nicht kannten. Die Reformation vertiefte diesen Bruch, aber von den Niederlanden und von England ging jene Tendenz zum Ausgleich aus, die sich dann Aufklärung nannte. Die schroffe Kirchenfeindlichkeit Voltaires und Holbachs behielt jedoch nicht das letzte Wort, und die Aufklärung förderte entgegen ihren Absichten den Nationalismus, während die katholische Kirche aus einer Prälatenkirche zu einer Volkskirche wurde. Dieses »bürgerliche Europa« kann in grober Verkürzung als die Gesellschaft definiert werden, die den scheinbar entgegengesetzten Prozessen der differenzierenden Pluralisierung und der einebnenden Ausgleichung unterlag, so dass die Feinde von gestern zu bloßen Gegnern werden konnten, während doch immer wieder neue Gegensätze, ja Feindschaften aufkamen. Die bisher letzte große Feinderklärung war die des Marxismus bzw. des Bolschewismus, und die bisher letzte große Ausgleichstendenz war die Zusammenarbeit der einst einander todfeindlichen christlichen Konfessionen in den christlich-demokratischen Parteien der Kriegs- und Nachkriegszeit. Man braucht sich nur für einen Augenblick die schroffen Feinderklärungen der Enzyklika Pius' IX. *Quanta cura* und des dazugehörigen *Syllabus errorum* vor Augen zu stellen, um zu erkennen, wie sehr Johannes Paul II. bei aller eindeutigen Verurteilung des Kommunismus als ein Protagonist der Ausgleichstendenzen betrachtet werden kann.

Schon von dem jungen Wojtyła wird erzählt, dass er die Brüderlichkeit aller Menschen und die gemeinsame Gotteskindschaft besonders hervorgehoben habe. Papst Pius IX. würde die großen Predigten seines Nachfolgers, die in aller Welt vor Millionen von Zuhörern die Respektierung »der Menschenrechte«, nicht zuletzt des Anspruchs auf Religionsfreiheit, und das Eintreten für Geschwisterlichkeit und Demokratie forderten, wohl als Manifestationen einer deistischen »Naturreligion« nach dem Muster John Tolands oder Immanuel Kants verurteilt haben. Die katholischen »Fundamentalisten« um den Erzbischof Lefebvre machten dem Papst schon früh heftige Vorwürfe, ja sie erklärten ihn für einen Häretiker, weil er zum mindesten den Anschein erweckte, er schreibe der Lehre von den ewigen Höllenstrafen – jener für das moderne Bewusstsein so herausfordernden Doktrin, welche das Komplement zu der fast ebenso unfasslichen Doktrin von der Freiheit und Ewigkeit der individuellen Existenz ist – lediglich symbolische Bedeutung zu. Wenn die in einem Buch über Wojtyła angeführte Äußerung eines Nichtchristen möglicherweise nicht wahr ist, so ist sie mindestens gut erfunden: Was der Erzbischof von Krakau auf dem Konzil gesagt habe, nehme sich gut aus, denn es klinge »nach Sokrates und Spinoza«. Als eine der Entwicklungsmöglichkeiten für die Kirche Johannes Pauls II. müsste also die folgende betrachtet werden, die der Entwicklungslinie des »bürgerlichen Europa« weitgehend entsprechen würde: Die katholische Kirche holt im Abstand von fast 500 Jahren die Entstehung der evangelisch-protestantischen Kirchen nach, die protestantischen Kirchen machen sich uneingeschränkt den Liberalismus, nicht jedoch den radikalen Liberismus zu eigen, alle Religionen der Welt vereinigen sich, ohne ganz auf ihre Individualitäten zu verzichten, zu der einen Menschheitsreligion, die freilich ihrerseits dem jüngsten Entwicklungsstadium der wissenschaftlich-technischen Welt feindselig gegenübertritt, nämlich jenem Antitheismus, der die totale Veränderung auch des Menschen selbst als oberstes – oft noch uneingestandenes – Ziel projektiert.

Aber der konkreteste Schritt zum Ausgleich bisheriger Differenzen ist schwieriger und folgenreicher und lässt eine andere Entwicklungstendenz erkennbar werden. Es handelt sich um den Ausgleich mit dem Judentum, das ja nicht etwa eine »andere Religion« ist, sondern als Niederschlag des Judaismus im *Alten Testament* der Ursprung des Christentums. Und wie kein anderes Phänomen stellte sich das Judentum nach 1945 als etwas dar, was trotz seines Alters von bald dreitausend Jahren etwas ganz Neues, bis dahin Unbekanntes war, nämlich als Gegenstand der nationalsozialistischen Massenvernichtung, des »Holocaust« und seiner Millionen von Opfern. Schon Pius XII. hatte zwar nicht einen

Ausgleich, wohl jedoch eine Versöhnung mit dem Judentum angestrebt, und nach seinem Tode im Jahr 1958 war ihm auch von Seiten vieler Juden ein uneingeschränkter Dank ausgesprochen worden, weil durch seine Anweisungen so viele potentielle Opfer in Klöstern und anderen kirchlichen Institutionen eine rettende Zuflucht gefunden hatten. Aber das Drama eines Deutschen, Rolf Hochhuths *Der Stellvertreter*, machte fünf Jahre später »das Schweigen des Papstes« zum Thema einer empörten, hart an das Karikaturhafte streifenden Darstellung und warf der Sache nach Pius vor, dass er nicht – auf die gleiche Weise, wie es Chaim Weizmann tatsächlich vor dem Angriff Hitlers gegen Polen im Namen des Judentums getan hatte – eine »Kriegserklärung« gegen das nationalsozialistische Regime gerichtet hatte. In dieser Schärfe wurde der Vorwurf vom Konzil nicht akzeptiert, aber in der Erklärung *Nostra aetate* wurde ein Zusammenhang mit der christlichen Judenfeindschaft, die als »Antisemitismus« bezeichnet wurde, nicht abgestritten, und die in der Tat zweitausendjährige Neigung der Christen, das Todesurteil über Jesus von Nazareth »den Juden« zur Last zu legen, ja sogar von einem »gottesmörderischen Volk« zu sprechen, wurde mit unzweideutigen Worten verdammt. Christen und Juden wurden nun vielmehr als »Söhne Abrahams dem Glauben nach« bezeichnet, und in feierlichem Latein verurteilte das Konzil »die Hassausbrüche, die Verfolgungen, die Manifestationen des Antisemitismus, die von irgendwelchen Menschen zu irgendwelchen Zeiten an den Tag gelegt worden sind«. Zwar artikulierte sich nicht wenig an Widerstand gegen diese Erklärung, die formell das Verhältnis der Kirche zu den übrigen Weltreligionen zum Gegenstand hatte, doch weder die Warnungen der arabischen Bischöfe noch die Äußerung des Kardinals Ruffini von Palermo, auch die Juden müssten ermahnt werden, die Christen zu lieben, fanden so viel Beifall, dass die Verabschiedung der Erklärung gefährdet gewesen wäre.

Johannes Paul II. hat den von Johannes XXIII. und Paul VI. eingeschlagenen Weg mit großer Konsequenz weiterverfolgt, und dabei waren offenbar die Nähe seines Geburtsortes Wadowice zu

Auschwitz und Jugendfreundschaften mit jüdischen Mitschülern nicht ohne Bedeutung. Bei dem ersten Besuch eines Papstes in einer Synagoge, am 13. April 1986 in Rom, nannte Johannes Paul II. die Juden »unsere bevorzugten, ja ... unsere älteren Brüder«, und er formulierte unter starkem Beifall der Gemeinde eine unzweideutige Verwerfung »des Antisemitismus«. Es dauerte nicht lange, bis er ausdrücklich eine schwere Schuld der Kirche gegenüber den Juden unterstrich. Im Jahr 1994 erfolgte die diplomatische Anerkennung des Staates Israel, die von Seiten des »Weltjudentums« (wie die Selbstbezeichnung lautete) auf unterschiedlichen Wegen lange und insistent vom Papst gefordert worden war. Allem Anschein nach sagte Wojtyła zu seinem jüdischen Jugendfreund Jerzy Kluger, der zumal bei der Anerkennung Israels hinter den Kulissen eine wichtige Rolle gespielt hatte, die Kirche sei mitverantwortlich für das Klima, das schließlich zu dem Blutbad des Holocaust geführt habe. So war es konsequent, dass er in offiziellen Richtlinien vom September 1997 die Bekämpfung des Antisemitismus und das Verständnis des Judaismus zum zentralen Element der katholischen Erziehung machte.

Aber die Probleme, welche diese Tendenz zur Re-Judaisierung des Christentums aufwarf, waren noch gravierender als jene, die durch die Tendenz zur deistischen Menschheitsreligion aufgeworfen wurden. Wer ohne klare Differenzierungen alle Phänomene von Feindschaft und Kritik gegenüber Juden im Begriff »des Antisemitismus« zusammenfasst, tut im Prinzip dasselbe, was jene frühere Verwerfung »der Juden« in sich schloss; er verkennt den »dialektischen« Charakter im Verhältnis der jüngeren zu der älteren Religion; er muss alle jene »judenfeindlichen« Stellen, welche auch die kritischste Philologie nicht aus den Evangelien zu eskamotieren vermag, für unchristlich erklären; er muss eine großangelegte »Säuberung« der Schriften der Kirchenväter, ja des Paulus, in Gang setzen, und er muss letzten Endes den »Holocaust« aus allen historischen Bezügen herausnehmen. Damit wird er unweigerlich zu jener »Religion des Holocaust« getrieben, die zwar nicht an Gott, wohl aber an das Erscheinen des

»absoluten Bösen« auf Erden glaubt, so dass in der Konsequenz nur eine einzige »Todsünde« übrigbleibt, nämlich »der Antisemitismus«. So würde das neue Judenchristentum, das in der Konsequenz des Zweiten Vatikanischen Konzils und der Aktivität Johannes Pauls II. entstehen könnte, einer genuinen Religion zwar ähnlicher sein als jene »Kantsche« Menschheitsreligion und überdies weit »europäischer« – nämlich abend-morgenländisch, wie man sagen könnte –, aber es ist keineswegs sicher, dass sie sich gegen die vielen Hindernisse würde durchsetzen können, die ihrer Herrschaft entgegenstehen und zu denen der moderne Skeptizismus ebenso zählt wie der Relativismus (oder besser: Relationismus) des historistischen Geschichtsverständnisses.

Es gibt einen dritten Weg, den die katholische Kirche einschlagen kann, und gerade unter dem Zeichen Johannes Pauls II.: einen Weg, der sie weder zum bedingungslosen Ausgleich mit der »bürgerlichen Moderne« noch zu der Erscheinungsform eines neuartigen Judenchristentums führt, sondern zu einer entschiedeneren Gegenposition, die vermutlich den Verlust von all demjenigen bedeuten würde, was Johannes Paul II. erhalten oder neu gefestigt hat: weltweite Einflussmöglichkeiten und nahezu allverbreitetes Ansehen. Man muss nämlich die Enzykliken und Verlautbarungen Johannes Pauls II. auf sehr einseitige Weise lesen, wenn man darin nur die Tendenzen zur Menschheitsreligion und zum Judenchristentum erkennt. Das Christentum ist ja von seinen Anfängen her – anders als Judentum und Islam – eine Mysterienreligion, die Religion des Mysteriums der göttlichen Trinität und der Inkarnation, des Gottmenschentums, aber auch der Erbsünde, welche ein irdisches Reich Gottes unmöglich sein lässt, und eben deshalb muss es sowohl für Juden wie für Muslime einen »Götzendienst« darstellen. Die Hauptlehren und Dogmen dieser Mysterienreligion oder dieses »Götzendienstes« einschließlich der Überzeugung vom vollen Wahrheitsbesitz der Kirche werden in den Verlautbarungen dieses Papstes zwar manchmal eher am Rande, aber doch mit so viel Nachdruck und Intensität formuliert, dass es unmöglich erscheint, Johannes Paul oder irgendein Papst könne oder wolle sich jemals von jenen Bindungen lösen, die man je nach Standpunkt als »Gefängnis« oder als »erleuchtende Wahrheit« bezeichnen mag.

So viel dürfte indessen sicher sein, dass eine Kirche, die vor diesem eigenen Weg nicht zurückschreckt, sogar dann keine Kirche der Massen mehr sein kann, wenn sie das Symbolische nicht mehr gegenüber dem Realen (etwa dem ewigen physischen Leiden der Sünder in einem realen Feuer) zurücksetzt und dass ihr Oberhaupt nicht mehr im gleichen Sinne ein »Reise- und Fernsehpapst« sein kann, wie Karol Wojtyła es unter bewundernswerter Aufopferung aller persönlicher Bequemlichkeit war und ist. Gerade die kleine Kirche dieses »dritten Weges« würde das moderne und »bürgerliche« Europa zwar nicht verleugnen oder verdammen, weil sie schlicht ein »Anderes« sein will, aber es müsste sich ein neuer Begriff von »Modernität« bilden, wenn auch nur eine größere Anzahl von modernen Menschen zu ihren Gläubigen zählen sollte.

Der einzige Versuch, der dem Historiker im Blick auf die Zukunft erlaubt sein kann, ist der, aus dem Blick auf die Vergangenheit künftige Möglichkeiten wahrscheinlich zu machen. Entscheidungen hat nicht er zu treffen, sondern sie sind die Sache jedes einzelnen Menschen.

8. SCHULDBEWUSSTSEIN UND SCHAMGEFÜHL – GEBOTE FÜR EUROPA?

Kritik, Tadel und Schuldbewusstsein sind Hauptfaktoren in allem menschlichen Leben. Ohne Tadel der Kinder durch die Eltern könnte es keine Erziehung geben, ohne Kritik der Philosophen an anderen Philosophen wäre die Philosophie nicht entstanden. Aber die Möglichkeit von Kritik innerhalb eines Staates oder einer Kultur an wichtigen Merkmalen dieses Staates oder dieser Kultur ist alles andere als selbstverständlich. Alle Theokratien, Selbstherrschaften, totalitären oder selbst autoritären Regime haben im Hinblick auf ihre Vergangenheit und ihre Gegenwart nur jene Selbstverherrlichung gekannt, die oft mythologischen Charakter annahm, und hinsichtlich der Zukunft waren sie häufig vom Willen zur Erfüllung einer Mission bestimmt. Im Bereich von Staat und Politik setzt Kritik zunächst einmal Wechselkritik voraus, Wechselkritik zwischen relativ selbständigen Mächten oder Richtungen, die sich bei aller Tendenz zur Alleinherrschaft nicht vollständig gegeneinander abschließen können. Eine Wechselkritik dieser Art hat es nur in der europäisch-abendländischen Kultur gegeben, und ihre früheste Erscheinungsform war der Kampf zwischen Kaisertum und Papsttum im Mittelalter, durch den das Entstehen eines »Cäsaropapismus« verhindert wurde. Die Reformation stellte »Konfessionen« gegeneinander, und selbst der Kirchenstaat konnte sich den Einflüssen der protestantischen Kritik nicht entziehen. Schließlich fand im 18. Jahrhundert die neue Macht der »Aufklärung« einen Platz in dem »Liberalen System« von miteinander ringenden Mächten, die aber auf die Intention der Vernichtung des Gegners verzichtet hatten oder verzichten mussten. Seine volle Ausbildung erfuhr dieses System in einem schwierigen und mühevollen Entwicklungsgang erst in dem Parteiensystem des 19. und 20. Jahrhunderts, das nicht nur Wechsel- und Selbstkritik seiner Teile voraussetzte, sondern auch die Fundamentalkritik einer »radikalen Linken« in sich schloss. Zu Beginn des 20. Jahrhunderts gab es nirgendwo in der Welt außerhalb Europas und – in stark vereinfachter Form – der USA dieses vielfältige System, welches »das europäische« genannt werden darf und bestimmt zu sein schien, sich zusammen mit der von England ausgehenden Industrialisierung und »Modernisierung« über die ganze Welt zu verbreiten.

Eine Selbstkritik von erstaunlicher Art war schon die Anklage des Dominikanerpaters Bartolomé de Las Casas gegen das völkermörderische Vorgehen der spanischen Konquistadoren in Süd- und Mittelamerika, eine Anklage, die nicht wenig an wohltätigen Folgen nach sich zog. Aber schon in dieser Selbstkritik von Spaniern lässt sich eine Tendenz zur Totalkritik erkennen, welche »die andere Seite« aus dem Auge verliert, nämlich das genuine Entsetzen mindestens eines Teils der Konquistadoren über die im Mythos verwurzelten Praktiken der rituellen Massentötungen der Eingeborenen und über die »Schädelpyramiden«, die sie vorfanden.

Die einflussreichste Kritik der Aufklärung, diejenige Voltaires, richtete sich, anders als diejenige von Las Casas, gegen das Wesen der christlichen Religion selbst und insbesondere gegen deren jüdische Wurzel; sie war daher eine Kritik an den »jüdisch-christlichen Grundlagen« des Abendlandes und stellte tendenziell Athen gegen Jerusalem. Aber unmittelbar bezog sie sich, wie jedermann weiß, auf die »Prälatenkirche« des französischen Ancien régime, und gegen ihre Absicht trug sie erheblich dazu bei, dass aus der gallikanischen Prälatenkirche in weiten Teilen Europas eine »ultramontane« Volkskirche wurde.

Der welterobernde, auf den Erwerb von Kolonien ausgerichtete Imperialismus aller europäischen Großstaaten fand um 1900 nicht wenig an entschiedener Kritik in Europa selbst, so etwa von Seiten des Engländers J. A. Hobson, und diese besaß noch unzweideutiger eine unverkennbare Tendenz zur »Totalkritik«, d.h. zur anklagenden Verwerfung, auf welche von der anderen Seite entweder mit ruhiger Selbstsicherheit oder mit Zorn und Gegenanklagen oder mit Schuldbewusstsein und Reumütigkeit geantwortet werden konnte. Heute wird häufig übersehen, dass die Rede von der »Bürde des weißen Mannes« einen rationalen

Kern hatte und dass die Ausdehnung der Herrschaft der Kolonialmächte zugleich eine Ausdehnung der Zivilisation bedeutete. Es war deshalb so gut wie ausgeschlossen, dass viele Europäer von Schuldbewusstsein und Gefühlen der Scham erfüllt waren. Aber an dieser keineswegs unberechtigten, jedoch einseitigen Selbstkritik konnte sich eine »Außenkritik« entzünden, die einen Standpunkt außerhalb der »westlichen Zivilisation« einnahm oder einnehmen wollte, wie schon die Anknüpfung Lenins an J. A. Hobson erkennen ließ. Diese Selbstkritik, durch die Außenkritik gestützt und im Ersten Weltkrieg zu einem Höhepunkt gebracht, bereitete offenbar den Boden für die Ausdehnung jenes »Emanzipationsprozesses« über Europa hinaus vor, der innerhalb von Europa schon in England die Katholiken und in ganz Europa die Arbeiter und die Frauen aus den alten Verhältnissen und Abhängigkeiten zu lösen begonnen hatte.

Kritik und Selbstkritik waren also unentbehrliche Bestandteile dessen, was die Zeitgenossen überwiegend als Prozess des »Fortschritts« verstanden, welcher indessen weit komplizierter und widersprüchlicher verlief, als seine entschiedensten Vorkämpfer, die radikalen Liberalen, annahmen: Bismarck, Cavour und Napoleon III., ja sogar der erste Napoleon, waren in ihren Augen »Reaktionäre«, und doch gehörten sie zu den erfolgreichsten unter den handelnden Staatsmännern des Jahrhunderts. Schwere Zweifel an der liberalen »Emanzipation« lagen der besonders zukunftsreichen Bewegung des Zionismus zugrunde. Die härteste Kritik an der europäischen Zivilisation wurde von Schriftstellern wie Ludwig Klages und Theodor Lessing geübt, die man weder den Liberalen noch den Konservativen eindeutig zuordnen konnte.

Aber eine Totalkritik als Massenbewegung konnte es nur von Seiten der Vorkämpfer einer großen Gruppe von Menschen geben, die von dem Industrialisierungs- und Emanzipationsprozess hart getroffen und doch in eine aussichtsreiche Position versetzt worden waren, der »Arbeiter«, die sich noch gegen Ende des 18. Jahrhunderts ganz überwiegend als »Handwerker« und als Franzosen oder Engländer verstanden hatten, die sich aber nun als Angehörige einer internationalen, von den allgemeinen Grundzügen des Geschichtsprozesses geprägten Klasse wahrnehmen konnten. Eine von der gegenwärtigen Form der Produktion gänzlich verschiedene Lebensform sahen Frühsozialisten wie Charles Fourier und Robert Owen voraus, und aus der Perspektive ihrer »Phalanstère« und »kooperativen Dörfer« blickten sie voller Geringschätzung auf die »bornierte« Geschichte der einzelnen Nationen und Religionen zurück. Dabei stach ins Auge, dass sie sich an einer urzeitlichen Dorfgemeinschaft orientierten, die noch keine Arbeitsteilung und kein Geldwesen kannte. Die »Zivilisationsgeschichte«, die sie als Geschichte der »Konkurrenzgesellschaft« verwarfen, lag in Wahrheit nicht hinter ihnen, sondern vor ihnen.

Es war die weltgeschichtliche Leistung von Karl Marx, die »kapitalistische Produktionsweise« nicht bloß anzuklagen, sondern sie zur Voraussetzung des »Sozialismus« als der geschichtsüberwindenden, Klassen- und Staatlosigkeit hervorbringenden Kraft zu machen, also die europäische Geschichte auf eine jenseits von Europa befindliche Nachgeschichte auszurichten. Diese marxistische Konzeption, welche das archaische Moment des Frühsozialismus mit dem Progressivismus des radikalen Liberalismus verschmolz, besaß eine solche innere Überzeugungskraft, dass ihre Anhänger das Liberale System im Ganzen ebenso wie dessen einzelne Teile verwerfen und als »Kapitalismus« bzw. als kapitalistische Agenturen anklagen konnten. Wer sich dem Sozialismus widersetzte, stellte sich dem anthropologischen Telos der Geschichte entgegen und war ebenso verurteilt, wie es nach christlicher Auffassung die Verdammten des Jüngsten Gerichts waren. Aus der nur im Liberalen System möglichen Kritik und Selbstkritik war eine umfassende Totalkritik geworden, die das System selbst verwarf und die nach einer etwaigen Realisierung eine monumentale Selbstverherrlichung zur Folge haben musste.

Genau dies geschah, als die unter den Kriegsverhältnissen von 1917 siegreiche Richtung der russischen sozialistischen Partei, der Bolschewismus, sich nicht ohne einigen Grund als die Verwirklichung des Marxismus verstand. Keine weltgeschichtliche Macht durfte jemals ein größeres Triumphgefühl empfinden, als die bolschewistische Partei es 1945 empfand, nachdem sie den schlimmsten Feind, den »faschistischen« Gegenspieler der Arbeiterbewegung und der Befreiung der Menschheit, besiegt hatte, wenngleich im Bündnis mit »dem Kapitalismus«. Aber auch innerhalb der europäischen Arbeiterbewegung hatte es an antibolschewistischer Kritik nie gefehlt; die große Alternative der »Planwirtschaft« erwies sich als ineffizient, und auf den großen Sieg von 1945 folgte die große Niederlage von 1989/91. Zwar wird die nun »westlich« genannte Geschichte immer noch von vielen Seiten angegriffen – von Politikern und Intellektuellen der Dritten Welt, von den Ökologisten der »Globalisierungsgegner«, von den radikalen Feministinnen –, aber keine dieser Tendenzen ist auch nur entfernt so stark und selbstbewusst, wie es die kommunistischen Regime der Mitte des Jahrhunderts gewesen waren.

Es gibt heute nur noch eine einzige Macht, die ein vergleichbares Maß an innerer Stärke aufweist, und zwar deshalb, weil sie ein Ereignis ins Zentrum stellen kann, das von den Kommunisten immer nur als Teil eines weit größeren Ganzen verstanden wurde, nämlich den Versuch einer »Endlösung der Judenfrage« durch den deutschen Nationalsozialismus, die »Shoah«, den »Holocaust«. Zwar lässt sich eine bestimmte Einzigartigkeit der »Judenvernichtung« auch in einer säkularen Betrachtungsweise evident machen, die dieses Ereignis nicht von anderen und vergleichbaren Ereignissen der Epoche isoliert, aber der eigentliche Hintergrund lässt sich doch erst in gelegentlichen Äußerungen wichtiger Repräsentanten des Judentums finden wie etwa in dem von Peter Novick zitierten Satz Abraham Foxmans, des Leiters der »Anti-Defamation-League«, der Holocaust sei »nicht einfach nur ein Beispiel des Völkermords, sondern ein fast erfolgreicher Angriff auf das Leben der erwählten Kinder Gottes und deshalb auf Gott selbst«.[10] Kein Vertreter irgendeiner Gruppe der Welt

10 Peter Novick: *Nach dem Holocaust. Der Umgang mit dem Massenmord*, Stuttgart/München 2001, S. 259.

könnte guten Gewissens Ähnliches sagen, und deshalb darf vermutlich den Büchern eines amerikanisch-jüdischen Politologen eine repräsentative Bedeutung zugeschrieben werden, obwohl sie nach Forschungsleistung und Kenntnissen unbeachtlich sind. In einem ersten Schritt hat Daniel Goldhagen »die« Deutschen in einem rückhaltlosen Akt der »kollektivistischen Schuldzuschreibung« für die »willigen Vollstrecker« Hitlers erklärt, die »mit Lust« gemordet hätten und auch als Nichtbeteiligte entschlossen gewesen seien, alle Juden aus der Welt zu eliminieren. In einem zweiten Buch hat er die Anklage nun auf die zahlreichen Helfer und Sympathisanten der nationalsozialistischen Deutschen in allen Ländern Europas und auf die ganze christliche Welt ausgedehnt, die von ihren allerersten Anfängen in den Evangelien an »antisemitisch« gewesen sei und 2 000 Jahre hindurch den Hass gegen die Juden geschürt habe, welcher die wichtigste aller Ursachen des »Holocaust« gewesen sei. Daher gelangt Goldhagen bis zu der Forderung, dass die christlichen Kirchen unter Bruch mit ihrer Vergangenheit alle »antisemitischen« Stellen aus ihrer Bibel entfernen und ihre zahllosen »verbrecherischen« Handlungen aufrichtig bereuen, von denen das »Schweigen des Papstes« (Pius XII.) nur eine und nicht die schwerste gewesen sei.

Es handelt sich also um eine Totalkritik, die weit über jene Selbstkritik hinausgeht, innerhalb deren es selbstverständlich ist, dass verbrecherische Handlungen unter moralischen Gesichtspunkten streng verurteilt werden. Aber nicht einmal im Hinblick auf den »Holocaust« darf der geschichtliche Kontext verdrängt werden, denn nur durch die Anerkennung historischer Zusammenhänge ist es sinnvoll, von »Schuld« zu sprechen, die etwas anderes wäre als individuelle Schuld, ganz wie es nur im geschichtlichen Kontext einen Stolz geben kann, der mehr ist als der unter moralischen Gesichtspunkten allein zulässige Stolz auf die eigenen Leistungen des Individuums. Man sollte sich daran erinnern, dass der genuine »Antisemitismus« darin bestand, das Judentum im Ganzen und in allen seinen Erscheinungsformen zu verdammen, so dass sich daraus nur allzu leicht eine Vernichtungsforderung ergeben konnte. Nichts ist verhängnisvoller und verwerflicher als eine solche Verneinung eines ganzen Volkes bzw. einer ganzen Kultur. Das Christentum ist indessen mit »Europa« so eng verbunden, dass eine grundsätzliche Kritik daran auch Europa im Ganzen trifft, so sicher es ist, dass das moderne Europa sich vom »christlichen Abendland« des Mittelalters weit entfernt hat. Aber es darf für sich nicht nur den Respekt fordern, den jede Kultur als solche verlangen muss. Als System der Wechsel- und Selbstkritik war es die Initiativkraft der Weltgeschichte, durch welche die Artikulation schwerer Anklagen und die Forderung nach Übernahme einer geschichtlichen Schuld überhaupt erst möglich wurden. Mehr noch als alle anderen Kulturen ist Europa als Ganzes der Anwendung von Kategorien wie »Schuldbewusstsein« und »Reue« entzogen. Gewiss ist angesichts der jüngsten Vergangenheit Selbstkritik und Selbstbesinnung in besonders hohem Grade erforderlich, da sich das Liberale System mehr und mehr auf einen liberistischen Individualismus zu reduzieren scheint, der die alten und ehrwürdigen Kulturen der restlichen Welt zu überdecken und aufzulösen strebt, aber kein Individuum, keine Partei, kein Volk und kein Kulturkreis nimmt eine so feste und überzeugende Position ein, dass sie berechtigt wären, von der europäischen und »westlichen« Kultur als solcher Schuldbewusstsein und Schamgefühl einzufordern. Einzig eine genuine, von allen Menschen bejahte »Weltzivilisation« würde das Recht dazu haben, weil sie die Geschichte im Ganzen verurteilen dürfte, aber selbst diese Verurteilung müsste sich von Überheblichkeit und bloßer Verdammung fernhalten. Die Überheblichkeit und die einseitigen Schuldsprüche ihrer selbsternannten Vorkämpfer von heute sind jedoch nicht weniger zu verurteilen als irgendein Verfehlen in der bisherigen Weltgeschichte.

9. DIE DEUTSCHE LINKE NACH DER WIEDERVEREINIGUNG

Man kann von »der Linken« in religiöser, in anthropologischer und in politischer Bedeutung sprechen. In religiöser Perspektive mag man die biblische Schlange im Paradiese als die früheste Verkörperung der Linken betrachten, denn sie verleitete das erste Menschenpaar zum Ungehorsam gegen Gott, d.h. zum Aufbegehren eines persönlichen Interesses gegen die Welt der kosmischen Harmonie. In der konkreten menschlichen Geschichte zeigte sich ein frühes Aufbegehren auf vielfältige Weise: in der zornigen Anklage eines ägyptischen Arbeiters gegen den Wesir, der nur Befehle erteilt und sich der schweren Arbeit entzieht, im verzweifelten Widerstand von Sklaven in den Kämpfen um ihre Freiheit, in der heftigen Auflehnung der Charidschiten gegen eine falsche Entwicklung des Islam, im Aufruf Thomas Müntzers zur Tötung der »Gottlosen«. Aber von einer »politischen Linken« darf erst die Rede sein, seitdem die vielfältigen und nicht mehr primär religiösen Gestalten des Aufbegehrens zu *einem* gesellschaftlichen Phänomen zusammenfließen und sich in einer relativ freien Öffentlichkeit organisieren konnten wie etwa die Illuminaten als radikale Vorkämpfer der Aufklärung, welche in Europa fast immer so viel bedeutete wie »Säkularisierung«. Eine »Rechte« waren nicht schon die Regierungen, welche die überkommenen Strukturen verteidigten, sondern erst jene in der »Gesellschaft« entstehenden Bewegungen, die den in ihren Augen allzu schwachen Staaten zur Hilfe kommen wollten. Die frühesten und einfachsten Dichotomien wie etwa der Gegensatz von »rechten« Monarchisten und »linken« Vorkämpfern der Volkssouveränität wurden schon in der Mitte des 19. Jahrhunderts durch vielfältige und oft widerspruchsreiche Tendenzen ersetzt: die ausgeprägte Rechte der preußischen Konservativen ging zu der betont linken Position der Verneinung von »gottgewollter Legitimität« über, als Bismarck unter diesen Zeichen die Gründung des Deutschen Reiches in Gang setzte, und in Italien war die staatsgründende »Destra Storica« Cavours noch in den fünfziger Jahren als eine Linke betrachtet worden. Hitler wollte ein »Revolutionär gegen die Revolution« sein und war insofern ein unverkennbarer Rechter, aber sein »Antisemitismus« glich ebenso sehr der Verwerfung des »Geldsystems« durch die Frühsozialisten und den jungen Marx wie der Empörung der Konservativen über die »revolutionären Juden«. Die bolschewistische Sowjetunion fand wegen der Festigkeit ihres Staatssystems nicht ganz wenige Bewunderer innerhalb der europäischen Rechten, und der Nationalsozialismus war in gewisser Hinsicht eine »grüne« Bewegung zugunsten einer intakten Umwelt gegen ein chaotisches Überhandnehmen der Industrialisierung. Aber als der Zweite Weltkrieg, den er mit einer widersprüchlichen Zielsetzung geführt hatte – Schutz der europäischen Kultur gegen einen barbarischen Angriff, vertreibende Eroberung von Lebensraum für die Deutschen, Hinabstoßung des slawischen Teils Europas in einen Zustand des Analphabetismus –, wurden nur noch seine rechten Merkmale wahrgenommen: sein bellizistisches Lob des Krieges, seine antifeministische Verdrängung der Frauen aus dem politischen Prozess und nicht zuletzt sein Versuch, eine »Endlösung der Judenfrage« durch die physische Vernichtung einer durch unverlierbare Merkmale geprägten Gruppe zu lösen. So war er 1945 nicht nur als er selbst zutiefst diskreditiert, sondern das Gleiche traf auf so gut wie alle Bewegungen und Tendenzen zu, die als seine Vorläufer und Helfer angesehen werden konnten. Selbst der italienische Faschismus wurde nicht mit solcher Heftigkeit und mit so guten Gründen angegriffen und verworfen. Dennoch lässt sich trotz aller Widersprüche und Paradoxien eine letzte Zielsetzung der genuinen Linken ebenso aufweisen wie die Gemeinsamkeit des ursprünglichen Impulses, nämlich des Aufbegehrens, der Kritik, des Widerspruchs. Es handelt sich um die Leitidee eines familienhaften und konfliktlosen Endzustandes der Menschheit, der alle historischen Festlegungen und Begrenzungen hinter sich gelassen hat.

Der aus der katastrophalen Niederlage entstehende, auf einen bloßen Teil des früheren Deutschland reduzierte Staat der Bundesrepublik hätte indessen nicht ohne die Beteiligung und Mithilfe jener führenden Schichten wiederaufgebaut werden können, die sich willig oder zögernd oder sogar widerstrebend in den Dienst des nationalsozialistischen Staates gestellt hatten (ganz ähnlich sahen bekanntlich die Tatbestände aus, als vier Jahrzehnte später die kommunistischen Regime in Osteuropa zusammenbrachen), und damit erhielt die wiedererstehende Linke ihr populärstes Thema: die »alten Nazis«, die darauf hinzustreben schienen, den ganzen Staat wie nach 1933 zu übernehmen. Aber nicht einmal das kommunistische Regime der »DDR« im Osten Deutschlands kam ganz ohne »alte (und freilich ›geläuterte‹) Nazis« aus, und der Aufbau eines sowjethörigen Staates ohne Privateigentum, ohne selbständige Unternehmer und ohne nennenswerten Einfluss der Kirchen erregte in Westdeutschland so viel an Entsetzen, Empörung und Widerstand, dass eine »Partei der DDR« trotz einiger Ansätze nie zur vollen Existenz kam, während die große und nicht auf »das Bürgertum« beschränkte »Partei der Bundesrepublik« sich nur im westlichen Teil Deutschlands durch die millionenfache »Abstimmung mit den Füßen« bilden konnte. Alle linken Richtungen und Tendenzen in der Bundesrepublik Deutschland mussten daher (wenngleich in einem sehr weiten Sinne) antikommunistisch sein, und das galt auch für die »neuen sozialen Bewegungen«, die sich als Vorkämpfer der unterdrückten »Dritten Welt«, des radikalen Feminismus oder des Öko-Pazifismus verstanden und die zum guten Teil in der zunächst noch sehr »roten« und fundamentalistischen Partei der »Grünen« ihre politische Heimstätte fanden. Diese »neue Linke« wurde sehr durch das Aufkommen einer »Friedensbewegung« verstärkt, die zuerst den amerikanischen »Krieg gegen Vietnam« aufs schärfste kritisiert hatte und bald gegen den von den USA mit nur halbherziger Unterstützung durch die Sozialdemokraten betriebenen Aufbau eines gegen die Sowjetunion gerichteten Raketenabwehrsystems wandte, so dass die unablässigen Warnungen vor der Gefahr eines atomaren Selbstmords der Menschheit durch einen Krieg zwischen den beiden Weltmächten ein weitverbreitetes Gehör fanden.

Aber in den Jahren 1989–1991 brach das zweite – und ältere – totalitäre System im Europa der Zeit nach 1917 ohne Krieg zusammen, und Deutschland wurde wiedervereinigt, obwohl sich nahezu die gesamte Linke unter Einschluss von Teilen der »Christlich-Demokratischen Union« mit der Existenz des »zweiten deutschen Staates« abgefunden hatte. Dennoch kann man nicht sagen, dass die ganze Linke jetzt in ähnlicher Weise diskreditiert gewesen sei wie der Nationalsozialismus 1945. Es waren ja ehemals linke, meist kommunistische und häufig jüdische Intellektuelle wie Arthur Koestler, Richard Löwenthal und Ernst Fraenkel gewesen, ohne welche die intellektuelle Auseinandersetzung des Kalten Krieges schwerlich zu einem Erfolg für den Westen geworden wäre, und nur wenige hatten vergessen, dass Ernst Reuter, der berühmte Oberbürgermeister von Berlin zur Zeit der »Luftbrücke«, zu Anfang der zwanziger Jahre einer der wichtigsten deutschen Kommunistenführer gewesen war. Aber die traditionelle »antikapitalistische« und militante Linke der marxistischen Spielart schien dahingeschwunden zu sein, und Joschka Fischer, schon in den frühen neunziger Jahren der weitaus bekannteste Repräsentant der »Grünen«, schrieb 1992 in seinem Buch *Die Linke nach dem Sozialismus* Folgendes: »Eine nachsozialistische Linke wird also Abschied zu nehmen haben vom alten linken Antikapitalismus, von den Mythen des Proletariats, des Klassenkampfes, des bösen Unternehmers und des verfluchen Privateigentums und auch von der erlösenden Rolle des Staates in der Volkswirtschaft.«[11] Seine Verwerfung der »zweiten großen Menschheitskatastrophe«, nämlich des Kommunismus, ist von einer Entschiedenheit, dass sie vor dem Vergleich von »Gulag« und »Auschwitz« nicht zurückschreckt. Jedoch seine Konzeption, dass nun die »Weltinnenpolitik« die frühere Rolle der »Außenpolitik« übernehmen müsse, die Überzeugung, dass unbegrenztes Wachstum bei begrenzten Vorräten nichts anderes als verhängnisvollen Raubbau bedeute und die Ablehnung

11 Joschka Fischer: *Die Linke nach dem Sozialismus*, Hamburg 1992, S. 177 f.

einer »Inselstrategie« der reichen Länder, sind immer noch ohne Zweifel »links«, wenngleich nicht mehr im Sinne einer »absolutistischen« und vernichtungswilligen Linken. Und sein Wille, als antifundamentalistischer »Realo« der grünen Bewegung zusammen mit seinen Gesinnungsgenossen in der grünen Partei den »Marsch durch die Institutionen« weiterzuführen, um am Ende die Macht zu übernehmen, blieb ungebrochen, obwohl die Partei für ihre Opposition gegen den »Kanzler der Einheit«, Helmut Kohl, teuer zu zahlen hatte und nach der Bundestagswahl von 1990 zunächst nicht in das Parlament zurückkehrte.

Aber Kohl regierte an der Spitze eines Koalitionskabinetts mit den »Freien Demokraten« schon seit 1982, und allmählich zeigte sich, dass es »Kehrseiten« der deutschen Einheit gab – nicht zuletzt deshalb, weil dem praktischen Nationalbewusstsein, welches materielle Hilfen in einer gigantischen Größenordnung relativ klaglos akzeptierte, nicht die Entwicklung eines intellektuellen Nationalbewusstseins entsprach und entsprechen durfte, das möglicherweise zu einem überheblichen Kraftgefühl hätte führen können – das aber wäre mit hoher Wahrscheinlichkeit von allen Mächten der Welt als Wiederkehr nationalsozialistischer Verhaltensweise angeklagt worden. Diese Sorgen fanden eine bedeutende Unterstützung durch Vorfälle, die man ohne jeden Rückgriff auf den Nationalsozialismus hätte erklären und denen man mit geeigneten Methoden hätte entgegenwirken können: Die schon in den letzten Jahren der DDR grassierenden Gewaltausbrüche jugendlicher Gruppen erzeugten zusammen mit der unbedachten Verteilung der zahlreichen Flüchtlinge und Asylbewerber aus aller Welt auf das bisher von jeder ungeplanten Einwanderung freie Gebiet der DDR schwere Zwischenfälle, die in der Bundesrepublik voller Entsetzen unter den geläufigen Begriff der »Fremdenfeindlichkeit« subsumiert und als »rechts« interpretiert wurden. So konnte der seinerseits zu Gewalttätigkeiten neigende Teil der Linken neue Energie gewinnen, die sie selbst »antifaschistisch« nannte, und sofern sie ihren Neigungen (etwa zur Beschädigung oder Zerstörung von »Luxusautos«) Zügel anzulegen vermochte, konnte sie mit dem großen Strom liberalen Empfindens zusammenfließen, das in »Lichterketten« und in der Parole »Kampf gegen rechts« seinen Ausdruck fand. So war der Boden gut vorbereitet, als die gesamte Linke im Herbst 1998 unter der Devise »16 Jahre sind genug« zu den Bundestagswahlen antrat, die der »rot-grünen« Koalition den Sieg brachten.

Bundeskanzler wurde der Ministerpräsident von Niedersachsen, Gerhard Schröder, der seinen politischen Aufstieg in derjenigen Position begonnen hatte, die im Deutschland Helmut Kohls die am weitesten links angesiedelte, aber noch etablierte war, nämlich als Führer der »Jungsozialisten«, des linken und jugendlichen Flügels der Sozialdemokratischen Partei. Joschka Fischer wurde Außenminister, und er blieb nach den Meinungsumfragen für lange Jahre an der Spitze der »beliebtesten Politiker« – offenbar deshalb, weil die Verwandlung des ehemaligen Revolutionärs und »Steinewerfers« in einen gutgekleideten Staatsmann, der obendrein über den Niederungen der Innenpolitik zu schweben schien, dem deutschen Publikum imponierte. Als »Antikapitalist« durfte unter den Ministern am ehesten der Finanzminister und Vorsitzende der SPD Oskar Lafontaine gelten, aber schon nach relativ kurzer Zeit warf er dem Rivalen Schröder »die Brocken vor die Füße« und zog sich aus der Politik zurück, um erst nach dem Ende der rot-grünen Koalition eine führende Rolle in der »Linkspartei« zu übernehmen, der Nachfolgeorganisation der ehemaligen Staatspartei der DDR, die sich statt »SED« nun »PDS« (Partei des demokratischen Sozialismus) genannt hatte. Mindestens ebenso stark wie der Wille zu »Reformen« wurde in der Anfangszeit der rot-grünen Regierung der Wille zur Kontinuität hervorgehoben: Der wichtige Schritt zur europäischen Währungsunion wurde fast reibungslos ganz im Sinne der Vorgängerregierung gemacht, und Schröder wurde bald von seinen früheren Gesinnungsgenossen mit der herabsetzenden Kennzeichnung »Genosse der Bosse« bedacht. So schien bald alles dafür zu sprechen, dass es sich um eine Regierung handelte, die man je nach dem eigenen Standpunkt als eine Regierung der

»domestizierten« bzw. systemfreundlichen bzw. »dekadenten« Linken bezeichnen mochte und deren Politik, »europäisch« und »atlantisch«, wie sie war, sich nicht allzu weit von der Regierung Helmut Kohls entfernte.

Aber gleichwohl setzte sie von Anfang an einige eigentümliche Akzente, die ihr von Seiten der opponierenden Christdemokraten nicht ganz wenig an Feindschaft eintrugen. Schon sehr früh war klar, dass sie in der Einwanderungspolitik von der verschämten Positivität der vorhergehenden Epoche zu einer unverhohlenen Bejahung übergehen und insbesondere der Einwanderung aus der Türkei keine gewichtigen Riegel vorschieben würde. Was nicht selten die »Islamisierung« oder »Türkisierung« Deutschlands genannt wurde, nahm also seinen Fortgang und rief andererseits die ersten erregten Debatten über den verblüffenden Rückgang der Fertilitätsrate der »eingeborenen« Deutschen hervor, ja sie stieß auf den quasiplebiszitären Widerstand, der im Lande Hessen eine Regierung der CDU ans Ruder brachte. Dadurch wurde die – auch aus wahltaktischen Gründen – als Massenphänomen betriebene Einbürgerungspolitik ein wenig gemäßigt, aber nicht prinzipiell verändert, und ein Versuch der christlichen Demokraten, durch die Einführung des Begriffs der »deutschen Leitkultur« eine »nationale« Linie zu bewahren, wurde angesichts der konzentrierten Angriffe fast der ganzen Medienwelt bald aufgegeben, obwohl es einsichtig hätte sein sollen, dass es sich bereits um eine gravierende Konzession handelte, denn noch im Jahre 1930 war es für Katholiken und Protestanten, Juden und Atheisten selbstverständlich gewesen, dass Deutschland das Land »der deutschen Kultur« war. So wurde ein wichtiger Schritt auf das spezifisch linke Ziel hin getan, Deutschland nicht mehr als den Staat der Deutschen, sondern – wie die übrigen Länder Europas, aber in besonders prononcierter Weise – als »Gemeinbesitz der Menschheit« anzusehen.

Joschka Fischer erwies sich als Hauptvorkämpfer der korrespondierenden Interpretation, dass die künftige deutsche Geschichte sich allein an der Einzigartigkeit von »Auschwitz« als dem »absoluten Bösen« orientieren müsse und dass von dorther auch die ganze deutsche Geschichte zu interpretieren sei. Was er noch 1992 über den Zusammenhang von Bolschewismus und Nationalsozialismus, von »Gulag« und »Auschwitz« gewusst hatte, schien er vergessen zu haben, und tendenziell wurde die historische Erinnerung, die immer zugleich eine Aufforderung zu historischer Forschung und Auslegung sein sollte, zu einem ritualistisch festgelegten und quasireligiösen Gebetsakt, freilich einem negativen. Paradoxerweise wich Fischer jedoch von diesem Konzept, das die Verwendung von »Auschwitz« zu gemeinpolitischen Zwecken ausschließen sollte, auf eklatante Weise ab, als er die Beteiligung an der Intervention der NATO zugunsten der albanischen Separatistenbewegung im Kosovo mit der Notwendigkeit verteidigte, ein weiteres »Auschwitz« zu verhindern.

In einer genuinen »westlichen Demokratie« wäre es die Aufgabe einer systemgerechten und also »gemäßigten« Rechten gewesen, der linken Tendenz zur Fixierung und Übersteigerung ihres Sieges von 1945 entgegenzutreten und den »menschlichen«, d. h. nicht ausschließlich »schwarzen« Charakter auch des deutschen Nationalsozialismus herauszustellen, ohne deshalb das große, aber eben nicht totale Recht der Sieger- und Opferseite in Zweifel zu ziehen. Aber nicht bloß die journalistische Öffentlichkeit, sondern auch die Regierung selbst nahm eine Reihe von Vorfällen der Jahre 1999–2001 zum Anlass, um zum »Kampf gegen rechts« aufzurufen und einen »Aufstand der Anständigen« zu proklamieren: In einem kleinstädtischen Freibad in Sachsen war ein Kind ertrunken, und die Mutter behauptete, es sei von einigen Rechtsextremen trotz der Anwesenheit des Publikums ertränkt worden, anderswo war einem Jugendlichen ein Hakenkreuz auf die Kopfhaut geritzt worden, auf mehrere Synagogen waren Brandanschläge verübt worden, ein Rohrbombenattentat in einem Düsseldorfer S-Bahnhof forderte mehrere Opfer unter jüdischen Emigranten aus Russland usw. Es stellte sich bald heraus, dass die Anschuldigungen gegenstandslos waren wie im Fall des ertrunkenen Jungen, dass die Verletzungen selbst zugefügt waren wie bei der siebzehnjährigen Rollstuhlfahrerin, dass die Täter Araber oder nicht zu ermitteln waren. Offenbar war der linken Öffentlichkeit der Gedanke fremd gewesen, dass man sich durch die positive »Zuwanderungspolitik« nicht wenige junge Männer ins Land holte, die nach Sprache und Herkunft Semiten waren und eben deshalb »Antisemiten« sein mussten, weil sie in der Gründung Israels einen imperialistischen und räuberischen Angriff gegen die islamische Welt sahen. So war Deutschland um die Jahrtausendwende eher einem hysterischen Irrenhaus als einer »westlichen Demokratie« zu vergleichen, die ja den einzig möglichen Boden für rationale Besinnung und kritisch-prüfende Wissenschaft bildet. Aber was objektiv das Hauptziel war, wurde erreicht: nämlich die Bildung einer gemäßigten Rechtspartei zu verhindern, die endlich die auffallendste Lücke im System geschlossen hätte und die in Italien tatsächlich zur anerkannten Existenz, ja zur Beteiligung an der Regierung gelangte.

Andere Leitprojekte der linken Regierung waren weniger deutschlandspezifisch und ordneten sich in weltgeschichtliche Entwicklungen ein. Von Deutschland und vornehmlich von den »Grünen« ging die Forderung nach dem »Ausstieg aus der Atomenergie« aus, aber sie blieb nicht auf Deutschland beschränkt. Indessen erlangte sie nicht diejenige Auswirkung, die sie allein zu einer weltgeschichtlich positiven Tatsache hätte machen können: Wenn der sich über viele Jahre erstreckende Ausstieg, der zwischen der Regierung und der Industrie ausgehandelt wurde, auf Deutschland beschränkt blieb, würde es sich bloß um die Selbstausschaltung eines führenden Industriestaates auf einem besonders wichtigen Gebiet der Technik zugunsten seiner Konkurrenten und ohne irgendwelche positive Folgen handeln, denn der vielgefürchtete »GAU« in Frankreich oder sogar in den USA würde für Deutschland nicht weniger verhängnisvoll sein, als wenn er mitten in Deutschland stattgefunden hätte.

Das schwerstwiegende außenpolitische Problem, zu dem die rot-grüne Regierung Stellung nehmen musste, war die völlig neuartige Tatsache, dass unter der Vorherrschaft der nunmehr »einzigen« Weltmacht, der USA, etwas in die Welt zurückkam, was alle Progressiven jahrzehntelang für völlig überwunden erklärt hatten: nämlich die offene Vorbereitung eines Angriffskrieges, ja schließlich sogar die unverhüllte Drohung mit dem Einsatz von Atomwaffen. Der Golfkrieg gegen den Irak Saddam Husseins im Jahre 1991 konnte noch als eine Parallele zu dem Völkerbundskrieg von 1934–36 gegen Italien nach dessen Angriff auf Äthiopien gesehen werden, aber im Jahre 2002/03 lag weiter nichts vor, als die von eindeutigen Angriffsvorbereitungen begleitete Anklage der tausendfach überlegenen Atommacht USA gegen den unbewiesenen Besitz von »Massenvernichtungswaffen« auf Seiten des Irak. Die Erinnerung an die Terroranschläge vom 11. September 2001 bedeutete in der Sache weiter nichts als eine kaum glaubwürdige Instrumentalisierung, aber das Selbstverständnis der USA ließ die Interpretation als möglich erscheinen, dass es sich nicht mehr um einen Krieg, wie in der Geschichte, sondern um eine Polizeiaktion gegen eine reaktionäre Diktatur im Zeitalter der anhebenden Nachgeschichte handelte.

Um die Mitte des Jahres 2002 schien die Regierung Schröder nach fast allgemeiner Meinung an das Ende ihrer Laufbahn gelangt zu sein. Da erklärte der Kanzler, der oft als »Medienkanzler« gekennzeichnet wurde, mit großer öffentlicher Wirkung, dass Deutschland an dem »Abenteuer« im Irak nicht teilnehmen werde, und bald machte sich ein Sturm der Empörung über die amerikanischen »Neokonservativen« als die wichtigsten Kriegstreiber bemerkbar, der auch vor der Feststellung nicht zurückschreckte, dass diese Gruppierung ganz überwiegend aus Juden bestehe, die sich hauptsächlich von den Interessen Israels leiten ließen. So schien paradoxerweise unter der Regierung der Linken eine Analogie zum »Dritten Reich« zur Existenz gelangt zu sein: Deutschland schlug in Gegnerschaft zu den USA einen »eigenen Weg« ein und beteiligte sich an einer weltweiten Polemik, die eine gewisse (dann aber schnell unkenntlich gemachte) Ähnlichkeit mit den nationalsozialistischen Thesen über »die Juden hinter Roosevelt« aufwies.

Gerhard Schröder erhielt aber nicht nur durch dieses – linke? rechte? – Aufbegehren gegen die wichtigste Leitlinie der deutschen Nachkriegspolitik eine entscheidende Hilfe, sondern auch durch ein unvorhersehbares Naturereignis, die »Jahrhundertflut« vom Sommer und Herbst des Jahres 2002: als »Friedensfürst und Katastrophenhelfer« (wie die Presse schrieb) errang er einen knappen Wahlsieg gegen den bayerischen Ministerpräsidenten Edmund Stoiber und damit den Auftrag, vier weitere Jahre zu regieren.

Er konnte nur drei Jahre davon zu Ende bringen, und zwar wohl hauptsächlich dadurch, dass er jetzt definitiv die Statur eines Staatsmanns gewann und sich eine Aufgabe stellte, die nicht populär sein konnte und an der gerade der linke Flügel seiner Partei scharfe Kritik übte, nämlich die Reform, d.h. die Begrenzung des streckenweise »aus dem Ruder gelaufenen« Sozialstaats. Diese Aufgabe war weder »deutsch« noch war sie »links«, doch sie war in Deutschland besonders schwierig, denn kein Staat hatte für den inzwischen fast universell gewordenen »Sozialstaat« so viel an Vorbereitungsarbeit geleistet, wie es Deutschland seit Bismarck getan hatte. Aber die »Große Koalition« zwischen der Sozialdemokratie und der CDU, welche an die Stelle der rot-grünen Koalition trat, bedeutete keinen Bruch und schwerlich auch nur eine Zäsur in der deutschen Politik, sondern ohne nennenswerte Änderungen eine Fortsetzung der rot-grünen, der »linken« Regierung, wenngleich erstmals in der deutschen Geschichte unter der Leitung einer Frau.

Wenn man versucht, aus möglichst großem Abstand das wichtigste Ergebnis dieser Regierungszeit zu erfassen und zu beurteilen, so wird das Folgende zu sagen sein: Die deutsche Linke hat durch die Entscheidungen und Aktionen ihrer Regierungszeit eine gesamteuropäische, aber in Deutschland (wie in Italien) besonders ausgeprägte, Entwicklung sehr gefördert, nämlich die Existenzgefährdung Deutschlands und fast ganz Europas, die ihren Hauptgrund im Fortschreiten des liberalen Individualismus hat, welcher die spezifische Hervorbringung und – wenn man will – die einzigartige Blüte der europäischen Kultur war. Falls dieser

Prozess ohne nennenswerte Veränderung noch fünfzig Jahre fortgeht, werden Deutschland und Europa ideell zum »Gemeinbesitz der Menschheit« und faktisch zum Alleinbesitz der vitaleren und opferbereiteren Kultur des Islam geworden sein. Zur wichtigsten Frage würde dann werden, ob diese islamische Kultur den korrosiven Kräften des Individualismus zu widerstehen vermag oder ob das nächste »welthistorische« Stadium dasjenige der tatsächlich »verschmolzenen«, von allen historischen Prägungen freigewordenen Menschheit ist, in der sich aber möglicherweise »die Stärkeren« auf neuartige Weise durchsetzen mögen. Im historischen Rückblick indessen wird klar, dass der deutsche Nationalsozialismus nichts anderes als der extremistische und selbstzerstörerische Versuch war, jenes Schicksal des Verschwindens für alle Zukunft abzuwenden. Gerade deshalb sind die Aussichten gering, dass Deutschland und Europa sich nach so viel »Männlichkeit« noch einmal »ermannen« könnten, ihre »historische Existenz« trotz aller nachgeschichtlichen Tendenzen und in aller Bereitschaft zum unumgänglichen Wandel zu behaupten. Wenn es überhaupt eine Chance geben soll, muss zunächst der Wille entstehen, sich der gegenwärtigen Gestalt der »kommerziellen Globalisierung« nicht ohne Distanz und Prüfung auszuliefern.

II.

ZU EINIGEN FRAGEN DES GESCHICHTSDENKENS

1. HOMO SAPIENS – HOMO FABER – TRANSZENDENZ

Auf vielfältige Weise haben Menschen immer wieder versucht, das menschliche Wesen oder die menschliche Natur in einen kurzen Begriff zu fassen, oft durch die bloße Hinzufügung eines Eigenschaftsworts: die Termini »Homo sapiens« und »Homo faber« sind nur die bekanntesten darunter. Protagoras sprach von dem Menschen als dem »Maß aller Dinge«, und Demokrit nannte ihn eine »kleine Welt«, einen »mikròs kosmos«; im Mittelalter wurde der »homo christianus« dem »homo naturalis« gegenübergestellt; die frühe Neuzeit setzte den »homo civilis« dem »homme naturel« entgegen; die Aufklärung sprach vom »homme éclairé«, und Benjamin Franklin verstand den Menschen als ein »tool making animal«; von modernen Denkern stammt eine Fülle weiterer Kennzeichnungen wie etwa »animal symbolicum«, »homo pictor«, »homo viator« und andere. Der Mensch ist also ein Wesen, für welches das eigene Sein keine Selbstverständlichkeit, sondern auf mannigfaltige und manchmal gegensätzliche Weise bestimmbar ist.

Aber für viele Hunderte von Jahren war es unbestritten, dass der Mensch vor allem aus seiner Beziehung zu Gott verstanden werden müsse; der »Homo sapiens« war nur deshalb ein Wissender, weil er im Denken die von Gott geschaffene Struktur des Alls, dessen Vernünftigkeit, erfassen konnte. Doch auch hinsichtlich Gottes gab es Unsicherheiten und Differenzen des Verständnisses: wie anders hätte von früh an das Verlangen nach »Gottesbeweisen« existieren können? Dabei gab es doch eine »Ist«-Aussage, die jedem Zweifel vorauslag, nämlich dass »das All« oder »das Ganze« ist, innerhalb dessen der Mensch und alle anderen ihm bekannten Wesen sich befanden und das offenbar sowohl unermesslich groß wie unvergleichlich mächtig war: das »Apeiron«, das Grenzenlos-Unbestimmbare, sei Anfang und Ursprung aller seienden Dinge, schrieb der früheste der vorsokratischen Philosophen, Anaximander; und Parmenides hob mit dem größten Nachdruck jenes »IST« hervor, dem als dem Ganzen allein das unumschränkte Sein zukomme, während den Menschen der Irrtum eingeboren ist, jenen sterblichen »Doppelköpfen«, welche der Meinung sind, den entstehenden und vergehenden Dingen könne das »Sein« zugesprochen werden. Aber das unentstandene und nie vergehende Ganze ist nach Parmenides zwar nicht dem menschlichen Meinen zugänglich, wohl aber dem Denken, dem noêin, welches nach ihm sogar »dasselbe« ist wie das Sein.

Der Mensch ist mithin das sterbliche Wesen, das dem Unsterblichen, dem Ganzen zu begegnen vermag, das einen Bezug zu demjenigen besitzt, was allem Zweifel vorausliegt, denn man mag die Existenz einzelner Menschen, ja der Menschheit insgesamt und auch der Sonne und der Gestirne bezweifeln oder zu beweisen suchen, aber nicht die Existenz dessen, was allein im vollständigen Sinne *ist*. Der Mensch ist also das einzige hinfällige Wesen mit einem Bezug zum Nicht-Hinfälligen, Umfassenden, Ewigen.

Aber was dieses Eine und Umfassende ist, vermag er nicht zu sagen, denn jede vorstellbare Qualität ist nur innerhalb des Ganzen aufzufinden. Doch in der irdischen Natur gibt es Schönes, und innerhalb des menschlichen Lebens findet sich Gutes, der Mensch selbst hat die Fähigkeit, zu handeln und etwas hervorzubringen; wie sollte er nicht zu dem Gedanken gelangen, dass das unsterbliche Ganze in seinem Grunde gut, in seinen Manifestationen schön und ebenso wie der Mensch, nur in unvergleichlich höherem Maße, schöpferisch ist?

Das Gute und das Schöne und das Schöpferische sind indessen offenbar nicht »Alles«, und so treten »Götter« und schließlich »Gott« in das menschliche Denken und Empfinden ein, von denen man nicht mit derselben Sicherheit sagen kann, dass ihre Existenz nicht dem geringsten Zweifel unterliegt, denn im alltäglichen Leben stößt der Mensch immer wieder auf Böses, auf Hässliches und auf Erstarrtes, vornehmlich in der Gestalt des Todes. Von den »Göttern«, den Mächten der Natur oder des menschlichen Herzens, können die einen gut und die anderen böse sein, aber der Gott kann nur der Urheber des Guten und des Schönen sein. Dies ist der Grundcharakter alles Monotheismus von der

Sonne Echnatons bis zum dreieinigen Gott des Christentums und bis zum Allah Mohammeds. Nur in rasch verketzerten Seitentrieben macht sich im jüdisch-christlich-islamischen Bereich die Auffassung bemerkbar, dass in Gott das Gute und das Böse vereinigt seien, dass einem guten Gott ein böser Gott gegenüberstehe oder gar, dass das All als ein leiderfülltes Ungeheuer geradezu das Gegenteil Gottes sei und dem einzelnen Menschen nur auf dem Weg der Askese das erlösende Erlöschen der Individualität gewähren könne. Der Erörterung und dem Versuch einer Lösung solcher Fragen, die den Menschen als solchen angehen, dient alle Theologie; in ihrem Rahmen müssen auch die Begriffe »homo sapiens« und »homo faber« gesehen werden.

»Homo sapiens« ist die lateinische Übersetzung der griechischen und besonders von Aristoteles verwendeten Definition des Menschen als eines »zôon lógon échon«. »Logos« heißt »Rede« und auch »Vernunft«, aber das vernünftige Wesen ist für Aristoteles nur aus seiner Bezogenheit auf die Weltvernunft zu verstehen, die ihrerseits nichts anderes als Gott, der unbewegte Beweger des Weltalls, ist. Als ein auf Gott bezogenes, Gott zugehöriges Wesen wird der Mensch trotz aller Unterschiede in der ganzen jüdischen, christlichen und islamischen Theologie verstanden. Selbst wenn er, wie bei Ficino und später bei Leibniz, als »kleiner Gott«, als »Gott aller Dinge« betrachtet wird, bleibt dieses Verständnis erhalten, und es klingt auch noch in der Kantschen Unterscheidung von »homo phainomenon« und »homo noumenon« an. Die verschiedenen Gottesbeweise – der kosmologische aus der Schönheit der Welt, der teleologische aus ihrer Sinnhaftigkeit, der ontologische aus dem Begriff der höchsten Denkmöglichkeit und andere – gehören in dieses Ganze ebenso hinein wie die schlechthin außerordentliche, nur im Glauben zu erfassende Zentralaussage, dass der ewige Weltgrund den Charakter der scheinbar fragilsten aller Realitäten, der Persönlichkeit, besitze.

Aber der Mensch kann aus diesem »kosmo-theologischen« Bezug heraustreten. Er kann Gott als die »sittliche Weltordnung« und sich selbst als das »Bewusstsein Gottes« verstehen, und wenn er das Bibelgebot, sich die Erde untertan zu machen, hinzunimmt, mag er sich als den künftigen Herrn der Welt fühlen. So verliert das Beiwort »sapiens« jeden Anklang an die göttliche »sapientia«, und nur dasjenige gilt als »gut«, was der Mensch aus sich heraus als das Gute hervorbringt. Doch der homo sapiens kann sich nur dann selbst überschreiten, wenn er sich zugleich unterschreitet und sich mit der biologischen Bestimmung Linnés als des intelligenten Wesens begnügt, die zwecks Unterscheidung von der Gestalt des Neandertalers das »sapiens« zum »homo sapiens sapiens« als einer zoologischen Art unter anderen zoologischen Arten verdoppelt. Eine noch bedeutendere Voraussetzung ist der Abschied vom überlieferten Begriff des »homo faber«. Es war zwar Amerika, wo gesagt wurde, Gott sei der größte aller Handwerker, aber schon im Begriff der »Schöpfung« ist etwas Handwerkliches enthalten, und der Begriff der Aufklärung vom »Weltbaumeister« ist eine Version dieser Vorstellung. Handwerker waren die Menschen von den ältesten Urzeiten an, auch wenn sie nur einen Faustkeil glätteten, um ihn besser zur Jagd verwenden zu können. Handwerker waren noch jene Schiffsbaumeister, welche im 18. Jahrhundert große Segelschiffe herstellten. Handwerker war ursprünglich auch James Watt und waren alle frühen Erfinder in der »industriellen Revolution«, aber gleichsam unter ihren Händen wurde das Werkzeug zur Maschine, die nicht mehr dem Willen und der Entscheidung des einzelnen Menschen gehorcht, sondern die dem Menschen ihr Gesetz auferlegt, das er nur fortentwickeln kann, indem er sich ihm ohne Vorbehalte beugt.

Die Dampfmaschine war in der Tat etwas ganz Neuartiges, weil darin ein Element erst erzeugt wurde, das in der Natur nicht oder nicht in unmittelbar verwendbarer Form vorkommt, nämlich der Dampf. Was »Industrialisierung« genannt wird, bedeutete nichts anderes als die allmähliche Einbeziehung der im wissenschaftlichen Forschen gewonnenen Ergebnisse des Kopfes in die zunächst noch gegebene Herrschaft der geschickten Hand. Was die Menschen sich einst als die Ungetüme des Leviathan und des Behemoth vorgestellt hatten, wurde nun in Gestalt gigantischer

Maschinen Wirklichkeit, welche als Dampfschiffe die Meere bezwingen und als Flugzeuge über das bisherige Reich der Vögel aufsteigen konnten. Heute hat die Fähigkeit, durch Trennung des von Natur Zusammengehörigen und Neuzusammenfügung bisher Unbekanntes hervorzubringen, Dimensionen erreicht, die sogar vor 20 Jahren unvorstellbar gewesen waren: Man kann geklonte Kälber mit einem menschlichen Genom versehen und ganze Tierfabriken herstellen, in denen Heilmittel erzeugt werden, die auf natürlichem Wege nicht oder jedenfalls nicht in genügender Quantität zu erlangen wären. Der »Panmixie« im weitesten Sinne scheinen keine Grenzen mehr gesetzt zu sein, und es scheint nicht ausgeschlossen zu sein, dass bald Menschen mit einem Schweineherzen leben und Schweine menschliches Blut produzieren. Die Forscher, die in ihren Laboratorien und mittels ihrer überaus leistungsfähigen Computer all das hervorbringen, und auch diejenigen, welche, ohne direkt beteiligt zu sein, diese so weitgehend künstliche Welt ganz selbstverständlich für die ihre halten, sind dem Begriff des »Homo faber« nicht mehr unterzuordnen, sie gehören zu der neuen Welt des »Homo techno-scientificus«.

Schon der »Homo faber« ließ sich jedoch dem »Homo sapiens« nicht einfach gegenüberstellen, denn um geschickt zu sein, muss der Mensch zunächst Einblick haben und, wie Karl Marx schrieb, das künftige Werk im Kopfe bauen, bevor er es mit den Händen baut. Auch der Homo techno-scientificus kann sein Wesen erst entfalten, wenn der Homo sapiens zu etwas anderem geworden ist, als er bisher war. Jeder Bezug zu einer als gotterfüllt verstandenen Welt schließt Ehrfurcht in sich, und gerade heute hebt eine romantisierende Auffassung gern hervor, dass Naturvölker die Bäume – oder deren Geister – um Verzeihung baten, die sie zur Sicherung des eigenen Lebens fällen mussten. Diese Ehrfurcht vor den Weltdingen schwindet dahin, wenn der Mensch sich selbst als Bewusstsein des Weltgrundes oder auch als »Spitze der Evolution« betrachtet, so dass ihm jede Art von Veränderung und Manipulation erlaubt, ja aufgegeben ist. Nur Mangel an Ehrfurcht vor sich selbst macht es ihm möglich, die Einpflanzung von

»Chips« in sein Gehirn zu begrüßen, welche sein intellektuelles Leistungsvermögen ganz außerordentlich steigern. So wird das allen früheren Menschengenerationen schlechthin Unvorstellbare denkbar: »Wir werden«, sagte ein bekannter amerikanischer Naturwissenschaftler jüngst bei einer Tagung, »die Geheimnisse der Intelligenz entschlüsseln, wir werden in dreihundert Jahren dank der Fusion von biologischer und nichtbiologischer Intelligenz das Universum beherrschen.«[1]

Hier also soll sich die »Gottwerdung«, von der die Jahrhunderte hindurch so manche Philosophen und Mystiker geträumt hatten, auf sichtbare, geheimnislose Weise vollziehen: Ein endliches Wesen, der Mensch, will alle jene Qualitäten in seiner empirischen Existenz realisieren, welche Tausende von Jahren immer nur dem »Gott des Universums« zugeschrieben wurden: Unsterblichkeit, Allwissenheit, Weltherrschaft. Wie negativ immer man über die Realisierbarkeit denken mag – eins stellt schon das Konzept als solches unter Beweis: dass die Theologie, von Realisten oft bespöttelt oder für ein Luftgebilde erklärt, dem »menschlichen Wesen« weitaus näher war als alle Realisten der Weltgeschichte.

Es handelt sich nämlich nicht um einen subjektiven Einfall eines einzelnen Forschers, denn schon in den sechziger Jahren sprachen einige Wissenschaftler oder besser Wissenschaftsgläubige verächtlich von den »Tröpfen«, die auf ihrer banalen Erde zurückbleiben würden, wenn die Weltraumfahrer jene riesigen und technisch perfekten Kapseln besteigen würden, die sie alterslos machen und in andere Sonnensysteme führen würden. Schon in den frühen neunziger Jahren erschien das Buch eines Physikers, das die »Kolonialisierung« des Weltalls als möglich hinstellte und zur Verwirklichung aufrief. So leicht es ist, über die Phantasten zu spotten, die ja die Lichtgeschwindigkeit übertreffen müssten, wenn sie eine Chance haben wollen, so sicher ist es, dass in einer Welt, wo solche Vorstellungen aufkommen können, nicht mehr der »Homo sapiens« das Regiment führt. Man muss sich von

1 Vgl. Jordan Mejias: *Welches Universum darf es denn sein?*, in *FAZ* vom 28. 8. 2002.

allen »Werten« freigemacht haben, die jemals der »Gotteswelt« entnommen oder möglicherweise in sie hineingelegt worden waren, um Vorstellungen entwickeln zu können, die allen früheren Generationen als schlechthin unmöglich und ihrem ethischen Charakter nach als ruchlos gegolten hätten; der »Homo sapiens« muss zum »homo nihilista« geworden sein, um sich selbst als Gott zu begreifen und alles hinter sich zu lassen, was immer als spezifisch menschlich gegolten hatte: Unsicherheit, Zweifel, Entscheidungsfreiheit. Man braucht dem Begriff des »Nihilismus« nicht jene rundum negative Bedeutung zu geben, die er als »Entwertung der obersten Werte« noch bei Nietzsche hat, und dennoch dürfte die Aussage zulässig sein, dass der »Homo nihilista«, der ehemalige »Homo sapiens«, in seiner Einheit mit dem »Homo technico-scientificus« nicht zu Gott, sondern lediglich zu einem Stück hochintelligenter Natur werden würde.

Damit ist bereits ein Stück der Kritik formuliert, die der »schönen neuen Welt« des nihilistischen Menschen begegnen muss, solange sein Reich noch nicht die unverrückbare Festigkeit gewonnen hat, der es zustrebt. Diese Kritik bewegt sich zu einem Teil noch in traditionellen Bahnen: Auflösung historischer Identitäten, Säkularisierung, Anthropozentrismus; und zum anderen Teil stellt sie die moderne Form der Zivilisationskritik dar: Kehrseiten des technisch-wissenschaftlichen Fortschritts durch Gefährdung der Umwelt, Klimaveränderung, Erschöpfung der natürlichen Ressourcen, demographische Überwältigung gerade der fortschrittlichsten Teile der Welt durch die Ungleichmäßigkeit des Bevölkerungswachstums bzw. -rückgangs. Weiterführende Fragen wären etwa die folgenden: Würde nicht gerade unter dem Zeichen der schon fast allgemein anerkannten Überwindung von Klassenscheidung und Staatlichkeit eine viel ausgeprägtere Klassengesellschaft zur Existenz kommen: die völlig flexiblen, die technische Entwicklung vorwärtstreibenden, jeder Nationalität oder Regionalität entwachsenen Menschen auf der einen Seite und jene »Tröpfe«, denen nur noch an individueller »Selbstverwirklichung« und an »Spaß« liegt, auf der anderen?

Würde der ganz moderne Mensch, dessen ursprüngliche Menschlichkeit von eingepflanzten Chips völlig überdeckt wäre, die Fähigkeit und die Neigung verloren haben, welche der kultivierteste Hellene oder Engländer trotz allen Bildungsstolzes gegenüber zurückgebliebenen »Naturmenschen« besaß, nämlich mit ihnen im Zeichen einer einheitlichen Menschennatur »sprechen« zu können und zu wollen? Würde die große Mehrzahl der »Tröpfe« nicht zum Aussterben verurteilt sein, da die Fortpflanzung als hinderliche Last empfunden werden würde, während nur für eine Minderzahl jene neuartigen Brutkästen erschwinglich wären, welche imstande sein würden, an die Stelle des Mutterleibes zu treten? Würde die praktische Verwirklichung jenes tiefsinnigen Wortes von Pascal, der Mensch übersteige sich selbst um ein Unendliches, nicht die Selbstvernichtung der »natürlichen« Menschheit bedeuten – Selbstvernichtung nicht durch so simple Vorgänge wie einen Atomkrieg oder die Ausbreitung unbezwingbarer Zivilisationskrankheiten, sondern durch die Verwandlung des Menschen in eine »transhumane« Realität, auf die man nur sehr zögernd den überlieferten und vergleichsweise idyllischen Begriff des »Übermenschen« anwenden würde?

Fragen wie diese können als bloße Spekulationen erscheinen oder wohl gar als Schreckbilder, mit denen konservative Menschen ihre diffusen Ängste konkretisieren und gleichsam beschwören möchten. Aber schon in der bisherigen Geschichte gab es nichts Fortschrittlicheres als die Kritik, die an bestimmten Formen des Fortschritts geübt wurde und die damit Alternativen oder mindestens Distanzen offenhielt, welche zur Grundlage neuer Entwicklungen werden konnten. Wie flach und inadäquat erscheint der Fortschrittsoptimismus des beginnenden 20. Jahrhunderts, wenn man die Analysen und Befürchtungen von Pessimisten wie Ludwig Klages oder Theodor Lessing danebenstellt, die inzwischen längst zu einer weltweiten Tendenz des Denkens und Handelns geworden sind. Was immer die Enkel und Urenkel der heutigen Generationen tun werden – sie werden die »Schreckbilder« ihrer Vorfahren mit in Rechnung stellen und die Entscheidungen, denen sie konfrontiert sind, nicht in naiver Geradlinigkeit treffen, sondern auf reflektierende, auf nachdenkliche Weise.

Von nun an lasse ich alle Zukunftsbilder beiseite, ob sie erschreckend oder wohltuend sein mögen, und wende mich zu den Feststellungen zurück, von denen ich ausgegangen bin. Eben dadurch wird Zukünftiges auf andersartige und vielleicht überraschende Weise in den Blick treten.

Descartes suchte ein »fundamentum inconcussum«, und er fand es über den Weg des Zweifels im Denken und in dem die Wahrheit sichernden Gott. Aber ein ursprünglicherer und wegen seiner scheinbaren Selbstverständlichkeit auch von Philosophen nicht eigens hervorgehobener Tatbestand ist der, dass der Mensch – offenbar als einziges der uns bekannten Wesen – zum Ganzen der Welt in Beziehung steht und deshalb nach Göttern oder nach Gott oder auch nach dem »Nichts« fragen kann. Schon die Menschen der Urzeit nahmen alle einzelnen Dinge innerhalb eines umfassenden Horizonts wahr, den sie »Himmel« oder »Erde« nennen oder mit einem fernen Götterberg identifizieren mochten: immer war ihr auf konkrete Dinge bezogenes Gegenwartsbewusstsein von einem »Weltbewusstsein« umfasst, zu dem eine Bezugnahme auf Vergangenheit und Zukunft gehörte. Durch dieses Weltbewusstsein wurden sie ihrer eigenen Sterblichkeit inne, und als Einzige aller Lebewesen begruben sie ihre Toten, indem sie Erinnerungsstücke oder Nahrungsmittel für eine künftige Existenz hinzulegten. Als Einzige unter allen Wesen spürten sie nicht bloß das kommende Gewitter, sondern sie riefen den Donnergott an, um für sich Schonung zu erflehen. Der Mensch ist, seitdem er Mensch ist, das »seinverstehende Wesen«, um den Terminus Heideggers anzuführen, oder das »weltoffene« Dasein, um Max Scheler zu zitieren. Er könnte heute nicht mit dem Hubble-Teleskop die Tiefen des Weltraums erforschen oder die Frage nach den »schwarzen Löchern« stellen, wenn seine Vorfahren nicht vor Hunderttausenden von Jahren sich vor dem Geist des nahen Berges gefürchtet und zu den Gestirnen aufgeblickt hätten. Dieses »Vermögen aller Vermögen« verbindet den Astronomen und den Nanotechniker von heute mit den Jägern und Sammlern der Urzeit; wie unterschiedlich auch immer sie das Sein und die Welt verstehen mögen; sie bleiben seinverstehende und weltoffene Wesen, und dazu haben sie sich nicht durch eigene Anstrengungen gemacht, sondern die Urvoraussetzung allen Erkennens und allen Handelns wurde ihnen mit ihrem Menschsein gegeben oder geschenkt.

Der Mensch als solcher ist durch »Transzendenz« bestimmt, durch das »immer-schon-Hinaussein« über die Dinge seiner Umgebung. Dieses Hinaussein ist »Theoría«, da es kein Wahrnehmen oder Betasten zu sein vermag: Schau, Ausblick nach dem nie gegebenen Ganzen. Daher sprechen wir von der »theoretischen Transzendenz« als dem innersten Wesen des Menschen, die selbst dann nicht verlorengeht, wenn dieser Mensch sich selbst nach dem vorgestellen Vater seines Stammes als »Adler« oder als »Wolf« versteht. Zu ihrer unverhüllten Gestalt gelangt die theoretische Transzendenz aber erst bei jenen Philosophen wie dem Parmenides, die nur das Denken auf das zeitlose, schlechthin seiende Ganze bezogen sein ließen. Schon unter den Vorsokratikern finden sich jedoch Vorstellungen wie »Weltbrände« und Neuentstehungen von Welten, und heute gehört es zu den akzeptierten, wenngleich nicht unumstrittenen Theorien, unser Universum zu einer bestimmten Zeit aus einem »Urknall« hervorgehen zu lassen und über das Wechselverhältnis verschiedener »Universen« zu spekulieren. Aber auch Millionen von »Universen« wären noch nicht das Ganze, und selbst wenn ein Nichts dem ersten Universum, bildlich gesprochen, vorherginge oder wenn ein umfassender »Wärmetod« das Endgeschick des Universums wäre, müssten sie in den Begriff des »Ganzen« einbezogen werden. Selbst das »Sein« des Parmenides, »unerschütterlich in seinem Bau und ohne Ziel, ein Ganzes, Eines, Zusammenhängendes«, wäre also eine Verbildlichung. Erst recht wären vor dem forschenden Weltauge der Wissenschaft, der klarsten Ausprägung der theoretischen Transzendenz, alle Gottheiten und alle Götter Verbildlichungen. Aber diese Verbildlichungen hätten einen ganz anderen Rang als alles, was an Gegenständen – von Sternennebeln bis zum Bau der Moleküle – von der Wissenschaft wahrgenommen und erklärt werden könnte, denn sie sind ja keine bloßen Konstruktionen des Menschen, sondern Grundzüge des Alls selbst, die nicht bewiesen und aufgezwungen, sondern nur erfahren und als Glaube weitergegeben werden können: als Schönheit eines harmonischen Kosmos, als Kreatürlichkeit in der Hand des einen Gottes, als unerklärliches Ungeheuer des »Rades der Geburten«.

Und so gewinnt das Aufkommen des »Homo nihilista« ein anderes Aussehen: Er nimmt der Welt, wie es dem ältesten der philosophischen Ansätze entspricht, den Charakter der selbstverständlichen, in einer Kultur festverwurzelten »Gotteswelt«; aber wenn er sich selbst richtig versteht, vollzieht er keine Verwechslung mit Dingen, Projektionen oder auch Illusionen, sondern weist demjenigen Menschen einen legitimen Platz zu, den man den »Homo religiosus« nennen kann, weil er jene Ehrfurcht und jenen Schrecken kennt, welche einer Erfahrung des Seins und nicht einem nachträglichen Hinblick auf die Dinge entspringen. Damit tritt die Religion in viel stärkerem Maße in den Bereich der individuellen Freiheit und des Wählenkönnens, als es in der bisherigen Geschichte der Fall war, aber als solche verschwindet sie nicht, und sie mag sogar neue Stärke gewinnen. Indem er sich seiner Herkunft aus dem »Homo sapiens« stärker bewusst wird, könnte der »Homo nihilista« über die Vorform des Zerstörers hinausgelangen und den scheinbaren Abgrund zwischen sich und dem »Homo religiosus« überwinden.

Kann indessen der »Homo technico-scientificus« der völlig durchtechnisierten, »entnaturalisierten« Erde und des beginnenden »Weltraumtourismus« tatsächlich dazu gebracht werden, seinem scheinbaren Gegenteil, eben dem »Homo religiosus« ein autonomes Recht zuzuerkennen? Aber wie der »Homo nihilista« aus dem »Homo sapiens« hervorgegangen ist, so verschwindet im »Homo technico-scientificus« der »Homo faber« des unmittelbaren Umgangs mit den Dingen nicht vollständig. Der »theoretischen Transzendenz« korrespondiert ja die »praktische Transzendenz«, jene allmähliche Erweiterung und Ausdehnung der menschlichen Lebenswelt, die für Jahrtausende nur langsam vor sich ging, die jedoch heute in ein rasendes Tempo eingetreten ist, für das häufig der Terminus »Globalisierung« verwendet wird. Noch die Armeen Napoleons bewegten sich nicht wesentlich schneller als die Heere Alexanders des Großen, aber heute lassen sich ganze Divisionen mit Großflugzeugen in wenigen Stunden von den USA in den Nahen Osten und anderswohin transportieren, und wenn sie eintreffen, erwartet sie schon ihre gesamte Logistik, die auf elektronischem Wege in Sekundenschnelle übermittelt worden ist. Doch wenn die praktische Transzendenz bis zu jenem äußersten Punkte gelangte, wo perfekte Weltaumfahrzeuge die Grenze des Sonnensystems überflögen, um in der Sphäre der Cassiopeia unbekannte Planeten zu entdecken und zu kolonialisieren, würden sie dem Gefängnis der Lichtgeschwindigkeit nicht entrinnen und immer in einen Winkel des Weltraums verbannt bleiben. Und wenn sie zehntausend Jahre, ohne zu altern, in der unermesslichen Leere geflogen wären, da würden sie vermutlich allesamt die Existenz jenes urtümlichen Jägers der ihren vorziehen, für den Berge und Meere undurchdringlich waren und der sogar in seinen kühnsten Gedanken den Mond nicht zu betreten wünschte, zu dem er vielmehr als zu einer Gottheit aufsah.

Die Differenz zwischen theoretischer und praktischer Transzendenz ist ein Grundkennzeichen des Menschen schlechthin. Jener amerikanische Wissenschaftler, der die zukünftige Menschheit zur Herrin des Universums machen möchte, ist letztlich von dem Wunsch geleitet, die Differenz zum Verschwinden zu bringen und damit den Menschen selbst. Wohl hat schon die frühe Menschheit eben diese Differenz im Denken aufzuheben versucht, aber sie gelangte nicht zu einer Realität, die in ferner Annäherung noch als »menschlich« zu bezeichnen wäre, sondern zur Einheit von Allwissenheit und Allmacht in Gott. Auch ein erklärter Atheist kann zugeben, dass in dieser Vorstellung weit mehr an Weisheit enthalten war als in der sowohl unmöglichen wie ruchlosen, gleichwohl aber überaus symptomatischen Vorstellung von der realen Gottwerdung der Menschheit. Auch der erklärte Atheist kann zu einer neuen Bescheidenheit aufrufen, die gerade auf die Hybris des grenzenlosen, des kosmischen Machtwillens reagiert, auf jene Hybris, welche in der Zeit des Übergangs zum 21. Jahrhundert von Vertretern jener neuen Menschentypen artikuliert worden ist, die den fortwirkenden Zusammenhang mit dem »Homo sapiens« und dem »Homo faber« nicht umgestalten, sondern vernichten wollen.

2. »KONSERVATIVE REVOLUTIONEN« IN DER GESCHICHTE

Auf den ersten und noch auf den zweiten Blick scheint der Begriff »Konservative Revolution« einen semantischen Widerspruch in sich zu schließen: Revolution, so dürfte die geläufigste Auffassung sein, bedeutet einen fundamentalen Umbruch politischer und gesellschaftlicher Art, der durch den gewalttätigen Ansturm revolutionärer Massen ein Regime stürzt und einen ganz neuen, weitaus mehr an Freiheit und Gleichheit in sich schließenden Zustand an die Stelle der alten erstarrten Strukturen setzt. »Konservativ« dagegen heißt »bewahrend« und ist mithin seiner Begriffsbestimmung nach das Gegenteil von Umsturz und Revolution. Es lässt sich indessen nicht leugnen, dass auch Vorgänge durch den Begriff der Revolution gekennzeichnet werden, denen die Momente der Plötzlichkeit und der Gewalttätigkeit abgehen, zum Beispiel »industrielle Revolution«, so dass nur das Merkmal des »Fundamentalen« übrigbleibt. Überdies ist es merkwürdig, dass nur *eine* Umwälzung des 20. Jahrhunderts dem populären Begriff der Revolution in paradigmatischer Weise entspricht: die islamisch-schiitische Revolution von 1978 im Iran. In Teheran stürmten in der Tat große Menschenmassen gegen ein verhasstes Regime an und warfen es durch Anwendung von Gewalt innerhalb kurzer Zeit nieder, so dass an die Stelle des westlich orientierten, sich auf das arische Persien der Achämeniden berufenden Regimes von Shah Pahlewi das islamische Regime der »Mullahs« mit einem »Revolutionsführer«, dem Ayatollah Chomeini an der Spitze, trat. Im Vergleich dazu hatte die nationalsozialistische Revolution in Deutschland tatsächlich, wie man spöttisch gesagt hat, »mit der Erlaubnis des Herrn Präsidenten« stattgefunden, aber auch die bolschewistische Revolution vom November 1917 darf als ein im Schutz der bestehenden »Sowjetlegalität« vollzogener Putsch einer relativ kleinen Partei gelten. Wenn man weiterhin bedenkt, dass Revolution etymologisch von »re-volutio« herkommt, also Rückwendung oder Wiederherstellung heißt, ist es sehr wahrscheinlich geworden, dass

»Revolution« nicht den eindeutigen und simplen Sinn haben muss, der ihr meist zugeschrieben wird, und das Gleiche gilt für den Begriff »Konservativismus«. So gut wie alle Denker und Politiker, die man als »Konservative« bezeichnen kann, haben nachdrücklich in Abrede gestellt, dass sie das Vorhandene in allen seinen Aspekten und Details bewahren wollten; es ging nach ihrer Auffassung nur um die Bewahrung »des Wesentlichen«, und diese Bewahrung mochte sehr eingreifende Änderungen erforderlich machen. Im Hinblick auf die »Glorreiche Revolution« Englands im Jahre 1688/89 hat Thomas Babington Macaulay bekanntlich gesagt, sie habe als »preserving revolution« England vor der zerstörerischen Revolution bewahrt, die später auf dem europäischen Kontinent stattgefunden habe. Mindestens eine der großen Revolutionen der Weltgeschichte ist also von einem bedeutenden Historiker dem Sinne und nahezu dem Wortlaut nach als »konservative Revolution« bezeichnet worden. Freilich gibt es eine Anzahl anderer Termini, die auf »bewahrende Änderungen« Anwendung finden können, etwa »Restauration«, »Reform« oder »Gegenrevolution«. Wenn der Begriff der »Konservativen Revolution« auf einige Phänomene der Weltgeschichte anwendbar sein soll, muss er sich von Begriffen wie diesen unterscheiden lassen.

Ich werde so vorgehen, dass ich einige Prozesse gravierender Änderungen in aller Kürze skizziere und die Frage stelle, wodurch sie sich von »bloßen Reformen« oder gar von »Restaurationen« unterscheiden, so dass gegebenenfalls der Begriff »Konservative Revolution« der adäquateste wäre. Das wiederum lässt sich nicht bewerkstelligen, wenn nicht auch ein kurzer Blick auf diejenigen Typen der »Revolution« geworfen wird, denen das Epitheton »konservativ« auf keinen Fall zugeschrieben werden kann.

Die wohl älteste historische Erzählung der Welt, ein Keilschrifttext des 24. Jahrhunderts v. Chr. aus dem sumerischen Stadtstaat Lagasch, beschreibt Vorgänge, die noch an der Schwelle des dritten Jahrtausends n. Chr. vertraut anmuten. In diesem »Tempelstaat«, den man »staatssozialistisch« zu nennen pflegt, der aber der privaten Initiative und auch dem Privatbesitz einigen Raum ließ, existierte neben der Priesterschaft des Tempels, die formell im Dienst der Götter und als Treuhänderin des Volkes den Großteil des Landes und der Güter besaß, von früh auf ein weltlicher Herrscher, der »Ischakku«, welcher ursprünglich wohl lediglich der oberste Verwaltungsbeamte war. Mit der Zeit, vor allem unter dem Druck der außenpolitischen Auseinandersetzungen mit den übrigen sumerischen Stadtstaaten, schuf er sich aber einen eigenen Machtbereich und trat zu dem Tempel in eine gewisse Konkurrenz. Einer dieser Ischakkus von Lagasch war von besonderem Ehrgeiz getrieben und wollte die Oberherrschaft über ganz Sumer erringen. Er und seine Nachfolger hatten zunächst erhebliche Erfolge, aber um die unumgänglichen Kriege fuhren zu können, mussten sie den Untertanen schwere Lasten auferlegen, insbesondere hohe Steuern. Nach dem Ablauf eines Jahrhunderts war dieser Griff nach der Vorherrschaft aber gescheitert, und Lagasch war wieder auf sein ursprüngliches Staatsgebiet reduziert. Der Ischakku, umgeben von der »Clique« seines Palastes, machte jedoch jene Kriegsmaßnahmen nicht rückgängig, sondern er suchte sie sogar zu fixieren, diesmal nicht mehr für Kriegsanstrengungen, denen die Masse des Volkes zugestimmt hatte, sondern zu Zwekken des privaten Vorteils für ihn selbst und seine »Palastclique«. So wurden weiterhin für alle möglichen Verrichtungen Abgaben oder Steuern erhoben, z.B. für Beerdigungen oder Ehescheidungen. Von einem Ende des Landes bis zum anderen, schreibt der alte Historiker, dessen Name nicht überliefert ist, »hausten die Steuereinnehmer ... Die Ochsen der Götter pflügten die Zwiebelfelder des Ischakku; die Zwiebel- und Kürbisfelder des Ischakku lagen auf dem besten Ackerland der Götter«.[2]

Aber die Bürger von Lagasch nahmen diese Zustände nicht ohne Widerstand hin, und in einem Prozess, der nicht näher beschrieben wird, der aber offensichtlich einen »revolutionären« Charakter hatte, gelangte ein Mann namens Urukagina an die

2 Samuel N. Kramer: *Geschichte beginnt mit Sumer. Berichte von den Ursprüngen der Kultur*, München 1959, S. 45–49.

Spitze des Staates. Er schaffte die Steuern wieder ab, vertrieb die schmarotzenden Beamten, traf Bestimmungen, welche die kleinen Leute gegen die Willkür der Reichen schützten; er säuberte die Stadt von Wucherern, Dieben und Mördern, und er schloss einen besonderen Bund mit Ningirsu, dem Gott von Lagasch, dass er den »Mächtigen« nicht erlauben würde, Witwen und Waisen zu bestehlen. Wir wissen nicht, wie diese »Reformen« vor sich gingen und ob sie auf eine vollständige Wiederherstellung der Lage hinausliefen, die vor dem kriegerischen Jahrhundert vorhanden war. Man wird indessen vermuten dürfen, dass große Anstrengungen von Seiten Urukaginas und seiner Helfer erforderlich waren, um so tief eingewurzelte Missstände zu beseitigen. Nicht weniger gut dürfte die Annahme begründet sein, dass die Situation in Lagasch bei weitem nicht mehr dieselbe war, wie sie 100 Jahre zuvor gewesen war, und sei es nur insofern, dass Historiker den Urukagina rühmten und sein Ansehen beim Volke sicherlich weit größer war, als das Ansehen des letzten Ischakku der Vorkriegszeit gewesen war. Es kann sogar nicht als ausgeschlossen gelten, dass er, wie Solon mehr als anderthalbtausend Jahre nach ihm, sich gegen die Kritik derjenigen unter seinen Anhängern behaupten musste, welche »die Mächtigen« nicht nur in die Schranken weisen, sondern vernichten wollten. Wir wissen nur so viel mit Bestimmtheit, dass die Fortentwicklung, anders als später in Athen, schon nach kurzer Zeit abgeschnitten wurde, weil der außenpolitische Machtkampf weiterging und Lagasch eine entscheidende Niederlage gegen die Rivalin Urama erlitt, so dass es für geraume Zeit aus der Geschichte verschwand. Aber trotz aller Unsicherheiten ist die Vermutung nicht von der Hand zu weisen, die Geschichte des Urukagina sei die früheste Revolution der Weltgeschichte gewesen und sie dürfe eine »Konservative Revolution« genannt werden.

Unvergleichlich besser ist die Quellenlage und weitaus durchsichtiger sind die Vorgänge im Falle des Augustus und des »augusteischen Zeitalters«, das bekanntlich häufig ein »goldenes« genannt wird. Es handelt sich um das Zeitalter des Untergangs der römischen Republik und des Übergangs zur Herrschaft jener »principes«, die dann bald Kaiser genannt und großenteils als Götter verehrt wurden. Tiefgreifend war diese Änderung ohne jeden Zweifel, denn nach dem Sturz der etruskischen Königsherrschaft hatte die Senatsaristokratie Roms härteste Kämpfe siegreich bestanden und am Ende ein Weltreich geschaffen, das zwar bei weitem keine verwaltungsmäßige Einheit, wohl aber so etwas wie eine Zwangsföderation von Stadtstaaten und Königreichen war. Mit der Tätigkeit der beiden Gracchen seit 133 lässt man häufig das »römische Revolutionszeitalter« beginnen, das von dem höchst konservativen Versuch ausging, der fortschreitenden Enteignung der römischen Bauern als der tragenden Substanz des Staates Einhalt zu gebieten und dem beklagenswerten Zustand ein Ende zu bereiten, dass die Männer, welche als Legionäre Roms Kriege führten, während ihrer langen Abwesenheit ihren kleinen Besitz an Angehörige jener Senatsaristokratie verloren, die ihre Befehlshaber stellte. Der Versuch scheiterte, aber die Notwendigkeit, die sich für die Feldherren der Folgezeit ergab, ihre Veteranen mit Land zu versorgen, war eins der mächtigsten Motive für die ausgedehnten Proskriptionen und Konfiskationen, welche nach dem gewaltsamen Tode des Gaius Gracchus das römische Leben für so viele Jahrzehnte bestimmten. Zu den schlimmsten Proskriptionen und insofern zu den schwerstwiegenden Änderungen führte gerade der radikalste Versuch einer Restauration, derjenige Sullas, und viele der Anhänger des Marius hätten sich gewiss als Revolutionäre bezeichnet, wenn der Terminus bereits gebräuchlich gewesen wäre. Auch G. Julius Caesar war zunächst so etwas wie ein Marianer und jedenfalls ein Mann der Volkspartei, aber nach dem Sieg in den Bürgerkriegen gegen seine Rivalen war er zum Alleinherrscher, zum »dictator perpetuus«, geworden, und die Epoche der römischen Revolution, die hauptsächlich in verheerenden Bürgerkriegen bestand, schien beendet zu sein. Aber Caesar hatte alle Macht so sehr in seinen Händen konzentriert und so wenig Vorsorge im Hinblick auf seine Nachfolge getroffen, dass schlimmere Bürgerkriege vor der Tür standen, als er an den Iden des März des Jahres 44 inmitten des Senats den Dolchen jener Aristokraten zum Opfer fiel, die sich als die Vorkämpfer der römischen Freiheit betrachteten. Dass Gaius Octavius, »Octavian«, der bloß aus einem Rittergeschlecht stammte und infolge der Heirat seines Vaters mit der Nichte Caesars zum »Neffen« und Erben des großen Mannes geworden war, sich in schweren Kämpfen zuerst im Bunde mit Antonius gegen die »Caesarmörder« Brutus und Cassius und schließlich gegen Antonius und dessen Geliebte Kleopatra durchsetzte, beruhte nicht auf dem größeren Feldherrengeschick, sondern neben mancherlei Zufällen und der Tüchtigkeit einiger zuverlässiger Freunde mit Marcus Agrippa an der Spitze vor allem auf dem tiefen Ruhe- und Friedensbedürfnis des Volkes einschließlich der Senatsaristokratie. Diesem Bedürfnis wusste Augustus, wie er nun genannt wurde, auf das beste zu entsprechen, obwohl er in den Bürgerkriegen nicht weniger grausam gewesen war als irgendeiner seiner Gegner. Nach dem Sieg bei Actium über Antonius legte er »in umsichtiger Inszenierung«, wie Karl Christ in seiner *Geschichte der römischen Kaiserzeit* schreibt[3], jede Sondergewalt nieder und gab seine Heere und Provinzen wieder in die Gewalt von Senat und Volk zurück. Damit schien der alte, der vorrevolutionäre oder vorbürgerkriegsmäßige Zustand wiederhergestellt zu sein, und die Formel der »res publica restituta« wurde zu einer Art Schleier, unter welchem der Prinzipat des Augustus sich entfalten und festigen konnte. Volk und Senat baten Augustus nämlich inständig, von neuem wichtige Vollmachten zu übernehmen, vor allem das »imperium proconsulare« und das Amt des Konsuls, das ihm nun geraume Zeit Jahr für Jahr übertragen wurde. Eine bald eintretende Krise führte nur zur Verstärkung der Macht des »Princeps«, und mit der Übertragung der »tribunicia potestas perpetua« und des auf das ganze Reich sich erstreckenden »imperium pro-consulare maius« war in der Praxis der Zustand der letzten Lebensjahre

3 Karl Christ: *Geschichte der römischen Kaiserzeit. Von Augustus bis zu Konstantin,* München 1992, S. 87.

Caesars wiederhergestellt. Caesars Diktatur war jedoch längst nicht so ausgebildet gewesen, dass von einer »Restauration« die Rede hätte sein dürfen, und unter Beibehaltung bzw. Erneuerung der alten Formen der Republik prägte sich immer unverkennbarer der neue Zustand aus, der im Rückblick die »Kaiserzeit« genannt wird. Aber wenn es sich um eine Revolution handelte, so vollzog sie sich unter ganz konservativen Vorzeichen. Allein im Jahre 28 ließ Augustus 82 Tempel in der Stadt wiederherstellen, denn er teilte offensichtlich die weitverbreitete Meinung vollständig, dass die Vernachlässigung der Religion und der Verfall der Sitten zu den Hauptursachen des Unglücks der Vergangenheit gehört hätten. Die Ehe- und Sittengesetze, die er erließ, waren sehr hart; allerdings unterwarf seine eigene Tochter Julia sich ihnen am wenigsten, so dass sie aus Rom verbannt werden musste. Wichtiger als alles andere und die feste Grundlage der Herrschaft des Augustus war indessen jenes Aufatmen nach dem Ende der Bürgerkriege und das sehnsüchtige Verlangen nach einer Garantie für Leben und Eigentum, die nur Augustus zu geben vermochte.

Augustus hatte das Glück, dass er bei diesem Werk der Neueinrichtung, die eine Wiederherstellung sein sollte, Helfer und Mitarbeiter des höchsten Ranges fand, nämlich neben dem Historiker Livius vor allem die großen Dichter Virgil und Horaz, von denen der eine das römische Nationalepos schuf, die Aeneis, welche unverkennbar auf den Princeps und sein Werk Bezug nahm, während der andere in seinen Oden Augustus immer wieder mit Wendungen apostrophierte, die schmeichlerisch genannt werden müssten, wenn sie von einem Dichter geringeren Ranges stammten:

»Wie wir in Zeus den Sohn des Himmels sahn,
so werden dir als Erdengott wir danken,
Wenn in den Staub des Reiches Feinde sanken
Und ihre trotzige Macht dir untertan.«

Wenn hier der Sieger im Kriege gepriesen wird, so der Erneuerer des inneren Lebens in der sechsten der Römeroden, die vor allem eine Klage über den gegenwärtigen Sittenverfall ist:

»Weh dir! Du büßest deiner Väter Sünden,
O Römer, ohne Schuld, bis neuerhöht
Des Volkes frommen Sinn die Tempel künden
Und wieder rein das Bild der Götter steht.«[4]

Es war in der Tat Augustus, der nach vielen Jahrhunderten erstmals den Tempel des Janus schloss und damit für die ganze zivilisierte Welt den Friedenszustand verkündete. Und es war abermals Augustus, der sich nach Sueton »mit Recht rühmen konnte, dass er eine Stadt aus Ziegeln vorgefunden und eine Stadt aus Marmor hinterlassen habe«.[5]

Und doch wurde mit all dem, um noch einmal Karl Christ zu zitieren, »eine Kontinuität vorgespiegelt, die in Wahrheit nicht bestand«.[6]

Wie könnte man daran zweifeln, dass sich in der Zeit zwischen Actium und dem Tode des Augustus im Jahr 14 n. Chr. eine fundamentale Änderung vollzogen hatte und dass sie doch unter dem Banner des »Bewahrens« und »Wiederherstellens« vonstattenging? Gibt es für Derartiges einen besseren Namen als den einer »Konservativen Revolution«?

Auch der »Glorreichen Revolution« in England des Jahres 1688/89 war ein »Revolutionszeitalter« vorangegangen; mithin eine »echte Revolution«, wie man heute zu sagen geneigt ist – eine Revolution, die niemand »konservativ« nennen konnte und die das unverkennbarste Merkmal einer fundamentalen Umwälzung in sich schloss: die Hinrichtung des Königs, welche ja, wo immer und in welcher Gestalt sie vollzogen wird, die Niederwerfung der bis dahin vorherrschenden Tradition in sich schließt. Der Ermordung Caesars ist die Hinrichtung Karls I. mithin nicht gleichzusetzen, und sie war eine Präfiguration späterer, immer mit besonderer Betonung »revolutionär« genannter Ereignisse: der Hinrichtung nicht nur des Königs, sondern auch der Königin in der Französischen Revolution und der Ermordung der ganzen

4 Horaz, Oden III, 5 und 6 (»Caelo tonantem ...«, »Delicta Maiorum ...«).
5 Meyer Reinhold: *The Golden Age of Augustus*, Toronto & Sarasota 1978, S. 108.
6 Christ, a. a. O., S. 170.

Zarenfamilie nebst der Dienerschaft durch die Bolschewiki im Jahr 1918. Aber es ist schon zweifelhaft, ob man die englische Revolution, die 1640 und in gewisser Hinsicht bereits 1628 begann, eine »puritanische« oder eine »parlamentarische« Revolution nennen soll, und jedenfalls fand sie im Jahre 1660 mit einer paradigmatischen »Restauration« ein Ende, nämlich mit der Thronbesteigung Karls II., des Sohnes des »Märtyrerkönigs«. Aber wie in jeder Restauration blieb nicht wenig von den Kennzeichen der Revolution bewahrt, vor allem die gestiegene Macht des Parlaments, eines nun ganz und gar anglikanischen Parlaments freilich, das die zu Sekten gewordenen Puritaner und erst recht die Katholiken aus dem politischen Leben ausschloss. Der restaurierte anglikanische Protestantismus sah sich jedoch nicht nur von »links«, von seinen eigenen Radikalen, bedroht, sondern auch von »rechts«, nämlich dem Katholizismus, der für ihn mehr und mehr mit dem Absolutismus und mit der auf dem Kontinent vordringenden Gegenreformation identisch wurde. Die Gemahlin Karls II. war eine Katholikin, er selbst hatte trotz der Zügellosigkeit des Hoflebens katholisierende Neigungen, und sein Bruder, Jakob Herzog von York, trat 1669 zum Katholizismus über und heiratete eine streng katholische Prinzessin aus Italien. In den Kämpfen um das Thronfolgerecht des Katholiken Jakob, der zugleich das Oberhaupt der anglikanischen Staatskirche werden würde, bildeten sich, wenngleich unter den Vorzeichen des »konfessionellen Zeitalters«, die ersten modernen Parteien heraus, die in gewisser Weise noch heute existieren, nämlich die Verfechter des »göttlichen Rechts« der Könige und damit des unbedingten Vorrangs der dynastischen Thronfolgeregeln, die »Tories«, auf der einen Seite und die Vorkämpfer des Naturrechts und der Lehre vom Urvertrag zwischen dem Volk und dem Herrscher, mithin auch des Widerstandsrechts, die »Whigs«, auf der anderen. Noch war England längst nicht das stolze »Britannien«, das »über die Wogen herrscht«, sondern es empfand sich eher als das »arme protestantische Königreich« am Rande Europas, das durch die Fortschritte der Gegenreformation bedrängt wurde. Als solche gefährlichen Fortschritte wurden die Erfolge Ludwigs XIV. in seinen Kriegen gegen die Niederlande und in seinem Kampf gegen die Hugenotten betrachtet, der in der Aufhebung des Edikts von Nantes 1685 seinen Höhepunkt fand; in England scheiterte der Versuch, Jakob durch die verschiedenen »Exclusion bills« vom Thron fernzuhalten, und der neue König führte seit 1685 eine Politik, die zwar »indulgence«, Gewissensfreiheit, auf ihre Fahnen schrieb, aber anscheinend nur dem Katholizismus zugutekam, so dass England nicht bloß in den Augen der Whigs auf dem Wege zu einem Absolutismus nach französischem Vorbild war. Trotzdem hielten die anglikanischen Tories dem König die Treue, weil sie die Hoffnung hatten, dass die protestantischen Kinder aus Jakobs erster Ehe, die mit dem Oranier Wilhelm der Niederlande verheiratete Mary oder die dem Kronprinzen von Dänemark angetraute Anne, nach dem Tode Jakobs die Thronfolge antreten würden. Da zerstörte die Geburt eines Thronfolgers diese Hoffnungen, und gleich darauf übermittelten sieben Magnaten, darunter zwei Tories, die Aufforderung an Wilhelm von Oranien, er möge mit einem Heer nach England kommen, um die protestantische Thronfolge zu sichern. Von außen betrachtet, war die »Glorreiche Revolution« also nichts anderes als ein hoch- und landesverräterisches Unternehmen einiger Magnaten, welche die Invasion Englands durch einen ausländischen Prinzen nach sich zog, dem es in erster Linie darum ging, ein weiteres Land seinem großen Verteidigungsbündnis gegen die Übermacht des absolutistischen Frankreich hinzuzufügen. Aber Wilhelm war doch nicht irgendein Ausländer, sondern der Ehemann von Jakobs Tochter, und dass er zusammen mit seiner Gattin den Thron bestieg und eine »Bill of Rights« unterzeichnete, bedeutete den Sieg der Whigs, der Naturrechtslehre und des Parlaments, und es war insofern ein ganz revolutionärer Vorgang, der eine konstitutionelle Monarchie und damit den »Sonderweg Englands« begründete, der später für den »europäischen Normalweg« gehalten wurde. Aber dieses revolutionäre Ereignis bewahrte und sicherte die »protestantische Sukzession« und damit insgesamt den nun nicht mehr im engen Sinne anglikanischen Protestantismus Englands, und insofern hatte Macaulay zweifellos recht, als er es als »preserving revolution« bezeichnete. Was eine wesentliche Schwächung des Königtums bedeutete, hatte faktisch zur Folge, dass dieses Königtum viel länger erhalten blieb als das gestärkte Königtum in Frankreich und auch als die Militärmonarchie Preußens, die sich später in das deutsche Kaisertum verwandelte.

Ich verzichte darauf, auch nur einen kurzen Blick auf die sogenannte »Reformzeit« der Jahre ab 1807 in Preußen und auf das italienische Risorgimento zu werfen, die als gute Beispiele für konservative Revolutionen gelten dürfen, weil sie tiefgreifende Änderungen zustandebrachten und doch nach dem Willen des Freiherrn vom Stein und Camillo Cavours dem Zweck der Bewahrung und Stärkung des wesentlichen Kerns von vorhandenen Institutionen und Lebensweisen dienten. Jetzt aber lässt sich die Frage nicht mehr umgehen, was denn unter der »genuinen«, der nichtkonservativen Revolution zu verstehen ist, die doch als Gegenbild bisher schon ständig präsent gewesen ist. Ich wähle ein weiteres Beispiel aus der Geschichte und gehe dann zu einem zeitgenössischen Phänomen über.

Im Ersten Buch der Könige des *Alten Testaments* wird erzählt, der König des Nordreichs Israel, Ahab, habe durch eine böse Intrige seiner Frau, der phönizischen Prinzessin Isebel, einen Weinberg, den er zu besitzen wünschte, unrechtmäßigerweise an sich gebracht, indem er den Besitzer Nabot töten ließ, und Jahwe habe ihm und seiner Frau durch den Mund des Propheten Elijah eine schreckliche Vergeltung angedroht. Da Ahab jedoch Reue an den Tag legte, sei die Vergeltung auf die nächste Generation, nämlich den Sohn Joram, verschoben worden. Auch dieser habe getan, was »dem Herrn missfiel«, und Elijahs Nachfolger Elischa habe durch einen seiner Jünger den Feldherrn Jehu zum König salben lassen und ihm den Auftrag gegeben, am Hause Ahabs für dessen Sünden Rache zu nehmen. Jehu leistet dem göttlichen Gebot Folge, er bringt Joram und auch den zu Besuch weilenden König von Juda Ahasja um, er erfüllt die Prophezeiung Elijahs, dass die

Leiche der Phönizierin von den Hunden gefressen werden soll, er lässt die übrigen Söhne Ahabs, 70 an der Zahl, töten und richtet unter den Priestern des Baal ein Blutbad an, so dass Israel wieder ein vom Götzendienst und den Sünden der Habsucht gereinigtes Land wird. In einem einzelnen und oft übersehenen Satz wird gesagt, Jehu habe den Baalstempel zusammen mit »Jonadab, dem Sohn Rechabs« betreten.[7] Sehr viel ausführlicher ist von diesem Jonadab im Kapitel 35 des Propheten Jeremia die Rede. Dort wird erzählt, der Herr habe dem Jeremia eines Tages befohlen, zu der Gemeinschaft der Rechabiter zu gehen und mit ihnen gemeinsam Wein zu trinken. Die Rechabiter hätten ihm jedoch geantwortet:

»Wir trinken keinen Wein, denn unser Ahnherr Jonadab, der Sohn Rechabs, hat uns geboten: ›Ihr sollt niemals Wein trinken, weder ihr selbst noch eure Söhne‹ ... Wir bauten uns keine Wohnhäuser, wir besaßen keinen Weinberg, keinen Acker und keine Saat ... Wir wohnten in Zelten und gehorsam handelten wir genau so, wie unser Ahnherr Jonadab es uns geboten hat ... «

Diesen Ausführungen stimmt Jeremia offenbar aus vollem Herzen zu, und er sagt den Rechabitern im Auftrag Jahwes:

»Weil ihr dem Gebot eures Ahnherrn Jonadab gehorcht, alle seine Gebote gehalten und nach allen seinen Anordnungen gehandelt habt, darum ... soll es Jonadab, dem Sohne Rechabs, niemals an einem Nachkommen fehlen, der in meinem Dienst steht.«

Wenn man dieses Kapitel mit dem Bericht des Buchs der Könige zusammenstellt und eine Anzahl von Äußerungen der übrigen Propheten hinzunimmt, etwa die Aussagen des Jesajas, die Fürsten Jerusalems seien eine Bande von Dieben, Wucherer beherrschten das Volk und Gott habe beschlossen, den Stolz dieser Leute und »aller vornehmen Herren der Erde zu brechen«[8], dann wird klar, dass hier tatsächlich eine Revolution gepredigt wird, nämlich die reinigende Revolution gegen die Feinde Gottes, die das Laster aus Israel und sogar von der Erde vertilgen will. Aber

7 II Könige 10,23.
8 Jesaja 23,9.

der Blickpunkt, von dem aus der Aufruf zur Revolution erfolgt, ist offensichtlich jene Zeit in der Wüste nach dem Auszug aus Ägypten, wo die Israeliten als Nomaden den Verführungen durch die Üppigkeit und die Zuchtlosigkeit der kanaanäischen Bewohner des Fruchtlandes noch nicht ausgesetzt waren, jene Zeit, welche die Rechabiter auch im Äußeren festzuhalten suchten. Zwar wäre es falsch, die Predigt der Propheten als einen Aufruf zum Umsturz aller Herrschaft zu interpretieren, wie es später Charles Maurras und Enrico Corradini getan haben, denn die Herrschaft Jahwes soll immer durch einen frommen und gerechten König aus dem Hause Davids vermittelt werden, wohl aber handelt es sich um die früheste Proklamation der Errichtung des Reiches Gottes auf Erden und zuvörderst in Israel, die tendenziell eine sehr blutige Abrechnung mit den Feinden Gottes in sich schließt und eben dadurch eine Rückkehr zu den reinen und guten Urzeiten bedeutet. Man könnte daher versucht sein zu sagen, diese früheste Gestalt der Revolution sei ganz und gar eine Konservative Revolution gewesen, aber damit wäre viel zu wenig gesagt, denn in Wahrheit handelt es sich – ohne pejorativen Akzent – um eine primitivistische Revolution, um die Forderung nach Rückkehr in eine Vorzeit, die ganz und gar anders war als die Gegenwart, nämlich rein und gottgefällig.

Der primitivistischen Revolution stelle ich die »liberale Revolution« gegenüber, einen Begriff und eine Realität, die Piero Gobetti zu großer Bekanntheit gebracht hat. Die früheste Erscheinungsform der liberalen Revolution ist die Forderung nach »Gewissensfreiheit«, die von den religiösen Dissidenten der frühen Neuzeit vorgebracht wird, und dann diejenige nach Handelsfreiheit, deren einflussreichster Vorkämpfer Adam Smith war. Sie kann auch die Revolution des Individualismus genannt werden, denn sie befreit die Individuen aus den Banden der überlieferten Lebensweise, sie kann also nur in einer Gesellschaftsform stattfinden, welche von der Allmacht religiöser Lehren und Vorschriften gelöst und eine »sich selbst säkularisierende« Gesellschaft ist, so dass sie die »Emanzipation« der Individuen zu verlangen vermag.

Nichts liegt ihr ferner als der Wunsch nach einer Rückkehr zu vorzeitlichen und einfachen Zuständen; sie will im Gegenteil davon möglichst viel Abstand gewinnen und die »Modernisierung« weitertreiben. Jahrhundertelang kommt sie freilich nur dahin, dass sie die geltende Theologie und Ethik abstrakter sowie universaler macht und insofern beibehält, aber der Freiheit der Individuen lassen sich letzten Endes keine Grenzen setzen, und damit kann auch einer radikalen Kritik die Freiheit des Wortes nicht mehr verboten werden. Größere Freiheit kann sich dann auch als Befreiung der Triebe und Entfesselung des Natürlichen darstellen, und die erstrebte Gleichheit in der Freiheit muss extreme Formen der Arbeitsteilung und auch der ökonomischen Ungleichheit bejahen, solange sie konsequent ist. So machen sich früh Paradoxien und Widersprüche bemerkbar, aber die liberale Revolution strebt unverrückbar nach mehr Freiheit, größerer Gleichheit und entschiedenerer Emanzipation. Sie kennt keinen Endpunkt: wenn sie die Männer vom Staats- und Kriegsdienst befreit hat, will sie sie auch von der Last familiärer Verpflichtungen befreien; wenn sie den Frauen die sexuelle Freiheit gegeben hat, will sie sie ebenfalls von den leidvollen Realitäten der Schwangerschaft und des Gebärens entlasten; wenn sie für die sechzehnjährigen Kinder das Wahlrecht errungen hat, will sie es den vierzehnjährigen nicht vorenthalten. So wenig sie sich an einem früheren Zustand der Geschichte oder gar der Vorgeschiente orientiert, so leicht lässt sich gleichwohl ein Endzustand konstruieren: eine Gesellschaft von völlig bindungslosen, von keiner Lokalität und Partikularität geprägten, völlig flexiblen und beweglichen, aufeinander nur noch zur möglichst vollständigen und von Lasten oder Verpflichtungen gelösten »Selbstverwirklichung« bezogenen Individuen. Jede realistische Überlegung macht es indessen wahrscheinlich, dass diese »nur modernen«, und »ganz freien« Individuen sich selbst in ein so dichtes Netz gesellschaftlicher Erfordernisse eingesponnen hätten, dass Max Webers »stählernes Gehäuse« im Vergleich ein Bezirk der Freiheit sein würde. Den Raum der Natürlichkeit könnte diese Gesellschaft jedoch tatsächlich so sehr zurückgedrängt haben, dass sie eine auch von Kindern freie, eine sterbende Gesellschaft wäre. Zusammenfassend formuliert: die liberale Revolution bringt als unvollendete die höchste und singuläre, weil vorerst auf den Okzident beschränkte, Blüte der bisherigen Geschichte hervor, nämlich den Individualismus in einem engeren Sinne, aber als vollendete oder sich der Vollendung nähernde ist sie eine von extremen Paradoxien bestimmte, sich selbst zerstörende und insofern die unmögliche Gesellschaft.

»Eigentliche«, nichtkonservative, Revolutionen, so lässt sich jetzt sagen, sind dadurch bestimmt, dass sie den Impuls der primitivistischen Revolution mit den Forderungen der liberalen Revolution zu verbinden suchen. Dabei kann der Ausgangspunkt sehr wohl das liberale Verlangen nach mehr Freiheit und größerer Gleichheit sein, wie es im »antifeudalen« Anfangsstadium der Französischen Revolution der Fall war. Daraus erwuchs die Befreiungs-und Emanzipationsgesetzgebung der ersten Jahre, welche ein Paradigma der modernisierenden Veränderungen darstellt. Aber sehr bald kam die Vorstellung auf, es gelte, alle Verderbnis zu beseitigen und einen mit allem Bisherigen unvergleichbaren Zustand allgemeinen Glücks und gleichheitlicher Einfachheit zu schaffen. Es waren die Jakobiner mit Robespierre und Saint-Just an der Spitze, die sich zu Vorkämpfern dieser vornehmlich unter den Kleinhandwerkern von Paris verbreiteten Auffassungen und Hoffnungen machten. Diese radikal-egalitäre Ideologie der Sansculotten, welche die Kirchtürme abtragen wollte, um auch noch die letzten Unterschiede abzuschaffen, war eine Erscheinungsform der primitivistischen, der antimodernen Revolution, und es war nicht zuletzt auf sie zurückzuführen, dass Frankreich während des ganzen 19. Jahrhunderts ein »ökonomisch rückständiges« Land blieb.

Die klassische Gestalt der paradoxesten aller Synthesen war die faszinierendste der Revolutionslehren des 19. und 20. Jahrhunderts, die marxistische, welche von der Annahme geleitet war, die liberale oder kapitalistische Revolution sei deshalb und nur deshalb zu bejahen, weil sie von sich aus, nämlich durch die

Erzeugung der Voraussetzungen für die proletarische Weltrevolution, die primitivistische Stufe, den »Urkommunismus«, wiederherstellen werde, wenngleich gewiss »auf höherer Stufe«.

Der Enthusiasmus, den die Revolution der Bolschewiki auch außerhalb Russlands hervorrief, ging nicht ausschließlich aus ihrer Friedensforderung hervor, sondern vor allem aus der Hoffnung, dass sie der Anfang eines »ganz anderen« Zustandes der Menschheit sein werde, die hinfort als eine freundschaftlich miteinander verbundene Familie jenseits von Staatenkonflikten und Klassenteilungen leben werde. Aber sehr bald wurde die Elektrifizierung und der Aufbau einer Schwerindustrie zur hervorstechenden Parole, und der Schrecken, den diese Revolution ebenso sehr hervorgerufen hatte wie den Enthusiasmus, verwandelte sich in den angrenzenden Ländern in die Furcht vor einer Bedrohung, die in der Vergangenheit Präfigurationen gehabt hatte und dennoch ganz neuartig war.

Konservative Revolutionen wollen vor allem bewahren und wiederherstellen, und zwar einen historisch konkreten und nicht allzu weit zurückliegenden Zustand, aber nicht in allen seinen Einzelheiten, sondern in seinem wesentlichen Kern, und deshalb sind sie bereit, von sich aus eine tiefgreifende Veränderung alles dessen herbeizuführen, was diesen Kern bloß umhüllt und durch seine Masse gerade in Gefahr bringt. Man mag die Wiederherstellung »Restauration« und die Veränderungen »Reformen« nennen, und insofern unterscheiden sich konservative Revolutionen nicht von den Vorgängen, die im geläufigen Sinne des Wortes »Restauration« oder »Reformen« genannt werden. Aber sie bestimmen das Wesentliche, das bewahrt werden soll, nachdrücklicher und oftmals enger als ihre Nachbarn auf dem restaurativen Flügel, und sie fuhren radikalere Reformen durch, als die »bloßen« oder »pragmatischen« Reformer sie im Auge haben. Daher können die konservativen Revolutionäre sich von tiefen Überzeugungen leiten lassen statt von bloß pragmatischer Klugheit, aber sie bleiben von dem enthusiastischen Überschießen fern, das die »genuinen« oder primitivistisch-modernisierenden oder »bloßen« Revolutionäre charakterisiert. Sie werden oftmals bedeutende Persönlichkeiten sein und andere bedeutende Persönlichkeiten an sich heranziehen, aber nie werden sie sich vom Drängen empört-enthusiastischer Massen getragen fühlen.

Wo und wie die Grenzen zwischen konservativen und »genuinen« Revolutionären zu ziehen sind, lässt sich durch Definitionen fassen; wie sie im Hinblick auf Restauration und Reformen bestimmt werden sollen, macht in jedem historischen Einzelfall Untersuchungen und Reflexionen erforderlich. Ein besonders interessantes Problem ergibt sich im Hinblick auf jene Erscheinung, die als bisher einzige den Namen »Konservative Revolution« führt und die auch durch einen Terminus wie »Neuer Nationalismus« beschrieben wird.[9] Was war »das Wesentliche«, das alle diese konservativen Revolutionäre bewahren bzw. wiederherstellen wollten; waren die Änderungen oder Reformen, die sie für geboten hielten, wirklich tiefgreifend, und war man sich mindestens im Prinzip einig? Die wichtigste Frage lautet aber folgendermaßen: Wie unterschied man sich vom Nationalsozialismus, also von der durch einen fanatischen Ideologen geführten Volksbewegung, mit der es doch zweifellos mancherlei Übereinstimmungen gab? War am Ende auch der Nationalsozialismus eine konservative Revolution? Oder wäre hier mit Nachdruck der Begriff der »Gegenrevolution« einzuführen, so dass gesagt werden müsste: Der Nationalsozialismus war als Verneinung schon der Französischen und insbesondere der bolschewistisch-kommunistischen, von ihm als »jüdisch« gekennzeichneten Revolution, so sehr eine Gegenrevolution, dass er als verzerrte Kopie des Todfeindes, aber aus eigenständigen Wurzeln, so sehr revolutionär war, wie es eine »Konservative Revolution« schlechterdings nicht zu sein vermag? Es wird noch viel Arbeit zu leisten sein, bevor auf die Frage nach

9 Armin Mohler: *Die Konservative Revolution in Deutschland 1918–1932. Ein Handbuch.* Dritte, um einen Ergänzungsband erweiterte Auflage, Darmstadt 1989; zuerst mit dem Untertitel »Grundriss ihrer Weltanschauungen«, Stuttgart 1950. Vgl. Stefan Breuer: *Anatomie der Konservativen Revolution,* Darmstadt 1993; Robert A. Kann: *Die Restauration als Phänomen in der Geschichte,* Graz/Wien/Köln 1974.

der »Konservativen Revolution« eine auf umfassenden Untersuchungen beruhende und deshalb überzeugende Antwort gegeben werden kann.

3. DIE WERTE AM ENDE DES JAHRHUNDERTS

Man nimmt das Wort »Werte« nur zögernd in den Mund, wenn es um die großen Fragen des menschlichen Daseins und um die Situation beim Übergang vom 20. in das 21. Jahrhundert geht, der zugleich ein Übergang vom zweiten in das dritte Jahrtausend ist. Der Begriff scheint allzu sehr in das Gebiet des Ökonomischen zu gehören: eine Taschenuhr hat den Wert von 200 Dollar, und vor der Einführung der Geldwirtschaft mochte ein Sack Korn an Wert zwei Eseln gleichkommen. Platon sprach nicht von »Werten«, sondern von Kardinaltugenden, und Aristoteles kannte, wie Thomas von Aquin, ein »höchstes Gut«. Eine Frau, die nach dem Verlust des geliebten Gatten nicht weinend zusammenbricht, sondern mit Fassung den Schmerz erträgt, orientiert sich nicht an einem Wert, sondern sie legt eine bewunderungswürdige Haltung an den Tag. Schon in den zwanziger Jahren war nicht nur in Deutschland von »lebensunwertem Leben« die Rede, und Nietzsche erhob bekanntlich die »Umwertung aller Werte« zum Programm. Auch heute noch freuen wir uns, wenn wir »wertvolle Mitarbeiter« haben, und wir zögern als Zeitschriftenherausgeber nicht, einen bestimmten Beitrag, ja sogar die Mitarbeit eines Autors als »wertlos« zu bezeichnen. Doch so sehr wir gut daran tun, uns die Geschichte des Wortes »Wert« gegenwärtig zu halten und Begriffe wie »Tugend«, »Gut«, »Haltung« mit in die Überlegung einzubeziehen, so gewiss ist es gleichwohl, dass gerade die bedenkliche Nähe des Begriffs zum Ökonomischen uns die Handhabe gibt, eine erste Bestimmung zu treffen, indem wir sagen: Kein Mensch hat einen Wert wie ein Ding oder ein Wirtschaftsgut, sondern jeder Mensch ist ein Wert in sich selbst; er stellt einen »Selbstwert« dar und ist insofern allen Wertungen anderer entzogen, er darf als solcher nie das Objekt von Wertungen, sondern er muss immer das Subjekt von Wertungen sein, d.h. von Akten des Vorziehens und des Zurückweisens, die nicht mit seinen Trieben oder Augenblicksimpulsen identisch sind wie bei allen Tieren, sondern die mit Überlegung verknüpft sind und sich durch die Zeit durchhalten, ohne freilich unwandelbar zu sein.

Aber auch wenn wir von der zeitüberlegenen Gültigkeit des Satzes überzeugt sind, dass der Mensch als solcher keinen Wert hat, sondern nur insofern ein Wertender sein kann, als ihm ein Eigenwert, eine »Würde« zukommt, können wir die Augen nicht davor verschließen, dass diese Bestimmung in der Realität keineswegs immer anerkannt wurde – wie hätte es sonst Sklaverei, ja ausdrückliche Rechtfertigungen von Sklaverei geben können? – und dass sich auch unter unseren Augen ein tiefgreifender Wandel der Werte vollzogen hat und gerade heute, wie es scheint, vollzieht. Italiener und Deutsche, aber auch Russen, die in den zwanziger Jahren dieses Jahrhunderts geboren sind und heute die älteste Generation unter den Lebenden darstellen, haben einen solchen fundamentalen Wandel mit besonderer Schärfe und Unmittelbarkeit erfahren. Von der damals jungen Generation der Deutschen verlangte Adolf Hitler, dass sie »zäh wie Leder, hart wie Kruppstahl und flink wie Windhunde« sein sollten. Auch dabei handelte es sich um »Werte« und nicht um Naturgegebenheiten, denn wenn einzelne Menschen von ihrer Veranlagung her beanspruchen mögen, »hart wie Kruppstahl« zu sein, so kann das nie für eine ganze Gruppe von jungen Menschen gelten; sie werden vielmehr aufgerufen, sich durch Anstrengungen demjenigen ähnlich zu machen, was nicht ohne Grund und vermutlich mit verhängnisvollen Konsequenzen Qualitäten von Naturdingen sind. Aber der mühevolle Gewinn von nichtmenschlichen Eigenschaften war natürlich nur eine Metapher, und die Forderung stand im Dienst eines zentralen Imperativs, der oft in (berechtigter oder unberechtigter Anlehnung an eine englische Maxime) mit den Worten: »Recht oder Unrecht, mein Vaterland« formuliert wurde. Als oberster Wert, so könnte man sagen, galt also der eigene Staat, und die Bereitschaft, für den eigenen Staat oder das eigene Volk zu sterben, bildete die Grundlage aller Ethik, aus der jene Forderungen der Härte, Schnelligkeit und Beständigkeit notwendig hervorgingen, weil sich in ihnen das kämpferische Ethos konzentrierte. Mutatis mutandis – »Volk« durch »Staat« oder »Klasse« ersetzend – lässt sich Entsprechendes auch für das faschistische Italien und das bolschewistische Russland sagen.

Heute dagegen ist fast überall im Okzident und ansatzweise auch in anderen Kulturen das Postulat der »Selbstverwirklichung« an die Stelle der »Opferbereitschaft« getreten, aber es wird von der Extremform des bloßen Egoismus durch die Forderung des aktiven Eintretens für die Armen und Unterprivilegierten ferngehalten, und der oberste Wert der Kriegsbereitschaft wird zugunsten des Willens zum Frieden nicht nur abgelöst, sondern verworfen.

Welche der beiden Wertungsweisen besser zu dem Zeitalter der »Globalisierung« oder der »Weltzivilisation« passt, auf das wir zugehen oder in dem wir uns bereits befinden, ist keine Frage. Aber dieses unser »Weltdorf«, das unter dem Gesichtspunkt der Personalität der Beziehungen das genaue Gegenteil eines wirklichen »Dorfes« ist, könnte nicht existieren, wenn es nicht auch heute noch eine ganze Anzahl von Menschen gäbe, die bereit sind, ihr Leben aufs Spiel zu setzen, um die unerlässliche Ordnung zu wahren und die Durchsetzung von zivilisierten Regeln zu erzwingen: Polizisten, Feuerwehrleute, Rettungstrupps, Interventionstruppen. Könnte es sein, dass in der Gegenwart ebenso wenig ein einfacher und eindeutiger Übergang von einer Zeit des Krieges zu einer Zeit des Friedens zu konstatieren wäre wie einst vom Status zum Vertrag oder von reaktionären zu fortschrittlichen Zuständen?

Kann man nicht auch heute nicht bloß von einem »tramonto« des Jahrhunderts, sondern noch eher von einem »tramonto dei valori« sprechen – »tramonto« nicht gefasst als »Ende«, sondern als fundamentale Wandlung«, »Übergang«, »Überwindung«?

Ich will drei Beispiele von völlig verschiedener Art heranziehen, um anschaulich zu machen, was unter »tramonto dei valori« zu verstehen ist. Sie sind untereinander gegensätzlich und stellen insofern schon in sich eine Warnung dar, sich mit allzu simplen Formeln zu begnügen.

Im September 1993 tagte in Chicago ein »Parlament der Weltreligionen«, das dann eine »Erklärung zum Weltethos« verabschiedete. Diese Erklärung war alles andere als eine Manifestation des Fortschrittsoptimismus. Sie zeichnet vielmehr ein düsteres Bild des gegenwärtigen Weltzustandes, der durch Umweltzerstörung, weitverbreitetes Elend, ja Hunger, durch Rassismus, Drogenhandel, unbegrenztes Gewinnstreben und »ungerechte soziale Strukturen« gekennzeichnet sei. Demgegenüber komme es gerade für die Vertreter der großen Religionen der Welt darauf an, »jenes Minimum an Ethos, das für das Überleben der Menschheit einfach notwendig ist«, herauszustellen, und es waren in der Tat Vertreter des Judentums, des Christentums, des Islam, des Hinduismus und des Konfuzianismus versammelt, um »eine Rückbesinnung auf ein Minimum von humanen Werten, Grundhaltungen und Maßstäben« vorzunehmen. Dieses Weltethos ist aber nichts Neues, sondern gerade etwas Uraltes, nämlich dasjenige, was den großen religiösen Traditionen der Menschheit gemeinsam ist und nur der Herausarbeitung bedarf. Daher müssen die Religionen »ihre engstirnigen Streitigkeiten um der Sache der Weltgemeinschaft willen begraben« und vor allem auf Gewalt verzichten, um eine »gerechte und friedvolle Welt zu schaffen«. »Feindbilder« müssen daher abgebaut werden und die prinzipielle Gleichheit aller Menschen muss anerkannt werden; zu verlangen ist daher der Respekt vor den Traditionen und Riten der jeweils Andersgläubigen. Da jeder Mensch ohne Unterschied von Rasse und Hautfarbe eine unantastbare Würde besitzt, darf er nicht zum »Objekt der Kommerzialisierung und Industrialisierung« gemacht werden. Aufrüstung ist ein Irrweg, Abrüstung ist das Gebot der Stunde, anzustreben sind »sozialverträgliche, friedensfördernde und naturfreundliche Lebensformen«. Letzten Endes erweist sich aber die Suche nach einem gemeinsamen Ethos für eine neue Welt als etwas Uraltes: nämlich als die Beachtung der »Goldenen Regel« und in der Konsequenz des Kantschen »Kategorischen Imperativs«: dass niemand einem anderen etwas zufügen solle, was er sich selbst nicht zugefügt sehen möchte.

Zu dieser Erklärung liegen eine Anzahl von Stellungnahmen bedeutender Persönlichkeiten vor, die im Prinzip von warmer Zustimmung getragen sind, aber auch gewisse Schwierigkeiten erhellen, mit denen die Erklärung konfrontiert ist. Die »Goldene Regel« selbst unterliegt ja zwei verschiedenen und potentiell gegensätzlichen Auslegungen: In ihrer geläufigen Fassung ist sie abwehrend, sie verneint das Unrecht, aber sie postuliert nicht ein Recht; aber sie kann auch positiv formuliert werden, so dass sie lautet: »Was du für dich hast, das sollst du auch jedem anderen Menschen zugestehen«, und dann resultieren daraus ganz andere Forderungen, die sogar zu dem Verlangen fortschreiten können, niemand und auch keine Nation oder Weltgegend dürfe etwas besitzen, was einem anderen oder einer anderen Nation nicht ebenfalls zugeteilt sei, und dann lässt sich die Forderung der Gewaltlosigkeit nicht mehr halten, sondern an deren Stelle tritt die Maxime: Wende Gewalt an, solange »ungerechte gesellschaftliche Strukturen« vorhanden sind, sei bereit, dafür »Leib und Leben« einzusetzen! Diese Maxime ist zweifellos universaler als jene Forderung nach lebensverachtender Tapferkeit im Dienst einer Nation, aber gerade deshalb würde sie, allgemein akzeptiert, die Welt weit friedloser machen als jene begrenzte Regel. Und soll mit der Forderung nach Abrüstung einem kleinen Staat wie Israel die Möglichkeit genommen werden, durch den Besitz von Kernwaffen seine Existenz gegen eine zahlenmäßig weit größere Übermacht zu sichern? Und gerade aus dem wirklich religiösen Denken heraus ergeben sich große Schwierigkeiten für jene so einfachen und einleuchtenden Postulate: dem Judaismus wird der Verzicht auf sich selbst zugemutet, wenn von ihm Respekt gegenüber jenen orgiastischen Naturkulten gefordert wird, die er seit 3000 Jahren bekämpft hat, und ein gläubiger Muslim kann in der Erklärung nichts anderes sehen als »wohlgeordnete Animalität auf Erden, die von Gott nichts weiß und wissen will«. Und wie sollte die katholische Kirche, solange sie ihre Identität wahren will, jemals darauf verzichten, Homosexualität, Inzest, Ehebruch und Abtreibung zu verurteilen, die doch offenbar mit jenem ethischen Minimum vereinbar sind. Sollte es dann vielleicht so sein, dass gerade ein Verzicht auf alle historischen Identitäten erforderlich ist oder, positiv ausgedrückt, eine Emanzipation davon? Aber führt eine solche Emanzipation wirklich nach vorn und nach oben oder nicht vielmehr zurück und nach unten?

Ich zitiere nun nicht eine Erklärung hochangesehener Autoritäten, sondern eine Äußerung eines offenbar durchschnittlichen Einzelnen, um deutlich zu machen, dass es möglich ist, jene negativen Einschätzungen der Erklärung zu übernehmen und doch den positiven Begriff der »Emanzipation« zu verwerfen.

Am 24. Juli 1998 wurde aus Anlass der Diskussion um die »Kinderpornographie« der folgende Leserbrief publiziert: »Viele Bürger scheinen nicht zu sehen, dass sich unsere Gesellschaft lediglich in der Endphase eines ›Emanzipationsprozesses‹ befindet, der vor einigen Jahrzehnten scheinbar ganz harmlos anfing. Er vollzog sich folgendermaßen: Zuerst emanzipierte sich die Dummheit, sprich Unbildung – und zwar unter dem Beifall tonangebender Intellektueller. Dann emanzipierten sich die Feigheit und die Korruption. Es folgte – wieder unter dem Beifall fortschrittlicher Vordenker – die Emanzipation der Schamlosigkeit und des puren Hedonismus. Schlusspunkt ist die Emanzipation des Verbrechens ... Andererseits fielen in gleicher Reihenfolge und mit Domino-Effekt die ›alten Werte‹: zuerst die allgemeine Bildung, dann der Mut und die Zivilcourage, dann die Wahrheitsliebe, die Schamhaftigkeit und Diskretion, schließlich die Selbstbeherrschung ... und am Ende die Redlichkeit ... Jetzt stehen wir vor einem Trümmerhaufen, den die Mitläufer-Mehrheit unserer Gesellschaft selbst zu verantworten hat.«[10] Mit anderen Worten ließe sich das folgendermaßen formulieren: Die vielgerühmten Prozesse der »Emanzipation« und der damit verknüpften Globalisierung bedeuten einen außerordentlichen »tramonto dei valori« im Sinne von Auflösung und Zerstörung. Positive Möglichkeiten der Zukunft sind nicht wahrzunehmen; was bevorsteht, ist der

10 Leserbrief von Günther Eichler, Mörfelden, in *FAZ* vom 24. Juli 1998, S. 8.

Untergang in der allgemeinen Wertlosigkeit, welche in der emanzipatorischen Entfesselung der egoistischen Triebe der Menschen begründet ist.

Es ist schwerlich angebracht, diese Untergangskonzeption mit leichter Hand als »reaktionär« oder »pessimistisch« abzutun, denn ihr stehen nicht wenige Untergangsprophezeiungen zur Seite, die längst einem »fortschrittlichen« Denken nicht mehr bloß entgegengesetzt werden können: von der Beschwörung des Endes der Menschheit in einem Atomkrieg bis zur Vorhersage der Vergiftung der Meere und zum Verderben der Luft durch die Zerstörung der schützenden Ozonschicht. Eher lässt sich die Aussage dadurch »relativieren«, dass man sich Hesiods erinnert, der vor mehr als 2500 Jahren schon ein ganz ähnliches Bild vom Zerfall der Werte oder Tugenden und vom Überhandnehmen der Unwerte und der Laster gezeichnet hatte. Aber dass der Pessimismus im Hinblick auf den Wandel der Werte als eine Konstante in der menschlichen Geschichte bezeichnet werden darf, rechtfertigt noch nicht die Behauptung, dass die gegenwärtige Version von vornherein im Unrecht ist.

Doch die entgegengesetzte, die »optimistische« Auffassung, die sich auch auf den einen oder anderen antiken Denker, aber vornehmlich auf Autoren der französischen Aufklärung wie Turgot und Condorcet berufen kann, sollte ebenfalls in einer modernen Ausformung zu Wort gebracht werden. Ihre Grundüberzeugung war immer die von der »Perfektibilität des Menschen«, und ihre Hauptforderung hieß stets »Verbesserung«: Verbesserung der Lebensumstände hin zu mehr Zivilisation und zu größerer Bequemlichkeit für die Individuen, Verbesserung der hygienischen Verhältnisse und damit der »Volksgesundheit«, nicht zuletzt Verbesserung der technischen Mittel von Produktion und Kommunikation, die mit einer immer stärkeren Vergrößerung der menschlichen Reichweite Hand in Hand ging. Noch Nietzsches Begriff des »Übermenschen« lässt sich dieser Vorstellung subsumieren, denn Nietzsche erwartete die Überwindung des bisherigen Menschen im Kern von der Fortsetzung der »Evolution«. Dass der Mensch die Evolution selbst dirigieren und damit sich selbst auf biologische Weise und nicht mehr bloß durch Doktrinen und Wertsetzungen verbessern könne, ist indessen ein ganz neuer Gedanke, der nicht schon dadurch diskreditiert wird, dass man den praktischen Anfang dieses großangelegten Fortschrittsunternehmens in der Bekämpfung der Erbkrankheiten unter dem nationalsozialistischen Regime sehen muss. Aber den Ärzten des Dritten Reiches bot sich keine andere Möglichkeit, als solche Krankheiten durch die Sterilisierung oder gar die Tötung der Kranken aus der Welt zu bringen; die heutigen Genetiker und Erbbiologen indessen sind in der Lage, in das Erbgut durch Exstirpation oder durch Einschleusung bestimmter Gene direkt einzugreifen und negative Eigenschaften lange vor der Geburt einzelner Individuen zu beseitigen.

Schon längst ist es auf diese Weise gelungen, Mäuse weniger aggressiv zu machen, und es ist nicht notwendigerweise bloße »science fiction«, wenn man die bisherigen Erfolge weiterdenkt und sie unter Vernachlässigung der großen praktischen Schwierigkeiten auf den Menschen anwendet.

Dann wird als der Gipfel von Verbesserung und Fortschritt tatsächlich die Erzeugung einer neuen Spezies Mensch, eben des »Übermenschen«, vorstellbar. Aber es ist unmöglich, auf einen Schlag alle Menschen in Übermenschen zu verwandeln, und mindestens für eine Übergangszeit müsste die Entstehung einer neuen Klasse, einer weit höher begabten Minderheit, in Kauf genommen werden. Es ist jedoch nicht auszuschließen, dass diese Minderheit sich als neue herrschende Schicht konstituieren könnte, und für die Ethik würde das bedeuten, dass jene Grundidee vom Selbstwert des Menschen als solchen keine Beachtung mehr fände und dass die »höhere« Gruppe die »niedrigere« ebenso zu bloßen Objekten und Instrumenten machen könnte, wie einst kriegerische Aristokraten die Bauern zu Leibeigenen oder Sklaven hinabgedrückt hatten. Die Überwindung des Menschen durch den Übermenschen könnte also gerade die Rückkehr zu den ältesten Wertsetzungen und Verhaltensweisen nach sich ziehen. Aber noch folgenreicher für Ethik und Werte würde die andere Möglichkeit der Direktion der menschlichen Evolution durch die Wissenschaft sein, wenn es nämlich gelänge, den Rückstieg in die Aristokratie zu vermeiden und mit Hilfe der heute noch in den ersten Anfängen steckenden Klonierungstechnik alle Menschen in ihrer Erbausstattung vollständig gleich zu machen, so dass damit die mächtigste Quelle aller Ungleichheit und Ungerechtigkeit zum Versiegen gebracht wäre. Diese neuen Menschen würden »Werte« und damit das Ringen um das richtige Handeln sowie die Möglichkeit des Verfehlens nicht mehr kennen; sie würden in ihrer künstlich geschaffenen Gleichheit gar nicht mehr unrichtig oder ungerecht handeln können. Insofern würde ihre Existenz von der Fehlbarkeit und dem Entscheidungszwang der »bisherigen« Menschen frei und gerade dadurch mit der Existenzweise der Tiere identisch sein.

Gewiss handelt es sich bei solchen Überlegungen um überkühne Gedankenexperimente, aber dadurch sollen lediglich die äußersten, die idealtypischen Möglichkeiten umrissen werden, bis zu denen jener Wertewandel (»tramonto dei valori«) gelangen könnte, der sich am Ende (»tramonto«) dieses Jahrhunderts abzeichnet und der im nächsten Jahrhundert zweifellos gewaltig voranschreiten wird. Aber es ist nun ein weiterer Schritt bei der Bestimmung des Worts »tramonto« zu tun. Mag die Menschheit in den nächsten Jahrzehnten oder sogar für die Dauer von diesen äußersten idealtypischen Möglichkeiten weit entfernt bleiben, so ist doch schon durch das bloße Gedankenexperiment deutlich geworden, dass der Mensch selbst ein »tramonto«, ein Sich-Übersteigen ist und daher mit einem philosophischen Begriff als »Transzendenz« gekennzeichnet werden muss. Ein durch Transzendenz bestimmtes Wesen kann sich von seinem Element, dem Boden, lösen und in die fremden Sphären von Luft und Meer emporsteigen oder hinabtauchen; es ist nicht wirklich ein »Sohn der Erde«, sondern es mag sich auf fernen Gestirnen ansiedeln; es könnte sogar seine eigene Sterblichkeit tendenziell überwinden, wenn es ihm gelänge, Weltraumfahrzeuge zu konstruieren, die sich nebst ihren Insassen, nach irdischen Maßstäben, für Jahrhunderte und Jahrtausende im genuinen Weltall aufzuhalten vermöchten.

Daher muss man der Condorcetschen Fortschrittsvorstellung gegenüber jener Klage über den Verfall der alten Werte den Vorrang einräumen, selbst wenn sie – und sei es bloß im Gedankenexperiment – zu einer dauerhaften Rückkehr ältester Werte oder gar zur Beseitigung von »Werten« überhaupt fuhren sollte. Nur aus ihr heraus wird ja für jedermann anschaulich, was das Wesen des Menschen ist, nämlich Transzendenz, die sich heute vornehmlich als »praktische Transzendenz« darstellt und die doch schon in Urzeiten als »theoretische«, d. h. im Denken und in der mythischen Welterfahrung, gegenwärtig war.

Gleichwohl darf die »pessimistische« Auffassung über den Zustand der »Welt der Werte« nicht einfach zurückgewiesen werden, wenn wir uns nun aus dem angeblichen »Wolkenreich« der Idealtypen und der Gedankenexperimente wieder der Realität unserer Tage und der nahen Zukunft zuwenden. Ein durch Transzendenz bestimmtes Wesen kann auch die triviale, ja trotz aller Fortschritte der Medizin oft genug schleimige und blutige Endlichkeit hinter sich lassen, die es ihm am fühlbarsten macht, dass er auch ein »zurückgebundenes«, vom »Schicksal« abhängiges Wesen ist, nämlich die Endlichkeit und Fragilität seiner eigenen Fortpflanzung. Weltraumfahrer müssen alle »Bodenständigkeit« hinter sich lassen, und es zielt in eben diese Richtung, wenn in Stellengesuchen für technische oder kommerzielle Positionen die Bewerber ihre »Ungebundenheit« und ihre »Flexibilität« unterstreichen. Noch kehren die Insassen der Raumfähren und die global operierenden Vertreter von multinationalen Firmen in der Regel über kurz oder lang mindestens zeitweise zu ihrer Frau bzw. zu ihrem Mann und zu den Kindern zurück. Aber sie unterliegen als Menschen nicht dem Naturzwang, der jedes Tier im Dienst seiner Gattung stehen lässt, und als Menschen, die sich auf der Höhe der modernen Zeit befinden, können sie sich den »Werten« entziehen, die zu einem beträchtlichen Teil der Sicherung jenes Gattungszwecks dienen, welcher bei allen reinen Naturwesen außerhalb von Frage und Entscheidung bleibt. So können die Einzelnen aufgrund des »Individualismus«, der noch heute als eine späte und seltene Frucht der Kulturgeschichte gelten muss, die Transzendenz selbst zugunsten des Hedonismus instrumentalisieren, und damit zeichnet sich die Möglichkeit des Aussterbens zunächst bestimmter Kulturen und schließlich der ganzen Menschheit als einer Gruppe von Wesen ab, die ihre eigene Gattungshaftigkeit von sich abzutun vermögen.

Wenn das so ist und wenn nicht etwa eine Methode gefunden wird, Menschen nicht bloß durch Eingriffe in das Genom zu verbessern, sondern sie auf künstliche Weise zu produzieren, dann wird die Menschheit schwerlich in die Harmonie einer »Nachgeschichte« eintreten, sondern sie könnte eine Periode vor sich haben, die streiterfüllter und insofern »geschichtlicher« wäre als jede vorhergehende Zeit.

Wer Gedankenexperimente anstellt und abstrakt scheinende Alternativen erwägt, hat es einfacher als derjenige, der inmitten der Schwierigkeiten der Gegenwart einen Weg aufzeigen soll. Nur zögernd und tastend versuche ich zum Abschluss, aus dem Rückblick auf das 20. Jahrhundert einige Maximen für die nächste Zukunft zu umreißen.

Das Weltethos, welches das »Parlament der Religionen« als ein »Minimum an humanen Werten« zu definieren versuchte, reicht als solches nicht aus, ernste Konflikte zwischen Staaten, Staatenbünden, Völkern, Kulturen und Religionen zu verhindern. Aber es sollte als eine Doktrin angesehen werden, die gerade wegen ihrer Offenheit, d. h. in ihrer Spannweite und trotz ihrer Widersprüche, nicht grundsätzlich bekämpft und in Frage gestellt werden darf. Der deutsche Nationalsozialismus war in seinem Kern eine solche Infragestellung und Bekämpfung des »humanen Minimums«. Wo er als solcher wieder das Haupt erhebt, darf ihm nichts anderes als allgemeine Empörung begegnen.

In einigen der Äußerungen zu der Erklärung des Weltparlaments zeichnet sich ab, dass der Kampf gegen »Ungerechtigkeit« eine militante und gewalttätige Gestalt annehmen kann, welche die Vernichtung der »ungerechten Strukturen« nebst deren Trägern ebenso verlangt, wie Thomas Müntzer und andere christliche Sektierer die »Vernichtung der Gottlosen« verlangt hatten. Eben dies tat in seiner Frühzeit – und in abgeschwächter, »antifaschistischer« Weise auch weiterhin – der Bolschewismus des 20. Jahrhunderts, dessen grundlegende Verschiedenheit vom Nationalsozialismus häufig mit Recht hervorgehoben wird. Aber durch seinen Vernichtungswillen verkehrte er den guten Gedanken als einen der Orientierung dienenden Grenzbegriff in eine schlechte Realität, und er rief so den Willen zur Gegenvernichtung hervor, der schließlich trotz des militärischen Triumphs von 1945 zu einer wichtigen Teilursache seines Untergangs wurde. Der Verzicht auf eine solche Vernichtungsforderung ist ebenso eine Voraussetzung für ein 21. Jahrhundert, das besser wäre als das 20., wie die Verwerfung jener grundsätzlichen Negation eines Weltethos.

Jenseits der extremen politischen Realitäten, die das 20. Jahrhundert zum blutigsten der Weltgeschichte gemacht haben und die heute nur noch in Erinnerungen, Geschichtsschreibung und Dichtung existent sind, muss es ein breites Spektrum von unterschiedlichen Richtungen und Tendenzen geben, wo nicht nur für den rationalen Kern des Kommunismus als des praktischen Universalismus Raum ist, sondern auch für jenen heterodoxen und von Hitler gnadenlos verfolgten »nationalen Sozialismus«, der den Imperialismus mit Nachdruck ablehnt und eben dadurch die zeitgerechte Verteidigung von Partikularität sein wollte.

Ein »praktischer und gewalttätiger Widerstand gegen Transzendenz« ist heute und in Zukunft nicht mehr möglich. Insofern hat die Condorcetsche Fortschrittsvorstellung sich endgültig durchgesetzt. Aber es ist eine apriorische Gewissheit, dass ihr Versuch, das »Schicksal« zugunsten der »Freiheit« ganz aus der Welt zu bringen, scheitern wird, denn damit würde auch »der Mensch« verschwinden. Und deshalb scheint mir der Versuch nicht aussichtslos, ja sogar unumgänglich zu sein, innerhalb neuer Grenzen das »Schicksal« in Freiheit zu bejahen und »alte Werte« in veränderter Gestalt zurückzugewinnen.

4. AM ENDE DES 20. JAHRHUNDERTS: DAS VERMÄCHTNIS DES LIBERALISMUS

Ein Vermächtnis stammt in der Regel von einem Toten. Ich will über das Vermächtnis (»Legacy«) des Liberalismus so sprechen, als ob dieser nur ein Phänomen der Vergangenheit wäre, das in die Gegenwart des letzten Jahrzehnts des 20. Jahrhunderts hineinreicht. Ob und auf welche Weise der Liberalismus als er selbst oder in einer wesentlichen Verwandlung für die Zukunft bestimmend sein kann, wird am Ende zu erörtern sein.

Ich scheue mich nicht, mit der Artikulation einer Trivialität zu beginnen. Wenn wir jungen Menschen begreiflich machen wollen, was der Liberalismus war und welches Vermächtnis er uns hinterlassen hat, dann sollten wir sie dazu veranlassen, sich gründlich mit derjenigen Realität zu beschäftigen, die offensichtlich und ohne weitere Überlegungen als illiberal zu gelten hat, mit der Realität des Totalitarismus. Und da sollten wir nicht in erster Linie die Beschreibungen der großen Massenmorde heranziehen, welche die Jungen dazu verleiten könnten, voller Überheblichkeit auf eine finstere Vergangenheit und vielleicht bloß auf einen Teil dieser Vergangenheit zurückzublicken, sondern wir sollten den Alltag unter diesen Regimen beschreiben – den Alltag ständiger Besorgnis für Juden und für Gegner der NSDAP und dann der Furcht vor Deportation und Tod nach dem Ausbruch des Krieges im nationalsozialistischen Deutschland und den Alltag der die ganze Gesellschaft durchherrschenden Angst unter den Augen der Politischen Polizei, des Vorwärtsgetriebenwerdens unter aufpeitschenden Losungen und Vernichtungsaufrufen gegenüber Volks- und Parteifeinden in der stalinistischen Sowjetunion. Wir sollten der Jugend Romane wie *Leben und Schicksal* von Wassilij Grossman in die Hand geben, wo sich der alte und bewährte Bolschewik Krymow, wegen des Verdachts der »Parteifeindlichkeit« in der Lubjanka eingekerkert und nächtelangen, gnadenlosen Verhören unterzogen, daran erinnert, dass er vor dem Kriege, von der Großen Säuberung unberührt und noch ein hochgeschätzter Genosse, viele schreckliche Einzelheiten sowie das eine oder andere Wort der Kritik an Stalin von Bekannten und Freunden gehört hatte, die ihn dann anflehten: »Kein Wort zu jemand, nicht zur Frau, nicht zur Mutter, ein Wort, und ich bin verloren!«

Für uns alle liegt eine solche totalitäre Welt, wenn wir denn je damit in Berührung gekommen sind, in ferner, unwirklich scheinender Vergangenheit. Wir haben mancherlei Sorgen und Befürchtungen, wir erleiden vielleicht Zurücksetzungen und mögen uns sogar von einigen unserer Mitbürger verfolgt fühlen, aber wir kennen die Angst nicht, die allen Mitlebenden gemeinsam ist und die vom Zentrum, von der Spitze des Staates ausgeht. Wir haben immer die Möglichkeit, uns mit Klagen an staatliche oder gesellschaftliche Instanzen zu wenden und mit Hilfe eines der zahlreichen Presseorgane an die Öffentlichkeit zu appellieren. Wir leben in Staaten, die vom Vermächtnis des Liberalismus geprägt sind: der Machtverteilung, der Pressefreiheit, der Mehrzahl von Parteien, der Garantie von Grundrechten, der vom Staat unabhängigen Justiz. Bei weitem nicht alle Staaten unserer Gegenwart haben Anteil an diesem Vermächtnis, wir sollten uns seiner als eines kostbaren Besitzes bewusst sein.

Und dennoch waren seit langer Zeit und sind auch heute, zumal nach dem Ende der kommunistisch-totalitären Regime in Osteuropa, Stimmen vernehmbar, die eine Gegenrechnung aufmachen, indem sie den Liberalismus mit großer Schärfe kritisieren, und es wäre unangebracht, achtlos oder empört darüber als den Ausdruck »konservativer«, ja »reaktionärer« Stimmungen hinwegzugehen. Der Liberalismus, so ist etwa in dem jüngst erschienenen Buch eines bedeutenden amerikanischen Juristen zu lesen, habe den Individuen auf Kosten der Gemeinschaft, des Staates, allzu viel an Spielraum und Bewegungsfreiheit verschafft; die Folgen seien der zunehmende Verlust von Wertorientierung und Gemeinsinn, die Kakophonie von kämpfenden Interessen, denen die tragende Grundmelodie abhandengekommen sei, die paradoxe Suche einer auf Sensationen erpichten Medienwelt nach immer neuen Minderheiten, die benachteiligt seien oder denen irgendwann in der Geschichte Unrecht widerfahren sei; die Zentralität der Anliegen der jetzt lebenden, der sichtbaren Individuen und die Vernachlässigung des Schicksals der künftigen Generationen und nicht zuletzt die legalisierte Tötung von vielen Hunderttausenden ungeborener Kinder, die man für Bestandteile des Mutterleibes erklärt, über welche die Frau ebenso verfügen dürfe wie über ihre Augen oder Hände. Der Liberalismus sei die Ursache des Verfalls der westlichen Gesellschaften, er sei für die Individuen wie ein süßer Trank und für die Staaten ein verderbliches Gift.

Aber müsste aus dieser Perspektive nicht sogar der Totalitarismus Stalins und Hitlers, dessen wir uns mit Schaudern erinnern, plötzlich ein anderes Gesicht annehmen? Es ist an der Zeit, nun einige Tatsachen aus der Geschichte des Liberalismus ins Auge zu fassen. Wenn Liberalismus vor allem Skepsis von Individuen gegenüber den Dogmen bedeutet, die einen Staat und eine Kultur beherrschen, und damit zugleich das Verlangen nach mehr individueller Freiheit, dann hat es Liberalismus schon im Altertum und auch im Mittelalter gegeben: Sokrates galt den Athenern als ein staatsfremder und individualistischer Verführer der Jugend, Epikur wollte »im Verborgenen« und also fern von der politischen Betriebsamkeit des Marktplatzes leben, im Mittelalter waren an manchen Orten die Libertiner zu finden, die, nicht zuletzt unter dem Einfluss arabischer Philosophen, den Hedonismus zum Programm erhoben. Es handelte sich jedoch durchweg um kleine Gruppen und nicht selten sogar um Einzelne. Eine gesellschaftliche Macht konnte der Liberalismus erst werden, als die Einheit des mittelalterlichen Christentums durch den großen Riss der Reformation zerstört worden war, d. h. durch das Aufkommen anderer christlicher Kirchen, die gegenüber der alten Kirche gravierende dogmatische Differenzen aufwiesen. Die neuen Kirchen waren nicht weniger dogmatisch und intolerant, in ihren Ansprüchen gegenüber den Individuen nicht weniger streng und allumfassend als die alte Kirche, doch die Erfahrung der Differenz löste bei nicht wenigen Individuen ein selbständiges Suchen und Fragen aus, und gerade historische Niederlagen führten zu neuartigen Forderungen und Ansprüchen. Pierre Bayle wurde als Protestant geboren, und er ließ sich für eine Weile zum Katholizismus bekehren, aber er stieß seine Vergangenheit nicht einfach fort, sondern die Erfahrung der Unvereinbarkeit von zwei dogmatischen Wahrheitsansprüchen machte ihn zum Kritiker aller theologischen Lehren und zum wichtigsten Wegbereiter der Frühaufklärung. Nur in den Lücken oder Spalten zwischen Kirchen und Staaten entfalteten sich die autonome Wissenschaft sowie Kritik und Selbstkritik. Die »Dissenter« der englischen Revolution und ebenso die Aristokraten der französischen Fronde nahmen nach ihrer Niederlage das Recht auf Gewissensfreiheit für sich in Anspruch, und sie konnten sich auf den Glaubenssatz des Christentums berufen, dass die individuelle Seele das Wichtigste in der Welt sei und nur Gott Gehorsam schulde.

Im Kampf gegen den Absolutismus der Herrscher und die Dogmen der großen Kirchen konnte sich so im 18. Jahrhundert der Liberalismus als eigene Partei und als gesellschaftliche Macht herausbilden, vornehmlich als Aufklärung in Frankreich und als antiabsolutistischer Whiggismus eines Teils der englischen Aristokratie. Schon Montesquieu sah in dem englischen System der Gewaltenteilung ein Vorbild für den Kontinent, und Voltaires stärkstes Motiv war der Hass gegen die christlichen »Fanatismen«, welche die Religionskriege des 16. und 17. Jahrhunderts verschuldet hätten. Auf Montesquieu und Voltaire berief sich die Französische Revolution in ihrem Frühstadium nicht minder als auf Rousseau, und dann nahm Europa mit Staunen und Schrecken wahr, dass in der Zeit des Großen Terrors ein »Fanatismus der Aufklärung« hervortrat, den Konservative wie Burke und Gentz schon bald mit der Inquisition verglichen. Aber der jakobinische Impuls erreichte sein Ziel der vollständigen Egalität nicht, und die Nachfolger der Jakobiner wurden unter dem Namen »Liberale« zu der »Partei der Bewegung«, die sich mit den Forderungen nach einer Verfassung, nach Presse- und Versammlungsfreiheit sowie nach der Aufhebung von ökonomischen und politischen Grenzen der »Restauration« entgegenstellte, welche sich ihrerseits als »Partei der Beharrung« rühmen konnte, dem Weltherrschaftsstreben Napoleons erfolgreich Widerstand geleistet zu haben. Auch die »Partei der Bewegung« hielt indessen an denjenigen Grundsätzen des Christentums fest, die sie für überkonfessionell hielt und einer »natürlichen Religion« zuordnete. Die Männer, welche in England die industrielle Revolution in Gang setzten, waren zu einem großen Teil »Dissenter«, und nicht minder als das Streben nach kommerziellem Gewinn und industriellem Erfolg war die »Kapelle«, die Gemeinschaft der Gleichgesinnten, für sie die Mitte des Lebens. Erst um 1850 kam der radikale Individualismus auf, der mit Max Stirner »seine Sach' auf nichts« stellen wollte, und gleichzeitig entstand der marxistische Sozialismus, der das Problem des Verhältnisses von Individuum und Gemeinschaft dadurch zu lösen glaubte, dass er das Zusammenfallen der Idealtypen eines radikalen Individualismus und eines ebenso radikalen Kollektivismus in der klassen- und staatenlosen Gesellschaft der Zukunft postulierte. Das produktive, sich selbst weitertreibende und »säkularisierende« Mit- und Gegeneinander gesellschaftlicher Kräfte und Mächte ist das »Liberale System« zu nennen, und bei genauerem Hinsehen lässt sich erkennen, dass es seine Wurzeln im Mittelalter hat, und zwar in der Nicht-Identität von Staat und Kirche, im Neben- und Miteinander von Monarchie und Aristokratie, in der relativ autonomen Entwicklung von Bürgerstädten, in der Pluralität von Staaten. Ich verkürze diese Verkürzung bekannter Tatbestände noch einmal thesenartig: Das Liberale System ist die Grundlage des Liberalismus, der in Gestalt der liberalen Ideologie seit dem 18. Jahrhundert das Ganze in größerem oder geringerem Ausmaß durchdringt und der sich in die Zweige des Wirtschafts-, des National- und des Sozialliberalismus auseinanderfalten kann. Die Erzeugung des Individualismus ist seine eigenste Tat und die erstaunlichste Blüte der von ihm bestimmten Gesellschaft: die Herauslösung der Individuen aus den »repressiven« und doch tragenden Gemeinschaften der

Familien, der Sippen, der Adelshäuser, der Konfessionen und sogar der Staaten.

Aber das jüngste Glied des vielgliedrigen Ganzen, der Sozialismus, dessen Aufkommen die Emanzipation der Industriearbeiter, d. h. ihre Einbeziehung in das System, zugleich begleitet, fördert und gefährdet, kann um die Alleinherrschaft kämpfen, und mit seinem Sieg verschwindet der Individualismus wieder, um durch die extremen Anforderungen und Vorschriften eines totalitären Regimes ersetzt zu werden. Dass der weltgeschichtliche Vorstoß des bolschewistischen Gewaltsozialismus in Russland und der Gegenstoß des Gewaltnationalismus im nationalsozialistischen Deutschland schließlich beide zum Scheitern gebracht wurden, ist der große Triumph des Liberalen Systems, das am Ende des 20. Jahrhunderts anscheinend dabei ist, sich auf die ganze Welt auszudehnen. Aber aus ihm selbst erwächst eine neue radikale Wirklichkeit: das Hinschwinden der ideologischen, letzten Endes christlichen Grundlagen der Parteien und ihr Herabsinken zu bloßen Interessenverbänden der im Spiel des globalen Konkurrenzkampfes Begünstigten oder Benachteiligten und damit die Entstehung einer extremen Art des Individualismus, der mit dem Begriff der »Selbstverwirklichung« die Exklusivität des Egoismus und die völlige Ablösung von allen Zwecken des Staates verbirgt oder nicht einmal verbirgt. Dieser Individualismus ist nicht mehr liberal, sondern liberistisch zu nennen, und er weist auf eine Gesellschaft voraus, die aus völlig emanzipierten, d. h. von allen natürlichen oder quasinatürlichen Bindungen gelösten, eben dadurch aber im Berufsleben ebenso wie in den spielerischen Betätigungen vollständig flexibel gewordenen Individuen besteht. Eine solche Gesellschaft mochte Richard Cobden im Auge gehabt haben, als er vorhersagte, der uneingeschränkte Freihandel werde »alle Grenzen der Rasse, der Sprache und der Religion« überwinden – aber wie traditionell dachte Cobden doch wiederum, als er annahm, diese Gesellschaft der globalen Konkurrenz und des universalen »Strebens nach Glück« aller Einzelnen werde einer Familie ähnlich sein und zu munizipalen Strukturen zurückkehren! Viel wahrscheinlicher ist, dass es sich um eine Gesellschaft totaler Versachlichung und weitgehender Anonymität und in der letzten Konsequenz um eine sterbende Gesellschaft handeln wird, und das lässt sich gerade am Beispiel nichtliberaler Gesellschaften anschaulich machen.

Ich habe bisher vorausgesetzt, dass der Liberalismus als gesellschaftliche Macht eine spezifisch abendländische und dann »westliche« Erscheinung ist und dass es mithin in anderen Weltgegenden und Kulturen den Liberalismus als ein aus tiefen Wurzeln erwachsendes und sich autonom vorwärtstreibendes Phänomen nicht gegeben hat und nicht gibt. Eine solche Auffassung ist nicht notwendigerweise ein Produkt westlicher Selbstverherrlichung, denn auch jene scharfe Kritik, die erwähnt wurde, ist ja im Westen entstanden und die These bedarf der Überprüfung.

Wenn der Blick auf die islamische Kultur gerichtet wird, ist leicht zu erkennen, dass auch die Religion Mohammeds kein geschlossenes und monolithisches Gebäude war, jedenfalls nicht in der Realität. Von früh auf sind die Muslime in die Quasi-Konfessionen der Sunniten, Schiiten, Charidschiten und deren Untergruppen geteilt gewesen; ein »Gebieter der Gläubigen« hatte nur für kurze Zeit die ganze islamische Welt unter seinem Befehl, denn schon bald nach den ersten und »rechtgeleiteten« Kalifen zerfiel das islamische Gebiet in Einzelstaaten und Einzelherrschaften; »Mutaziliten« und Anhänger des Sufismus wichen von der Dogmatik der Gesetzesreligion erheblich ab, und mindestens die Mutaziliten werden in manchen westlichen Darstellungen als »Liberale« bezeichnet. Aber unvergleichlich mächtiger als alle diese Differenzen blieb die Lehre von Allah und seinem Propheten Mohammed und blieb das Gebet in ausgeprägter Demutshaltung, zu der die Muezzine von den Minaretts der Moscheen aus fünfmal am Tage mit lauter Stimme die Gläubigen aufriefen – alle Gläubigen vom Westen des Maghreb bis zu den Wassern des Ganges und von den Ufern des Schwarzen Meeres bis ins Innere Afrikas. So stellte sich doch oberhalb aller Einzelstaaten, aller verschiedenen Rechtsschulen und aller »Konfessionen« Tag für Tag und auf die einschneidendste Weise, zu der es im Christentum nur innerhalb von Mönchsorden Analogien gab, die Einheit der »umma« wieder her, der Gemeinde oder wie wir zu sagen pflegen, der islamischen Kultur. Und diese Gemeinde hing nicht wie die christlichen Kirchen einem geheimnisvollen Dogma an, dem gegenüber tiefgreifende Verschiedenheiten des Verständnisses möglich waren und Zweifel sowie Skepsis nahelagen, dem Dogma von der Menschwerdung des dreieinigen Gottes, sondern die Vernunft sah sich durch den einfachen Lehrsatz von der Einheit Gottes nicht herausgefordert, und das Almosengebot ging unmerklich in das Besteuerungsrecht des Staates über. So blieb all dasjenige fest und unantastbar, was der Koran über die Bestrafung von Dieben, über die rechte Lebensführung und auch über die Frauen sagte, die Mohammed mit einem »Acker« verglichen hatte. Unantastbar blieb ebenfalls das Herrschaftsverhältnis der Muslime gegenüber den »dhimmis«, den Schutzbefohlenen, und der Gedanke einer »Emanzipation« der Juden und der Christen zu gleichberechtigten Staatsbürgern lag weltenfern. Ebenso unvollziehbar blieb die Vorstellung, ein Gläubiger könne sich zum Unglauben »emanzipieren«: Der Abtrünnige war des Todes, und diese Maxime ist heute noch gültig. Daher konnten sich die verschiedenen Abweichungen nicht, wie im Christentum, mit- oder gegeneinander verbinden und zu einer autonomen, »säkularisierenden« Kraft werden, und auch die »Konfessionen«, die ihren Ursprung ja in Nachfolgestreitigkeiten unter den frühesten Anhängern des Propheten hatten, traten in kein weitertreibendes Mit- und Gegeneinander ein, sondern schufen ihre eigenen Staaten, die aber jener Einheit der »umma« bis in Einzelheiten hinein unterworfen blieben. So ist die islamische Welt bis heute eine religiös geprägte, d. h. auf einer Grundvorstellung vom Universum und den daraus erwachsenden Geboten beruhende, die Ganzheit des Lebens durchdringende Kultur geblieben, und wo Forderungen nach einem radikalen Wandel aufkamen wie im Ägypten der Mitte des 19. und in der Türkei des beginnenden 20. Jahrhunderts, da waren sie vom Einfluss des Westens bestimmt, und gegen diesen inzwischen immer stärker gewordenen Einfluss wenden sich heute jene Tendenzen und Bewegungen, die man »fundamentalistisch« nennt.

Um zu verdeutlichen, dass westlicher Hochmut unberechtigt ist, wähle ich ein Beispiel, das bei uns sogar Empörung wecken muss. Überall im Islam unterliegen die Frauen strengen Gewohnheiten oder Vorschriften, auch wenn sie nicht an allen Stellen das Gesicht verschleiern müssen. In einigen abgelegenen Teilen des Balkans werden diese Regeln besonders streng gehandhabt, und ihre Verwandtschaft mit uralten Sippenverhältnissen liegt am Tage. Die Mädchen leben in sorgfältig überwachter Zurückgezogenheit, und bei der von den Eltern arrangierten Heirat gehen sie aus der uneingeschränkten Vormundschaft des Vaters in die ebenso uneingeschränkte Vormundschaft des Ehegatten über. Schon geringe Verstöße gegen die unverbrüchlichen Lebensregeln ziehen handgreifliche Bestrafung durch den Mann oder auch durch die Brüder nach sich, und auf ernsteren Verfehlungen steht der Tod. Aber diese Ehefrauen geben im Durchschnitt acht oder neun Kindern das Leben, und es ist leicht zu sehen, dass jene Vorschriften, die in unseren Augen so abstoßend sind, im Kern nicht der Herrschsucht oder gar dem Sadismus der Männer entspringen, sondern dass sie einen übergreifenden gesellschaftlichen Sinn haben: Die Frauen werden, um eine Metapher zu verwenden, wie Keimzellen betrachtet, denen alle Achtsamkeit des Körpers gelten muss, weil von ihrer Unversehrtheit diejenige Fortexistenz abhängt, die dem Körper gewährt sein kann. Die organizistische Metapher dürfte in diesen archaischen Verhältnissen weder den Männern noch den Frauen bekannt sein, aber sie ist der Erklärung des schwer Erklärbaren dienlich. Wir können uns jedoch mit der Erklärung nicht begnügen, sondern wir müssen das vom emanzipatorischen Liberalismus geprägte Urteil fällen: Menschen dürfen nicht mit Zellen gleichgesetzt werden; sie sind Personen und sollten sich von der bewusstlosen Unterordnung unter biologische Zwecke und Wünschbarkeiten befreien; nur dann führen sie ein »menschenwürdiges« Leben. Es ist daher eine wohltuende

Erfahrung, in einer amerikanischen oder deutschen Universitätsstadt einer Studentin zu begegnen, die vielleicht nur durch einen Zufall jenen archaischen Verhältnissen entronnen ist und die nun ein Leben lebt, das den eigenen Neigungen und Interessen folgt, das »selbstbestimmt« und »emanzipiert« ist. Wenn eine solche junge Frau heiratet oder mit einem Partner zusammenzieht, wird sie sich dem Muster ihrer schon seit Generationen emanzipierten Kommilitoninnen nicht entziehen, und sie wird schwerlich mehr als ein Kind gebären. Wenn sie noch in der abgelegenen Gegend Albaniens lebte und wenn ihre Schwestern und Kusinen ihrem Beispiel folgten, würde ihre Sippe rasch ausgestorben sein.

Nun kehre ich zu der liberistischen Gesellschaft des Westens zurück, in der alle Individuen voll emanzipiert sind und nichts anderes erstreben als ihre keinem Zwang unterworfene Selbstverwirklichung, also zu einer Gesellschaft, die auch heute noch einen Idealtyp darstellt, aber einen Idealtyp, der allem Anschein nach der annähernden Realisierung nahe ist. Kein einziges dieser Individuen lebt indessen wie Robinson allein auf einer Insel, sondern alle sind in Firmen eingebunden, die auf dem Weltmarkt um Gewinne und um das Überleben kämpfen, auch wenn sie sich »Universitäten« nennen. Sie sind jedoch ebenso flexibel wie diese Firmen, die sich je nach den Umständen auflösen und in anderer Kombination neubilden. Sie verlassen ohne Widerstreben den Ort, an dem sie bisher tätig waren, und nehmen an einem weit entfernten Platz eine andere Arbeit auf. Sie würden nicht zögern, ihrer Firma auf den Mond zu folgen, wenn dort wertvolle Rohstoffe zu erschließen wären. Ihr höchster Wunsch ginge vielleicht dahin, eins der Weltraumfahrzeuge zu besteigen, das sie über die Grenzen des Sonnensystems hinausführen und ihre Existenz zu einer alterslosen machen würde. Sie wären nicht mehr Italiener oder Deutsche, nicht Chinesen oder Schwarze und auch nicht mehr Männer oder Frauen, es sei denn in einigen unwesentlichen Merkmalen, sondern nur gleichberechtigte Individuen, die sich in grenzenloser Beweglichkeit zu immer neuen Assoziationen zusammenschlössen. Sie hätten die Grenzen von Sprache und Nation weit überschritten, wie es Cobden so sehr gewünscht hatte. Sie hätten auf der höchsten und allgemeinsten Ebene jene Situation erreicht, von der die liberale Staatsentstehungslehre – die Landung der Pilgerväter in Neu-England vor Augen – seit Locke ausgegangen war und auf die sie noch in ihren modernsten Formen wie dem amerikanischen Libertarismus gern zurückkommt: vernünftige Menschen finden sich durch einen Vertrag zu wechselseitigem Vorteil zusammen, und sie können diesen Vertrag auflösen, wenn er ihre Erwartungen nicht erfüllt. Aber es ist sehr die Frage, ob die großen Firmen, denen sich die Individuen aus freiem Willen anschließen, das willkürliche Ausscheiden wichtiger Mitglieder tolerieren könnten, ob die Flexibilität sogar innerhalb der Fach- und Kompetenzgrenzen tatsächlich unbeschränkt wäre und ob nicht diese Individuen letztlich doch, nach der Formulierung Max Webers, in »ehernen Gehäusen« gefangen wären, die allerdings nicht mehr aus dem Kampf gegen die Lebensnot oder aus staatlichen Notwendigkeiten entständen, sondern aus vernunftentsprungenen Konfigurationen. Die außerordentlichsten aller vernunftentsprungenen Konfigurationen sind aber die intelligenten Computer, und wenn sich diesen Computern beibringen ließe, sich selbst zu verbessern und fortzuzeugen, dann hätte der menschliche Geist endgültig über die Natur gesiegt, aber er hätte auch den Menschen abgeschafft. Die voll emanzipierten Individuen würden ja einander nicht lieben, sondern sie würden nur ein »intensives Sex-Leben« führen, denn Liebe bedeutet Bindung und Begrenzung, weil Zeugung und Geburt von Blut und Schmerz, von Schmutz und Gefahr nicht völlig loslösbar sind und weil sie gravierende Verzichtleistungen unvermeidbar machen. Diejenigen menschlichen Gesellschaften, die dem Triumph des Geistes und dem Idealtyp der liberistischen Lebensform am frühesten nahekämen, würden als Erste dahinschwinden und die Welt jenen religiös einheitlichen, der Emanzipation und dem Liberalismus feindlichen Kulturen und sogar jenen archaischen Sippen überlassen, sofern nicht auch diese sich inzwischen den Liberismus zu eigen gemacht hätten. Dann würde die Menschheit von der Erde verschwunden sein, und der Liberismus hätte sich als die Guillotine erwiesen, die ihrer Existenz ein Ende gesetzt hätte; das Vermächtnis des Liberalismus wäre nichts anderes als das Todesurteil über die menschliche Gattung.

Dieser Gedankengang mag als gewagte, ja abstruse Spekulation erscheinen, die manchen an Ludwig Klages' Philosophie vom *Geist als Widersacher der Seele* oder an gewisse Vorstellungen Bergsons erinnern mag und die man sogar als eine Fortsetzung der ältesten antiprotestantischen und tendenziell antiliberalen Polemik des 16. Jahrhunderts oder auch als Wiederaufnahme der uralten, schon von Polybios artikulierten Klage über das Unheil der Kinderlosigkeit empfinden könnte. Aber ihm liegt keine Anklage gegen eine in die Harmonie des Lebens einbrechende außerweltliche Macht zugrunde wie bei Klages und schon gar nicht eine Sehnsucht nach altertümlichem Sippen- und Stammesleben. Vielmehr ist die Einsicht leitend, dass der Liberalismus in seiner radikalen Gestalt, sowohl als Projekt der Alleinherrschaft des »kapitalistischen« Weltmarkts wie auch als die sozialdarwinistische Vorstellung vom letztendlichen Sieg der stärkeren und klügeren Individuen und Firmen, die größte und umfassendste aller Revolutionen darstellt, mit der verglichen alle sozialistischen Revolutionsideen sich als Rückwendungen zum Idyll charakterisieren lassen. Daher ist jener Idealtyp der liberistischen Gesellschaft aus vollständig emanzipierten Individuen kein der Abneigung oder der Nostalgie entstammendes Konstrukt, sondern die Beschreibung der äußersten Möglichkeit eines Wesens, das tatsächlich als ein grenzüberschreitendes, als ein durch Transzendenz bestimmtes Wesen zu verstehen ist. Dieses Ausgreifen ist, wie Pascal formulierte, »unendlich größer als der Mensch«. Deshalb ist die Möglichkeit der Selbstzerstörung nicht ein unglücklicher Begleitumstand der Entdeckung der Kernspaltung oder eine Konsequenz der unvernünftigen Verschwendung von natürlichen Ressourcen, sondern sie geht aus dem innersten Wesen des Menschen hervor.

So wäre das Vermächtnis des zum Liberismus fortgeschrittenen Liberalismus, der sich heute noch in dem Anfangsstadium befindet, nichts anderes als der Weg zum Untergang? Aber wir sollten uns daran erinnern, dass dem Liberalismus in seiner geschichtlichen Existenz häufig der Vorwurf der »Halbheit« und der Inkonsequenz gemacht worden ist. In der Geschichte hat der Liberalismus immer wieder eine vermittelnde, eine moderierende Rolle zwischen den Extremen gespielt, und dass er eine solche moderierende Rolle auch gegenüber seiner eigenen Radikalisierung, dem Radikalliberalismus der liberistischen Gesellschaft, zu übernehmen vermag, könnte heute sein eigentliches Vermächtnis sein. Die emanzipierten Individuen sind in die alte Fesselung durch die Naturverhältnisse nicht mehr zurückzuführen, die Familie kann nie wieder zu einer unbefragten Selbstverständlichkeit werden, die Staaten werden nie mehr die Souveränität zurückgewinnen, die sie an übergeordnete Zusammenschlüsse oder auch an den übermächtigen, ständig spürbaren Gesamtzusammenhang der menschlichen Dinge abgegeben haben. Aber die Individuen können den Kern ihrer Natürlichkeit einschließlich ihres Todes aus freiem Willen bejahen, weil sie wissen, dass Individualität ohne Naturbasis und kulturelle Partikularität nicht möglich ist; Männer und Frauen können ihre Verschiedenheit gleichermaßen zum Gegenstand einer Willensentscheidung machen; die Staaten und auch die Kulturen mögen gerade wegen ihrer Schwächung und Wechseldurchdringung von den Menschen höher geschätzt werden als vormals, wo sie noch unentrinnbare Zwangsanstalten waren, da sie allein ihnen das Gefühl vermitteln können, »bei sich« und »zu Hause« zu sein, ein Gefühl, das anders nicht zu gewinnen ist, solange die Menschenwelt vielsprachig und im recht verstandenen Sinn »multikulturell« ist. Wenn das seiner Bestimmung nach grenzüberschreitende Wesen gewillt ist, in Freiheit Grenzen zu setzen und Begrenzungen zu akzeptieren, wird der Mensch sich das notwendigste und schwierigste Vermächtnis des Liberalismus zu eigen gemacht haben.

5. HANNAH ARENDT: EIN DENKERISCHES LEBEN ZWISCHEN ASSIMILATION UND ZIONISMUS

Es gibt in der Gegenwart schwerlich eine andere Fragestellung, die von solcher Bedeutung ist und so viel Faszination auslöst wie diejenige nach dem Verhältnis der großen Religionen, welche das Leben der Menschheit Jahrtausende hindurch bestimmt haben, zu jenen Erscheinungen (oder »Weltanschauungen« oder Lebensweisen), die sich vom 18. Jahrhundert an aus ihnen entwickelt – oder auch nicht entwickelt – und von ihrem Muttergrunde losgelöst haben, ohne diesen zu verleugnen oder mit Nachdruck zu bekämpfen. In einer geläufigen Ausdrucksweise könnte man von den »Weltreligionen im Zeitalter der Säkularisierung« sprechen. Anfänge dieser Entwicklung lassen sich schon in der Antike und im Mittelalter entdecken, und die Einschätzung ihrer Bedeutung bewegt sich zwischen der These, die Säkularisierung als der Verzicht auf Hauptwesenszüge der betreffenden Religionen bedeute ebenso sehr den Untergang dieser Religionen wie »den Tod Gottes«, und der Auffassung, alle anderen politischen und geistigen Erscheinungen könnten sich an Wichtigkeit nicht mit denjenigen messen, in denen etwas Wesentliches vom Geist der Religionen bewahrt und möglicherweise sogar gesteigert sei. Jedenfalls ist der Begriff »politische Religionen« durchaus geläufig.

Heute zieht der Islam mehr als jede andere Religion die Blicke auf sich, aber nicht in erster Linie als er selbst, so bedeutungsvoll seine rapide Ausbreitung über Europa und große Teile Afrikas sein mag, sondern in der Gestalt des »Islamismus«, dessen Wirken von den offiziellen Hütern des Glaubens oft genug verurteilt worden ist und der sich doch allein als fähig erwiesen hat, dem Einfluss der nach materiellen und intellektuellen Ressourcen weit überlegenen Vereinigten Staaten und »des Westens« insgesamt auf militante Weise entgegenzutreten und dabei Formen des Kampfes zu entwickeln, die wie die massenhaften Selbstmordattentate singulär dastehen, obwohl sie nach der Aussage islamischer Autoritäten im Koran streng verboten sind. Aber die Differenz zu der überlieferten Religion besteht doch eher in einer heterodoxen Zuspitzung als in jener Abschwächung, die der Begriff der »Säkularisierung« zu implizieren scheint, und die radikalere Möglichkeit, die darin zu sehen ist, dass sich die Kritik an der Unbeweglichkeit und Passivität der Orthodoxie bis zur Verwerfung des inneren Kerns der Religion, etwa des Gedankens der »Ergebung in den Willen Allahs«, forttreibt, ist allenfalls in schwachen Ansätzen vorhanden.

In seiner klassischen und vollständigen Form hat sich der Prozess der Säkularisierung gegenüber dem Christentum vollzogen, und zwar zuerst und vornehmlich gegenüber dem Katholizismus. Ihm galt in ganzer Schärfe der Angriff der Aufklärung, so gewiss häufig eher Rituale und Institutionen wie etwa das Papsttum bekämpft wurden als alle Hauptlehren des Christentums als solche. Zwar erwies sich die Kirche – für Voltaire die »infâme« – als erstaunlich widerstandsfähig, aber wie weitgehend sich der religiöse »Liberalismus« als Vorkämpfer der Säkularisierung durchgesetzt hat, wird an der staunenden Betroffenheit besonders anschaulich, mit der heute sogar gläubige Katholiken den »Syllabus errorum« aus der Zeit des Ersten Vatikanischen Konzils im dritten Viertel des 19. Jahrhunderts lesen dürften. Die »Laizisten« waren indessen der Kirche nicht feindlich gesinnt, sondern blieben ihr mindestens in historischer Betrachtung als der Wurzel der eigenen Existenz zugetan. Deshalb konnten sich in bestimmten Situationen »laici e cattolici« zu gemeinsamem Tun zusammenfinden. Aber wenn Charles Maurras von sich sagte: »Je suis athée, mais je suis catholique«, dann näherte er sich einer Grenze, die bereits überschritten war, als Adolf Hitler, der sich noch gern einen »christlichen Politiker« nennen ließ, schon zu Beginn der zwanziger Jahre Alfred Rosenberg fragte, ob er nicht auch meine, dass das Christentum eine frühe Form des Bolschewismus sei. An die Stelle des Laizismus war mithin eine grundsätzliche Feindschaft gegen das Christentum getreten.

Der Protestantismus ist nicht ganz selten als die erste gesellschaftliche Erscheinungsform der Säkularisierung des »alten Glaubens« betrachtet worden, obwohl Martin Luther und die anderen Reformatoren sich gegen diese Auffassung nachdrücklich verwahrt hätten. Jedenfalls erwies sich der Boden des Protestantismus und der protestantischen Staaten als besonders günstig für das Aufkommen des ideellen und politischen Liberalismus, der zu Beginn des 20. Jahrhunderts als ein Hauptkennzeichen der ganzen europäischen Welt gelten durfte, welche »die sich selbst säkularisierende Gesellschaft« genannt worden ist.

Es ist strittig, ob das Judentum, die dritte der »abrahamitischen« Religionen und in Europa, anders als in der islamischen Welt, schon seit der Französischen Revolution auf dem Wege zu »Emanzipation« und Gleichberechtigung, aus sich heraus eine säkularisierende Tendenz entwickelt hat. Aber auch im Zentrum des orthodoxen Glaubens, in Osteuropa, traten die »Maskilim«, die »Aufklärer«, den orthodoxen Rabbinern der »Halacha« entgegen. In Deutschland und Westeuropa waren die meisten Juden gewillt, sich selbst nicht mehr als Angehörige des »Volkes Israel«, sondern der »mosaischen Religion« als einer Konfession unter anderen Konfessionen zu sehen. Angesichts der jahrtausendealten Zentralität des Begriffs im Judentum handelte es sich daher um eine besonders ausgeprägte Säkularisierung, welche die Furcht nährte, sowohl die jüdische Religion wie das jüdische Volk würden aus der Welt verschwinden. Ein beachtlicher Teil der russischen Juden schloss sich dem Bolschewismus als der militanten Form des Sozialismus an und bejahte ohne Einschränkung die Verschmelzung aller Völker in der einen klassen- und staatenlosen Weltgesellschaft; ein anderer Teil, der auch in Westeuropa eine Anzahl von Anhängern gewann, entwickelte unter der Führung von Theodor Herzl das Projekt des Zionismus, der für die Juden einen sicheren Platz in der seit Langem verlorenen Heimat Palästina gewinnen wollte, so dass sie endlich zu einem »Volk wie die anderen Völker« werden könnten und damit natürlich ihren uralten »Auserwähltheitsanspruch« aufgeben müssten. Den »laici«

unter den Katholiken entsprachen also zwei Gruppierungen im Judentum, nämlich die »Assimilationisten« und die Zionisten, während die Bolschewiki eine schroffe und vernichtungswillige Feindschaft gegen das orthodoxe Judentum an den Tag legten und sich dennoch der Kennzeichnung durch ihre Gegner nicht völlig entziehen konnten, sie befänden sich mit ihren »messianischen« Hoffnungen ganz im Bereich der Religion, die sie bekämpften. Die jüdische Orthodoxie blieb im Wesentlichen unverändert und unerschüttert, während der bekannte »jüdische Selbsthass« in der westlichen Welt auf wenige Einzelne beschränkt war. Weder im Christentum noch im Islam brachte die Säkularisierung so unterschiedliche und so ausgeprägte Erscheinungsformen hervor wie im Judentum, und alles Denken von Juden musste weit mehr als das Denken von Katholiken, Protestanten und Muslimen um das Verhältnis zwischen dem religiösen und dem säkularisierten Aspekt ihrer Existenz kreisen, und es würde mit hoher Wahrscheinlichkeit besonders bemerkenswerte Einsichten hervorbringen.

Hannah Arendt, 1906 in Hannover geboren und in Königsberg aufgewachsen, war die früh vaterlos gewordene Tochter eines weitgehend assimilierten Elternpaares mit »ostjüdischen« Vorfahren, und schon als Schülerin war sie durch Begabung und Schönheit hervorgehoben. Anders als Norbert Elias, der von seiner Jugendzeit im wilhelminischen Kaiserreich erzählte, er und seine Familie hätten sich in vollständiger Sicherheit gefühlt, begegnete ihr in der Weimarer Republik der »Antisemitismus« in freilich relativ harmloser Gestalt, und sie wurde von ihrer Mutter angehalten, sich mit Entschiedenheit zur Wehr zu setzen. Noch weit wichtiger war – wie sie im Jahr 1964 einem Interviewpartner erzählte –, dass sie schon als Kind gewusst habe, sie sehe »jüdisch« aus und damit »anders als die anderen«. Damit stieß sie von Anfang an auf einen Unterschied, der den Prozess der jüdischen Säkularisierung und Emanzipation allen vergleichbaren Prozessen unähnlich machte, denn kein Katholik kann »katholisch aussehen« und kein Muslim »islamisch«. Später schreibt Hannah Arendt selbst, wie es schon Moses Hess als die früheste Gründungsgestalt des Zionismus getan hatte, dass die jüdische Religion eine »Nationalreligion« sei, während alle anderen Religionen allenfalls infolge bestimmter historischer Bedingungen nationale Merkmale aufzuweisen scheinen, etwa der Islam infolge seiner Entstehung auf der arabischen Halbinsel und wegen der auf Arabisch geschriebenen »Heiligen Schrift« des *Koran*.

Nichts weist jedoch darauf hin, dass Hannah Arendt 1924 das Studium der Philosophie, der protestantischen Theologie (!) und der griechischen Philologie in Freiburg in dem drängenden Bewusstsein der »jüdischen Problematik« aufnahm, und gegenüber ihrem wichtigsten Lehrer, dem jungen Professor Martin Heidegger, hatte sie keine anderen Empfindungen als dessen schon damals zahlreiche jüdische und nichtjüdische Schüler: das Empfinden, einem Philosophieren begegnet zu sein, das einen neuen Anfang setzte und die Hörer »in Bann zu schlagen« vermochte. Und diese Begegnung wurde rasch zu einer Liebesbeziehung, die trotz ihres baldigen Endes und trotz langer Phasen der Entfernung voneinander Hannah Arendts Leben bis zu ihrem Tode wie nichts anderes prägen sollte. Man könnte mit den nüchternen Termini der historischen Analyse sagen, eine junge assimilierte Jüdin sei mit einem laizistischen Katholiken zusammengetroffen, denn Heidegger blieb auch als der »Ungläubige«, der er seit dem Anfang der zwanziger Jahre war, seiner katholischen Jugendwelt eng verbunden.

Aber für Hannah Arendt bedeutete der erste Abschied von dem Manne, der gerade dabei war, mit der Veröffentlichung von *Sein und Zeit* zu Weltruhm zu gelangen, gleichsam den »Stoß in das eigene Denken«. Aus dem Studium bei Karl Jaspers, der zu ihrem väterlichen Freund wurde, erwuchs die Dissertation über den Liebesbegriff bei Augustinus und auch das zunächst unvollendet bleibende Buch über Rahel Varnhagen, die als Zeitgenossin des »deutschen Idealismus« keinen größeren Wunsch hatte, als »dem Judentum zu entrinnen«, und die am Ende ihres Lebens die Unmöglichkeit dieses Wunsches nicht nur erkannte und bejahte, sondern sich rückhaltlos zu eigen machte.

Die Machtübernahme des Nationalsozialismus ließ Hannah Arendt nach kurzer Verhaftung und folgender Emigration in Paris und dann in New York zur aktiven Zionistin werden, die im Dienst zionistischer Organisationen stand und mit Nachdruck den weltweiten Boykott deutscher Waren sowie nach Kriegsausbruch die Aufstellung einer jüdischen Armee verlangte. Dennoch wahrte sie immer eine gewisse Distanz und blieb die »deutsche Bildungsbürgerin«, als die sie von Soziologen gern charakterisiert wird. Später wurde sie sogar zum Ziel einer außerordentlichen Kampagne von Seiten fast aller jüdischen und vor allem zionistischen Repräsentanten und Organisationen, nachdem sie den »Eichmann-Prozess«, an dem sie als Berichterstatterin für eine amerikanische Zeitschrift teilgenommen hatte, als politisch motivierten »Schauprozess« gekennzeichnet und von einer »Mitschuld« führender Juden an der nationalsozialistischen »Endlösung der Judenfrage« gesprochen hatte. Aber nichts ist unübersehbarer, als dass die großen Werke, die sie ab 1951 neben einer Fülle von feuilletonistischen Essays veröffentlichte, vor allem von den Gefahren handelten, welche die moderne Zeit keineswegs nur für die Juden, sondern für die gesamte Menschheit, ja für das menschliche Leben in seinem innersten Kern mit sich brachte, und mit geringerer Insistenz von den Möglichkeiten, diesen Gefahren zu begegnen.

Die für zahllose Menschen im ganzen Westen offensichtlichste und bedrängendste Gefahr machte sie in dem umfangreichsten ihrer Bücher zum Thema, den *Origins of Totalitarianism*, das 1951 auf Englisch und 1955 unter dem Titel *Elemente und Ursprünge totaler Herrschaft* auf Deutsch erschien. Es war das erste Buch, das vom Totalitarismus handelte und weltbekannt wurde – das Werk von Carl J. Friedrich und Zbigniew Brzezinski über *Totalitäre Diktatur* wurde erst vier Jahre später publiziert. Es ist ein Musterbild der »strukturellen Totalitarismustheorie«, und im dritten Hauptteil »Totalitäre Bewegung und totale Herrschaft« schreckt Arendt nicht davor zurück, die Massenvernichtungen durch die Bolschewiki mit denen durch die Nationalsozialisten mit einer leicht zu übersehenden Unterscheidung fast umstandslos gleichzusetzen: »Die Bolschewisten lassen angeblich nur die Millionen in Arbeitslagern verrecken, die vorher bereits ›abgestorben‹ waren, während die Nazis nur diejenigen in die Gaskammern schickten, die es nach den ewigen Gesetzen der Natur gar nicht hätte geben dürfen.«[11] An anderer Stelle spricht sie von der »Klassen- und Gruppenliquidierung« in Russland. Arendt macht also keinen grundsätzlichen Unterschied zwischen der Vernichtung der Juden im nationalsozialistischen Deutschland und der Ausrottung der Kulaken im bolschewistischen Russland. Dennoch drängt sich der Eindruck auf, dass das Buch ganz überwiegend vom Nationalsozialismus handelt, denn der erste der drei Hauptteile hat den Antisemitismus zum Gegenstand, und im zweiten geht es um den Imperialismus. Die Linien von der Dreyfus-Affäre und von den imperialistischen Projekten des Cecil Rhodes, ja bereits die Konzeptionen von Disraeli laufen viel eindeutiger auf den Nationalsozialismus zu als auf den Bolschewismus, und man wird konstatieren müssen, dass die marxistische Vorgeschichte, ja die Lenin'sche Frühgeschichte des bolschewistischen Regimes mit ihrer »Klassenvernichtung der Bourgeoisie« und ihrem »roten Terror« allzu sehr ausgespart wird. Gelegentlich sind Sätze zu lesen, die heute als »Hitlerzentrisch« und »Relativierung von Auschwitz« angesehen werden würden. Merkwürdig ist auch, dass die westliche Moderne, also die Gegenmacht zum Nationalsozialismus und (mit einiger Verzögerung) zum Bolschewismus, nicht etwa als verteidigenswerter »Hort der Freiheit« beschrieben wird, sondern als eine atomisierte Massengesellschaft, die gerade großen Massen das Empfinden der Überflüssigkeit ihrer Existenz vermittelt und damit den Totalitarismus vorbereitet. Nur am Rande finden sich nichtpolitologische und philosophische Aussagen wie die, es scheine »in der modernen Politik um etwas zu gehen, worum es eigentlich in der Politik nie gehen dürfte, nämlich um alles oder

11 Hannah Arendt: *Elemente und Ursprünge totaler Herrschaft*, München 1955, S. 550.

nichts«.[12] Später hat Hannah Arendt das Fehlen des Marxismus als einer Vorbedingung des bolschewistischen Totalitarismus in ihrer Interpretation nicht selten konstatiert und beklagt, und es dauerte nur wenige Jahre, bis sie Marx in einen anderen Zusammenhang einbezog: in den Zusammenhang ihres zweiten Hauptwerkes, das sich einen viel umfassenderen Begriff von »Gefahr« zu eigen macht und 1958 in den USA unter dem Titel *The Human Condition* erschien, der 1960 in der deutschen Ausgabe durch *Vita activa oder Vom tätigen Leben* ersetzt wurde.

Man könnte dieses Buch einen »Traktat über die Gefährdungen des menschlichen Lebens« nennen und zunächst der Gefährdungen der menschlichen Grundtätigkeiten durch sich selbst und damit des »richtigen«, des angemessenen Lebens im Ganzen. Keiner der Autoren von Aristoteles bis zu Heidegger, auf die Hannah Arendt sich stützt oder mit denen sie sich auseinandersetzt, steht dabei so sehr in der Kritik wie Marx.

Als erste der drei Grundtätigkeiten, die den Bereich der Vita activa bilden, nennt Arendt »die Arbeit«, und schon dadurch stellt sie sie sich Marx entgegen. Dieser ist der bekannteste unter all jenen Autoren, für welche die Arbeit die schöpferische Kraft im menschlichen Leben ist, die das Naturwesen Mensch aus den primitiven Anfängen seiner Existenz herausgebracht und durch die Fortschritte ihrer Produktivität auf die Höhe der Zivilisation geführt hat, freilich auf einem Wege, der die lange Geringschätzung der physischen Arbeit durch die führenden Schichten und ihre Degradierung in der Warengesellschaft des Kapitalismus einschloss, aber eben dadurch die Voraussetzung für die Befreiung und Universalisierung der Arbeit in einer klassen- und staatenlosen Weltgesellschaft schuf, in der die Arbeiter nicht mehr unter dem Zwang der Not als Ausgebeutete ihr Werk verrichten, sondern freudig mit geschickter Hand und wachem Sinn. Die Arbeit bleibt zwar »ewige Naturnotwendigkeit«, aber sie verliert – nicht zuletzt durch die Einbeziehung der Wissenschaft in den

12 Ebd., S. 701.

Produktionsprozess – den Charakter der Mühe und der Plackerei, und jenseits davon entsteht für alle Menschen »das Reich der Freiheit«, das sämtlichen Kräften des Menschen den Spielraum für ihre Entfaltung gibt. Arendt stellt dagegen den Charakter der Mühe und der ständigen Wiederholung in den Vordergrund, wie es die meisten Autoren der Antike taten. Die Tätigkeit der Arbeit entspringt für sie dem biologischen Prozess des menschlichen Körpers und muss unablässig dessen Notwendigkeiten Genüge tun. Sie hat einen »destruktiv-verzehrenden Charakter« und besteht nicht zuletzt in dem »niemals endenden Kampf mit den Wachstums- und Verfallsprozessen der Natur«[13], so dass ein täglich sich wiederholender Widerstand, eben die Arbeit, erforderlich ist. Arendt orientiert ihren Begriff der Arbeit also an der Tag für Tag und Jahr für Jahr sich wiederholenden Tätigkeit der Hausfrau oder des Bauern, ja indirekt am Bild des Sisyphos, der das vom Berg herabrollende Felsstück in ewig wiederholter Mühe von neuem den Berg hinaufschleppt. Wenn die so bestimmte Arbeit zum Hauptmerkmal der Gesellschaft wird, so dass das Individuum sich nur noch als »animal laborans« versteht, ist die Arbeits- oder Konsumentengesellschaft entstanden, die zwar einen »ungeheuer intensivierten Lebensprozess« aufweist, aber alle Dinge ständig nur verzehrt und lediglich zum erneuten Konsum wiederherstellt. Arendt spricht auch von »Massengesellschaft« und polemisiert gegen Benthams Ideal »des größten Glücks der größten Zahl« mit der These, dass in dieser Konsumenten- und Massengesellschaft ein »dem akuten, virulenten Unglücklichsein nahekommendes Unbehagen« herrsche.[14]

Das Merkwürdige ist, dass diese dem ewig in sich zurücklaufenden »Rad des Ixion« gleichende Tätigkeit trotzdem höhere und produktivere Stufen erreicht, und das muss damit zusammenhängen, dass es essentiell nicht die einzige menschliche Tätigkeit ist, sondern dass von ihr das »Herstellen« zu unterscheiden ist.

13 Hannah Arendt: *Vita activa oder Vom tätigen Leben,* München 1960, S. 91.
14 Ebd., S. 121.

Dieses besitzt in der Verfertigung von Dingen, welche die »Welt« der Menschen bilden, einen definitiven Anfang und ein definitives, voraussagbares Ende, so dass in dieser künstlichen Umwelt Beständigkeit und Verlässlichkeit dem Leben das Gepräge geben. Offenbar versteht Arendt diese zweite Haupttätigkeit des Menschen nach dem Muster der athenischen Handwerker und Künstler, die den überschaubaren und gegliederten Raum der »Polis« schufen. Aber dieses Herstellen ist aufs engste mit der Existenz von »Werkzeugen« verknüpft. Wenn die Werkzeuge sich in Maschinen verwandeln, können die Produkte des »Homo faber« eine Eigengesetzlichkeit entwickeln, die durch die Vermittlung eines selbständigen »Tauschmarkts« zu einer andersartigen Gestalt der Gesellschaft führt, nämlich der »kommerziellen Gesellschaft«, in der der Mensch nicht mehr als Person auftritt, sondern als Funktion, so dass jene »Behaustheit« und »Beschränktheit« verlorengehen, ohne welche die Menschen keine eigene Welt besitzen können.

Das »Handeln« als dritte und höchste Tätigkeit des Menschen wird von Arendt einerseits mit dem ganz Allgemeinen verknüpft, nämlich der »Mortalität« und der »Natalität« des Menschen, die in ihrer Zusammengehörigkeit jedem Individuum erlauben, einen »neuen Anfang zu machen«, und andererseits mit einer sehr konkreten Lebensweise, nämlich abermals der antiken Polis, den mittelalterlichen Kommunen und den amerikanischen Stadtgemeinden. Das eigentliche Handeln vollzieht sich für Arendt im Miteinandersprechen und gemeinsamen Entscheiden gleichgestellter Bürger, und diese Gesellschaft der politisch Handelnden und Lebenden unterliegt noch stärkeren Gefährdungen als die Arbeitsgesellschaft und die Konsumentengesellschaft. Es kann nämlich naheliegend erscheinen, dass die solchem Handeln eigenen Risiken und Gefahren durch die »Weisheit« einer Tyrannenherrschaft abgewendet werden könnten, die den öffentlich-politischen Raum als die Quelle solcher Risiken und Unsicherheiten beseitigt. Im philosophischen Bereich entspricht dem das Bestreben Platons, das Herstellen an die Stelle des Handelns zu setzen, wie es in seiner Ideenlehre besonders deutlich zutage tritt, und schließlich durch eine Tendenz des öffentlichen und politischen Handelns, die man »totalitär« nennen könnte, nämlich das Permanentwerden jener öffentlichen Bühne, in deren überhellem Licht die Verborgenheit vernichtet wird, »welche das Leben der Sterblichen, wie alles Lebendige, gerade für sein Lebendigsein braucht«.[15]

Aber die eigentümlichen Gefährdungen der Gesellschaftsformen, die den Grundtätigkeiten der Vita activa entsprechen, durch sich selbst machen bei weitem nicht den ganzen Inhalt des Buches aus. Es handelt nämlich am Anfang und am Ende von einer viel tieferen, von einer »philosophischen« Gefährdung der Menschheit als solcher und im Ganzen. Gleich in der Einleitung wirft Hannah Arendt unter dem Eindruck der ersten »Weltraumfahrt« des Jahres 1957 die Frage auf, ob diese Entwicklung nicht »schließlich bei der Emanzipation des Menschengeschlechts von der Erde« enden werde, welche doch »die Mutter alles Lebendigen ist«.[16] Die Wissenschaftler, die den in der Geschichte schlechterdings präzedenzlosen Vorgang möglich gemacht haben, leben ja bereits in einer »sprach-losen«, von abstrakten Formeln geprägten Welt, und das ist in höchstem Grade eine »Weltentfremdung«, die einen doppelten Aspekt hat: »die Flucht von der Erde in das Universum und die Flucht aus der Welt in das Selbstbewusstsein«[17], das nur noch dasjenige anerkennt, was es selbst geschaffen oder erkannt hat.

Im sechsten und letzten Kapitel wird der Anfang der Weltentfremdung in die Anfänge des menschlichen Lebens zurückverlegt, denn »jede Verringerung von Entfernung auf der Erde kann nur um den Preis einer vergrößerten Entfernung des Menschen von der Erde gewonnen werden, also um den Preis einer entscheidenden Entfremdung des Menschen von seiner unmittelbaren irdischen Behausung«.[18] Allem Anschein nach wird die Zerstörung

15 Ebd., S. 192.
16 Ebd., S. 8.
17 Ebd., S. 13.
18 Ebd., S. 247.

der Begrenztheit von Arendt als Zerstörung – oder in den frühen Stadien als Gefährdung – der Menschlichkeit im Sinne von »Bürgerlichkeit und Zugehörigkeit« gefasst, denn »niemand wird je Bürger der Welt sein können, wie er Bürger des eigenen, begrenzten Landes war«.[19] Die Ausbreitung der modernen Gesellschaft über den ganzen Erdball, die »Verschleppung ... der Entwurzeltheit und Verlassenheit des Massenmenschen und der Massenbewegungen in alle Länder der Welt« ist einer der Aspekte des Vorgangs.[20] Schon die Erfindung des Teleskops und das Denken Galileis erweiterten die Fassungskraft einer erdgebundenen Kreatur so sehr, dass sie über sich hinauslangen kann in Regionen, die sich ihrem Zugriff entziehen, und dadurch sind die Menschen zu »Weltallbewohnern« geworden, deren »neue erdentfremdete Freiheit« Bedingungen herstellt, die den Erfahrungen kosmischer, nicht erdgebundener Wesen entsprechen würden.[21] Aber die Kehrseite dieses bisher unvorstellbaren Fortschritts ist das »Anwachsen der Verzweiflung, die Entzauberung der Welt und die Entstehung des Nihilismus«, die »sich immer breiterer Bevölkerungsschichten bemächtigt haben«.[22] Ganz wie Heidegger sieht sie als ultimative Gefährdung nicht nur die Tatsache an, dass die Wissenschaft dabei ist, durch immer tiefere Eingriffe in den Haushalt der Natur das Menschengeschlecht zu vernichten, sondern dass wir auf dem besten Wege sind, »das zu schaffen oder doch nachzuschaffen, was alle Zeiten vor uns als das tiefste und heiligste Geheimnis und Vorrecht der Natur ansahen, das Wunder des Lebendigen, was seit Urzeiten als das Vorrecht eines Schöpfergottes, als das Resultat göttlicher ›Schöpfung‹ galt«.[23]

Aber war der Mensch nicht schon von dem Augenblick an kein »erdgebundenes Wesen« mehr, als er aufhörte, die irdischen Naturkräfte als Götter zu verehren, sondern sich der ganzen Welt und

19 Ebd., S. 252.
20 Ebd.
21 Ebd., S. 259.
22 Ebd., S. 255.
23 Ebd., S. 263.

deren Grund, dem einzigen Gott, im Denken näherte? Führte dieses Denken des Überirdischen nicht auch das Abstraktwerden der sinnlichen Erfahrung mit sich? Ist die »Abstraktion des Lebens« für ein Wesen wie den Menschen nicht ebenso unumgänglich wie das Nachdenken über das Universum und dessen »Schöpfer«? Ist indessen die Gefährdung des Konkreten und des Schönen, die daraus entspringt, unaufhaltsam, oder kann nach Wegen gesucht werden, sie auf einer höheren Ebene der Abstraktion auf neue Weise zurückzugewinnen? Hannah Arendt ist längst nicht die Einzige, die Fragen wie diese aufwirft, und es ist kein Einwand gegen ihr Denken, dass sie keine Rezepte oder Begriffe bereitstellt, die einen einfachen Weg zu einer wohltuenden Antwort eröffnen würden.

Doch wenn ein vorschneller Wille zur vereinfachenden Einordnung Arendts *Vita activa* der »Zivilisationskritik« und »reaktionärer Vergangenheitsorientierung« bezichtigen mag, so sollte – unter Übergehung der unvollendeten Untersuchungen über das »Leben des Geistes« – das dritte Hauptwerk nicht unerwähnt bleiben, das der geschichtlichen Realität der Gegenwart mit ebenso entschiedenen Urteilen gegenübertritt wie die *Elemente und Ursprünge totaler Herrschaft.* Es handelt sich um das 1963 in den USA und Deutschland publizierte Buch *Über die Revolution.* Schon auf der ersten Seite wird die grundlegende Vorentscheidung getroffen, dass es nicht auf die Französische, sondern auf die Amerikanische Revolution zurückzuführen sei, wenn in den letzten beiden Jahrhunderten mit fast beängstigender Geschwindigkeit die Vorhersage der Unabhängigkeitserklärung von 1776 wahr geworden ist, dass ein Volk nach dem anderen den unabhängigen und gleichen Rang erlangen würde, auf den es nach dem Recht der Natur Anspruch habe, und dass – nicht ohne einen Anschein von Paradoxie – heute nur noch eine einzige Sache existiere, für die sich das Kämpfen lohne, nämlich die für den Okzident älteste aller politischen Sachen: »die Sache der Freiheit gegen das Unheil der Zwangsherrschaft jeglicher Art«.[24] Eben

24 Hannah Arendt: *Über die Revolution*, München 1963, S. 9.

hier sieht sie den Unterschied zwischen der Amerikanischen und der Französischen Revolution, da diese innerhalb kurzer Zeit zu einer Zwangsherrschaft und zu tiefer Verzweiflung der Zeitgenossen geführt habe. Dennoch reicht diese Bestimmung nicht aus, denn offenbar ist auch Amerika nicht frei von der »politisch verderblichsten Lehre der Moderne, dass der Lebensprozess der Gesellschaft Zweck und Ende aller Politik sei«[25], d. h. zu der ganz eigentümlichen Tendenz zur ausschließlichen Orientierung am Sozial- und Wohlfahrtsstaat und dessen Träumen vom künftigen »Schlaraffenland«. Das »Mitleid« und »die Liebe« sind für Arendt »weltlos« und daher unpolitisch, und wenn sie in Amerika weniger hervortreten als in den anderen Ländern der Moderne, so hat sich doch schon jetzt gezeigt, dass Thomas Paines Hoffnung, »Amerika werde in vergrößertem Maßstab sein, was Athen in Miniatur war«[26], sich nicht verwirklichen wird. Arendts Begriff der »Handlung« als des gemeinsamen Beschließens durch das gewaltfreie Gespräch auf dem politischen, d. h. für alle Bürger offenen Marktplatz lag angesichts der auch in Amerika übermächtigen Parteimaschinen und der durch sie geförderten Korruption außerhalb aller Realität. Ihr Paradigma war und blieb ein revolutionäres, nie in Routine erstarrendes Rätesystem, das in den »townships« Neu-Englands ansatzweise lebendig geblieben war, von dem Arendt aber auf einer Tagung in Toronto ohne Umschweife sagte, sie hege eine »romantische Sympathie« dafür, aber es sei noch niemals (in einem großen Staate) ausprobiert worden. Hier ist der »utopische« Impuls von Arendts Denken zu sehen, der vielleicht dafür verantwortlich war, dass sie sich immer nur zeitweise und zögernd für eine politische Sache engagierte. So sind alle ihre Hauptwerke aus der manchmal kaum noch erkennbaren Perspektive einer assimilierten Jüdin geschrieben, aber wie stark gleichwohl ihre zionistischen Neigungen geblieben waren, machen alle Berichte über ihre uneingeschränkte Parteinahme für Israel im »Sechstagekrieg« des Jahres 1967 überaus deutlich.

25 Ebd., S. 79.
26 Ebd., S. 253.

Zwischen Assimilation und Zionismus verlief ihr Leben bis zum Tode im Jahre 1975, und diesem »Zwischen« verdankte es viel für seine fortwährende Bedeutung und Fruchtbarkeit.

6. WAS BEDEUTET DAS WORT »GOTT« FÜR DIE MENSCHEN DES 21. JAHRHUNDERTS?

Seitdem es Menschen gibt, wissen sie sich von übermächtigen Kräften umgeben, denen gegenüber sie hilflos und ohnmächtig sind, und Vorformen dieses Empfindens scheint es sogar unter den Tieren zu geben, die sich ängstlich zusammendrängen oder in Höhlen Schutz suchen, sobald ein schweres Gewitter heraufzieht. Aber nur Menschen geben diesen Kräften Namen und wenden sich ihnen mit Bitten oder rühmenden Worten zu, und schon in der ältesten Vorzeit suchen sie durch Worte der Magie und rituelle Handlungen deren Wohlwollen zu erringen. Für alle Völker des historischen Altertums sind die Götter die Übermächtigen, die aber tier- oder menschenähnlich sind und zu denen die Menschen einen Zugang besitzen. Aphrodite ist für die Hellenen die Übermacht der erotischen Liebe außerhalb und innerhalb des Menschen, Ares ist die Übermacht des Krieges, Poseidon ist die Übermacht des Meeres und der Wellen, zu dem der einsame Seefahrer um Rettung fleht. Der Mächtigste der Mächtigen ist der oberste Gott, Zeus, der »Wolkensammler« und »Blitzeschleuderer«, der die Übermacht der Natur im Ganzen verkörpert. Aller Polytheismus tendiert daher zum Monotheismus, obwohl dieser lange Zeiten hindurch die Existenz von »anderen Göttern« und von Göttergeschlechtern nicht ausschloss. Immer aber sind die Götter und ist zumal der oberste Gott un-ethisch, an die unter Menschen gültigen Moralgesetze nicht gebunden, ganz wie der Blitz und die Wasserfluten die »guten« Menschen nicht verschonen. So darf man die Bewunderung für die Macht in ihren verschiedenen Gestalten und das Empfinden von Ohnmacht und Hilflosigkeit ihnen gegenüber den Ursprung des religiösen Verhaltens nennen, der noch in den subtilsten Systemen der Theologie lebendig und wirksam ist.

Aber schon sehr früh wird in den ausgeprägten Monotheismen, demjenigen des Echnaton und demjenigen des Moses, dem einzigen Gott nicht bloß Allmacht, sondern auch Gerechtigkeit, ja

Güte und Erbarmen zugeschrieben, so dass der übermächtige Naturgott die Merkmale des ethischen Allgotts annimmt, der den Menschen für ihr Verhalten Gebote gibt und sie bestraft oder belohnt. Das bekannteste Beispiel ist das Volk Israel, dessen Gott Jahwe aus dem schreckenerregenden Gott des Gewitters und der Rache zum fordernden Gott der Gerechtigkeit, ja der Güte und des Erbarmens wird. Aber er bleibt der Gott seines »auserwählten« Volkes, das er aus der Gefangenschaft in Ägypten heraus- und in sein »heiliges Land« hineinführt. Später verwirft er durch die Predigt seiner Propheten große und »sündige« Teile dieses Volkes, aber er wird nur um so ausgeprägter zum Gott eines ethischen Monotheismus, der trotz alles Richtens und Strafens »seinem Volk« treu bleibt, so gewiss ihm die Herrschaft über »alle Völker« zukommt. Ganz ohne Spuren des »Ethos-Gottes« ist keine Religion, so wenig irgendeine den »Macht-Gott« verleugnet. Aber ihm gegenüber kann der Wunsch nach einem »Gottesbeweis« aufkommen, der dem Macht-Gott gegenüber unangebracht, ja lächerlich wäre.

Doch so gewiss die Welt, in welcher der Mensch lebt, nicht im Ganzen ethisch ist, wohl aber unter die Forderung nach Moralisierung gestellt werden kann, so ist die Spur Gottes nicht nur in den sittlichen Geboten zu entdecken, die ja vielleicht in einer vom Bösen beherrschten Welt ohnmächtig sein könnten; sie bietet sich vielmehr der Anschauung in Gestalt der Ordnung der Welt, ihrer Schönheit und ihrer Proportionen an. Die Religionsgeschichte des Abendlandes wäre ganz unvollständig, wenn nicht von dem »Gott der Ordnung« gesprochen werden dürfte, dessen Existenz und Schöpferkraft aus der Harmonie des Kosmos erschlossen wurde. Für die ostasiatischen Religionen des Brahmanismus und Buddhismus dagegen ist die Welt kein »Kosmos«, sondern das sich selbst verzehrende Ungeheuer des »Kreislaufs der Geburten«. Wenn der Macht-Gott keines Beweises bedarf, wenn der ethische Gott Beweise und eine »Theodizee« erforderlich macht, so kann der Gott der Ordnung des Universums für eine Realität der Oberfläche erklärt und insofern der Göttlichkeit entkleidet werden.

Aber wie unterschiedlich immer in der Mannigfaltigkeit der Religionen die Momente der Übermacht, der ethischen Gebote und der Bewunderung der universalen Ordnung gemischt sein mochten: alle lebendigen und selbstbewussten Religionen schrieben sich eine Überlegenheit gegenüber anderen Religionen zu und stellten sich unter das Feldzeichen ihrer Götter oder ihres Gottes. Die in Indien einwandernden Arier verachteten die farbigen Ureinwohner des Landes zutiefst als »Anbeter des Phallos«, d.h. als Repräsentanten einer niedrigen Sinnlichkeit; das Christentum stellte sich als universale Religion mit Nachdruck über den Partikularismus des Volkes Israel, so gewiss es seiner Ursprungsreligion eng verbunden blieb; die spanischen Eroberer Südamerikas erblickten in den heidnisches Indios als Erbauern von Schädelpyramiden Massenmörder und Menschenfeinde; ja selbst die christlichen Konfessionen schrieben sich unter- und gegeneinander den »reineren« oder »höheren« Gottesbegriff zu, wie etwa die Calvinisten im Blick auf die Heiligenverehrung der Katholiken. Für alle Religionen und Konfessionen war »ihr« Gott die wichtigste aller Realitäten, und sie achteten des Lebens der Individuen nicht, wenn sie sich unter Parolen wie »Gott mit uns« oder »Allah akbar« zum Kampf bereiteten. Die Motive der Einzelnen mochten unterschiedlich sein, aber subtile theologische Lehren und Differenzen wie diejenigen vom »Gottmenschen« oder von der »Trinität« standen schwerlich im Vordergrund; es handelte sich eher um die Auseinandersetzungen historischer Lebenswelten, für die indessen allesamt der Begriff »ihres« Gottes zentral blieb. Und gewiss ließen sich in aller Objektivität Unterscheidungen treffen: die eine oder die andere Religion oder Konfession mochte in der Tat abstrakter, »reiner«, vom Sinnlichen oder Barbarischen entfernter sein als die andere, und in den »Religionskriegen« der frühen Neuzeit zog unter der Fülle weltlicher Impulse nicht zuletzt Gläubigkeit gegen Gläubigkeit zu Felde.

Die gewaltigen Blutopfer dieser Kämpfe waren indessen die wichtigste Ursache der »Aufklärung«, deren »Deismus« mit Recht als die abstrakteste und insofern »reinste« und toleranteste aller

Religionen betrachtet werden konnte. Ihr Gott war kein »Herr der Heerscharen« mehr, sondern allenfalls der »Weltbaumeister«, dessen Werk allen willkürlichen Eingriffen entzogen und damit frei von »Wundern« war. Und diese tendenzielle Universalisierung der praktischen Verhältnisse, dieses Zurücktreten Gottes und der religiösen Feindschaften vollzog sich ganz vornehmlich im »christlichen Abendland« als der »sich selbst säkularisierenden Gesellschaft«, die sich, anders als etwa die islamische Welt, der praktischen Bewältigung und der Verbesserung der höchst unvollkommenen Realität zuwandte. Im Positivismus und Szientismus etwa Auguste Comtes wurde nun die Menschheit statt Gottes als das »grand être«, das »große Wesen« aufgefasst, und im Deutschen Idealismus und dessen romantischem Umkreis wurde in Ansätzen der christliche Begriff der »Menschwerdung Gottes« zum Begriff der »Gottwerdung des Menschen« fortgeführt, hier und da sogar bis hin zu dem Extrem, dass dem künftigen individuellen Menschengott Allmacht und Unsterblichkeit zugeschrieben wurden. Wo sollte da noch ein Platz für den allmächtigen und allgütigen Gott des Christentums sein, und selbst der geraume Zeit als »christlicher Philosoph« geltende Max Scheler verneinte in seiner Spätzeit die Personalität und Allmacht Gottes, um sie durch die Vorstellung von einem »theogonischen Prozess« zu erweitern, in dem der ursprünglich machtlose »Geist« mit dem anfänglich allmächtigen Vitaldrang zur Synthese gelangen werde. Und der russische Religionsphilosoph Wladimir Solowjow erklärte es für das »Ziel des gottmenschlichen Wirkens, alle Menschen in gleicher Weise zu erretten, diese ganze Welt zu verwandeln in ein königliches und prophetisches Priestertum, in eine Gemeinschaft Gottes«. Offenbar war hier nur der ethische Gott als an die Menschen gerichtete Forderung noch von genuinem Belang, während das »Mysterium tremendum« des Allmächtigen ebenso in den Hintergrund getreten war wie die bewundernde Ehrfurcht vor der Schönheit und Harmonie der gottgeschaffenen Welt.

Das »große Wesen« Auguste Comtes, die von Theologie und Metaphysik befreite Menschheit der positivistischen Wissenschaftlichkeit, konnte und durfte nicht mehr von theologieähnlichen Kämpfen um gegensätzliche und »absolute« Ziele bestimmt sein, die adäquate Gesellschaftsform und deren politische Kämpfe mussten liberal-antirevolutionär und pragmatisch sein und sollten sich daher in Gestalt von Auseinandersetzungen verschiedener Parteien um ein aus freier Diskussion entspringendes Gemeinwohl vollziehen. Eine Forderung von absolutem Charakter nach einer vollständigen Umwandlung der Gesellschaft durch Beseitigung alles Unethischen, zumal des individuellen Egoismus, blieb nur in einer einzigen Partei lebendig, die sich »sozialistisch« nannte und die ihre Herkunft so sehr missverstand, dass sie auf militante Weise für den »Atheismus« eintrat, der indessen nichts anderes war als ein Kampf für die Alleinherrschaft des ethischen Gottes. Die rein sittliche Gesellschaft aller Menschen zur Existenz zu bringen, war also ein genuin »säkulartheologisches« Ziel, und die sozialistischen Parteien in Europa, in mehreren Ländern schon um die Jahrhundertwende die stärksten überhaupt, setzten sich nicht ohne guten Grund allen anderen Parteien des liberalen oder »kapitalistischen« Systems mit seiner streiterfüllten Konkurrenz egoistischer Individuen, Firmen und Staaten entgegen, wenn sie auch die intellektuellen Freiheiten dieses Systems nicht etwa beseitigen, sondern erst zur Vollendung bringen wollten. Sie kämpften also als Einzige für einen Gott, von dem sie jedoch nie sprachen.

Nicht viel mehr als eine Stütze war für sie der Gott der Allmacht, der in seiner geschichtlichen Gestalt als Notwendigkeit das Erreichen des Endziels, der moralischen, aus Naturzwängen befreiten Weltgesellschaft ohne Klassen und Staaten garantierte.

Dieses säkularisierte, als »Atheismus« firmierende Gottesbewusstsein kam machtvoll zum Vorschein, als aus dem bis dahin schrecklichsten aller Kriege eine militante Friedenspartei hervorgegangen war, die sogar in dem ersten der besiegten großen Staaten unter der Führung von Wladimir Iljitsch Lenin die alleinige Macht ergriff. Die Sympathien, deren sich die bolschewistische Partei bis weit in die Reihen derjenigen erfreute, die nach soziologischen Begriffen ihre scharfen Gegner hätten sein müssen, lässt sich nur so erklären, dass etwas »Metapolitisches« ins Spiel kam, das sich durch Widersprüche, Paradoxien und nur allzu Menschliches nicht beirren ließ. Eben darin war der leidenschaftliche Widerstand letztlich begründet, der auch in den »kapitalistischen« Ländern der militanten Gegenbewegung entgegengesetzt wurde, die in ihren Anfängen die entschlossenste Verteidigung der »abendländischen« oder »westlichen« Kultur übernehmen wollte. Aber auch sie musste einen Gott haben, wenn sie sich auf dieselbe Stufe stellen wollte wie der Todfeind, und dieser Gott war für Adolf Hitler kein anderer als der allmächtige, freilich auf rätselhafte Weise von der Geschichte in Frage gestellte Gott der Natur in der darwinistischen Gestalt des ewigen Kampfes ums Dasein, in dem der Stärkere siegt und der Schwächere unterliegt. So verband sich im Nationalsozialismus eine Säkulartheologie ebenso mit dem Verteidigungsimpuls einer Kultur, wie sich im Bolschewismus die Säkulartheologie der rein-ethischen Gesellschaft mit den höchst unvollkommenen Realitäten eines nach allgemeiner Auffassung »zurückgebliebenen« Staates verknüpfte. Das Resultat dieser weltgeschichtlichen Kämpfe, nämlich die katastrophale, wenngleich sehr unterschiedliche Niederlage der beiden feindlichen Ideologiestaaten im Jahre 1945 bzw. 1989/91 sind bekannt, aber es mag überraschend klingen, wenn sie aus der Perspektive der Themafrage folgendermaßen charakterisiert wird: Erstmals zeichnete sich die Möglichkeit und immer stärkere Wirklichkeit einer fast vollkommenen »atheistischen«, von den Säkulartheologien weit entfernten Gesellschaft ab, in der das Wohlbefinden der Individuen die oberste Maxime war: der »Weltzivilisation«, die man auch »Supermarktzivilisation« nennen mochte und die als solche die Geringschätzung nicht verdient hat, die ihr noch oft begegnet, denn sie kann eine Synthese der einfachsten Zielsetzungen sowohl des »Kapitalismus« als auch des »Sozialismus« sein. Aber sie hat sich weit von dem »Liberalen System« entfernt, aus dem sie hervorging, und sollte die »liberistische« Gesellschaft genannt werden, da in ihr zur Alleinherrschaft gelangt ist, was bisher in ihrer Geschichte nur ein Moment unter anderen war: das Verlangen aller Individuen nach Freiheit und Wohlstand, das seinen inneren Gegensätzen und Schwierigkeiten durch den Wunsch nach mehr Gleichheit begegnet. In der Gestalt einer humanitären Zivilreligion enthält sie einen Rest von Säkulartheologie, der aber in der Praxis nur dazu dient, die »Verhältnisse«, die in dieser Gesellschaft maßgebend sind, zu verfestigen. Und wie sollte für die Menschen dieser Gesellschaft das Wort »Gott« noch irgendeine lebendige Bedeutung haben? Was die modernen Menschen im Westen fürchten, sind die Folgen und Auswirkungen des ungeheuren Gebäudes der Welterschließung und Weltbemächtigung, das sie errichtet haben: letzten Endes der Untergang ihrer Gattung, wenn der hedonistische Individualismus die Naturnotwendigkeit des Zeugens und Gebärens in Frage stellt oder wenn ein genialverbrecherischer Einfall die elementare Grundlage ihres Daseins, nämlich das Funktionieren der Computerwelt, auch nur für Tage unterbinden würde. So entspricht die »westliche«, die säkularisierte, die gottlose Gesellschaft den Träumen der Aufklärer des 18. Jahrhunderts von der glücklichen Menschheitszukunft und ist dennoch ihr genaues Gegenteil.

Ein solcher gesellschaftlicher Zustand kann nicht ohne Kritik bleiben, und er muss andere Bilder der Zukunft hervorrufen. Diese Kritik kommt von innen, und sie bedeutet in der Praxis auf dem einen Pol ein Wiederaufgreifen der sozialistischen Utopie, für deren Verwirklichung, anders als 1917, die Welt nun reif geworden sei, und auf der anderen das Verlangen nach einer Rückkehr zu der genuinen, der vorsäkularen Theologie des Christentums. Aber auf der einen Seite schrecken die Spuren der vergangenen Planwirtschaften und schreckt die Vorstellung einer Weltplanwirtschaft als einziger radikaler Alternative zur Weltmarktwirtschaft, und auf der anderen Seite stellt sich die fast allgemeine Überzeugung in den Weg, man könne nicht zu vergangenen Zuständen zurückkehren.

Zur Unsicherheit trägt nicht zuletzt die einfache Tatsache bei, dass die westliche Gesellschaft, die sich als »die moderne Welt«

empfindet, sich einer keineswegs »neuen« und keineswegs bloß »säkularen« Theologie konfrontiert sieht, nämlich derjenigen des Islam, die imstande ist, vielen Tausenden von jungen Menschen, Männern wie Frauen, den Willen zum Märtyrertum, zum Selbstopfer einzuflößen, der ihnen in dem gläubigen Vertrauen leichtfällt, dadurch werde für sie die Tür zum Paradiese geöffnet. Der Staatspräsident der »Islamischen Republik« Iran, Ahmadinedschad, hat dem Präsidenten der Vereinigten Staaten einen Brief geschrieben, in dem er seine Überzeugung von der inneren Unwahrheit der westlichen Existenz der Gegenwart darlegt, welche in ihrer Praxis ihren eigenen und hochgerühmten Prinzipien entgegenhandle: die Vereinigten Staaten hätten unter einem lügnerischen Vorwand ein islamisches Land, den Irak, mit einem brutalen, zahllose unschuldige Opfer fordernden Krieg überzogen, sie unterstützten seit Jahrzehnten den auf Eroberung, Raub und Unterdrückung beruhenden Staat der Zionisten Israel, sie plünderten auf der Grundlage einer ungerechten Wirtschaftsordnung die Völker Südamerikas und Afrikas aus und sie sprächen dem Iran das Recht ab, eine eigene Nukleartechnologie zu entwickeln, während sie seit langem die Produktion von Atombomben durch Israel unterstützten und förderten. Und Ahmadinedschad beschränkt sich nicht darauf, amerikanische Realitäten den amerikanischen, angeblich christlichen Prinzipien entgegenzustellen. Er beruft sich ausdrücklich auf »die Propheten Abraham, Isaak und Jesus Christus«; er bezieht sich auf den »heiligen Koran« und ruft alle Menschen dazu auf, »Gott zu dienen, der über aller Macht der Welt steht«, indem er allen denen ein »böses Ende« voraussagt, »die das Leben des Diesseits bevorzugt haben«. Damit macht er sich das Zukunftsbild zu eigen, das in der Tat dem Christentum, dem Judentum und dem Islam gemeinsam ist: »Der Tag wird kommen, an dem sich alle Menschen vor dem Gericht des Allmächtigen versammeln, so dass alle ihre Taten begutachtet werden. Die Guten werden zum Himmel geleitet, und die Übeltäter wird die göttliche Strafe treffen.«

Es sticht ins Auge, dass für Ahmadinedschad und für die große Mehrzahl der Muslime das Wort »Gott« sehr viel, ja Alles bedeutet und dass sie eher zu sterben bereit sind, als den Glauben an »Allah und seinen Gesandten« aufzugeben. Man kann diesen Tatbestand sehr negativ beurteilen, wenn man auf der Höhe der säkularisierten Kultur des Westens und der Welt der Zukunft zu stehen glaubt und außerhalb ihrer nur reaktionäre Widerstandsregungen und kraftlose Wiederbelebungsversuche vergangener Realitäten wahrnimmt. Aber auch diese Menschen werden nicht bestreiten können, dass innerhalb des Okzidents nur noch wenige Einzelne für den christlichen Glauben oder auch bloß für »die westliche Kultur« zu sterben bereit sind, und uneingestandenermaßen mag sie die Furcht beschleichen, dass in der ganzen Weltgeschichte nach Goethes Meinung stets der Glaube über den Unglauben gesiegt hat. Und woran soll der Westen noch glauben, wenn ihm von außen und aus seinem eigenen Inneren zahlreiche Stimmen die Anklage entgegenschleudern, der deutsche Nationalsozialismus stelle als das »absolute Böse«, das er sei, nur das letzte Konzentrat der weltgeschichtlichen Schuld dar, die er durch sein Ausgreifen in die Welt und seine temporäre Herrschaft über deren Völker auf sich geladen habe? Nie zuvor stand eine im Verein mit ihrem Abkömmling und Hauptverbündeten so waffenstarke Macht der übrigen Welt so intellektuell entwaffnet gegenüber.

Der Kern ihres theologischen Glaubens ist durch das Denken ihrer Philosophen und auch durch alltägliche Erfahrungen für die Massen unglaubwürdig geworden, insbesondere die Idee des persönlichen, allmächtigen und allgütigen Gottes als des Schöpfers und Regierers der Welt. Nie wieder wird sich »der christliche Okzident« unter der Fahne »seines« Gottes der übrigen Welt entgegenstellen können, denn die Auflösung des intimen Zusammenhangs zwischen staatlicher Machtpolitik und Gottesglauben ist eine der bedeutendsten Konsequenzen seiner Philosophie. Doch gerade diese Konsequenz kann den Gottesglauben der Wenigen vertiefen und der Entwicklung der großen Kirchen zu reinen Sozialinstitutionen eine umfassendere Perspektive verleihen. Vielleicht kann Israel als Beispiel dienen, wo das älteste Religionsvolk der Geschichte den Einbruch der Moderne längst akzeptiert hat und doch seinem kleinen »orthodoxen« Bestandteil mit Verständnis, Sympathie und Ehrfurcht begegnet.

Aber alle diejenigen, welche die Größe, den geistigen Reichtum und die oftmals widersprüchliche Vielfalt der eigentlichen und nicht bloß kommerziellen Existenz Europas von außen und von innen zugunsten radikaler Machtverschiebungen und der Etablierung grob vereinfachender Geschichtsbilder angreifen, folgen – häufig ohne klares Wissen – der Fahne eines Gottes. Die Selbstbehauptung »des Okzidents« hat nur den Weg des Rückbezugs auf die eigene Geschichte vor sich, welcher die simplistischen Urteile zurückweisen darf, die ihn mit einem verderblichen Tumor vergleichen und ihn tief unter die »natürlich« gebliebenen Völker stellen. Nur auf der höheren Stufe einer ausschließlich dem Willen zur Wahrheit verpflichteten Reflexivität kann er sich abgrenzen, ohne sich zu verschließen, und darf er dem tiefsinnigen Gedanken des christlichen und trinitarischen Gottes ein ebenso zustimmendes wie kritisches Nachdenken widmen. Nur ein solches Nachdenken wird den Weg zu einem philosophischen Selbstverständnis bahnen, in dem eine Menschheit, die sich als Einheit ihrer Nationen und Kulturen, aber nicht als Verschmelzung geschichtsloser Individuen sieht, sich der Kenntnisnahme ihrer eigentlichen Probleme und dem Versuch einer Lösung zuzuwenden vermag.

III.

ISLAM UND ISLAMISMUS

1. DER HEUTIGE ISLAM – IM ANGRIFF ODER IN DER VERTEIDIGUNG?

Nie zuvor in der Weltgeschichte war eine Aktion so eindeutig und auf so anschauliche, von zahllosen Augen auf den Fernsehschirmen wahrgenommene Weise als »Angriff« zu qualifizieren gewesen wie die selbstmörderische Attacke zweier entführter Passagierflugzeuge gegen die Türme des World Trade Center in New York am 11. September 2001. Die Zahl der Opfer war mit etwa 3000 höher als bei den meisten Luftangriffen des Zweiten Weltkriegs, aber wer der Angreifer gewesen war, blieb zunächst unklar. Dass es sich um Araber und jedenfalls um Anhänger des Islam gehandelt hatte, wurde bald evident; aber waren sie etwas anderes als eine kleine Gruppe von Terroristen? Gleichzeitig wussten nämlich die Korrespondenten der Sender und Zeitungen von riesigen Freudenkundgebungen in fast allen islamischen Ländern zu berichten, und es konnte der Eindruck entstehen, dass »der Islam« als solcher die USA und in eins damit die ganze »westliche Welt« angegriffen habe. Dieser Eindruck wurde nicht schon dadurch aus der Welt gebracht, dass alle zuständigen Stellen, vornehmlich die Regierungen der islamischen Länder und der USA ihm mit Nachdruck entgegentraten und eine eindeutige Unterscheidung zwischen der friedfertigen Weltreligion des Islam und den wenigen »islamistischen« Terroristen des Bin Laden trafen und häufig auch den Begriff des amerikanischen Politologen Samuel Huntington vom »Zusammenstoß der Zivilisationen« nachdrücklich verwarfen.

Aber der Rückblick in die Geschichte schien eher die Gegenmeinung zu bestätigen. Anders als das Christentum und anders auch als das rabbinische Judentum war ja der Islam als eine Religion von Kriegern in die Welt getreten: Mohammed war nicht nur ein Verkünder des kommenden »Reiches Gottes« wie Jesus, sondern er war im letzten Jahrzehnt seines Lebens ein Staatsmann und Feldherr gewesen, der von Medina aus bereits viele der Stämme der arabischen Halbinsel zum Glauben an den einen

Gott, an Allah, und damit zur Überwindung ihrer Zwistigkeiten unter dem Zeichen eines gemeinsamen Glaubens, eben des Islam, gebracht hatte, und zwar gutenteils durch kriegerische Mittel. Nach seinem Tode im Jahre 632 der christlichen Zeitrechnung unterwarfen seine Nachfolger innerhalb von wenigen Jahrzehnten große Teile des »Fruchtbaren Halbmonds«, vernichteten die dortige christliche Kultur und machten die Christen und die Juden zu »Schutzbefohlenen«, zu »dhimmis«, denen gegen die Zahlung einer Kopfsteuer eine sehr beschränkte Duldung gewährt wurde, während alle Heiden nach den Vorschriften des Propheten getötet werden sollten – eine der ersten politischen Taten Mohammeds war ja sogar eine Art »Genozid« gewesen, nämlich die Tötung aller nicht zur Bekehrung bereiten Männer des jüdischen Stammes der »Quraysha« in Medina. Unter den dem Propheten zugeschriebenen Äußerungen finden sich im Korpus der sogenannten »Hadith«-Sammlung Sätze wie die folgenden: »Das Paradies liegt im Schatten des Schwertes« und »Die Schwerter sind der Schlüssel zum Paradies«. Unter dem Eindruck der Paradiesversprechungen und der zahlreichen Höllendrohungen des *Koran,* der nach der späteren Lehre »ungeschaffenen« und unveränderlichen Offenbarung, die dem »Gesandten Allahs« zuteil geworden war, teilten diese Glaubenskrieger die Welt in zwei Hälften, von denen die eine die andere immer mehr zurückdrängen würde, in die »dar al-islam«, das Friedensgebiet der Gläubigen, und die »dar al-harb«, das Kriegsgebiet, in dem der Krieg gegen die Ungläubigen geführt wurde und in dem diese Ungläubigen sich selbst bekriegten. Am Ende der Geschichte würde der islamische »Weltstaat« entstanden sein, der die ganze Menschheit nach dem Muster der Einheit Allahs zu einer Einheit jenseits aller Rassen und Völker verbinden würde. So ist der Islam in seinem Außenverhältnis ein Feindbild von monumentaler und höchst lebendiger Art.

Aber der Islam schuf sein Weltreich, das schon vor dem Ende des 7. Jahrhunderts bis an die Grenzen Indiens reichte, keineswegs nur »mit Feuer und Schwert«. Er machte sich große Teile der christlichen Kultur der Länder des »Nahen Ostens« zu eigen, er entwickelte starke Stränge des griechischen Denkens, vornehmlich des Aristoteles, fort und vermittelte sie, nicht zuletzt über das seit dem Anfang des 8. Jahrhundert eroberte Spanien dem christlichen Abendland, das sich geraume Zeit mit dem Glanz und der Kraft der islamischen Kultur nicht messen konnte. Es handelte sich also trotz aller bald einsetzenden Nachfolgekämpfe und Streitigkeiten bei dem riesigen Gebiet zwischen Gibraltar und Indien um ein von der Religion geprägtes Weltreich, dessen muslimische Bewohner sich fünfmal am Tage vor Allah zu Boden warfen und vom Gefühl der Einheitlichkeit der Gesamtgemeinde, der »umma«, durchdrungen waren. In der Tat konnte der Islam von allen Weltreligionen am ehesten den Anspruch erheben, zur »Religion der Menschheit« zu werden, denn er war in seinen Vorschriften und Dogmen die einfachste und fasslichste aller Religionen, weit entfernt von der zu Zweifeln herausfordernden Mysterienreligion des Christentums und in seinem genuinen Universalismus auch dem Judentum entgegengesetzt. Es gab also schwerwiegende Gründe für die Zukunftsgewissheit der Muslime, ganz wie es später gute und für viele Menschen anziehende Gründe für den Zukunftsglauben der Marxisten und Kommunisten gab. In der Tat könnte man heute die bekannte These von Jules Monnerot, der Kommunismus sei der Islam des 20. Jahrhunderts, umkehren und durch die andere These ersetzen, der Islam sei der Kommunismus des 21. Jahrhunderts. Jedenfalls ist unter dem Gesichtspunkt der Gläubigkeit, der Überzeugungskraft und des Kampfwillens keine Ideologie der Moderne so gut mit dem Islam zu vergleichen wie der Weltkommunismus unter der Ägide Lenins und noch Stalins.

Den älteren unter den Menschen dieser Gegenwart ist es indessen noch ganz präsent, wie diese Weltideologie, welche die entschiedenste Vorkämpferin des heute »Globalisierung« genannten Prozesses sein wollte, nach den phänomenalen Erfolgen insbesondere der zwei Jahrzehnte nach dem Ende des Zweiten Weltkrieges durch innere Zwistigkeiten und die Einwirkungen eines materiell überlegenen Gegners gleichsam ins Stocken geriet und ihre Angriffskraft verlor, nicht zuletzt durch die sowjetische Invasion im islamischen Afghanistan, so dass das letzte Jahrzehnt nur noch ein Verteidigungskampf war. Für den Islam nahm der vergleichbare Vorgang mehr als ein Jahrtausend voller Wechselfälle in Anspruch: von der christlichen »reconquista« in Spanien über die Katastrophe der Eroberung Bagdads durch die Mongolen im Jahre 1258 bis zu der Niederlage der osmanischen Heere vor Wien im Jahre 1683, ja bis zu den Reformen des »tanzimat«, mit denen die osmanischen Sultane die Kampfkraft ihrer Armeen auf einen »europäischen Standard« heben wollten.

Aber trotz aller Schwierigkeiten und Rückschläge und trotz jener wenigen Intellektuellen, die einer »Verwestlichung« des Reiches und des ganzen Islam das Wort redeten, blieben die Grundüberzeugungen unangetastet, und noch in einer halboffiziellen Publikation des Jahres 1985, die in London erschien und Sympathien für den Islam im Westen erwecken sollte, konnte man lesen, der Islam kämpfe einzig und allein um die Errichtung des Reiches Gottes auf Erden, und deshalb könnten Gläubige und Nichtgläubige nicht gleichgestellt werden, denn »die einen erwartet das Paradies und die anderen die Hölle«. Die Frage lag also nahe, ob der Islam in seiner Zielsetzung und in seiner kriegerischen Natur während nahezu anderthalb Jahrtausenden im Kern so gut wie unverändert geblieben sei.

Und doch geben die Berichte über den imperialen Universalismus des Islam und den »Heiligen Krieg« gegen die Ungläubigen, den er auch dann noch führt, wenn er sich die »taqiyah«, die Verstellung, zunutze macht, welche in bestimmten Situationen erlaubt, ja geboten ist, nur die eine Hälfte des gegenwärtigen Phänomens wieder. Wie mir scheint, ist die Erzählung eines recht bekannten deutschen Journalisten überaus aufschlussreich, der in der Mitte der dreißiger Jahre Palästina bereiste: Er habe sich in der Nähe einer Gruppe von einigen arabischen Männern befunden, die ihre Wasserpfeifen geraucht und in großer Gelassenheit Gespräche geführt hätten. Plötzlich sei eine Gruppe von zionistischen Juden vor ihren Augen durch die Straße gegangen:

junge Männer und junge Frauen, in Arbeitskleidung, gleichmäßig mit Werkzeugen versehen, in leichter Kleidung, scherzend und lachend. Es habe ihm tiefen Eindruck gemacht, erzählt der Journalist, mit welchen Blicken äußerster Befremdung und entschiedener Missbilligung die Augen dieser würdigen Männer in ihren weißen Gewändern der lärmenden Gruppe gefolgt seien. Diese Befremdung galt offenbar nicht so sehr den Juden, die sich nach ihrer Ansicht des Landes zu bemächtigen suchten, sondern der »westlichen Lebensart«, die mit ihrer Nivellierung uralter Unterscheidungen und ihrer Arbeitshast in das islamische Land eingebrochen sei. Ganz in diesem Sinne sprach 1971 der Ajatollah Chomeini in einer Predigt davon, »die giftige Kultur des Imperialismus« dringe in die Tiefen der Städte und Dörfer der islamischen Welt ein und verdränge die Kultur des Islam. Und schon mehrere Jahre früher hatte einer der einflussreichsten islamischen Ideologen, der Ägypter Sayyed Qutb, der 1966 als Mitbegründer der »Moslembrüder« unter Gamal Abdel Nasser hingerichtet wurde, die USA besucht und war voller Entsetzen zurückgekehrt, weil ihn drei Merkmale der amerikanischen Kultur besonders schockiert hatten, nämlich »der Materialismus, der Rassismus und die sexuelle Permissivität«. Dabei handelte es sich um das immer noch sehr christliche und fast puritanische Amerika der unmittelbaren Nachkriegszeit, und es ist leicht vorstellbar, was Qutb gesagt haben würde, wenn er die USA oder gar das Europa des Anfangs des 21. Jahrhunderts kennengelernt hätte. In der Tat war für Qutb die anthropozentrische kulturelle Moderne »die Ursache der tödlichen Krankheit, die den Westen befallen hat und den Islam anzustecken droht«. Und der Jude Leopold Weiss, der sich nach seiner Konversion zum Islam Mohammed Asad nannte und als pakistanischer Botschafter starb, erzählt in seinen Erinnerungen von seinen Erfahrungen in der Berliner U-Bahn, wo er nur wohlgenährte und gut angezogene Menschen gesehen habe, die aber allesamt einen unglücklichen und kummervollen Eindruck gemacht hätten. Der Islam sei dagegen ganz anders, denn er habe eine ruhigere und menschlichere Konzeption des Lebens als die hastige, mechanisierte Lebensart, die in Europa vorherrsche. Für Asad ist also der Islam die positive Kulturkritik und damit das Paradigma eines besseren, weniger angestrengten und harmonischeren Lebens.

Aber trotz aller dieser Defensivität verloren große Teile des Islam die ursprüngliche Zielsetzung nicht aus dem Auge, und gerade der Ayatollah Chomeini, der im Iran auf revolutionärem Wege zwar nicht den ersten, wohl aber den radikalsten islamischen, wenngleich in den Augen seiner Gegner »islamistischen« Staat gegründet hatte, verlangte schon vor seiner Machtergreifung wie ein wiedergeborener Mohammed »die völlige Ausrottung des Okzidentalismus«, der die islamische Welt ein Jahrhundert lang ausgeplündert habe. Dadurch rief er jedoch nicht in erster Linie die Erinnerung an den Kommunismus hervor, sondern gerade diejenige an Mussolini und Hitler, die sich ja in ihren Anfängen ebenfalls als Verteidiger einer bedrohten Lebensform empfunden hatten und Vorkämpfer eines »Verteidigungsangriffs« gewesen waren. So konnten Chomeinis Gegner mit einigem Recht vom »Islam-Faschismus« sprechen.

Aber auch eine ganz andersartige Lösung der planetarischen Streitfrage zeichnete sich ab, sobald man dasjenige, was Chomeini und Qutb für das »absolute Böse« erklärten, als positiv betrachtete und die Entstehung eines »weltlichen« oder »europäischen« Islam zu fördern suchte. Dafür gab es bedeutende Ansatzpunkte. Auch nach der Zurückdrängung der Osmanen auf ihre wichtigste Eroberung in Europa, nämlich Konstantinopel und dessen westliches Umland, nach den Balkankriegen 1912/13 befanden sich viele Muslime unter der Bevölkerung der Balkanstaaten, und sie galten in der Regel nicht als fanatisch; einige der reformierenden Staatsmänner hatten tatsächlich so etwas wie einen säkularisierten Islam im Auge, und der erfolgreichste unter ihnen, Kemal Pascha, schreckte nicht davor zurück, den Islam »die absurde Theologie eines unmoralischen Beduinen, die unser Leben vergiftet« zu nennen. Freilich blieb es unvorstellbar, dass auch nur in der Türkei die islamischen Massen sich eine so radikale Position zu eigen machen würden, aber eine genuine »neue Epoche« der Weltgeschichte schien möglich zu werden: Der »Westen« oder »der Okzident« oder »Europa« bildete nicht länger das »Liberale System« aus unterschiedlichen religiösen oder ideologischen Kräften, welches die moderne Entwicklung hervorgebracht hatte, sondern er repräsentierte nun einen »Liberismus«, in dem der frühere Liberalismus, von einigen Restbeständen der Vergangenheit abgesehen, zur Alleinherrschaft gelangt war und den zuvor immer eingeschränkten Individualismus zum Höhepunkt geführt hatte. Für die Menschen dieser »Spaßgesellschaft« konnte es eine erhellende und herausfordernde Erfahrung sein, mit Muslimen zusammenzutreffen, die zwar »europäisiert«, aber immer noch »gläubig« waren, ein starkes Gemeinschaftsgefühl besaßen und Mitglieder einer »tugendhaften Gesellschaft« sein wollten. So würde sich möglicherweise das Liberale System in seiner produktiven Differenz rekonstituieren, und die Einwirkungen des tief veränderten, aber keineswegs vernichteten Islam könnten, dem ersten Anschein durchaus zuwider, zu einer Neugeburt Europas führen.

Ich mache keinen Versuch, die Frage zu entscheiden, ob solche Hoffnungen gut begründet sind oder nicht. Sie setzen jedenfalls einen starken Glauben an die innere Kraft des nachchristlichen Europa und an die Wandlungsfähigkeit des Islam voraus. Aber ein ganz anderer Ausgangspunkt wird erforderlich, wenn die Frage konkretisiert und auf das aktuelle Problem des Beitritts der Türkei zur Europäischen Union bezogen werden soll. Ich gehe abermals von der Erinnerung an ein simples Faktum aus.

Der ehemalige deutsche Bundeskanzler Helmut Schmidt erzählt in einem autobiographischen Rückblick, er habe in den frühen siebziger Jahren dem türkischen Ministerpräsidenten Süleyman Demirel einen Besuch gemacht und dieser habe am Schluss der Unterredung zu seiner Überraschung gesagt, die Türkei habe in Anatolien zwanzig Millionen Menschen, für die sie keine Arbeit schaffen könne, und sie müsse daher diesen Bevölkerungsüberschuss nach Deutschland exportieren. Er, Schmidt, habe nur eine erschrockene Abwehrbewegung mit der Hand gemacht und den

Satz hervorgestoßen: »Das werden Sie nie erreichen«, aber Demirel habe geantwortet: »Warten Sie ab, und Sie werden sehen.«[1]

Beiden Staatsmännern war vermutlich nicht bewusst, dass das Hauptproblem der Zukunft der Menschheit vor ihnen auftauchte, nämlich das demographische, das Malthus'sche Problem. Noch war die Fertilitätsrate in Deutschland (und in Italien) bei weitem nicht auf die fast unglaubwürdige Zahl von 1,3 Kindern pro Frau gesunken; noch war die Bevölkerungszahl der Türkei infolge der auch in der damaligen Zeit weit größeren Fruchtbarkeit der einheimischen Frauen nicht auf fast 70 Millionen angestiegen, und doch zeichneten sich schon die zwei Abgründe ab, zwischen denen die Menschheit im Zeitalter der höchstentwickelten Technik und der amerikanisch-europäischen Massenwohlfahrt würde wandeln müssen: Wenn das deutsche und im weiteren Sinne europäische Beispiel für die Weltentwicklung leitend sein würde, würde die Menschheit innerhalb weniger Jahrhunderte aussterben, sofern es nicht gelänge, auch die Zeugung von Menschen zu technisieren; wenn dagegen das türkische oder generell das islamische Beispiel diese Rolle übernehmen würde, würde noch früher die Malthus'sche Schreckensvorstellung realisiert sein, dass auf einen Menschen kaum auch nur ein Quadratmeter an Raum entfallen werde. Niemals hatte die technisch vergleichsweise ohnmächtige Menschheit der Vergangenheit vor solchen Gefahren für ihre Existenz gestanden. Das anschaulichste Beispiel bot und bietet Israel. Wenn es zu einer genuinen, jede Art von »Apartheid« verwerfenden Demokratie werden will, wird es angesichts der weit stärkeren Vermehrung der islamischen Palästinenser nur noch für kurze Zeit ein »jüdischer Staat« bleiben können, und der nach 50 Jahren der Unterdrückung aufgestaute Hass könnte dazu führen, dass die Juden zwar nicht »ins Meer«, wohl aber »über das Meer« getrieben würden. Ein vergleichbares Schicksal steht Europa und zunächst Deutschland bevor, wenn die »Vollmitglied-

1 Helmut Schmidt: *Die Deutschen und ihre Nachbarn. Menschen und Mächte II,* Berlin 1990, S. 446.

schaft« der Türkei in der EU realisiert wird und das maghrebinische Nordafrika konsequenterweise in die Fußstapfen tritt. Es ist die wohl verhängnisvollste, wenngleich nicht zwingend notwendige Folge der Erfahrung mit dem deutschen Nationalsozialismus, dass ein ganz einfacher Gedankengang nicht nachvollziehbar zu sein scheint: Die EU ist aus guten Gründen gewillt, keine Staaten mit einer ganz anderen Gesellschaftsordnung aufzunehmen, etwa kommunistische oder faschistische Diktaturen, aber ebenso wenig können Staaten aufgenommen werden, die eine weitaus höhere Fertilitätsrate haben als die bisherigen Mitglieder. Wenn den Franzosen von einem früher geborenen Stresemann im Jahre 1910 das Briandsche Angebot einer politischen Union gemacht worden wäre, würden sie es mit Empörung zurückgewiesen haben, denn ihnen war bewusst, dass Frankreich dann innerhalb weniger Generationen von Deutschen übernommen werden würde. Aber die Europäer von heute scheinen zu der entsprechenden und sachgerechten Entscheidung nicht fähig zu sein: dass der Gedanke eines Beitritts der Türkei nicht einmal erwogen werden kann, solange die Fertilitätsrate sich der allgemein-europäischen nicht wenigstens angenähert hat. Sobald sich gerade unter den »einfachen Menschen« der Eindruck verfestigt, ihr Land stehe im Begriff, von einem anderen Volk auf scheinbar friedlichem Wege erobert zu werden, wird es zu spät sein, den schärfsten aller Klassenkämpfe, denjenigen zwischen verschiedenen Nationen in demselben Lande, und damit bürgerkriegsähnliche Zustände zu vermeiden.

Doch schon gegen die Fragestellung wehrt sich das moralistische Denken, das in Europa weit verbreitet ist und das dahin tendiert, Malthus mit Adolf Hitler gleichzusetzen. Ist es nicht eine schlimme Ungerechtigkeit, wenn dem lebensvolleren und insofern aufsteigenden Volk von einem alternden und nicht einmal zur Selbsterhaltung fähigen Volk der Weg zur Selbstverwirklichung versperrt wird? Ist es überhaupt moralisch vertretbar, den biologisch überlegenen Völkern bzw. Kulturen Widerstand zu leisten? Die Antwort auf diese Fragen ist nicht wissenschaftlich begründbar, sondern sie verlangt eine Entscheidung, die man »existentiell« nennen mag: Ich glaube, dass ein solcher Widerstand gerechtfertigt und notwendig ist, denn »alte Völker oder Kulturen« können die »jungen Völker oder Kulturen« auf vielfältige Weise belehren, und sie müssen diese nicht zuletzt vor einer der schlimmsten Vorstellungen der faschistischen Regime bewahren: dass das biologisch stärkere (oder das technisch fortgeschrittenste) Leben das Recht hat, sich durch kriegerische oder auch friedliche Invasionen einen neuen »Lebensraum« zu verschaffen. So wäre das »Nein« von heute ein »Ja« zur Zukunft Europas. Die dadurch gewonnene Chance ist jedoch zeitlich begrenzt. Wenn sich nicht ein autonomer Wille zur eigenen Zukunft in Europa zu entwickeln vermag, wird der biologistische Ansatz mit Macht sein Recht einfordern, und Europa wird auch physisch ein Ende finden, wie es ja heute schon jene Gruppierungen unbewegt ins Auge fassen, die der historischen Prägung und gar der genetischen Eigenart keinerlei Wert zuschreiben, weil sie einst zu Feindschaften und Krisen geführt haben.

Aber ich habe nun anscheinend die kulturelle Frage nach dem heutigen Islam durch die biologische Frage nach Lebenskraft und Lebensschwäche oder Dekadenz ersetzt. Dieser Hinweis wäre indessen nur dann richtig, wenn eine sehr einfache und altbekannte Konzeption zugrundegelegt würde: dass junge und von der Zivilisation erst kaum berührte Völker oder Kulturkreise die überzivilisierten und dekadenten Völker bzw. Kulturkreise abzulösen oder zu verdrängen bestimmt sind. Der Islam ist jedoch alles andere als ein von der Zivilisation erst kaum berührter Kulturkreis, und die größere Fruchtbarkeit der islamischen Frauen hat ohne Zweifel viel mit der Lehre Mohammeds zu tun, welcher jene »Unterdrückung der Frau« entspringt, die von dem westlichen Individualismus so heftig abgelehnt wird und von der man in der Tat sagen kann, sie betrachte die Frauen nicht als selbstverantwortliche Personen, sondern als eine Art Keimzellen, die gegen alle Gefahren auf das sorgfältigste geschützt werden müssten. Das würde von muslimischen Theologen kaum bestritten werden, aber sie würden wohl hinzufügen, was ein deutscher Diplomat, der zum Islam konvertiert war, mit den Worten zum Ausdruck brachte, im Islam schauten die Männer den Frauen nicht auf die Beine, sondern in die Augen. Die biologische Stärke wäre also nicht nur kulturell begründet, sondern sie schlösse auch eine moralische Überlegenheit in sich.

So lässt sich, wie ich meine, in den Augen derjenigen, die auf beiden Seiten sowohl dem bedenkenlosen Angriff wie der rückhaltlosen Selbstverteidigung ihre Zustimmung verweigern, in der Frage des Verhältnisses zweier so unterschiedlicher Denk- und Lebensformen wie des säkularisierten Europa und des immer noch religiös-politischen, dem Projekt der Welteroberung immer noch anhängenden Islam nur eine scheinbar paradoxe Doppelantwort finden: ein Nein zu kurzfristigen und nicht zuletzt strategischen Zwecken der USA dienenden Projekten wie dem baldigen Beitritt der Türkei zur »Europäischen Union« und ein Ja zu der langfristigen Notwendigkeit, einen Ausgleich zwischen den einst so feindlichen, aber trotz aller historischen Wandlungen in ihrer Verschiedenheit fortexistierenden Kulturen anzustreben.

2. DER ISLAMISMUS – AUCH EIN ERBTEIL DES NATIONALSOZIALISMUS?

Es gibt keinen bedeutenden Bestandteil der gegenwärtigen Welt, der nicht in gewisser Weise ein Erbstück des Nationalsozialismus wäre. Der Sieg der »demokratischen Weltkoalition« über das »Dritte Reich« und über Japan hat die Nachkriegswelt bis in kleine Einzelheiten geprägt. Aber dabei handelt es sich doch ganz überwiegend um einen indirekten, einen vermittelten Zusammenhang, und von einem »Erbe« im eigentlichen Sinne kann man nur dort sprechen, wo eine direkte Verknüpfung erkennbar ist. Bei dem »Islamismus« liegt eine solche vor, denn er ist eine Radikalisierung des Islam, die auf dem Empfinden einer existentiellen Gefährdung beruht und zeitweise in Hitler einen Verbündeten suchte. Zwar rief der starke Einfluss des »christlichen Westens« schon im 19. Jahrhundert mancherlei Kritik und die eine oder andere Gegenbewegung hervor, wie etwa den »Mahdismus« im Sudan, der von den Engländern in blutigen Kämpfen niedergeschlagen wurde, und nach dem Ersten Weltkrieg machte der Triumph des Kemalismus in der Türkei die Gefährdung des überlieferten Islam sehr anschaulich, aber die Araber stellten sich während des Krieges auf die Seite der Alliierten, und die arabischen Staaten machten mit Hilfe der Engländer und Franzosen die ersten Schritte zu einer »nationalen Freiheit«, die mit einer vorstellbaren »islamischen Freiheit« allerdings wenig gemein hatte. Die erste ganz konkrete Gefährdung, die auf einer sehr eigentümlichen Art von Macht und Gewalt beruhte, wurde aber in Palästina zur Wirklichkeit, und zwar durch das zionistische Projekt der Wiedergewinnung des vor bald 2 000 Jahren verlorenen Heimatlandes der Juden. Als Führer der Palästinenser agierte der Großmufti von Jerusalem, Mohammed Emin el-Husseini, und sein Blick richtete sich begreiflicherweise auf den wichtigsten Feind der Engländer, die Palästina als »Mandat« des Völkerbundes verwalteten und die trotz einiger Schwankungen die jüdischen Immigranten sehr begünstigten; sie hatten nämlich in den Bedrängnissen des Krieges 1917 in der sogenannten Balfour-Deklaration den Vertretern des Zionismus versprochen, für die Errichtung eines »Nationalheims« des jüdischen Volkes in Palästina zu sorgen, das allerdings kein Staat sein solle und den Interessen der arabischen Bevölkerung keinen Eintrag tun dürfe. Dieser Feind der Engländer war im Zweiten Weltkrieg Adolf Hitler, und zu ihm begab sich der Großmufti, um Unterstützung zu suchen und Pläne zu schmieden. Für einen kurzen Augenblick schien ja der Triumph zum Greifen nahe, als die Truppen des Generals Rommel im Sommer 1942 kurz vor Kairo standen und gerade von den aktivsten Arabern – auch von dem jungen Gamal Abdel Nasser – sehnsüchtig erwartet wurden. Aber die Engländer vermochten das Verhängnis in letzter Minute abzuwenden, und die weiteren Kontakte des Großmufti mit Hitler blieben ebenso ohne Erfolg wie diejenigen des aktivsten der Kämpfer für die Unabhängigkeit Indiens, Subhash Chandra Bose. Die zionistische Interpretation brachte jedoch seitdem die Aktivität des Großmufti mit der nationalsozialistischen Judenverfolgung und mit »Auschwitz« zusammen, so dass »die Palästinenser« für direkte Verbündete Hitlers erklärt werden konnten, und damit erschien die Ausrufung des »Staates Israel« im Mai 1948 als ein weiterer Sieg des Kampfes der »antifaschistischen Weltkoalition« gegen Hitler.

Diese Interpretation war kaum auch nur zur Hälfte richtig, denn die zionistische Gewalt – die ganz eigenartige Gewalt der konzentrierten Geldmacht des »jüdischen Nationalfonds« und des offen verkündeten Willens zur »Kolonisierung« eines angeblich kaum bewohnten Landes – war bereits seit dem Ende des Ersten Weltkriegs wirksam und rief bald heftige Reaktionen der arabischen Bevölkerung hervor. Es ist daher überaus zweifelhaft, ob der Beschluss der Vereinten Nationen zur Teilung Palästinas und zur Errichtung eines jüdischen Staates zustandegekommen wäre, wenn nicht die entsetzlichen Nachrichten über die nationalsozialistische Judenvernichtung ein günstiges Klima geschaffen hätten. Nicht durch die Zusammenarbeit mit dem Großmufti, wohl aber durch den Versuch einer »Endlösung der Judenfrage« wurde Hitler zwar nicht, wie manchmal behauptet wurde, zum »Gründer Israels«, wohl aber zum Schöpfer der wichtigsten Voraussetzung für die Eigenstaatlichkeit des zionistischen Unternehmens. Was wirklich vorlag, war von da an der Kampf zweier Völker um dasselbe Land, auf dessen Besitz jedes der beiden einen ganz unterschiedlich begründeten Rechtsanspruch erheben konnte.

Die Araber betrachteten Israel indessen immer als eine gewaltsam in die Mitte ihres Landes eingepflanzte Kolonie, die durch ihr verfassungsmäßig garantiertes »Rückkehrrecht« für alle Juden der Welt sich selbst für einen permanenten Eroberungsstaat erklärte, und sie schöpften immer wieder aus der Erinnerung an das Schicksal der christlichen Kreuzfahrerstaaten des Mittelalters die Hoffnung, dass sie eines Tages die Juden »ins Meer treiben« würden. Dadurch aber verneinten sie eine Existenz, die auf den außerordentlichsten Umständen beruhte, und versperrten sich selbst den Zugang zu einem möglichen Friedensabkommen.

Nahezu alle Araber waren und blieben nun »deutschfreundlich«, obwohl sie im Ersten Weltkrieg gegen das Osmanische Reich und dessen deutschen Verbündeten gekämpft hatten. Eine Zeitlang griffen sie auf deutsche Helfer zurück, und es erregte gewaltiges Aufsehen, als bekannt wurde, dass deutsche Experten in Ägypten an der Entwicklung von Raketen mitarbeiteten. Doch staatliche Hilfe war von der Bundesrepublik Deutschland nicht zu erwarten, wohl aber von der Sowjetunion und in deren Spur von der DDR. Selbst Gamal Abdel Nasser nahm wie andere arabische Staatsmänner freundschaftliche Kontakte mit der Sowjetunion auf, und der an Stärke gewinnende »arabische Sozialismus« orientierte sich weitaus mehr an dem sowjetischen Beispiel als an demjenigen von Hitlers Drittem Reich. Dass der Vorwurf des Antizionismus und Antisemitismus jetzt von den USA her überwiegend gegen die Sowjetunion und deren osteuropäische Satelliten gerichtet wurde, war für die Bundesrepublik Deutschland sehr vorteilhaft, und als im Jahre 1973 der »Yom-Kippur-Krieg«, der vierte der israelisch-arabischen Kriege seit 1945, die Existenz des jüdischen Staates für einen Augenblick in Gefahr brachte, da sah kaum jemand in der exzeptionellen Kraftentfaltung arabischer Staaten noch ein Erbteil des Nationalsozialismus. Nur Israel suchte in den bekanntesten islamischen Staatsmännern immer wieder »Nachfolger Hitlers« zu identifizieren, vornehmlich in dem irakischen Diktator Saddam Hussein und sogar in dem Palästinenserführer Arafat. Aber gerade Saddam Hussein lähmte den erstaunlichsten Aufschwung des Islamismus als des durch besondere Umstände radikalisierten Islam, nämlich dessen erste Machtergreifung in einem bedeutenden Staate: die »islamische Revolution« von 1978/79 im Iran, indem er den innerislamischen Kampf zwischen Arabern und Persern wiederaufnahm und dem theokratischen Staat des Ayatollah Chomeini einen vieljährigen und verlustreichen Krieg aufzwang. Dennoch blieb für Chomeini Israel der »Keim der Korruption« in der islamischen Welt, den es zu vernichten gelte, und seine rücksichtslose Verfolgung der Minorität der Bahais als angeblicher »Agenten Israels« musste die Erinnerung an Hitlers Judenverfolgung hervorrufen. Immer häufiger war nun in der westlichen Welt vom »islamischen Fundamentalismus« die Rede, der auch im Sudan die Macht übernommen hatte, der in Iran sogar verfassungsmäßig das Postulat festlegte, »die Souveränität des Gottesgesetzes über die ganze Welt hin auszubreiten« und der in Algerien vor der Forderung der »Eliminierung der Juden, Christen und Ungläubigen von der moslemischen Erde Algeriens« nicht zurückschrak. Dieser algerische Islamismus war der einzige, der je in freien Wahlen den Sieg errang, und als er von dem Regime des »Front de Libération Nationale« unterdrückt wurde, entfesselte er einen überaus blutigen und grausamen Bürgerkrieg, dem viele Zehntausende von Algeriern zum Opfer fielen. Jetzt konnte nur noch der »Antisemitismus« als ein Erbstück des Nationalsozialismus gelten, aber die sonderbare Tatsache, dass viele Millionen von »Semiten« und anderen Muslimen von brennendem »Antisemitismus« erfüllt waren, lässt es wahrscheinlicher erscheinen, dass der Nationalsozialismus ein Erbstück des über nahezu die ganze Welt verbreiteten Antijudaismus war. Dieser Antijudaismus war jedoch, anders als der nationalsozialistische, zugleich in erster Linie Antiamerikanismus als Anklage gegen das Weltböse, den »großen Satan«, allenfalls in zweiter Linie ein Antimarxismus. Es war also nicht überzeugend, wenn einige westliche Intellektuelle den Islamismus als »Islamfaschismus« verstehen wollten.

Aber ein weltweites Entsetzen, das dem 1917/18 vom Bolschewismus und 1933 vom Nationalsozialismus erzeugten Entsetzen vergleichbar war, kam erst zustande, als islamistische Terroristen in einem völlig präzedenzlosen Angriffsakt mehrere vollbesetzte Maschinen der amerikanischen Zivilluftfahrt zur gleichen Zeit kaperten und als eine Art von lebendigen Bomben gegen die beiden Türme des World Trade Center in New York und gegen das Pentagon in Washington lenkten, also gegen die nicht bloß symbolischen Zentren der kommerziellen und der militärischen Macht der USA. Die Islamisten vollbrachten also genau dasjenige, was das nationalsozialistische Deutschland in der letzten Phase des Krieges immerhin erwogen, wenngleich nicht eigentlich geplant hatte: den stets nur angreifenden und selbst bis dahin unangreifbaren Kontinent durch Raketenangriffe aus der Luft und vom Wasser her zum Bewusstsein seiner Verletzbarkeit zu bringen. Aber der im Fernsehen nahezu aller Länder der Erde immer wieder gezeigte Zusammensturz der Türme des WTC und die (weitaus seltener auf den Fernsehschirmen wiedergegebene) Beschädigung des Pentagon rief eine noch tiefere Wandlung hervor als den Übergang vom Sicherheitsgefühl zum Empfinden der Verletzbarkeit. Der unfassbare terroristische Akt erweckte nicht in erster Linie die Forderung nach gründlicher Überprüfung des unbegreiflichen Versagens der Sicherheitsdienste und nach einer grundlegenden Verbesserung, sondern der Zorn und der Kampfwille des Präsidenten und der Nation richteten sich gegen die islamischen Staaten bzw. Regime, welche angeblich die Terrorakte erst möglich gemacht hatten. Was in der westlichen Welt und zumal in Deutschland verfemt und verboten gewesen war, nämlich die Vorbereitung von Angriffskriegen, wurde zur offiziell proklamierten Politik der USA und der NATO-Staaten, die ihre

»bedingungslose« Unterstützung zusagten. Seit dem Ausbruch des Ersten Weltkrieges und dem Beginn des als »Verteidigungskampf« der Bolschewiki aufgefassten russischen Bürgerkrieges hatten die pazifistischen Parteien Europas und der USA – keineswegs bloß diejenigen der ausgeprägten »Linken« – keine derart tiefgreifende Änderung ihrer politischen und ideologischen Linie mehr vorgenommen. Nach dem raschen Sieg über das islamistische Taliban-Regime, unter dessen Schutz der saudi-arabische Oppositionelle Bin Laden angeblich aus afghanischen Höhlenfestungen heraus den großen Terrorakt organisiert hatte, richteten sich die Angriffspläne gegen drei »Schurkenstaaten«: das kommunistische, in Wahrheit aber eher national-sozialistische Nordkorea, den islamistischen Iran und den scheinbar vom Säkularismus zum Islamismus übergegangenen Irak, ganz vornehmlich jedoch gegen das Regime und die Person Saddam Husseins, den der Präsident George Bush 1990 nach dessen Angriff auf Kuwait besiegt, aber nicht vernichtet hatte. Zur gleichen Zeit wurden zwecks Verteidigung gegen den »internationalen Terrorismus« die bürgerlichen Freiheiten aufs fühlbarste eingeschränkt.

Zwei völlig gegensätzliche Auffassungen standen nun einander gegenüber: Für die USA war Saddam Hussein eine Weltgefahr, weil er Massenvernichtungswaffen zu entwickeln strebte; für nahezu alle Muslime in der Welt war Israel ein terroristischer Unterdrückungsstaat, der seit Jahrzehnten den Resolutionen der Vereinten Nationen trotzt und die ursprünglichen Bewohner des Landes zu versklaven oder sogar zu vertreiben strebt, nicht anders, als der nationalsozialistische Staat schon im Frieden die Juden entrechtete und zu vertreiben suchte. Für Israel aber blieb Saddam Hussein immer der »neue Hitler«, der von Vernichtungsabsichten gegenüber den Juden erfüllt ist. Beide Parteien wollten sich also mit einem Erbe oder einer Folgeerscheinung des Nationalsozialismus konfrontiert sehen. Aller Vermutung nach hat sowohl die eine wie die andere in diesem Punkte unrecht, aber unbestreitbar dürfte soviel sein, dass der Nationalsozialismus weitaus mehr als ein punktuelles und deutsches Phänomen war, dass Israel eine dauerhafte Realität ist, solange das amerikanische und das europäische Selbstgefühl nicht in der Wurzel erschüttert sind, und dass der Islamismus nicht aus der Welt verschwinden wird, falls sein später und temporärer Vorkämpfer Saddam Hussein nebst seiner Baath-Partei besiegt, gestürzt und vernichtet sein sollte.

3. DIE HERAUSFORDERUNG DES ISLAMISMUS UND DIE ZUKUNFT DER »WESTLICHEN DEMOKRATIE«

Nicht alle Gruppierungen und Staaten der »westlichen Demokratien« fühlen sich durch den Islamismus, der sowohl traditionalistisch als auch modern ist und nicht ganz selten als »Islam-Faschismus« bezeichnet wird, gleichermaßen herausgefordert.

Allen bewussten Christen ist nicht verborgen geblieben, dass schon der Islam als solcher die in islamischen Ländern lebenden Christen unterdrückt, aber noch verstörender ist die Tatsache, dass der Islam heute seinen missionarischen Auftrag weit erfolgreicher erfüllt als das Christentum und sich zumal in der »Dritten Welt« in erstaunlichem Maße ausbreitet.

Für die große Mehrzahl der säkularisierten Bürger Europas und der USA ist die Gläubigkeit der islamischen Massen als solche beunruhigend. Die fremdartig gekleideten Männer, die sich in den Moscheen niederwerfen und mit der Stirn den Boden berühren, erinnern sie an die »Proskynese« der Untertanen altorientalischer Herrscher, und sie reagieren mit Betroffenheit oder auch mit Spott auf das sonderbare Phänomen.

Sowohl die orthodoxen wie die assimilierten Juden wissen genau, dass die Judenfeindschaft Mohammeds und seiner Anhänger im Islamismus eine Zuspitzung erfahren hat, die an den »Antisemitismus« des 19. und 20. Jahrhunderts in Europa erinnert. Seit 1948 war ja die Feindschaft des ganzen Islam gegen Israel, das wie die christlichen Kreuzfahrerstaaten des Mittelalters als Eroberungs- und Raubstaat betrachtet wird, ein Grundtatbestand, welcher durch islamistische Revolutionen zur aktiven Todfeindschaft werden könnte.

Alle westlichen Staaten, die im Nahen Osten Interessen haben, an der Spitze die USA, mussten das Vordringen islamistischer Gedankengänge und Bewegungen mit der größten Sorge beobachten, da dadurch die fragile Stabilität der von ihnen unterstützten islamischen Regime in Gefahr geriet. Die »islamische Revolution«

im Iran war 1978 eine gravierende Warnung, der man dadurch zu begegnen suchte, dass man den Krieg des tendenziell säkularisierten Iraks gegen den »Gottesstaat« des Ayatollah Chomeini unterstützte.

Daher ist es nicht verwunderlich, dass von Seiten der »Neokonservativen« in den USA schon seit mehreren Jahren Pläne ausgearbeitet und auch propagiert wurden, die ein kriegerisches Vorgehen gegen Länder wie den Iran, Syrien und nicht zuletzt den Golfkriegsgegner Irak sowie gegen andere »Schurkenstaaten« ins Auge fassten. Durch den umstrittenen Sieg des Republikaners George W. Bush bei den Präsidentenwahlen des Jahres 2000 wuchsen ihre Einflussmöglichkeiten in bedeutendem Ausmaß. Dennoch lässt sich Folgendes mit Bestimmtheit sagen: Kein noch so eifriges Wirken von »think tanks« der Großindustrie und keine Propagandakampagnen einflussreicher Öl-Magnaten hätten es möglich gemacht, dass der Präsident unter dem Beifall der großen Mehrheit der Amerikaner zuerst das Afghanistan der Taliban und dann den Irak Saddam Husseins mit Krieg überziehen konnte. Die elementare Voraussetzung dafür war der verheerende Anschlag islamistischer Terroristen auf das World Trade Center in New York und das Pentagon in Washington am 11. September 2001, welcher den Amerikanern zum erstenmal in ihrer Geschichte vor Augen führte, dass sie auf ihrem eigenen Boden angegriffen werden können. Daher löste er eine Sturzwelle von Emotionen, von Schrecken, Zorn, Hass und Erbitterung aus, die der Präsident sofort in Worte fasste, indem er von »Rache« und »Vergeltung« sprach, obwohl ein großer Staat ja nicht einen »Krieg« gegen Terroristen, sondern nur gegen Staaten führen kann, welche nachweislich oder vielleicht aufgrund bloßer Vermutungen als Helfershelfer der Terroristen gelten dürfen. Alles, was seither von amerikanischer Seite in diesem Zusammenhang an politischer Aktivität zu verzeichnen war, beruhte auf einer kollektiven Fundamentalemotion, der sich kein Staatsbürger entziehen konnte, wenngleich von Anfang an auch kritische und abwägende Stimmen vernehmbar waren.

Unter »kollektiver Fundamentalemotion« ist eine Empfindung zu verstehen, die aufgrund eines außerordentlichen Tatbestandes große Mengen von Menschen eines Staates oder einer Kultur ergreift, und zwar so, dass eine Reaktion von bisher unvorstellbarer Art möglich wird. Es kann sich natürlich nicht um Vorgänge transitorischer Art wie etwa einen nationalen Sturm von Enthusiasmus nach dem Gewinn einer Weltmeisterschaft handeln, sondern es muss ein politisches oder quasipolitisches Ereignis vorhergehen, das den Impuls zu politischen oder quasipolitischen Reaktionen gibt. Fundamentalemotionen dieser Art gehören zu den mächtigsten Bewegungskräften der Weltgeschichte. Sie sind selten, und die Grenzziehung ist oftmals nicht leicht, denn es ist z.B. eine schwierige Frage, ob der deutsche Siegesjubel und das französische Revancheverlangen nach dem Kriege von 1870/71 unter diesen Begriff gebracht werden dürfen. Es ist nicht unbedingt erforderlich, dass fast alle Angehörigen des betreffenden Staates oder der betreffenden Kultur gleichermaßen von diesem Empfinden ergriffen sind; es muss sich jedoch um eine repräsentative, auf Dauer angelegte Emotion handeln.

Wer am Anfang des 21. Jahrhunderts die kollektive Fundamentalemotion der Amerikaner nach dem Anschlag des 11. September und die daraus resultierenden Konsequenzen beobachtet hat, dem sollte sich die Erinnerung aufdrängen, dass es im 20. Jahrhundert Vorgänge gegeben hat, die bei aller unübersehbaren Verschiedenheit im entscheidenden Punkt vergleichbar waren. Als Jules Monnerot vor fünfzig Jahren den Kommunismus als den »Islam des 20. Jahrhunderts« bezeichnete, wollte er die Gegenwart durch die Vergangenheit begreiflicher machen, und dieses Verfahren hat auch heute seinen Sinn nicht verloren, obwohl jetzt die Umkehrung naheläge: der Islamismus als der Kommunismus des 21. Jahrhunderts.

Es ist allgemein bekannt, dass zu Beginn des Ersten Weltkriegs im Juli/August 1914 die Straßen fast aller Hauptstädte Europas von jubelnden Menschenmassen durchzogen wurden, gegen die das Häuflein der entschiedenen Pazifisten nicht das Geringste auszurichten vermochte. Als Emotion »fast aller« verschwand dieses Empfinden schon nach wenigen Kriegsmonaten, aber es blieb die Grundlage der »positiven Kriegserfahrung« zahlreicher Männer, vornehmlich der meisten Offiziere. Im Jahre 1918 hatte die entgegengesetzte Emotion, die »negative Kriegserfahrung« gewaltiger Massen und insbesondere fast aller Sozialisten, längst die Oberhand gewonnen. Nach menschlichem Ermessen hätte sich die pazifistische Forderung »Keine Annexionen und Kontributionen« durchsetzen müssen, und mit der Gründung eines »Völkerbundes« unter der Führung der spät in den Krieg eingetretenen USA wäre ein neuartiger Weltzustand ins Dasein getreten.

Aber ein Jahr vor dem Ende des Krieges war in dem von Deutschland besiegten Russland die Friedenspartei, die Partei der »negativen Kriegserfahrung«, durch die Revolution der Bolschewiki unter Lenin zum Siege gelangt, und man braucht nur die Darstellung von John Reed zu lesen, um zu erkennen, welches Ausmaß an Enthusiasmus diese Beendigung des Krieges auslöste, und zwar – wenn auch in geringerem Grade – weit über die Grenzen Russlands hinaus. Doch die Bolschewiki waren keine bloße Friedenspartei. Sie wollten »den Sozialismus« verwirklichen, und sie proklamierten in aller Offenheit ihr Ziel, die »feindlichen Klassen«, d.h. den Adel, das Bürgertum und die wohlhabenderen Bauern sozial zu vernichten. Dieser Wille dehnte sich nur allzurasch auf die physische Vernichtung aus, da die »Aufhebung des Privateigentums« starke Widerstände hervorrief, und bald waren alle Zeitungen Europas von Schreckensmeldungen über die Greuel der bolschewistischen Revolution erfüllt. Das war wegen der Kriegslage sowohl mit Übertreibungen wie mit Abschwächungen verknüpft (bei den Alliierten galten die Bolschewiki ja als Agenten der Deutschen), aber in aller Objektivität lässt sich sagen, dass hier ein neues Prinzip praktische Existenz gewonnen hatte, nämlich das Prinzip der Klassenvernichtung, das von Marx postuliert worden war, aber erst unter den russischen Bedingungen genuinen Massencharakter erhielt. Es wäre höchst sonderbar gewesen, wenn nicht im übrigen Europa und sogar in den USA eine entgegengesetzte »kollektive Fundamentalemotion« aufgekommen wäre, und an zahllosen Stellen der Literatur der zwanziger Jahre kann man, bei unterschiedlicher Wertung, von der »Todesangst der Bourgeoisie vor dem Bolschewismus« und von den »Massenmorden der Tscheka« lesen. Angesichts des geringen Solidaritätsempfindens und der zahlenmäßigen Schwäche des (Groß-)Bürgertums hatte diese Grundemotion jedoch zunächst nur wenige Auswirkungen von unmittelbar politischer Art.

Inzwischen war der große Krieg mit dem Friedensvertrag von Versailles zu seinem formellen Ende gelangt, der in der Tat ein »Diktat«, aber gleichwohl nicht ein »Karthagofriede« war, weil die amerikanisch-pazifistische Ideologie Woodrow Wilsons im Wege stand und auch die drohende Gefahr des Bolschewismus eine gewisse Mäßigung der Alliierten hervorrief. Dennoch ist nichts leichter verstehbar, als dass der »Hass gegen Versailles« zu einer kollektiven Fundamentalemotion wurde, freilich bloß zu einer Grundemotion der Deutschen.

So konnten nur in Deutschland zwei unterschiedliche, aber leicht begreifliche und in Grenzen berechtigte Fundamentalemotionen zusammenfließen und jener Gegenbewegung den Stempel aufdrücken, die in einer der Siegermächte, welche sich in gewisser Weise als besiegt empfand, schon 1922 an die Macht gekommen war, nämlich der Faschismus unter der Führung des ehemaligen Marxisten Benito Mussolini. Adolf Hitler wurde nicht als »Knecht des Kapitals« oder als Antisemit und auch nicht als »Kleinbürger« zu einer welthistorischen Figur, sondern weil sich in seiner Person zwei kollektive Fundamentalemotionen vereinigten, welche er durch den »Schlüssel« einer dritten Hassempfindung, den »Antisemitismus«, zur Übereinstimmung zu bringen versuchte. Angesichts seiner höchst aggressiven Äußerungen über den zu erobernden »Lebensraum« und die künftige Weltherrschaft der »arischen Rasse« ist das defensive Moment in Hitlers Zielsetzungen viel zu wenig beachtet worden, das sich gleichzeitig gegen den Bolschewismus und den Amerikanismus richtete, die er beide für »jüdisch« erklärte. Die Mehrdeutigkeit des Nationalsozialismus bestand aber nicht zuletzt darin, dass er doch wieder als Antibolschewismus, ja als »Rassismus« Ähnlichkeiten mit den damaligen USA aufwies und als Antiokzidentalismus der sowjetischen Ideologie nahekam.

Welches Ende dieses deutsche und nicht-bloß-deutsche Phänomen des »Radikalfaschismus« genommen hat, weiß beinahe jeder Erdenbürger, aber ob die defensive Aggressivität des Nationalsozialismus mit den üblichen polemischen Formeln auf adäquate Weise erfasst ist, muss als fraglich gelten. Mit Sicherheit verfehlt ist die Vernachlässigung oder Verdrängung der Tatsache, dass er letzten Endes in kollektiven Fundamentalemotionen gründete, die anderen und älteren Fundamentalemotionen entgegengesetzt waren.

Es ist zweifelhaft, dass die Epoche des »Kalten Krieges«, welche von der Sowjetunion und ihren Verbündeten immer als eine Fortsetzung des Hitlerschen Antikommunismus aufgefasst wurde, ebenso sehr auf kollektiven Fundamentalemotionen beruhte. Zwar fehlte es auf beiden Seiten nicht an Beispielen genuinen Hasses, aber trotz des Koreakrieges und trotz der Aufstände in Polen und Ungarn waren die Phasen der »Entspannung« kennzeichnender als die Epochen ernster Spannung. Die Millionenzahl der Opfer der chinesischen »Kulturrevolution« und des angeblichen »Steinzeitkommunismus« in Kambodscha brachte im ganzen Westen keine großen und einheitlichen Emotionen hervor, sondern beide Vorgänge fanden in der öffentlichen Meinung Europas und der USA sogar nicht wenig an Beifall.

Als genuine kollektive Fundamentalemotion der Nachkriegszeit darf nur das Entsetzen über den »Judenmord« des nationalsozialistischen Regimes gelten, das indessen zunächst lediglich ein jüdisches war, ja das sogar in Israel erst nach der Entführung Eichmanns aus Argentinien und angesichts des folgenden Prozesses zum Durchbruch gelangte. Aber wieder hatte es sich objektiv um ein präzedenzloses Ereignis gehandelt: Trotz aller Genozide war es in der Weltgeschichte noch nie vorgekommen, dass tendenziell alle Angehörigen eines Volkes bzw. einer Religion (besser gesagt: eines uralten Religionsvolkes) getötet werden sollten, weil man ihnen eine weltgeschichtlich verhängnisvolle Rolle zuschrieb. Es handelte sich also nicht um ein gewöhnliches, sei es auch entsetzliches Massenverbrechen, wie es der Völkermord an den Armeniern in der Türkei des Ersten Weltkrieges war, sondern sozusagen um eine »meta-physische Untat«. Nach zögernden Anfängen auf nichtjüdischer Seite während der frühen sechziger Jahre setzte sich diese Auffassung in der westlichen Welt mehr und mehr durch und blieb dabei ihrerseits nicht von dem »Überschießen« frei, das nur allzu menschlich ist.

Auf vielfältige Weise verknüpfte sich diese Fundamentalemotion mit derjenigen, die als anti-islamistische nach dem 11. September in den USA zum Durchbruch gelangte. Zwar ist dem Präsidenten George W. Bush von seinen Gegnern nur selten der Vorwurf gemacht worden, sein Hauptziel bestehe darin, auf präventive Art die Gefährdung Israels durch den Islamismus, ja durch den Islam als solchen aus der Welt zu schaffen. Aber eine Verbindung mit jenen Fundamentalemotionen und -ereignissen des 20. Jahrhunderts oder jedenfalls einem Teil davon wurde im Vorfeld des Krieges gegen den Irak häufig hergestellt, wenngleich fast durchweg in oberflächlicher Manier. Sogar eine deutsche Ministerin (die dann gleich aus dem Amt entfernt wurde) verglich Bush mit Hitler, und auf verhüllte oder unverhüllte Weise tauchte dieser Vergleich in der vielstimmigen Kritik immer wieder auf, die an Bush und den »Neokonservativen« geübt wurde: Bush bereite einen völkerrechtswidrigen Krieg gegen einen anderen Staat vor (wie einst Adolf Hitler), er unterdrücke zu diesem Zweck im eigenen Lande weitgehend die Meinungsfreiheit und schaffe einen »nationalen Sicherheitsstaat« (wie einst Adolf Hitler), er trete dem weitverbreiteten Hass breiter Schichten gegen die in den USA lebenden Araber nicht ernsthaft in den Weg (ganz, wie es Hitler gleich nach dem 30. Januar 1933, in freilich weit aktiverer Weise, gegenüber den deutschen Juden getan hatte), er kennzeichne seinen Feind (wie Hitler) als »das Böse«, ohne sich darüber Rechenschaft zu geben, dass dieser Feind von einer älteren

Fundamentalemotion geleitet wurde, die als erbitterte Ablehnung des zerstörerischen Einbruchs des Westens in die islamische Welt wie alle kollektiven Fundamentalemotionen keineswegs unverständlich und ohne jedes historische Recht war.

Diese Vorwürfe sind verfehlt und treffen gleichwohl etwas Richtiges. Bush will sein Land und dessen Lebensweise gegen einen aggressiven Feind verteidigen, dessen letztes Ziel die schon im *Koran* postulierte Weltherrschaft des Islam ist. Insofern liegt eine klare Analogie – die von Identität natürlich weit entfernt ist – zu Hitler und dessen Feindschaft gegenüber dem Bolschewismus vor. Aber bei Bush und seinen Vordenkern findet sich kein Analogon zu der Anti-Versailles-Emotion, denn er steht nicht an der Spitze eines bedrängten und gedemütigten Staates, sondern er ist der Oberbefehlshaber der stärksten Militärmacht, die es je auf der Erde gegeben hat. So fehlen bei ihm die Schroffheit und das Überschießen eines ressentimenterfüllten Anspruchs, die für den nationalistischen Herrscher über Europa, Adolf Hitler, kennzeichnend waren. Daher wäre ein anderer Vorwurf viel einleuchtender: dass er nicht wie Hitler 1941 als der bestenfalls Gleichstarke ein anderes Land angriff, sondern dass er als ein Überstarker einen schwachen Gegner niederschlug.

Dass er die Iraker nach seinem Siege nicht ebenso behandeln wird, wie Hitler die Polen und später die Russen behandelte, steht außer Zweifel und ist moralisch lobenswert, selbst wenn nur das ganz unterschiedliche Ausmaß der eigenen Ressourcen der Grund wäre. Aber von den Begründungen, die er für seinen Krieg vorbrachte, war und ist die älteste und gewiss nicht völlig grundlose für die Zukunft der Demokratie in den USA und auch in Europa von der größten Bedeutung.

Gegen Saddam Hussein wurde der Vorwurf gerichtet, er sei im Besitz von Massenvernichtungswaffen und stelle daher eine schwere Bedrohung für die USA dar. Derartige Waffen sind indessen während des Krieges nicht zum Einsatz gelangt, und etwaige nachträgliche Funde müssten verdächtig sein. Aber da die Behauptung richtig sein kann, dass die wirklich neuartigen Massenvernichtungswaffen, nämlich die chemisch-biologischen, sich wie die ersten Personalcomputer in einer Garage produzieren und dann leicht verstecken lassen, ist nicht auszuschließen, dass nicht einmal Islamisten, sondern amerikanische Terroristen um einen »biotechnologischen McVeigh« in den USA selbst ein weit schrecklicheres Unheil anrichten als vor einigen Jahren in Oklahoma. Es müssten also in Amerika und – freiwillig oder unfreiwillig – in Europa Sicherheitsmaßnahmen getroffen werden, mit denen verglichen die entsprechenden Maßnahmen Stalins und Hitlers sich geradezu idyllisch ausnehmen würden. »Demokratie« wäre in einem solchen Weltzustand schlechthin unmöglich.

Es dürfte indessen wahrscheinlich sein, dass sich in Bälde die Überzeugung durchsetzt, die Kapazität des islamistischen Terrorismus sei bei weitem überschätzt worden und der Anschlag vom 11. September 2001 sei nicht von dem Privatmann Bin Laden von Afghanistan aus vollständig organisiert, sondern von Teilen der Geheimdienste islamischer Staaten vorbereitet worden. Nachdem die gesamte islamische und insbesondere die arabische Welt einschließlich des Irak Saddam Husseins eine so eklatante Schwäche an den Tag gelegt hat, wird keiner dieser Geheimdienste je wieder den entsprechenden Mut besitzen. Wenn Bush die Absicht haben sollte, auch den Hauptursprung des nahöstlichen Terrorismus, die Unterdrückung der Palästinenser, nicht nach den Vorstellungen der radikalen israelischen Rechten durch einen »Transfer« der Palästinenser zu beseitigen, sondern durch eine Lösung, die auch von Israel Verzichte und Opfer verlangt, könnte sogar ein echter Friedenszustand zustande kommen. Da ein amerikanischer Terrorismus vornehmlich gegen ein »Zuviel an Regierung« gerichtet sein wird, würde in der Folge wohl auch diese Drohung schwächer werden, und der in Teilen der Welt fortexistierende Kleinterrorismus durch gesprengte Lastwagen u.ä. könnte mit polizeilichen Mitteln wirkungsvoll bekämpft werden.

Aber wie der eigentlichen Herausforderung des Westens durch den Islamismus, der vom Islam nicht mehr zu unterscheiden wäre, begegnet werden könnte, ist völlig unklar, und diese Herausforderung wurde in der gigantischen Literaturproduktion zur Frage des islamistischen Terrorismus allenfalls am Rande erwähnt: nämlich die stille Revolution der demographischen Differenz, welche die »jungen Völker« der islamischen Religionswelt den »alternden Völkern« des säkularisierten Okzidents wie ein rätselhaftes Naturphänomen diesseits aller politischen Vorgänge und Entscheidungen gegenüberstellt, so dass eine Eroberung nichtkriegerischer Art möglich, ja wahrscheinlich erscheinen muss. Der Rückweg zum gelebten Christentum ist mindestens in Europa und wohl auch in den USA versperrt, und die Lösung durch die fortschreitende und energisch zu unterstützende Säkularisierung der islamischen Länder dürfte viel zu viel Zeit in Anspruch nehmen. So wird es für die westlichen Demokratien zu einer Frage von Leben und Tod werden, ob und auf welche Weise in einer säkularisierten Welt eine pronatalistische, d.h. geburtenfreundliche Politik und vielleicht sogar eine metapolitische Reaktion zustande kommen kann.

4. EIN NEUER JAKOBINISMUS IM 21. JAHRHUNDERT – VON ROBESPIERRE UND SAINT-JUST ZU CHOMEINI UND BIN LADEN?

Wer als Historiker die Jakobiner oder den Jakobinismus zum Thema machen will, der muss von dem Klub in dem Jakobinerkloster an der Pariser Rue St.-Honoré sprechen, von den konkurrierenden Klubs wie den Cordeliers und von den Abspaltungen wie den Feuillants und den Girondins. Ich werde mir das Verfahren der Geschichtsdenker zu eigen machen, deren übergreifende Durchblicke man nicht tadelt und die den Vorwurf des Konstruktivismus nicht zu fürchten brauchen.

Ich verstehe unter »Jakobinismus« in einem ersten Schritt jenen Charakter der Französischen Revolution, der unter zahllosen Zeitgenossen ein Entsetzen ohnegleichen hervorrief und der aufs engste mit einem schlechthin außerordentlichen und der Intention nach ganz positiven Anspruch verknüpft war. In diesem Sinne ist schon Sieyès dem Jakobinismus zuzuzählen, der die Revolution bereits vor ihrem Ausbruch mit dem Trompetenstoß seiner Schrift über den »Dritten Stand« einläutete, in der er die beiden führenden Stände, die Geistlichkeit und den Adel, als die Nachfahren der erobernden Germanenstämme aus der Nation ausstieß. Jakobinisch in diesem Sinne war aber auch die elementare Wut der Volksmassen, welche die längst harmlos gewordene Bastille belagert hatten und trotz der Kapitulation die Verteidiger niedermachten, deren Köpfe sie dann auf Piken zum Palais-Royal trugen. Nie würde ein Adliger oder auch ein Bürger das schreckliche »Ça ira, ça ira« vergessen, das der Forderung »Les aristocrats à la lanterne!« folgte. Freilich konnte auch kein Aristokrat den enthusiastischen Aufschwung völlig verleugnen, der die vielen Adligen der Nationalversammlung veranlasst hatte, in der Nacht des 4. August 1789 auf alle ihre Feudalrechte zu verzichten und Frankreich auf einen Weg zu bringen, der weit in eine bürgerliche und demokratische Zukunft wies. So erklärte die Gesetzgebende

Versammlung – nach den vielfältigen Aktivitäten der Emigranten und nach dem vergeblichen Fluchtversuch des Königs im April 1792 – Österreich und dem Sinn nach allen »Despoten« Europas den Krieg. Nach der zweiten und radikaleren Revolution vom 10. August 1792 und der Ausrufung der Republik, insbesondere aber nach der Hinrichtung des Königs und der Königin, konnte niemand daran zweifeln, dass ein neues Prinzip, eben »der Jakobinismus«, in Frankreich an die Macht gelangt sei, der einen Krieg auf Tod und Leben gegen den Rest Europas und den Widerstand im eigenen Lande führte. Ganz anschaulich wurde die Existenz von etwas Präzedenzlosem, als auf die Nachricht vom Vordringen der preußischen Armeen hin während der ersten Septembertage Banden von »Jakobinern« in Pariser Gefängnisse einbrachen und unter wohlwollender Duldung des Justizministers Danton viele Hunderte der Insassen ermordeten. Es dauerte nicht lange, bis der »große Terror« der Jahre 1793/94 unter der Leitung des »Wohlfahrtsausschusses« und Robespierres die schlimmsten Befürchtungen bestätigte. Ebenso schrecklich war die terroristische Kriegführung gegen den »inneren Feind«, die »königliche und katholische Armee« in der Vendée und gegen die regierenden Girondisten in Lyon: Der General Westermann schrieb an den Wohlfahrtsausschuss, es gebe keine Vendée mehr; er habe Kinder unter Pferdehufen zermalmen und Frauen massakrieren lassen; die »höllischen Kolonnen« des Generals Turreau verwüsteten ganze Landstriche bis auf die letzte Spur des Lebens. Über Lyon wurde feierlich verkündet, es existiere nicht mehr, und offensichtlich war nun, über alle abstoßenden Gepflogenheiten oder Notwendigkeiten eines Bürgerkrieges hinaus, eine neue Qualität erreicht, ein Überschritt zu einer Ideologie, die im Feind nicht mehr menschliche Wesen, sondern Schädlinge sah, die insgesamt und ohne Überprüfung der einzelnen Fälle zu vernichten waren. Aber die Jakobiner waren nur um so mehr von ihrem Recht und ihrer Mission überzeugt: Der Nationalkonvent versprach allen Völkern bewaffnete Unterstützung, die sich gegen ihre Despoten erheben würden, und Pierre Chaumette sagte voller Zuversicht voraus, das ganze Gebiet zwischen Paris und Moskau werde bald »französiert, communisiert und jakobinisiert« sein. Eroberung der europäischen Welt für »die Freiheit« war also die Maxime, und der erste »europäische Bürgerkrieg« hatte begonnen. Längst war klar geworden, dass es sich nicht um eine »bürgerliche Revolution« handelte, sondern um eine »Gleichheitsrevolution« unter der Führung von Egalitätsideologen wie Robespierre, der so wenig ein »Vorkämpfer des Bürgertums« war, dass er die Wurzel des Bösen, ja des absoluten Bösen, in »den Bürgern« wahrnahm, deren unausrottbarer Hang zum Luxus und zum Individualismus der Errichtung einer »tugendhaften«, einer gleichheitlichen Gesellschaft am meisten im Wege stand. Allerdings wurden die letzten Konsequenzen nur in Gedanken und erst zu einem Zeitpunkt gezogen, als Robespierre und Saint-Just von anderen Jakobinern am 9. Thermidor gestürzt worden waren und selbst das Blutgerüst besteigen mussten, nämlich von Babeuf und Sylvain Maréchal mit Sätzen wie den folgenden: Es gelte, »das Schicksal anzuketten«, die Grenzen der Feldmarken und die Schlüssel an den Türen zum Verschwinden zu bringen; alle Künste sollten, wenn es sein müsse, untergehen, »wenn uns nur die wirkliche Gleichheit« bleibe. Aber auch nach der Hinrichtung Babeufs blieb das Direktorium von einer so schroffen, »jakobinischen« Feindschaft gegen Emigranten und Priester erfüllt, dass es ebenso wenig als ein »bürgerliches Regime« gelten darf wie der expansive Militärstaat des einstigen Jakobiners Napoleon. Die restaurierte Monarchie Ludwigs XVIII. war indessen weit von derjenigen seines hingerichteten Bruders entfernt; und erst das Regime des »Bürgerkönigs« Louis Philippe entsprach seit 1830 in etwa demjenigen, was die frühesten der abgespaltenen Jakobiner, die Feuillants, sich vorgestellt hatten.

Die Tradition des ersten und namengebenden Jakobinismus wurde in dem ganzen – überwiegend friedlichen und nichtrevolutionären – 19. Jahrhundert am sichtbarsten von »der Arbeiterbewegung« und innerhalb ihrer vom »Marxismus« fortgeführt. Wenn Sieyès sich gegen die absolute Monarchie der ständischen Gesellschaft auf den zukunftsvollen »Dritten Stand« berufen konnte, so berief sich der Marxismus auf ein noch neuartigeres Phänomen, die aus der industriellen Revolution hervorgegangene Arbeiterklasse, welcher er den Namen »das Proletariat« gab. Diejenige Klasse, der jetzt Überholtheit und Überflüssigkeit zugeschrieben wurde, war »die Bourgeoisie«, die im Wesentlichen ohne viele Unterscheidungen und weiterführende Überlegungen als »Wirtschaftsbürgertum« verstanden wurde. Dass die »ungeheure Mehrzahl« der Proletarier sich durch ihren »Klassenkampf« auf friedlichem Wege gegen die verbliebenen »Kapitalmagnaten« durchsetzen könne, hatte Marx in »fortschrittlichen Verhältnissen«, d. h. in Westeuropa, für möglich gehalten; dass sie »die« politische Macht übernehmen und dann in der weltweiten klassen- und staatlosen Gesellschaft der Gleichen alle Politik ebenso wie alle Herrschaft abschaffen würden, war für ihn selbstverständlich. In den deutschen Reichstagswahlen vom Januar 1912 gewann die marxistische Sozialdemokratische Partei in der Tat mehr als ein Drittel aller Stimmen. Aber es war eine viel weniger bekannte Partei der internationalen Arbeiterbewegung, die das nächste Beispiel des »Jakobinismus« verkörperte und die später, zumal von den marxistischen Geschichtsschreibern der Französischen Revolution, in diesen Zusammenhang gestellt wurde.

Der Unterschied sprang freilich ins Auge: Der Krieg war das Erzeugnis der französischen Jakobiner gewesen, und der Erste Weltkrieg war die Voraussetzung für den Triumph der bolschewistischen Fraktion der russischen Sozialdemokratie im Herbst 1917. Aber dadurch konnte die Partei Lenins allen Hass der Millionenmassen meist bäuerlicher Soldaten gegen den für Russland bereits fast verlorenen Krieg als Triebkraft in ihre Dienste stellen, und der Enthusiasmus, den der Sieg der kriegsfeindlichen Partei erzeugte, ging, wie einst im Falle der Französischen Revolution, über das Ursprungsland weit hinaus und rief unter den führenden Männern – Lenin, Trotzki, Swerdlow, Sinowjew – eine Siegeszuversicht hervor, die jener älteren Zuversicht Chaumettes und anderer Franzosen mindestens gleichkam. 1919 schien Sinowjew der Sieg der »Weltrevolution« in Europa unmittelbar bevorzustehen, und Lenin glaubte wahrzunehmen, dass das »bürgerliche Europa in allen Fugen zitterte«.

Aber diese enthusiasmierende Revolution war zugleich die schreckenerregende Revolution kat'exochen. Wie einst die Aristokraten waren nun »die Bürger« vogelfrei, und es zeigte sich, dass nicht nur die pazifistische Revolution die Kriegsverantwortlichen der zaristischen Führungsschicht zur Rechenschaft zog, sondern dass die sozialistische Revolution die »Klassenvernichtung« in Gang setzte, die im Denken von Marx von »der Geschichte« und »dem Kapitalismus« zu bewerkstelligen waren. Berichte und Gerüchte über die Schreckenstaten der »Tscheka« verbreiteten sich nach der Ermordung der Zarenfamilie über ganz Europa. Und wenn sich in Frankreich nach dem Thermidor eine antijakobinische Gegenbewegung gebildet hatte, die nicht selten mit terroristischen Mitteln vorging, so wiesen die »Weißen« in Russland von Anfang an eine große Stärke auf, und sie verloren diesen ideologischen Bürgerkrieg erst nach langjährigen, harten und grausamen Kämpfen. Als der Sieg errungen und das Jahr 1923 ohne den sehnlichst erhofften »deutschen Oktober« ins Land gegangen war, da schien unter Stalin der »Sozialismus in einem Lande« an die Stelle der Utopie der Weltrevolution getreten zu sein. Aber wenn Napoleon sich selbst immer als den »Sohn der Revolution« gesehen hatte, so war mindestens nicht auszuschließen, dass Stalin gewillt war, das Leninsche Konzept auf dem Wege staatlicher Machtentfaltung durchzusetzen; jedenfalls war seine Sowjetunion nach dem Erfolg der frühen planwirtschaftlichen Industrialisierung und nach dem Ende des zweiten großen »Klassenmordes«, der »Entkulakisierung« im Rahmen der Kollektivierung der Landwirtschaft, das nach Ressourcen und militärischer Rüstung stärkste Land der Erde.

Die zahlreichen Vulgärantisemitismen, die sich in den frühen Reden Hitlers finden, haben die Aufmerksamkeit der meisten Beobachter von der Tatsache abgelenkt, dass an allen wesentlichen Stellen »Juden« von ihm mit »Marxisten« und mit »Bolschewisten« zusammengebracht werden, dass also sein »Antisemitismus« nicht von seinem Antimarxismus und Antibolschewismus getrennt werden darf. So heißt es in einer ganz frühen Rede des noch völlig unbekannten Parteiredners im Frühjahr 1920, die richtige Maxime müsse lauten: »Nicht ›Proletarier aller Länder, vereinigt euch‹, sondern ›Antisemiten aller Länder, vereinigt euch‹!«, und zwanzig Jahre später sagte der »Führer und Reichskanzler des Großdeutschen Reiches« in seiner Rede vom 30. Januar 1939: »Über die jüdische Parole ›Proletarier aller Länder, vereinigt euch‹ wird eine höhere Erkenntnis siegen, nämlich ›Schaffende Angehörige aller Nationen, erkennt euren gemeinsamen Feind‹.« Schon diese auffallende Übereinstimmung sollte genügen, um zu beweisen, dass Hitler gewiss auch der Überwinder von »Versailles«, aber allem zuvor der »Zerbrecher des Marxismus« sein wollte, wie er in seiner Verteidigungsrede vor dem Münchener Volksgericht sagte. Und seine frühen Reden sind voll von Ausdrücken des Entsetzens, der Erbitterung und des Hasses gegenüber dem Bolschewismus und Sowjetrussland: Im »russischen Leichenhaus« habe die »Ermordung der nationalen Intelligenz« stattgefunden; im »Blutsumpf des Bolschewismus« spielten »wahre Schlachthäuser« eine hervorstechende Rolle. An der Aufrichtigkeit von Hitlers Antimarxismus und Antibolschewismus sollte kein Zweifel möglich sein, und im Zusammenhang unseres Themas drängt sich die These auf, Hitler sei der radikalste und mächtigste Vorkämpfer des Antijakobinismus gewesen. Dass er die Juden für die Urheber des Jakobinismus erklärte, scheint vor dem Hintergrund der Französischen Revolution freilich absurd, aber im Rahmen der Geschichte des frühen Sozialismus ist sein Antijudaismus nichts Überraschendes, und auch Charles Fourier und Moses Hess hätten von dem »Golddrachen Juda« sprechen können. Das Neuartige war, dass für Hitler der jüdische Revolutionär oder Jakobiner weit mehr im Vordergrund stand als der »Geldmensch« und Urheber der Moderne. Aber das ganz Individuelle und Charakteristische besteht erst darin, dass er wiederholt dem Sinne nach einen »Antibolschewismus von bolschewistischer Entschlossenheit« forderte und dadurch viel stärker zu jener Nachahmung getrieben wurde, die auch im Handeln der ersten Antijakobiner zu erkennen war. Wenn er schon in seiner frühesten Zeit die antisemitische Bewegung als den »Kampf des betrogenen und ausgebeuteten Volkes gegen seine Ausbeuter und Betrüger« bezeichnet, dann bedient er sich offenbar eines marxistischen Konzepts, und eine innere Logik zwingt ihn, an die Stelle der Forderung nach der sozialen Vernichtung der Bourgeoisie das Postulat der biologischen Vernichtung der Juden als der angeblichen Urheber des Marxismus und des Bolschewismus zu setzen. Hitler ist also der am meisten jakobinische aller Antijakobiner zu nennen. Aber wenn die Stärke und Verbreitung der geschichtlichen Tradition, auf die Hitler sich berufen konnte, immer wieder unterschätzt worden ist, so ist seine letzte Zielsetzung der Gegenwart nicht so fremd, wie die Einkleidung in antisemitische Redewendungen vermuten lässt. Wenn man eine kennzeichnende Wendung aus *Mein Kampf* mit einer programmatischen Aussage von Nikolai Bucharin zusammenstellt, dann wird ganz deutlich, worum es Hitler letzten Endes ging. Bucharin schrieb 1918, alle Vaterländer seien bereits vernichtet und in Zukunft würden alle Völker der Welt »eine große einmütige Arbeitsfamilie« bilden. Vier Jahre später sagte Hitler in einer Rede: »Zion« heiße »Weltbörse – Weltpresse – Weltkultur – Weltsprache« und das bedeute nichts anderes als allgemeine Sklaverei. Was Hitler hier im Auge hat und wofür er, offenbar zu Unrecht, einem kleinen, wenngleich außerordentlich bedeutenden Volk die Alleinschuld zuschreibt, ist mithin nichts anderes als die in die Zukunft verlängerte »Weltzivilisation«. So viele gute Gründe man im Einzelnen für das Scheitern von Hitlers Plänen anführen kann – vornehmlich seinen fortexistierenden Nationalismus –, so macht doch gerade diese Überlegung es wahrscheinlich, dass ihm eine weit mächtigere Tendenz im Wege stand als die Aktionen des Bolschewismus oder gar bloß das Wirken von dessen jüdischem Bestandteil.

Was auf den ersten Blick als die weit überproportionale Einleitung zur Behandlung der eigentlichen Fragestellung dieses Vortrags erscheint, nämlich der Frage, ob es auch im 21. Jahrhundert

Jakobinismen gebe oder geben werde, ist in sich bereits ein Teil der Antwort. Sonst würde nämlich die These »in der Luft hängen«, die ich nun in äußerster Kürze zu begründen gedenke: die These, dass der Islamismus als der Jakobinismus des 21. Jahrhunderts zu betrachten sei und dass sich außer ihm kein ideologisches Phänomen wahrnehmen lasse, dessen Entfaltung zu einer welthistorischen Kraft wahrscheinlich sei. Diese Annahme oder Behauptung muss ein hohes Maß an Befremden hervorrufen. Wenn dem französischen Jakobinismus *ein* Charakter mit Sicherheit zugeschrieben werden kann, dann ist es der, dass er einen wichtigen Faktor im Prozess der »Säkularisierung« der westlichen Gesellschaft dargestellt habe. Der Islamismus dagegen kämpft in allen seinen Formen gerade *gegen* diese »Säkularisierung« als ein dem Islam schroff entgegengesetztes Phänomen, das überall dort rückgängig zu machen sei, wo es sich, wie etwa in der kemalistischen Türkei, durchgesetzt habe. Überdies richtete sich, so meint man, der Jakobinismus Robespierres und Dantons als eine neue, dynamische und verändernde Kraft gegen etwas Altes, ein »Ancien régime«, während der Islam als solcher ein derartiges, seit Jahrhunderten nur wenig verändertes, ja erstarrtes »Ancien régime« sei, das auch von den Islamisten einer jüngeren Generation nicht frontal angegriffen werde.

Aber der Islam war seit den Zeiten Mohammeds eine missionierende, erobernde, das Religiöse mit dem Politischen verschmelzende Religion gewesen, welche die nationalen und ethnischen Grenzen geringschätzte und ob ihrer Einfachheit und Mysterienlosigkeit schon in sich jene »Einheit der Menschheit« vorwegnahm, die er in einem hartnäckigen, nur durch Waffenstillstände unterbrochenen Kampf gegen die »Ungläubigen« des »Kriegsgebiets« – des »dar al-harb« – herbeiführen wollte, so dass die ganze Erde zum Friedensgebiet, – dem »dar al-islam« – geworden sein würde. Umso härter musste es die Muslime treffen, dass sie seit dem Beginn der Neuzeit mehr und mehr hinter Europa zurückgeblieben und zeitweise zu einem Besitz oder zu einem Protektorat des Westens herabgesunken waren. Der schlimmste Schlag, der dem Islam zugefügt wurde, bestand in der Gründung des Staates Israel, die als Einpflanzung einer feindlichen Kolonie mitten in seinem Zentrum empfunden wurde – für die besonderen geschichtlichen Voraussetzungen dieser zionistischen Staatsgründung und deren Zusammenhang mit dem Versuch einer »Endlösung der Judenfrage« durch Hitler legte man wenig Verständnis an den Tag.

Auf drei unterschiedlichen Wegen wurde der Versuch gemacht, diese als Unterdrückung und Überwältigung empfundene Situation zu ändern.

Im Bereich der Ideen und des Selbstverständnisses suchte ein Denker wie der Ägypter Sayyed Qutb den alten weltweiten Anspruch des Islam zu erneuern und mit einer besonders entschiedenen Zurückweisung der westlichen Lebenswelt zu verbinden, die er durch einen zweijährigen Aufenthalt in den USA kennengelernt hatte und die ihn durch ihren Materialismus, ihren hochmütigen Rassismus und die herrschende sexuelle Freizügigkeit mit Verachtung und Hass erfüllte. Ihr Anthropozentrismus sei eine tödliche Krankheit, deren sich der Islam aber nur dann erwehren könne, wenn er seinen ältesten und »revolutionären« Anspruch wiederaufgreife, nämlich »die Führung der Welt« zu übernehmen. Das wiederum könne er nur tun, wenn er den technischen Fortschritt des Westens nicht einfach zurückweise, sondern ihn sich auf unverwechselbare Weise zu eigen mache. Als wichtigster Denker und als Aktivist der Moslem-Bruderschaft stand Qutb in offener Opposition zu dem »arabischen Sozialismus« und der Sowjetfreundlichkeit Gamal Abdel Nassers, und im August 1966 wurde er, eben 60 Jahre alt, durch den Strang hingerichtet.

Aber seine Schriften wurden wie diejenigen seiner Mitkämpfer, etwa des Inders al-Mawdudi, von jüngeren Intellektuellen der islamischen Länder eifrig gelesen, und in der Literatur findet sich sogar die Behauptung, ihr Einfluss sei mit demjenigen zu vergleichen, den in Europa das *Kommunistische Manifest* gehabt habe.

Mit vielen anderen Voraussetzungen und Umständen verknüpft, wurde der islamistische Gedanke in dem revolutionären Umsturz zur Tat, der 1978/79 den Ayatollah Chomeini im Iran in einer Ereignisfolge zur Herrschaft brachte, welche die verschiedenen Etappen der Französischen Revolution in einen kurzen Zeitraum konzentrierte und der klassischen Vorstellung von »Revolution« jedenfalls weit mehr entsprach als der putschähnliche Aufstand der Bolschewiki 1917 und die semilegale »Machtergreifung« Hitlers 1933. Chomeini stand Hitler insofern näher als den französischen Jakobinern, als er schon früh gegen die Minderheit der Bahais als »Agenten des Zionismus« vorging und immer wieder die Vernichtung Israels als der »Quelle der Korruption in der islamischen Welt« verlangte. Aber die Ähnlichkeit mit Robespierre war insofern nicht zu übersehen, als er mit großer Tatkraft alle Ansätze zu Kompromissen bekämpfte und die Alleinherrschaft seiner theokratischen Partei gegen die zunächst sehr wichtigen Gruppierungen der radikalen Linken durchsetzte. Im Verlauf dieser Kämpfe erklärte er, wie es einst Hitler getan hatte, »den Marxismus« für den Hauptfeind, und auch in der westlichen Literatur wurde nun nicht selten der Begriff »Islam-Faschismus« auf die iranischen Revolutionäre angewandt. Die aber scheuten sich nicht, nach der definitiven Etablierung ihrer Herrschaft in der Präambel der Verfassung die Zielsetzung der »Revolutionsgarde« als »Ausbreitung der Souveränität des göttlichen Gesetzes über die ganze Welt« zu bezeichnen.

Die Schriften von Sayyed Qutb hatten in der westlichen Welt trotz ihres außerordentlichen Anspruchs kaum Beachtung gefunden; die iranische Revolution weckte Fragen und Besorgnisse, aber zu dem Entsetzen, das von dem »großen Terror« der Jakobiner, der »Vernichtung der Bourgeoisie« durch die Bolschewiki und, mit relativer Verspätung, von dem »Holocaust« Hitlers erzeugt worden war, fehlte das Analogon. Dieses Entsetzen, das von der chinesischen »Kulturrevolution« und dem antistädtischen Massenmord durch Pol Pot in Kambodscha *nicht* hervorgerufen worden war, kam wie ein Blitz und breitete sich sofort über die ganze Welt aus, als islamistische Terroristen – nach zunächst fast allgemeiner Überzeugung auf Befehl des in Afghanistan lebenden Führers der Organisation »al-Qaida«

Osama Bin Laden – in einer völlig präzedenzlosen Aktion vollbesetzte Passagierflugzeuge kaperten und als eine Art von lebendigen Bomben am 11. September 2001 gegen die beiden Türme des World Trade Center in New York (sowie mit geringeren Auswirkungen gegen das Pentagon in Washington) lenkten, die nach kurzer Frist einstürzten und an die 3 000 Menschen unter ihren Trümmern begruben. Hier handelte es sich wirklich um das nicht bloß symbolische »Herz der kommerziellen Welt« (und der überstarken Militärmacht der USA), um das Zentrum des »großen Satans«, von dem Chomeini so oft gesprochen hatte. Deshalb darf dieses Ereignis trotz der vergleichsweise kleinen Dimension als ideologisches Verbrechen jenen Untaten an die Seite gestellt werden. Aber auch der Enthusiasmus fehlte nicht, denn die Zustimmung verbreitete sich in der islamischen Bevölkerung vieler Länder wie ein Rausch.

So darf man den Islamismus, der nicht eine »Politisierung«, sondern allenfalls eine Re-Politisierung der von Anfang an politischsten aller Religionen ist, aus guten Gründen als den noch in der Entwicklung befindlichen Jakobinismus des 21. Jahrhunderts bezeichnen. Diese Bestimmung bedeutet nicht eine Gleichsetzung. Es sind vielmehr gerade die Unterschiede der Arten innerhalb der übergreifenden Gattung, die das Nachdenken besonders herausfordern sollten. Der Jakobinismus der Bolschewiki war um vieles radikaler als derjenige der Französischen Revolution, und der Anti-Jakobinismus Hitlers war unvergleichlich revolutionärer, dem Schreckbild ähnlicher, als es der Antijakobinismus der »jeunesse dorée« in Frankreich gewesen war. Aber Unterscheidbarkeit und Gegensatz gingen nicht verloren, denn Hitler siegte nicht dadurch, dass er die führenden, die konservativen Kräfte frontal angriff, sondern dass er sich mit ihnen temporär verbündete und eine »umwegige« Revolution in Gang setzte. Chomeini und Bin Laden dagegen agierten aus der Mitte einer konservativen Macht heraus, die sie mindestens tendenziell tiefgreifend veränderten, zumal da einige ihrer Anhänger einen Zusammenhang mit jener demographischen Entwicklung herstellten, welche die Muslime in wenigen Jahrzehnten zur Mehrheit in dem »jüdischen Staat« Israel (und letztlich sogar in ganz Europa) machen würde, wenn dieser eine Demokratie bleibt und den Palästinensern einen eigenen Staat weiterhin verweigert.

Insofern ergibt sich das paradox erscheinende Resultat, dass der Islamismus zwar kein Faschismus ist, aber diesen insofern bestätigt, als heute der Frontalangriff gegen »das Bestehende«, wie ihn die Bolschewiki zugunsten einer Utopie führten, die der real fortschreitenden, der amerikanischen Weltzivilisation ebenso unähnlich wie ähnlich ist, gerade aus inneren Gründen zum Scheitern verurteilt ist. Aber in seinem Scheitern hat der ursprüngliche, universalistische Jakobinismus mit seinem Ziel der einen, unterscheidungslosen Menschheit dazu beigetragen, dass die differenzierte Menschheit der Weltzivilisation zur Realität wurde. Eine noch nicht entscheidbare Frage ist die, ob Faschismus und Islamismus als Vorkämpfer von Partikularitäten ganz unterschiedlicher Art daran mitwirken werden, dass die Menschheit der Weltzivilisation nicht bloß nach pragmatischen Notwendigkeiten differenziert, sondern auch nach historischen Antezedentien gegliedert ist. Nicht bloß nicht geklärt, sondern nicht einmal gestellt ist die scheinbar gegenläufige Frage, ob sich auch ein neuer Antijakobinismus abzeichnet, der in der unverhüllten Vorbereitung, ja Postulierung von Angriffskriegen als Antwort auf die Bedrohung durch den »internationalen Terrorismus« seinen Anfang haben könnte.

Zum Abschluss will ich einen Gedanken skizzieren, der Befremden hervorrufen muss. Auch und gerade in den Vereinigten Staaten war der Universalismus eine frühe und überaus machtvolle Realität, aber er bildete sich nur marginal zu der Utopie der gleichheitlichen, nicht einmal mehr nach fixierten Berufen unterschiedenen Menschheit fort. Es gab Tendenzen zum Jakobinismus, etwa beim »Teeren und Federn« der Loyalisten, und bald nach 1790 tauchten Bilder auf, die den Präsidenten Washington unter der Guillotine zeigten. In der Epoche der »Jacksonier« um

1830 wurde von Egalitätsideologen wie Frances Wright die Forderung erhoben, alle Kinder zu uniformieren, der gleichen Erziehung zu unterwerfen und mit den gleichen Speisen zu ernähren. Drei Jahrzehnte später sah es für einige Zeit so aus, als würde der radikale Flügel unter den Politikern der Nordstaaten imstande sein, die führende Schicht der besiegten »Konföderierten« nicht nur durch die Befreiung der Sklaven zu schwächen, sondern mittels der Enteignung ihres Grundbesitzes zu vernichten. Aber weder ein Jakobinismus noch ein Antijakobinismus vermochte sich als herrschende politische Kraft auch nur zeitweilig zu etablieren. In den Wechselspielen eines im Vergleich zu Europa extrem vereinfachten Parteiensystems vollzog sich die Entwicklung »des Kapitalismus«, dessen jüngste Stufe man besser als die »technisch-wissenschaftliche Konkurrenzökonomie« bezeichnen sollte, trotz einiger schwerer Krisen im Wesentlichen störungsfrei. Eben dieser unblutige, von politischen Revolutionen und Jakobinismen freie Prozess erwies sich als die umwälzendste, revolutionärste Kraft, die es je gegeben hat und die in einem bekannten Buchtitel als die *World Revolution of Westernization* (Theodore H. von Laue) gekennzeichnet wird.

Die heftigen Proteste der Islamisten machen nur ganz besonders deutlich, was man auch bei Robespierre und Saint-Just als das re-aktionäre Streben nach einem »Staat der Tugend« identifizieren muss, den die Islamisten als »Gottesstaat« bezeichnen. Doch so abstrakt dieser künftige Mensch der »Nachgeschichte« sein mag, so bleibt er doch immer »der Mensch«, und kein Jakobinismus hatte einen nachmenschlichen Zustand im Auge. Eben dahin aber könnte die scheinbar unrevolutionäre, nichtjakobinische Entfaltung der amerikanischen Entwicklung führen, die man heute ohne weitere Unterscheidungen »Globalisierung« nennt. Vielleicht ist den gegenwärtigen und künftigen Menschen des 21. Jahrhunderts keine schwierigere und dringendere Aufgabe gestellt als die, sich diesseits von Anklage, Apologie und vorschnellen Lösungsversuchen diese Frage in ihrem ganzen Gewicht vor die erschrockenen Augen zu stellen.

5. NEW YORK – AFGHANISTAN: SPÄTER KRIEG DER GESCHICHTE ODER FRÜHE POLIZEIAKTION DER WELTZIVILISATION?

Kaum waren die Terroranschläge gegen das World Trade Center in New York und das Pentagon in Washington geschehen und für zahllose Menschen in der Welt durch das Fernsehen so anschaulich wie nur möglich geworden, da waren plötzlich zwei Wörter wieder in aller Munde, die man in der westlichen Welt seit langem zu vermeiden gesucht hatte, nämlich die Wörter »Krieg« und »Feind«. Der Zivilisation sei der Krieg erklärt worden, hieß es, und der amerikanische Präsident, um Fassung ringend, erklärte mit großem Nachdruck, diesen Krieg gegen diesen Feind werde Amerika gewinnen und der Gegenschlag werde nicht auf sich warten lassen.

Aber was sich in New York und Washington ereignet hatte, war weniger als ein Krieg, obwohl der Terminus »Terroranschlag«, der ja seit vielen Jahren häufig verwendet worden war, nicht als adäquat gelten konnte. Jeder der größeren Luftangriffe, die während des Zweiten Weltkriegs gegen deutsche und japanische Städte geführt worden waren, hatte räumlich weit größere Gebiete verwüstet – ganze Stadtviertel oder sogar Städte, und immer waren die Urheber genau bekannt, nämlich die Feinde, denen man zuvor selbst den Krieg erklärt hatte.

Und dennoch waren die Ereignisse von New York und Washington mehr als ein Krieg. In keinem der Kriege des 20. Jahrhunderts waren in drei einzelnen Gebäuden mehr als 3 000 Menschen zu Tode gekommen, denn so gut wie immer waren die Alarmsirenen ertönt und hatten die Menschen Schutzräume aufsuchen können; sogar die schrecklichsten Katastrophen – die Vernichtung Hiroshimas und Dresdens – konnten erwartet werden. Entfernte Analogien stellten nur der japanische Angriff auf die amerikanische Ostasienflotte in Pearl Harbor und die englische Zerstörung deutscher Talsperren dar. Zwar hatte es während der letzten Kriegsmonate in Japan und auch in Deutschland »Kamikaze«-Angriffe gegeben, aber es war ein schlechthin präzedenzloser Vorgang, dass vollbesetzte Verkehrsflugzeuge durch Selbstmordattentäter zu todbringenden Bomben gemacht wurden. Das Entsetzen über das Präzedenzlose, das Singuläre, war allgemein, während der Beginn des Ersten und selbst des Zweiten Weltkrieges keineswegs Entsetzen ausgelöst hatte, denn sogar im Jahre 1939 war die überlieferte Auffassung noch weit verbreitet, dass der Krieg ein »Glied in Gottes Weltordnung« sei.

Eben diese Auffassung war seit 250 Jahren von Philosophen und Intellektuellen mehr und mehr in Zweifel gezogen worden – auf dem höchsten Niveau von Kant, der den »weltbürgerlichen«, d. h. den nichtkriegerischen Zustand für das Ziel der Geschichte erklärte, bis hin zu den populären Vorstellungen, nur die Streitigkeiten der Monarchen oder der »Herrschenden« förderten »Feindbilder« und zwängen den friedlich gesinnten Völkern Kriege auf. So glaubten die Amerikaner sowohl im Ersten wie im Zweiten Weltkrieg, sie führten nun den »letzten Krieg« gegen den letzten »Feind der Menschheit«. Die eigenen Kriege in Vietnam und später in Serbien ließen sich als Verteidigung eines angegriffenen Verbündeten oder als »humanitäre Intervention« verstehen. Nie aber war Amerika im eigenen Lande von Kriegseinwirkungen betroffen worden.

Eben dies war am 11. September 2001 geschehen, und diesmal war der Feind unbekannt. Dass es sich um »islamistische Terroristen« handelte, war zunächst nur eine Vermutung; dass ein Staat die Basis dieser Terroristen war, ließ sich nicht beweisen. Netze von Mitwirkenden und Sympathisanten gab es vermutlich in großen Teilen der Welt und mit Sicherheit in allen islamischen Ländern. Aber ein »Gegenschlag« konnte nur gegen einen Staat geführt werden, wenn man darunter nicht ein jahrelanges, zähes und meist unsichtbares Ringen im Untergrund der terroristischen Organisationen und der Geheimdienste verstehen wollte. Daher traf es sich gut, dass Amerika schon seit Jahren auf einen führenden Kopf der Terroristen, nämlich Bin Laden, fixiert und dass dessen gegenwärtiger Aufenthalt bekannt war, nämlich

Afghanistan. So brauchte man sich nicht einzugestehen, dass der »Antiamerikanismus« in der ganzen islamischen Welt weit verbreitet war und dass es eine sehr konkrete Hauptursache dafür gab, nämlich die so gut wie bedingungslose Unterstützung für den aggressiven Abwehrkampf Israels gegen seine arabischen Nachbarn und insbesondere die Palästinenser. Tatsächlich schlossen sich nahezu alle Regierungen islamischer Staaten dem »Kampf gegen den Terror« an, nicht anders als die Großmächte Russland und China, die sich ihrerseits von islamistischen Tendenzen in Tschetschenien bzw. in Sinkiang bedroht fühlten. So begann am 7. Oktober 2001 der Krieg der Amerikaner und Engländer gegen Afghanistan, der nicht ein Krieg gegen einen Staat, sondern eine weltweit unterstützte Polizeiaktion gegen das Regime der »Taliban« sein wollte, weil dieses sich weigerte, Bin Laden auszuliefern.

Aber was sich nun abspielte, wies viele Kennzeichen eines genuinen Krieges auf: schwere Luftangriffe auf Stellungen und Stützpunkte des Feindes in den Städten und Dörfern eines durch die vorhergehenden Kriege und Bürgerkriege schon weitgehend verwüsteten Landes, nicht wenige Opfer unter der Zivilbevölkerung und sonstige schwere »Kollateralschäden« wie zehn Jahre zuvor im Golfkrieg.

Und dennoch war dieser Krieg kein gewöhnlicher Krieg, wie es ihn in der bisherigen Geschichte schon Tausende von Malen gegeben hatte. Dass Soldaten »Mörder« seien, war lange Jahre ein pazifistischer Slogan gewesen, der weit verbreitet, aber töricht war: Soldaten töten im Kriege, aber sie sind auch bereit, sich töten zu lassen, und deshalb sind sie keine Mörder und ist der Krieg nicht ohne eine eigentümliche Würde. Aber die Kampfflugzeuge, die Afghanistan bombardierten, flogen in solchen Höhen, dass sie für die Abwehrgeschütze nicht erreichbar waren, und damit war das uralte Ethos des Krieges nicht mehr gegeben; wenn es sich um einen Krieg handelte, dann waren diese Soldaten tatsächlich »Mörder«. Und wenn es sich um einen Krieg handelte, dann waren mindestens die deutschen Politiker, die Amerika ihre »bedingungslose Unterstützung« zusagten, der »Vorbereitung eines

Angriffskriegs« schuldig und mithin Verfassungsfeinde, ganz wie der amerikanische Präsident nach dem Wortlaut des Kellogg-Paktes als »Kriegsverbrecher« gelten musste.

Aber niemals zuvor in der Weltgeschichte hatte ein Krieg die einhellige Unterstützung von nahezu allen Regierungen der Welt und auch des Sicherheitsrats der Vereinten Nationen gefunden, und es sprach viel dafür, dass es sich tatsächlich um eine »Polizeiaktion« handelte, mit der die »Weltzivilisation« sich gegen eine schwerwiegende Bedrohung zur Wehr setzte. Polizisten, die kugelsichere Westen tragen und ihre Aktionen gut vorbereiten, trifft kein Vorwurf, wenn nur die Verbrecher auf dem Platze bleiben und wenn unter dem Zwang der Umstände auch Unschuldige betroffen sind.

Aber auch dann, wenn dasjenige, was bloß äußerlich einem Krieg ähnelte, erfolgreich zu Ende gebracht wurde, wird aller Vermutung nach eine ganz neuartige Gestalt des Krieges in einer Weltzivilisation vorhanden bleiben, die von einer »einzigen Weltmacht« bestimmt wird. Mit dem Taliban-Regime und mit Bin Laden ist nämlich die Möglichkeit des Terrors nicht verschwunden. Es dürfte eine vergebliche Hoffnung sein, dass durch einen entschiedenen Kampf gegen die Armut und durch eine »gerechte Lösung des Nahostkonflikts« der Terror hinstirbt, weil sein Nährboden ausgetrocknet wird. Wenn sich die vorhandenen Ungleichheiten und Konflikte in der Weltzivilisation tatsächlich abschwächen, so wird das Bewusstsein der verbleibenden Ungleichheiten und Konflikte wachsen, und der Anschlag vom 11. September 2001 dürfte zum mythischen Vorbild für viele werden, welche »die Macht« bekämpfen und selbst eine noch stärkere Macht ausüben wollen. Wenn selbst der Philosoph des »herrschaftsfreien Diskurses« vor dem »Sicherheitsstaat« der Zukunft warnt, dann kann die Möglichkeit jedenfalls nicht ausgeschlossen werden, dass »die Weltzivilisation« im nächsten Jahrhundert zwar keine Kriege als Staatenkämpfe mehr kennt, aber weit mehr einem permanenten Kriegszustand nach dem Muster der Kontrollen auf den Flughäfen ähneln wird als jenem idyllischen Zustand allgemeiner Liebe unter den Menschen, von dem insbesondere die Frühsozialisten so anrührende Bilder entworfen haben.

Aber heißt das nun, dass Kant und Saint Simon im Unrecht waren und dass die einst so selbstverständliche Konzeption von Krieg und Feindschaft als Grundwirklichkeiten, wenngleich tief verändert, wieder in den Vordergrund tritt?

Es ist merkwürdig, dass über die Bedeutung des 11. September für die Gegenwart und für die Zukunft Zehntausende von Reden und Artikeln gehalten bzw. geschrieben worden sind, dass aber kaum je darüber nachgedacht wurde, ob die Terroranschläge und das aus ihnen resultierende Entsetzen auch der Erhellung der Vergangenheit dienen können.

Die Zerstörung des World Trade Center löste Entsetzen aus, weil sie präzedenzlos und bis dahin unvorstellbar war. Sogar der Ausbruch des Zweiten Weltkriegs rief als solcher kein Entsetzen hervor; erst in seinem Verlauf geschah Vorgangloses, Entsetzliches, und mit Ausnahme der Atombombenabwürfe wurde all das – zumal der »Holocaust« – erst nach dem Ende der Feindseligkeiten bekannt.

Verbreitetes Entsetzen hatte aber schon vor dem Ende des Ersten Weltkrieges die Russische Revolution hervorgerufen, und der linksorientierte Korrespondent einer großen deutschen Zeitung hatte von dem »Gräßlichen« – und tatsächlich in der europäischen Geschichte Vorganglosen – geschrieben, das sich in allen Städten des unglücklichen Russland vollziehe, nämlich »die planmäßige Vernichtung einer ganzen Gesellschaftsklasse«. Aber eben dieser Vorgang hatte ebenso viel Enthusiasmus oder doch Zustimmung hervorgerufen, weil viele Menschen der Meinung waren, eben diese Gesellschaftsklasse und deren System, »der Kapitalismus«, trage die Schuld an dem »Gemetzel« des Krieges.

Nur in den europäischen Randbezirken des »Bürgertums«, der in Russland vernichteten Gesellschaftsschicht, wirkte das Entsetzen fort, und die wichtigste Folge bestand darin, dass der Zweite Weltkrieg kein bloßer Staatenkrieg mehr war, sondern ein europäischer Bürgerkrieg zwischen feindlichen Ideologien. Aber zu viele Vorstellungen, Interessen und auch Einsichten wirkten mit, um die Fortwirkung jenes ersten Entsetzens unsichtbar zu machen und dem zweiten, dem stärkeren Entsetzen, demjenigen über den »Holocaust« und die »NS-Verbrechen«, nicht nur den wichtigeren, sondern den einzigen Platz einzuräumen. Dass der »Kalte Krieg« eine tiefgreifend veränderte Fortsetzung des »Europäischen Bürgerkriegs« war, wurde nur selten wahrgenommen, aber er war in der Tat zugleich etwas anderes, denn er lief in keinen wirklichen Krieg aus.

Das Entsetzen über die Terroranschläge sollte also nicht nur Anlass zu Vermutungen über die Zukunft, sondern auch zum Nachdenken über die Vergangenheit sein. Dann lässt sich ein Zusammenhang erkennen, der von den Staatenkriegen des 19. Jahrhunderts und den Anfängen des Ersten Weltkriegs zu den ideologischen Bürgerkriegen der längsten Zeit des 20. Jahrhunderts und dann zu dem terroristischen Angriff gegen eine entstehende »Weltzivilisation« führt, welche weit weniger idyllisch und konfliktfrei ist, als die Protagonisten wie Condorcet und Kant es sich vorgestellt haben. Aber nur sie hatten eine Idee von »Transzendenz«, und sie waren gegenüber der Lehre vom Krieg als einem »Glied in Gottes Weltordnung« im Recht, so gewiss denjenigen Denkern, die sich vor der Zukunft der Weltzivilisation ängstigten, und den entsprechenden politischen Tendenzen nicht völlig Unrecht zu geben ist.

IV.

INTERVIEWS

1. INTERVIEW MIT ALDO PARMEGGIANI

Herr Professor Nolte, Sie sind ein Interpret des 20. Jahrhunderts und der totalitären Bewegungen dieses Zeitalters. Man wirft Ihnen vor, den Nationalsozialismus und insbesondere »Auschwitz« zu relativieren.

Diejenigen, die Auschwitz nicht relativiert sehen wollen und den Nationalsozialismus insbesondere, müssen ihn auf diese oder jene Weise absolut setzen. Sie sehen in der Regel, in ihm oder insbesondere dann in Auschwitz, ein absolutes Böses. Ich glaube, dass ein Historiker sich mit dieser Auffassung, die ich »quasi theologisch« nennen würde, nicht abfinden kann. Ein Historiker muss historische Phänomene zueinander in Beziehung setzen. Er muss sie relationieren. Das bedeutet aber nicht, dass er auch in seinem moralischen Urteil schwankt. Er kann ein sehr eindeutiges moralisches Urteil fällen, obwohl er die betreffenden Phänomene zu anderen Phänomenen in Beziehung setzt, und ich glaube insbesondere, dass der Nationalsozialismus zu seiner wichtigsten Voraussetzung, nämlich der kommunistischen Bewegung in ihrer sowjetischen Gestalt, in Beziehung gesetzt werden muss. Das ist, wie ich meine, keineswegs eine moralische Relativierung und nur der Vorwurf einer moralischen Relativierung wäre berechtigt.

Wie stellen Sie sich zu den Angriffen verschiedener Historiker auf die katholische Kirche und ihr Verhältnis zum Nationalsozialismus?

In meinem Buch *Streitpunkte* habe ich die Frage der Affinitäten angesprochen und habe die These aufgestellt, dass so gut wie jede bedeutende Erscheinung in Deutschland und außerhalb Deutschlands gewisse Affinitäten zum Nationalsozialismus aufgewiesen hat. Das gilt auch für die katholische Kirche, z. B. war der gemeinsame Antikommunismus sicher eine solche Affinität. Diese Affinität schloss aber Gegensatz und sogar Feindschaft nicht aus, z. B. im Bezug auf die ganze Rassenlehre. Ähnliche Affinitäten und gleichzeitig Feindschaften gab es aber sogar zwischen dem Nationalsozialismus und dem Kommunismus. Man braucht sich nur den Aufruf der kommunistischen Partei zur nationalen und sozialen Befreiung des deutschen Volkes aus dem Jahre 1930 vor Augen zu stellen, den ein junger Mensch, wenn er ihn heute läse, ohne weiteres als nationalsozialistisch bezeichnen würde. D.h. es gibt, weil der Nationalsozialismus ein vielseitiges Phänomen war, das mancherlei Aspekte aufwies, Affinitäten und Nichtaffinitäten auf vielen Seiten. Die katholische Kirche macht da keine Ausnahme. Wer ausschließlich die Affinität betont und die Nichtaffinität oder sogar Feindschaft unterschlägt, hat es leicht, eine Kampfschrift zu schreiben. Aber ich glaube, dass solche Kampfschriften wenig Wert haben. Man muss beides sehen im Bezug auf alle einschlägigen Phänomene und auch im Bezug auf die katholische Kirche. Man kann ein solches Pamphlet wie das berühmte Drama von Rolf Hochhuth, mit dem 1963 eigentlich die Kritik an der katholischen Kirche angefangen hat, meines Erachtens möglicherweise als Drama ernstnehmen, aber nicht als Gedankengang. Es ist großenteils billige Polemik, mit der ein Historiker auf keinen Fall zufrieden sein kann.

Wie beurteilen Sie die Ankündigung des Papstes zu einem erst vor kurzem in Aussicht gestellten Schuldbekenntnis der katholischen Kirche an dem Holocaust-Verbrechen?

An und für sich habe ich immer die These vertreten, dass Selbstkritik eine der bedeutendsten und positivsten Eigenschaften dessen ist, was ich das »Liberale System« nenne. Die katholische Kirche, die ja am Anfang dieses Systems steht, aber dann doch sich ihm auch mehr und mehr entgegenstellte, ist im Gegensatz dazu durch den Besitz eines festen und dogmatischen Glaubens gekennzeichnet. Dass sie heute sich in die Spuren dieses »Liberalen Systems« begibt, ist ein Zeichen dafür, dass sich sehr viel verändert hat, wie ja auch z. B. der Ökumenismus ein Zeichen dafür ist, dass sich viele alte Gegensätze abschleifen. Man kann also diese Bereitschaft zur Selbstkritik durchaus als etwas Positives sehen, und es gibt ja unzweifelhaft allerlei Gründe zur Selbstkritik. Aber diese Selbstkritik muss aus einem In-sich-Gehen vollzogen werden. Etwa in Bezug auf die Inquisition, etwa in Bezug auf die Bartholomäusnacht und die Feier, die in Rom auf die Bartholomäusnacht folgte, obwohl es sich um einen Massenmord handelte, ist Selbstkritik sicherlich angebracht, und in Bezug auf das Schweigen der Bischöfe zu der Deportation der Juden ist es ebenfalls angebracht. Aber ich meine als Historiker, dass daraus nicht eine Analogie zu jenen Verfahren derjenigen meiner Kollegen werden sollte, die eben ausschließlich ihre Aufmerksamkeit auf die Affinität und damit auf die Kritik konzentrieren und die über die echte Nichtaffinität und Feindschaft einfach hinweggehen. Und so glaube ich z. B., dass die katholische Kirche nicht recht daran tut, sich lediglich im Hinblick auf ihr Verhältnis zum Judentum an die Brust zu schlagen und darüber zu vergessen, dass das Verhältnis zwischen Christentum und Judentum als der jüngeren und der älteren Religion notwendigerweise ein dialektisches ist und also sowohl Nähe wie Ferne in sich schließt. Ausschließlich die Nähe zu betonen und zu vergessen, dass die christliche Kirche gar nicht entstanden wäre, wenn sie sich nicht vom Judentum abgesetzt hätte, das scheint mir ein verfehltes Verfahren zu sein und ich hoffe, dass der Papst der Versuchung, ein solches verfehltes Verfahren einzuschlagen, nicht erliegen wird.

Im Mittelpunkt Ihrer Forschungsarbeit steht natürlich die Geschichte, aber auch der Mensch. Der Mensch in seiner Komplexheit, als Wesen, das fühlt und denkt, handelt und reagiert, aufnimmt und weitergibt. Ist der Mensch im Grunde gut oder im Grunde böse?

Die christliche Lehre ist bekanntlich die, dass der Mensch durch die Erbsünde bestimmt ist und durch den Fall. Dieser christlichen Lehre steht seit langem die Grundlegung der Aufklärung im Denken Rousseaus entgegen, wonach der Mensch gut ist. Ich denke, dass, so banal es klingen mag, der Historiker sich auch in diesem Falle nicht auf eine der beiden Seiten stellen kann. Der Mensch kann gut sein, und der Mensch kann böse sein. Ich glaube aber, dass unsere Verpflichtung darin besteht, auch das Böse immerhin begreiflich zu machen und sich nicht mit der sicherlich notwendigen moralischen Verurteilung zu begnügen.

Stichwort »Globalisierung«. Welche Probleme, welche Chancen bedeutet sie für unsere Zeit, für die Menschen in unserer Zeit?

Die Globalisierung geht aus dem Wesen des Menschen hervor, das ich schon in meinem ersten Buch als Transzendenz bestimmt habe, wo ich dann allerdings eine Unterscheidung getroffen habe, nämlich diejenige zwischen theoretischer und praktischer Transzendenz. Aus der theoretischen Transzendenz, d. h. dem Überschreiten der Alltagswelt durch den Menschen, die immer auch dieser Alltagswelt schon vorausgeht, und auf der so etwas wie Religion und Philosophie beruhen. Von dieser theoretischen Transzendenz ist die praktische Transzendenz zu unterscheiden, die aber ohne sie nicht möglich wäre. Und als praktische Transzendenz stellt sich heute z. B. die Weltwirtschaft dar, aber auch die Globalisierung. Insofern kann man die Globalisierung nicht positiv oder negativ beurteilen, sie ist etwas, was aus der Natur des Menschen hervorgeht. Aber man kann positive Möglichkeiten und negative Möglichkeiten in ihr sehen. Ich sehe die negativste Möglichkeit darin, dass sie, die doch etwas Abgeleitetes ist, das Ursprüngliche, nämlich die theoretische Transzendenz und alles, was aus ihr hervorgeht, verdeckt, und gewissermaßen niederzwingt. Eine Menschheit, die nur noch in der praktischen Transzendenz leben würde, und bei der alle Einzelnen in der Tat zu Rädchen einer übergreifenden, großen Maschine geworden wären, eine solche Menschheit wäre eine beklagenswerte Erscheinung.

Sie sind in einer katholischen Lehrersfamilie aufgewachsen. Was schätzen sie besonders an der katholischen Kirche?

Ich habe besonders geschätzt und schätze auch weiterhin, dass sie ihren Gläubigen Richtung zu weisen vermag. Dass sie ihnen einen

Platz innerhalb der Welt zu »erklären« vermag. Dass sie ihnen Aufklärung gibt über das, was sie als gut und was sie als böse ansehen sollen. Und dass sie ihnen obendrein durch ihren Festzyklus z.B. eine Gliederung des ganzen Lebens vermittelt, die sich aufs stärkste von der Eintönigkeit des Immergleichen unterscheidet, wie sie mit der modernen Welt nur allzu häufig verbunden ist.

Was am wenigsten?

Ich habe mich im Laufe meines Lebens immer mehr davon überzeugen müssen, dass sowohl die katholische Lebensweise wie auch das katholische Denken in ihrer bisherigen Gestalt zu eng geworden sind für die außerordentliche Ausweitung, die seit dem 18. Jahrhundert sowohl im Hinblick auf das Leben wie im Hinblick auf das Denken eingetreten ist. Ich ziehe daraus nicht die Folgerung, dass die katholische Kirche und ihr Denken als ein reaktionäres oder völlig überholtes Phänomen zu verwerfen sind, ich glaube aber, dass eine gründliche Neubesinnung und ein tiefes Überdenken dessen, was bisher vielleicht allzu sehr als selbstverständlich galt, erforderlich sein werden. Wie das vor sich gehen soll? Darüber kann ich Verlässliches nicht sagen, das wird die Aufgabe anderer Menschen sein.

Würden Sie sich zu einem Fehler bekennen?

Welcher Mensch hat keine Fehler! Ich habe eine ganze Reihe von Fehlern, und einen davon habe ich genannt, als ich von der *Frankfurter Allgemeinen Zeitung* in einem Ratespiel, das sie seit Jahren durchführt, auf der Basis eines bekannten Fragebogens, gefragt wurde. Da habe ich geschrieben: Ungeduld. Ungeduld ist also ein charakteristischer Fehler von mir, und ich könnte noch eine ganze Reihe anführen, aber ich möchte Sie nicht langweilen.

Was macht Ihnen Angst, gibt es etwas, wovor Sie sich besonders fürchten?

Ja, ich fürchte das Versinken Deutschlands in eine sicherlich nicht grundlose, einseitige Geschichtsbetrachtung, die dazu führen würde, dieser deutschen Geschichte nur negative Züge zuzuweisen und damit nicht bloß zum deutschen, sondern auch zum europäischen Identitätsverlust erheblich beizutragen.

Wenn Sie auf Ihr erfolgreiches Leben zurückblicken, an wen richten Sie dann Ihre Dankbarkeit?

Meine Dankbarkeit gilt in erster Linie zwei Menschen: einmal Martin Heidegger, den ich gehört habe, in dessen Seminar ich gesessen habe, den ich im Rahmen meiner Möglichkeiten studiert habe, dessen Schüler ich mich aber nicht nennen kann, weil ich nicht bei ihm promoviert habe. Dies im geistigen Bereich, als derjenige, der mir die stärksten Anstöße gegeben hat, obwohl ich mich auf einem Gebiet bewegt habe, auf dem er, wenn ich es sagen darf, nämlich auf dem Gebiet des normal Politisch-Geschichtlichen, nur einige unsichere Schritte getan hat, was aber seiner Bedeutung und Größe keinen wesentlichen Abbruch tut. Der zweite Mensch … ist meine Frau, die das Leben, das ich geführt habe und das ganz weitgehend von Alltagssorgen frei war und ein sehr hohes Maß von Arbeit, geistiger Arbeit in sich schloss, möglich gemacht hat.

Hören Sie Radio Vatikan?

Ich habe es bisher nicht gehört, weil ich immer davon ausgegangen bin, dass man es in Berlin nicht hören kann. Aber nach diesem Interview sehe ich mich veranlasst, mich hier um Informationen zu bemühen und wenn diese Informationen positiv sind, werde ich in Zukunft, zwar nicht regelmäßig, aber hin und wieder Radio Vatikan hören.

Sie wissen, wie sehr Südtirol unter dem italienischen Faschismus zu leiden hatte. Wie sehen Sie heute die Lage in diesem Land?

Ich weiß ein bisschen von faschistischer Nationalitätenpolitik, und ich muss sagen, im Vergleich dazu sind die Verhältnisse, so unbefriedigend sie aus der Sicht mancher Südtiroler auch heute noch sein mögen, sehr gut und günstig zu nennen. Ich würde mir wünschen, dass all die vielen Nationalitätenprobleme, die es auch in diesem Europa noch gibt, auf eine vergleichbare Weise gelöst werden würden.

2. INTERVIEW MIT ANTONIO GNOLI

Sind Sie der Meinung, dass man allgemein von einer »Kultur der Rechten« sprechen kann?

Bevor man von einer »Kultur der Rechten« spricht, muss man sich darüber im Klaren sein, was man unter »der Rechten« verstehen will. Zwar ist es fragwürdig, die Fülle der Erscheinungen und die unterschiedlichen Zeitalter unter wenige Begriffe bringen zu wollen, aber es ist für die allgemeine Orientierung unumgänglich. So darf man es als das wichtigste Kennzeichen der Rechten ansehen, dass sie »gegen die Linke« ist. Die Linke ist also früher als die Rechte und insofern deren Voraussetzung. Sie besitzt seit der Französischen Revolution ein leicht fassliches und allbekanntes Motto, und zwar »Freiheit, Gleichheit, Brüderlichkeit«. Die Rechte macht statt der Freiheit »die Ordnung« zum zentralen Wert, statt der Gleichheit die »Differenz«, statt der Brüderlichkeit die »Distanz« (die einen höflichen und wohlwollenden Umgang der Menschen miteinander nicht ausschließt). Das Hauptpostulat der Linken war in der Geschichte noch nie erfüllt – es sei denn in einem vorgeschichtlichen Zustand des Urkommunismus oder der Dorfdemokratie. Die Linke wendet sich daher zu der Zukunft hin, während die Rechte die Vergangenheit hochschätzt und häufig bestimmte Verhältnisse der Vergangenheit zu ihrem Ideal macht. Die Linke glaubt, dass die Zukunft eine Vollendung des Menschseins und damit ein allgemeines Glück mit sich bringen wird, während die Rechte von der dauernden Unvollkommenheit des Menschen überzeugt ist. Ebenso, wie es nach dem Grade der Zielsetzung oder der Militanz eine gemäßigte, eine radikale und eine extreme Linke gibt, existiert in der Regel auch eine gemäßigte, eine radikale und eine extreme Rechte. Es ist möglich, dass in der Neuzeit eine extreme Rechte mit der extremen Linken in wesentlichen Punkten stärker übereinstimmt als mit der gemäßigten Rechten. Die marktwirtschaftliche oder wirtschaftsliberale

Konzeption ist weder eindeutig links noch eindeutig rechts, da sie einerseits durch die Marktkräfte eine permanente Ungleichheit erzeugt sieht, andererseits aber die ständige Wandlung der sozialen Ordnung und aller »Verhältnisse« nachdrücklich bejaht.

An welchen Merkmalen erkennt man die »Kultur der Rechten«?

Von einer »Kultur der Rechten« kann man erst dann sprechen, wenn die rechtsgerichteten Tendenzen über einige weitbekannte Zeitschriften verfügen und imstande sind, sich auf bedeutende Denker zu berufen. Das war bei dem Phänomen der »Konservativen Revolution« während der Zeit der Weimarer Republik zweifellos der Fall; in der deutschen Gegenwart aber, wo die beiden großen Volksparteien der gemäßigten Linken zuzuzählen sind und wo der Gesichtspunkt der »politischen Korrektheit« herrscht, gibt es allenfalls bescheidene Ansätze dazu. In Frankreich und in Italien sieht es etwas anders aus. In sämtlichen Publikationen und Stellungnahmen einer »Kultur der Rechten« sind, wenngleich in vielfältigen Abwandlungen, jene oben genannten Hauptkennzeichen wahrzunehmen, und sie müssen ein gewisses Niveau aufweisen. Die bloße Existenz einer Rechtspartei, welche gegen eine Linke polemisiert, bedeutet noch nicht, dass von einer »Kultur der Rechten« die Rede sein darf.

Gibt es einen Unterschied zwischen konservativem und reaktionärem Denken?

Man kann »die Rechte« als die politisch-intellektuelle Erscheinungsform des konservativen Denkens betrachten. Aber es ist auch möglich, je nach der Starrheit oder der Flexibilität der Konzeptionen verschiedene Versionen der Rechten als »reaktionär« oder als »konservativ« einzustufen.

Glauben Sie, dass ein rechter Totalitarismus existiert, und in welchem Ausmaß ist er von dem linken Totalitarismus verschieden?

Die Linke neigt von sich aus viel stärker zum Totalitarismus als die Rechte, denn auch die gemäßigte oder sozialdemokratische Linke postulierte bis 1914 die Ergreifung »der« politischen Macht. Im Allgemeinen sympathisierten alle Zweige der Linken mehr oder weniger mit den wenigen tendenziell totalitären Herrschaftsformen der Linken wie dem Jakobinismus und der Pariser Kommune. Die Dinge änderten sich, als ab 1917 der erste prononciert linke und dauerhafte Totalitarismus zur Existenz gelangte, nämlich das auf die soziale Vernichtung aller feindlichen Klassen ausgerichtete »Sowjet«regime der bolschewistischen Partei Lenins und Stalins. Erst von da an gab es genuine, zur Koexistenz mit politischen Gegnern bereite Sozialdemokraten. Verwirrung stiftete die Tatsache, dass die bolschewistische Partei so diszipliniert und so sehr zentral geleitet war, wie man es eher von einer rechten Partei erwartet hätte. Deshalb sprachen ja viele Linke von der Herrschaft »der neuen Zaren«. Auf der anderen Seite konnte der entgegengesetzte »rechte« Totalitarismus der NSDAP Hitlers nur dadurch entstehen, dass diese sich viele Kennzeichen der Linken partiell zu eigen machte, zum Beispiel durch das Konzept der klassenübergreifenden »Volksgemeinschaft«. Letzten Endes musste dieser rechte Totalitarismus auch hinsichtlich des Vernichtungspostulats dem feindlichen Vorbild gleichzukommen versuchen, und zwar durch das Konzept des (jüdischen) »Rassenfeindes«.

Welche Beziehung hat die »Kultur der Rechten« zur Vergangenheit?

In jeder »Kultur der Rechten« werden bestimmte Epochen der Vergangenheit als vorbildlich gekennzeichnet und oft glorifiziert. Aber auch hier verwischten sich die klaren Unterscheidungsmerkmale im Laufe der Zeit: Je mehr Erfolge die Linke in der Realität aufzuweisen hatte, um so mehr wusste auch sie geschichtliche Vorbilder hervorzuheben und zu rühmen – so sah die gemäßigte Linke der deutschen »Demokraten« in den »demokratischen Verhältnissen« Frankreichs und Englands geraume Zeit ihr Vorbild.

Die »Kultur der Rechten« hat insbesondere zwischen den beiden Kriegen eine (wichtige) Rolle gespielt. Sind Sie damit einverstanden?

»Europa« ist ein Projekt, zu dem sowohl die (gemäßigte) Linke wie die (gemäßigte) Rechte einen bedeutenden Beitrag geleistet haben. Die frühesten Vordenker eines politisch geeinigten Europa wie den Abbé de St.-Pierre wird man, wie später den Grafen Coudenhove-Kalergi, als »Linke« bezeichnen müssen, aber nach dem Zweiten Weltkrieg waren Adenauer, De Gasperi und Schuman eher Männer der Rechten. Die Zeit zwischen den Kriegen war in Europa eine Hoch-Zeit sowohl der Linken wie der Rechten in ihren jeweiligen Versionen.

Sind Sie der Auffassung, dass die Stärke der Rechten hauptsächlich von der Krise der liberalen Welt abhing?

Das »Liberale System« als System der produktiven Koexistenz ehemaliger Feinde, die zu »Gegnern« geworden sind, welche einander nicht mehr zu vernichten streben, ist in sich eine permanente Krise, da die Gewichte und Konstellationen sich ständig verändern. Einen Volksaufstand, der eine verhasste Regierung stürzt, darf man als Werk einer »Linken« bezeichnen, wenn Vorbereitungen und Nachwirkungen konstatiert werden können. Eine Rechte kann es nur in dem »Liberalen System« geben, das seine Wurzeln in dem mittelalterlichen Gegensatz von Papst und Kaiser sowie in der Existenz autonomer Staaten und Städte hat und das sich schließlich zur pluralistischen Parteiendemokratie fortbildet. Eine Regierung, die sich gegen die Auflehnung von Adelsfraktionen oder gegen Volksaufstände behaupten muss, ist noch keine »Rechte«. Davon kann erst die Rede sein, wenn gesellschaftliche Kräfte bedrängten Regierungen zu Hilfe kommen wollen. Derartiges war bereits in der Epoche der Französischen Revolution zu bemerken, aber erst während der Restaurationszeit bildete sich eine erste »Kultur der Rechten« heraus. Wo auch immer die Linke oder die Rechte allein zur Herrschaft kommt und ihren

Hauptgegner verbietet oder vernichtet, ist das »Liberale System« im Totalitarismus an sein Ende gekommen.

Was ist Ihre Idee hinsichtlich des »Liberalen Systems« und seiner Verwundbarkeit?

Eben in dieser permanenten Krise besteht die permanente Verletzlichkeit oder Fragilität des »Liberalen Systems«, die paradoxerweise auch seine Stärke und sein Vorzug ist.

Was bringen Autoren, die auf diese oder jene Weise mit den totalitären Regimen verbunden waren, Carl Schmitt und teilweise Ernst Jünger und Heidegger, zum Ausdruck? Nur eine Reaktion auf die liberale Welt oder etwas Anderes?

Sowohl Carl Schmitt wie Ernst Jünger und Martin Heidegger wollten über das Parteiensystem und dessen Schwächen hinausgehen, ohne dass sie sich für einen rechten Totalitarismus aussprechen wollten. Wahrscheinlich nahmen sie sich damit, wenngleich auf sehr unterschiedliche Weise, eine »Quadratur des Kreises« vor, und als Vorbild konnten sie kaum etwas anderes ansehen als den »Estado Novo« Salazars in Portugal. Carl Schmitt allerdings erblickte eine Zeitlang im italienischen Faschismus das erstrebte Muster.

Sie sind ein Schüler Heideggers gewesen: Halten Sie die Anklagen gegen ihn in Sachen Nazismus für gerechtfertigt?

Auch »der Nazismus« hat nicht die Kompaktheit eines Felsbrockens oder einer Billardkugel; auch in ihm kamen verschiedene Tendenzen zu einer oft nur kurzfristigen Vereinigung. Wer Hitlers *Mein Kampf* gelesen hatte, musste allerdings von schweren Befürchtungen erfüllt sein. Aber noch 1932 konnte es nicht als ausgemacht gelten, dass Hitler sich in seiner Partei definitiv durchsetzen würde. Und Hitler erschien ja keineswegs nur als

Antisemit, sondern vor allem als Antikommunist und Kämpfer gegen »Versailles«. Man konnte sich ihm aus ganz unterschiedlichen Motiven anschließen, und man konnte sich später aus verschiedenen Gründen von ihm abwenden. Fast alle Männer des späteren »Widerstandes« haben die »Machtergreifung« von 1933 begrüßt. Hitlers Organisationsleiter Gregor Strasser sprach damals von einer »antikapitalistischen Sehnsucht« im Volke, aber noch lebendiger und weiter verbreitet war der Wunsch nach einer Synthese von Sozialismus und Nationalismus. Insofern war der Nationalsozialismus eine genuine Generationserfahrung, obwohl vielen der Anhänger früher oder später klarwurde, dass die ersehnte Synthese nicht zustande gekommen war. In Heideggers kurzfristigem Engagement, das schon Anfang 1934 beendet war, treten vor allem zwei Motive hervor: das Streben nach einer Universitätsreform, die nicht wenig von demjenigen vorweggenommen hätte, was seit 1968 unter schweren Turbulenzen durchgesetzt wurde, und der Kampf gegen die Vorherrschaft des Katholizismus, der die Loslösung des jungen Heidegger von seiner Kirche fortsetzte. Gewiss konnte und musste die nationalsozialistische Ideologie in allen ihren Phasen kritisiert werden, und gewiss sind Vorwürfe gegen ihre Anhänger berechtigt, aber »Anklagen« sind in meinen Augen nur zulässig, wenn der Betreffende sich an Verbrechen beteiligt oder Verbrechen das Wort geredet hat. So ist immerhin die Frage zulässig, ob Ernst Bloch angeklagt werden sollte, weil er in den dreißiger Jahren die »Moskauer Prozesse« gerechtfertigt hat. Ich habe Martin Heidegger erst 1944 als junger Student kennengelernt, und ich kann bezeugen, dass er damals jedenfalls vom Nationalsozialismus weit entfernt war.

In Deutschland wurde früher von der »Konservativen Revolution« gesprochen. Sind Sie der Meinung, dass sie eine (wichtige) Rolle gespielt hat, oder war sie nur ein unbeachtliches intellektuelles Phänomen?

Die Schule der »Konservativen Revolution« war während der Weimarer Republik ein sehr bedeutendes intellektuelles Phänomen, aber ihre Repräsentanten strebten keine parteimäßige Zusammenfassung an, und zu politischer Bedeutung gelangte die Schule allenfalls auf indirekte Weise. Über ihre Vielfalt und auch über ihre inneren Gegensätze kann man sich seit einem halben Jahrhundert durch das Standardwerk von Armin Mohler unterrichten.

Welche Rolle hat der Katholizismus in der »Kultur der Rechten« gespielt?

An und für sich steht der Katholizismus durch seine streng hierarchische Struktur und durch sein positives Vergangenheitsbewusstsein im politischen Bereich der Rechten viel näher als der Linken; man braucht ja nur Joseph de Maistre zu lesen, um die enge Verbindung zu erkennen. Aber solange der Katholizismus sich nicht nach dem Muster von Charles Maurras von seinen christlichen Ursprüngen löst, bleibt er mit demjenigen verbunden, was man als den Ursprung der Linken überhaupt ansehen kann, nämlich mit der Predigt der Propheten des *Alten Testaments.* So waren Teile der katholischen Rechten schon in der ersten Hälfte des 19. Jahrhunderts weitaus »sozialer« eingestellt als die Frühliberalen, und im 20. Jahrhundert gewannen die »christliche Demokratie« und der »Sozialkatholizismus« in der Politik sogar die Oberhand. Selbst in Italien war die regierende »christliche Demokratie« zwar antikommunistisch, aber in wichtigen Gruppierungen eher links als rechts.

Scheint Ihnen die Gleichsetzung von Bolschewismus und der Linken, von Nazismus und Faschismus mit der Rechten korrekt zu sein?

Wie ich in der Antwort auf die vierte Frage zu zeigen versucht habe, muss die Rechte sehr viele linke Züge in sich aufgenommen haben, bevor sie in Reaktion auf den Totalitarismus der Linken selbst totalitär werden kann. Ähnliches gilt jedoch, mutatis mutandis, auch für die totalitäre Linke in Gestalt des Bolschewismus.

Aber das linke bzw. rechte Grundmuster bleibt im Bolschewismus und im Nationalsozialismus bis zum Ende erkennbar; eine Identifizierung der beiden Phänomene ist nicht berechtigt.

Nach 1945 ist die »Kultur der Rechten« mehr oder weniger verschwunden. Glauben Sie, dass die Ursache ihres Niedergangs mit der Niederlage des Faschismus und des Nazismus verknüpft ist und mit dem Empfinden des Schuldgefühls oder des Entsetzens, welche diese Phänomene erzeugt haben?

Nach meiner Auffassung gibt es heute in Deutschland eine »Kultur der Rechten« allenfalls in schwachen Ansätzen. Es gibt einige Parteien, die man »rechts« nennen kann, aber sie sind ohne Bedeutung. Da die Siegermächte des Zweiten Weltkriegs überwiegend der Überzeugung waren, dass sie sich gegen »rechte« oder »faschistische« Mächte zusammengefunden hätten, wurden die Rechtsparteien zunächst unterschiedslos durch Verbotsmaßnahmen ausgeschaltet, und das ganze Zeitungswesen wurde in die Hände von teilweise sehr radikalen Linken gegeben. Dadurch wurde die gesamte Aufmerksamkeit auf negativ-nationalistische Weise auf die Verbrechen des Nationalsozialismus gelenkt, und die Vorstellung, es könne ein »europäischer Bürgerkrieg« vorgelegen haben, wurde nicht einmal zur Diskussion gestellt. Aber die Nachrichten von der »Endlösung« und von den Vernichtungslagern im Osten hatten eine eigene autonome Bedeutung. Ich finde indessen die schon früh mehr und mehr hervortretende Tendenz, die gesamte Epoche des Nationalsozialismus im Hinblick auf »Auschwitz« zu interpretieren, kritikwürdig, obwohl ich vor vier Jahrzehnten selbst zu den Bahnbrechern dieser Tendenz gehört habe. Ich meine, dass im Zeitalter der »Globalisierung« auch hier »globale« Perspektiven erforderlich sind.

Manche Leute behaupten, dass Kategorien wie »Rechte« und »Linke« sich im Niedergang befinden und dass sie zum Begreifen des gegenwärtigen Gangs der Dinge ohne Nutzen sind. Überzeugt Sie das?

Ein Hauptkennzeichen der Linken war immer die Klage über Ungerechtigkeit und der aggressive Wille, eine »bessere Welt« herbeizuführen. So gibt es heute in Europa und Amerika vielfältige Klagen über zahlreiche Ungerechtigkeiten, aber sie können alle im Rahmen des Systems Veränderungen hervorbringen, wie sich besonders am Beispiel des Feminismus zeigen ließe. Die eigentliche, d. h. systemfeindliche Linke bilden heute die Wortführer der »Dritten Welt«, denn nur sie nehmen eine Kluft wahr, die nach ihrer Meinung bloß durch revolutionäre, nicht mehr systemgerechte Mittel beseitigt werden kann. Dieser Linken gegenüber ist die ganze »entwickelte Welt« von heute eine Rechte, die allerdings auf die Herausforderung unterschiedliche Antworten gibt und sich nur zu kleinen Teilen auf einen feindseligen Zusammenprall einstellt.

Ist der Populismus nur eine Degeneration der Demokratie oder etwas anderes? Gibt es einen rechten Populismus? Finden Sie ihn gefährlich? Unvermeidbar?

Von »rechtem Populismus« ist in der europäischen und amerikanischen Presse viel die Rede, und fast immer auf negative, abwehrende Weise. Das ist insofern merkwürdig, als das griechische *demos* und das römische *populus* die gleiche Bedeutung haben, und die Folgerung dürfte naheliegend sein, dass innerhalb der »westlichen Demokratie«, wie sie sich seit dem Zweiten Weltkrieg entwickelt hat, leere Räume zu finden sind, deren Leere gerade vom »Volk« stark empfunden wird, während die Politiker der offiziellen Demokratie eher leichthändig darüber hinwegzukommen suchen. Dazu zählen etwa die Probleme der »Zuwanderung«, der Bürokratisierung der Europäischen Union, der Verselbständigung von »Politikerkasten« usw. Ich meine also, dass ein solcher Populismus zur gegenwärtigen Demokratie hinzugehört und sich positiv auswirken kann, wenn die etablierten Parteien sich jener »leeren Räume« auf überzeugende Weise annehmen, indem sie den »rationalen Kern« in populistischen Forderungen erkennen und dadurch zur Lösung von Problemen beitragen, die in der Tat sehr gefährlich werden könnten, wenn sie nur den Demagogen (von denen es ja schon in der antiken Demokratie nicht wenige gab) überlassen würden.

Die Nationalstaaten befinden sich in der Krise, die Nationalismen nicht so sehr. Ist der Nationalismus nur ein Phänomen der Rechten?

Je mehr die Nationen ohne zwingenden Grund von Europabürokraten und Ideologen zurückgedrängt werden, umso stärker werden sich wieder Nationalismen bemerkbar machen. Die Ursprünge dieser Nationalismen sind aber gerade nicht bei der Rechten zu suchen. In den Anfängen war »Nation« ein durchaus linker – antimonarchischer – Begriff, der dann später von einigen Rechtsparteien appropriiert wurde. Heute liegt eine »übernationale Demokratie« in weiter Ferne, wenn auch einige Ansätze erkennbar sind.

Gibt es eine ideologische Differenz zwischen der Idee des Vaterlandes und derjenigen der Nation?

»Patriotismus« und »Nationalismus« sind oft als das Akzeptable und das Nicht-Akzeptable einander entgegengesetzt worden. Ich meine, dass man besser den gemäßigten Nationalismus, der den Internationalismus oder den Kosmopolitismus nicht verneint, sondern begrenzt, und den radikalen bzw. extremen Nationalismus unterscheiden sollte, der alles Fremde verwirft und in der Konsequenz die Neigung zu einer biologistischen Rassenlehre ausbilden kann.

3. INTERVIEW MIT MARIA VALENSISE

Laut Bundeskanzler Gerhard Schröder wird Deutschland nicht an einem militärischen Angriff auf den Irak teilnehmen, obwohl Deutschland nach der Wiedervereinigung auf den Zusammenhalt Europas gesetzt hat. Jetzt, nach dem Attentat vom 11. September, erweist es sich als extrem pazifistisch und neutralistisch. Was ist die Wurzel des deutschen »Nationalneutralismus«? Der Antiamerikanismus ist ein Empfinden, das in den Nationen Europas nie verschwunden ist. Heute entfaltet er wieder besondere Kraft, mit derselben Gleichgültigkeit gegenüber der Realität und den geschichtlichen Tatsachen, die er in der Epoche des Kalten Krieges an den Tag legte. Wie erklären Sie seinen (starken) Einfluss auf die öffentliche Meinung?

Diese Fragen sollten zusammengebracht und folgendermaßen formuliert werden: Bedeutet die Entscheidung des deutschen Bundeskanzlers, dass Deutschland unter seiner Führung unter keinen Umständen an einem militärischen Angriff gegen den Irak teilnehmen wird, ein Wiederauftauchen des »Antiamerikanismus«? Eine Antwort auf diese Frage setzt eine Klärung der allgemeineren Frage voraus, was eigentlich unter »Antiamerikanismus« zu verstehen ist.

Während der Jahre des Kalten Krieges bedeutete »Antiamerikanismus« so viel wie Philosowjetismus oder sogar Parteinahme für den »realen Sozialismus«. Dieser Antiamerikanismus ist mit dem Zusammenbruch der Sowjetunion und der Ablösung des bipolaren Weltsystems durch den unbestrittenen Vorrang der »einzigen Weltmacht«, der USA, so gut wie verschwunden.

Erheblich an Kraft gewonnen hat ein immerhin vergleichbarer Antiamerikanismus, nämlich der islamische, der vor allem auf der nahezu uneingeschränkten Unterstützung Israels durch die USA beruht, jenes Israel, das von der großen Mehrzahl der Muslime als eine auf permanenter Gewalt beruhende Kolonie des Westens im Herzen der islamischen Welt betrachtet wird.

Kaum weniger mächtig ist jedoch offenbar das Empfinden eines Minderstatus gegenüber einer weit überlegenen Macht, und dieses Empfinden ist bei weitem nicht auf den islamischen Bereich beschränkt, sondern es hat seinen letzten Grund in einer Art von anthropologischem Gesetz: Wer besonders mächtig und besonders reich ist – ob es sich um ein Individuum, eine Klasse, eine Nation oder auch eine Kultur handelt –, ruft Abneigung, Kritik, Hass und Aufbegehren hervor; insofern ist Antiamerikanismus so natürlich, wie es einst die Feindschaft gegen Deutschland war. Man braucht sich ja, um ein relativ harmloses und leicht verstehbares Beispiel anzuführen, nur des äußerst negativen Tones zu erinnern, in dem bis 1860 und darüber hinaus in Italien von Österreich und den »austriacanti« gesprochen wurde. Die Zerstörung der Türme des World Trade Center erzeugte nicht nur in großen Teilen der islamischen Welt Jubel, sondern auch in Deutschland konnte man nicht selten die Meinung hören, so verurteilenswert diese terroristische Tat sei, habe sie doch insofern etwas Gutes, als sie den Amerikanern ein Empfinden dafür vermitteln könne, was sie mit ihren »Terrorangriffen« während des Zweiten Weltkriegs der deutschen Zivilbevölkerung angetan hätten.

Für die Schwächeren und Ärmeren Partei zu ergreifen, ist ein Grundkennzeichen der Linken, wo immer sie auf Erden existiert. Die Weltpolitik der USA hat seit langem im eigenen Land scharfe Kritik hervorgerufen, und paradoxerweise könnte man von einem »amerikanischen Antiamerikanismus« sprechen, der sich heute unter anderem gegen die außerordentlich verschärften Sicherheitsbestimmungen richtet. So ist zum Beispiel in einem Interview eines bekannten amerikanisch-jüdischen Künstlers der Satz zu lesen: »Sie haben eine Abteilung für Heimatsicherheit geschaffen … (das) klingt sehr deutsch in meinen Ohren.« Die Hauptsorge dieses inneramerikanischen »Antiamerikanismus« der Linken besteht also anscheinend darin, dass die USA auf den »deutschen«, den »nazistischen« Weg geraten könnten.

Aber diese linke Kritik kann sich angesichts der amerikanischen Politik seit dem 11. September weit über die Linke auf die ganze Welt ausdehnen. Auch ganz konservative Menschen konnten gleich nach dem Terroranschlag daran Anstoß nehmen, dass der amerikanische Präsident von »Krieg« und »Vergeltung« statt von dem Nächstliegenden sprach, nämlich von der Notwendigkeit, die Geheimdienste von Grund auf zu reformieren, weil sie eklatant versagt hatten. Und die unverhüllte Ankündigung eines Angriffskrieges gegen den Irak verstieß sowohl gegen das Völkerrecht wie gegen die UN-Charta wie auch gegen die deutsche Verfassung. Der »Antiamerikanismus«, der sich daraus ergab, konnte also geradezu mit dem Eintreten für die völkerrechtliche Grundordnung identifiziert werden.

Welcher dieser vielen »Antiamerikanismen« in der Haltung Gerhard Schröders den Kern darstellt, ist nicht leicht zu entscheiden. Es mag sich um ein Wiedererwachen der »linken« Empfindungen des »Jungsozialisten« Schröder von 1980 handeln, der bisher als Bundeskanzler immer als außenpolitischer Opportunist galt, es mag aber gerade innenpolitischer Opportunismus maßgebend sein, der im Hinblick auf die bevorstehenden Wahlen jenen »nationalneutralistischen« Stimmungen zu entsprechen sucht, die in der Sozialdemokratischen Partei während des »Ost-West-Konflikts« immer vorhanden waren und die auch heute in drastischen Äußerungen führender Mitglieder der Partei zum Ausdruck kommen. Ein grundsätzlicher und entschiedener Antiamerikanismus liegt bei Schröder jedoch mit Sicherheit nicht vor; das Bemerkenswerteste an seiner Position ist, dass sie als Verteidigung des Völkerrechts und der Bestimmungen des Grundgesetzes weit über die Linke hinaus Beifall finden kann. Dadurch erklärt sich jene »Macht über die öffentliche Meinung«.

Glauben Sie nicht, dass die öffentliche Meinung, unmittelbar vor den Bundestagswahlen, in ihren Repräsentanten einen leidenschaftlichen Isolationismus entfesselt? Halten Sie das nicht für gefährlich?

Ich glaube nicht, dass hinsichtlich Deutschlands von einer »passione isolazionista« gesprochen werden darf. Trotzdem bin ich der Meinung, dass Sie recht haben, wenn Sie das Adjektiv »gefährlich« verwenden. Was ich bisher gesagt habe, erschöpft nämlich die Problematik bei weitem nicht.

Keineswegs bloß »deutsch«, sondern »europäisch«, ja weltweit ist die Überzeugung, dass die Amerikaner nicht im Alleingang den Irak angreifen sollten, sondern nur dann und in Übereinstimmung mit den Vereinten Nationen, wenn Saddam Hussein trotz eines Ultimatums des Sicherheitsrates die Rückkehr der von ihm des Landes verwiesenen Waffeninspekteure ablehnen sollte. Gerhard Schröder hat aber erklärt, dass Deutschland sich auch in diesem Fall weder mit Soldaten noch mit Geld an einer militärischen Aktion gegen den Irak beteiligen werde. Damit gerät Deutschland tatsächlich in eine isolierte und gefährliche Position.

Aber es kann auch eine Gegenrechnung zugunsten eines amerikanischen Alleingangs aufgemacht werden. Mit hoher Wahrscheinlichkeit sind die Vereinten Nationen infolge des Vetorechts der Russen und Chinesen im Sicherheitsrat aktionsunfähig. Worum es jedoch in letzter Instanz geht, ist nicht die Aufrechterhaltung der Gebote des Völkerrechts oder der UN-Charta, sondern die Etablierung einer auch politischen »Weltzivilisation«. Selbst wenn es sich bei den amerikanischen und britischen Behauptungen über die konkrete Gefährdung durch irakische Atomwaffen und biologische Kampfstoffe um unglaubwürdige und unaufrichtige Propaganda handeln sollte (schließlich wurde der Milzbranderreger Anthrax, dessen Verbreitung die Amerikaner und die Welt wochenlang in Schrecken setzte, aller Wahrscheinlichkeit nach nicht im Irak, sondern in einem amerikanischen Laboratorium produziert), so bleibt dennoch das Folgende richtig: Saddam Hussein ist als ein besonders grausamer Repräsentant des uralten »orientalischen Despotismus« ein Fremdkörper in der entstehenden »Weltzivilisation«, und wenn die UN unfähig sind, im Irak jenes Minimum an Homogenität durchzusetzen, ohne das es keine Zivilisation geben kann, dann könnten die Amerikaner gerade bei einem völkerrechtswidrigen Alleingang ein umfassenderes und zukunftsvolleres Prinzip vertreten. Wer sich davon grundsätzlich ausschlösse, würde einen schlimmen und gefährlichen Irrweg eingeschlagen haben. Wenn Gerhard Schröder als verantwortungsbewusster deutscher Staatsmann handeln will, darf er sich der Mehrheitsmeinung der Welt nicht entgegenstellen, auch dann nicht, wenn er ihr mit Recht einen Mangel an Effizienz zuschriebe.

Heute sind es in der Tat hauptsächlich Amerikaner wie Robert Kagan oder Joseph Nye, die Fragen hinsichtlich der Zukunft der westlichen Welt aufwerfen, welche vom islamischen Fanatismus bedroht ist. Glauben Sie nicht, dass »politisch korrekter« Pazifismus und Multikulturalismus auf der einen Seite und Neigung zum permanenten Verhandeln auf der anderen den Beitrag der europäischen Eliten zum Verständnis und zur Leitung der gegenwärtigen Welt stark einschränken?

Die Weltzivilisation im üblichen Sinne wird nicht so sehr durch den Irak bedroht als durch die potentiell viel stärkere Kraft des Islamismus, der die Re-Politisierung einer der großen Weltreligionen bedeutet. Dessen Widerstand gegen »die Weltzivilisation« ist in Wahrheit ein Widerstand gegen die »westliche Weltzivilisation« oder die »amerikanische Globalisierung«, denn der Islam ist als solcher auf die eigene Weltzivilisation der Unterwerfung unter den Koran ausgerichtet. In Abwandlung des bekannten Satzes von Jules Monnerot könnte man den Islamismus den »Kommunismus des 21. Jahrhunderts« nennen. Beim Kampf »des Westens« gegen den Kommunismus Lenins, Stalins, Mao Tse-tungs und vieler anderer sympathisierten beträchtliche Teile der europäischen und sogar der amerikanischen Intelligenz mit dem Gegner, sie waren also »antiamerikanisch«. Im Rückblick darf man ihnen das Verdienst zuschreiben, jenen »Präventivkrieg« gegen den Kommunismus verhindert zu haben, den Teile der amerikanischen Rechten erstrebten. Aber sie würden auch einen beträchtlichen Anteil an der möglichen Niederlage des Westens gehabt haben, wenn Stalin den Mut besessen hätte, seine Truppen zu Beginn der fünfziger Jahre bis zur Atlantikküste vordringen zu lassen. Heute ist der Angriff nicht militärischer, sondern eher demographischer Art, und auch er kann sich eine Neigung von nicht wenigen westlichen Intellektuellen zunutze machen, nämlich die Neigung zum Multikulturalismus und zu einem weit über das Militärische hinausgehenden Pazifismus. Die Grundsituation des Kalten Krieges hat sich also wiederhergestellt, wenngleich auf tief veränderte Weise.

Nach einem Historiker wie Niall Ferguson, der über Amerika auf der Grundlage von Analogien mit vergangenen Imperien (dem römischen und dem britischen) reflektiert, haben wir es heute nicht mit einem Zusammenstoß der Zivilisationen zu tun, sondern mit einem Zusammenstoß zwischen einem von nun an reifen Imperium und einer politischen Religion in einer Epoche von wachsender ökonomischer Wechselabhängigkeit und geopolitischer Fragmentierung. Sind Sie damit einverstanden?

Ein amerikanisch-englischer Alleingang gegen den Irak würde, wenn er erfolgreich wäre und nicht den ganzen Nahen Osten in Brand setzte, die definitive Durchsetzung der amerikanisch-englisch-israelischen Art der Weltzivilisation bedeuten, auch wenn sie noch weitere Kriege gegen »undemokratische« Regime nach sich zöge. Aber »die« Weltzivilisation könnte nur ins Dasein treten, wenn auch diese immer noch sehr partikulare Gestalt der Globalität überwunden würde, und das wäre kaum zu vollbringen, wenn nicht das begrenzte Recht des »Antiamerikanismus« anerkannt würde: »Europa« ist der weit ältere und weit reichere Ursprung der Weltzivilisation, die in Amerika infolge besonders günstiger Umstände eine besonders erfolgreiche, aber auch einseitige Gestalt gewonnen hat. Dass ein Europa, das sich wieder auf sich selbst und seine Geschichte auf kritische und weder glorifizierende noch selbstanklägerische Weise besonnen hat, gegenüber der Macht der amerikanischen »Pop-Kultur« eine mäßigende und bereichernde Rolle zu spielen vermag, muss die Hoffnung aller Europäer sein, welche sich und ihren Kindern für die Zukunft eine bessere Rolle wünschen als diejenige von nicht einmal kulturell führenden »Graeculi« einer allamerikanischen »Spaßgesellschaft«.

Was ist Ihre Analyse der Zukunft der EU? Glauben Sie, dass die Distanz zunehmen wird, die sie heute von den Vereinigten Staaten trennt?

Meines Erachtens reicht die altbekannte »machtpolitische« Interpretation nicht aus. Selbst wenn das informelle amerikanische »Empire« seine Verbindungslinien »überdehnt« hätte und sich schließlich auf den heimatlichen Kontinent zurückziehen müsste, könnte die Weltzivilisation des 21. Jahrhunderts »amerikanisch« oder »überamerikanisch« sein, nach allem menschlichen Ermessen aber nicht »antiamerikanisch«.

V.

UMRISS EINER INTELLEKTUELLEN AUTOBIOGRAPHIE

Dass ich – geboren am 11. Januar 1923 in einer kleinen Industriestadt am südlichen Rande des Ruhrgebiets – seit meiner Geburt von meinen Altersgenossen verschieden war, ohne doch, wie ein Krüppel oder ein Schwerkranker, von deren gewöhnlichen Aktivitäten und Verhaltensweisen ausgeschlossen zu sein, ist auf einen puren Zufall zurückzuführen: auf die Tatsache eines (nichterblichen) Geburtsfehlers an der linken Hand, der mich lediglich zu handwerklichen Verrichtungen und sportlichen Leistungen »ungeschickt« machte, so dass die Lebensform eines Intellektuellen früh vorgezeichnet oder mindestens wahrscheinlich war.

Eine gravierende Folge ergab sich erst während des Krieges: Ich war zum Militärdienst untauglich und konnte studieren, während meine Schulkameraden an allen Fronten kämpften und zu einem nicht geringen Teil fielen. Ich war mir früh darüber im Klaren, dass dieses »Privileg« nur dadurch gerechtfertigt werden konnte, dass ich den Abstand in ein Bemühen um spirituelle Distanz, d. h. um »Objektivität« verwandelte, die allen denjenigen sehr schwerfallen musste, deren inneres Leben bis ins Alter hinein von den sehr konkreten und meist schrecklichen Erfahrungen des Kriegsgeschehens bestimmt war; daher mussten nach 1945 Anklage oder Verteidigung in der Regel ebenso vorherrschen, wie es bei den Angehörigen der älteren, der »Weimarer« Generation fast immer der Fall war.

Gleichwohl lebte ich als Kind und junger Mann nicht bloß in einer Welt des Alltags oder poetischer Träumereien. Schon im Alter von sieben Jahren ein eifriger Zeitungsleser, nahm ich in Hattingen an der Ruhr, wo ich aufwuchs, voll innerer Spannung und Betroffenheit die Massendemonstrationen der dort sehr starken Kommunisten und der Nationalsozialisten, die »Hunger«-Schreie der Erwerbslosen und die von Lastwagen herabklingenden Parolen von Männern der feindlichen Parteiarmeen wahr; und das von der Atmosphäre des Elternhauses sowie der Umwelt genährte Empfinden, dass sich in Deutschland eine Art Bürgerkrieg zwischen zwei Parteien abspiele, von denen die ältere und lange Zeit stärkere Partei ein Teil einer in Sowjetrussland zentrierten Weltbewegung sei, fand sogar schon einen ersten literarischen und noch ganz kindlichen Ausdruck, nämlich durch ein Manuskript, das aus meinem zweiten oder dritten Volksschuljahr stammte, also 1930 oder 1931 geschrieben war. Es hatte den Titel »Die Drohung des Bolschewismus«. Dazu hatte nicht wenig die Lektüre von Schriften der russischen Emigrantin Alja Rachmanowa beigetragen, die heute gern zu der »antibolschewistischen Hetzliteratur« gezählt werden, obwohl sie gerade in der jüngsten Gegenwart durch die Werke von Solschenizyn, Jakowlew, Wolkogonow, Werth, Figes, Courtois und viele andere in vollem Ausmaß bestätigt wurden.

Die Familie, in der ich aufwuchs, stammte auf der väterlichen Seite aus dem ganz und gar bäuerlichen und katholischen Umfeld einer ziemlich abgelegenen Gegend des Sauerlandes, die dem protestantischen Waldeck benachbart und von diesem noch lange nach 1945 in der Praxis streng getrennt war, so dass die »konfessionelle Zerrissenheit« Deutschlands mir früh anschaulich wurde, ganz wie auf andere Weise in Hattingen selbst; mein Vater Heinrich war als das vorletzte von elf Kindern auf einem Bauernhof mittlerer Größe geboren, und er war der Erste, der einen intellektuellen Beruf ergriff und Volksschullehrer wurde. Der Horizont hatte sich allerdings auch geographisch schon früher geweitet, denn einer seiner älteren Brüder wollte nach Amerika auswandern und kam nach ernsten Misserfolgen voller Enttäuschung in die Heimat zurück.

Mein Vater war aus der französischen Kriegsgefangenschaft als überzeugter Pazifist zurückgekehrt, und ich habe von ihm hin und wieder den Satz gehört: »Wenn ich nicht Katholik wäre, würde ich Kommunist sein.« Das meinte er allerdings schwerlich ganz ernst, denn er war ein Mitglied der katholischen Zentrumspartei und nicht zuletzt ein Anhänger von Heinrich Brüning. Als eine Rede des Reichskanzlers in Bochum angekündigt wurde, bat ich meine Eltern inständig und freilich vergeblich, mitfahren zu dürfen. Es war jedoch schon eindrucksvoll genug, in Hattingen die großen Demonstrationen der beiden radikalen Parteien zu beobachten: die oft abgerissenen Gestalten der Kommunisten hinter einigen Schalmeienbläsern und die teilweise schon einigermaßen uniformierten Nationalsozialisten im Gefolge der schmetternden Fanfaren eines Musikzuges – dem Erscheinungsbild und teilweise auch der sozialen Position nach verschieden, aber mindestens in den Führungsgruppen von einem entgegengesetzten und doch ähnlichen Willen ideologischer Art erfüllt. Auf meinem täglichen Schulweg kam ich an dem Sitz der Ortsgruppe der NSDAP vorbei, und wenn die Fenster geöffnet waren, konnte man an der Stirnseite des großen Saales die Inschrift lesen: »Wer leben will, der kämpfe also. Und wer nicht kämpfen will in dieser Welt des ewigen Ringens, verdient das Leben nicht. Adolf Hitler.«

Der Parteiführer hatte die Hattinger Ortsgruppe als eins der Bollwerke seiner Bewegung gegen Ende der zwanziger Jahre besucht und dabei angeblich diese Sätze gesprochen. Die Wirtschaftskrise, welche ihm ebenso sehr große Massen von Anhängern zutrieb wie die unverhüllten Todesdrohungen und -vorhersagen der Kommunisten nicht nur gegen die »Bourgeoisie«, sondern faktisch ebenso gegen die riesige und vielgestaltige Mittelschicht oder das »Kleinbürgertum«, machte sich auch im Haushalt eines nicht eben gut bezahlten Volksschullehrers bemerkbar, und ich erinnere mich gut daran, dass während der letzten Tage eines Monats häufig kein Geld vorhanden und »Schmalhans Küchenmeister« war. Aber ökonomische Gesichtspunkte waren für meine Eltern nicht die entscheidenden, zumal von eigentlicher Dürftigkeit in der (erstaunlich preiswerten) Fünfzimmerwohnung nicht die Rede sein konnte; wesentlicher waren für sie die Gefahren für ihre Kirche, die auf unverhüllte Weise von den Kommunisten und in versteckterer Gestalt auch von den Nationalsozialisten drohten.

Als wir am Abend des 30. Januar 1933 voller Staunen und Schrecken auf den großen Fackelzug der Nationalsozialisten blickten, der auf der Straße unter uns vorbeizog, sagte mein Vater: »Die werden die Macht nicht wieder abgeben, bevor sie ihren Krieg verloren haben«. Und doch trat dieser Mann, an dessen

Mut und Aufrichtigkeit niemand zweifeln konnte, nach dem Verlauf von einigen Jahren in »die Partei« ein, weil er überzeugt war, nur dadurch seine Familie schützen zu können. Über Paradoxien und Widersprüche nachzudenken, hatte ich also schon in meinen ersten Gymnasialjahren Grund genug.

Die Familie meiner Mutter, in Paderborn und dessen Umgebung zu Hause, hatte bereits einige Schritte auf die akademische Welt hin getan. Ein Vetter war 1949 der Direktor der Pädagogischen Hochschule in Bonn, deren Hauptgebäude der »Parlamentarische Rat«, der Urheber des »Grundgesetzes für die Bundesrepublik Deutschland«, bald mehr und mehr in Besitz nahm. Ein anderer Vetter war ein angesehener Arzt und medizinischer Schriftsteller. Einer ihrer Brüder war seit längerer Zeit Arzt in Milwaukee, und von ihm erhielt die Familie während der ersten Nachkriegsjahre manche Care-Pakete. Meine Mutter selbst gehörte zu der ersten Generation von Frauen, die in größerer Zahl einen Beruf ergriffen, meist wie meine Mutter den der Lehrerin. Sie beendete die Berufstätigkeit jedoch in dem Augenblick, als sie 1922 das erste Kind erwartete, nämlich mich. Von da an akzeptierte sie mit viel innerer Zustimmung das Dasein, das unter dem Slogan »Küche, Kinder, Kirche« von »progressiver« Seite so viel an billigem Spott erfuhr, aber ich betrachte es als einen der größten Vorzüge meiner Kindheit, dass ich nie von der Schule nach Hause kam und meine Mutter nicht anwesend gewesen wäre. Sie war eine schöne Frau, aber von einer herben Schönheit und ganz fern von Gefallsucht oder gar Koketterie.

Mein Bruder Heinz war seiner Anlage und Neigung nach in noch stärkerem Maße als mein Vater ein Bauer, und es dauerte nach Ferienbeginn nie mehr als eine Stunde, bis er den Koffer packte und zu den Verwandten auf dem Dorf fuhr, um bei der Ernte oder der Tierpflege zu helfen. Er fiel im Alter von 18 Jahren bei der Invasion der Alliierten in Frankreich – als Soldat der Waffen-SS. Viele Jahre später deutete mir ein sehr bekannter ausländischer Kollege in einem Nach-Kongress-Gespräch an, dass ihm der Tatbestand bekannt war, aber er wusste nicht und wollte vielleicht nicht wissen, dass mein Bruder sich freiwillig zu einer wenig bekannten Truppe, der Luftwaffeninfanterie, gemeldet hatte und von dort aus ohne jedes Zutun von seiner Seite in die Waffen-SS »überführt« worden war. Auch dieser Umstand aus der nächsten Familie trug später dazu bei, dass ich gegenüber der beliebten Verdammung ganzer Gruppen (der »kollektivistischen Schuldzuschreibung«) sehr ablehnend war.

Das Geld für das Studium meiner 1929 geborenen Schwester sparten sich meine Eltern am Munde ab, und sie führte später, in einer süddeutschen Großstadt verheiratet, ein sehr aktives Leben in katholischen Organisationen, aber sie gehörte – anders als es ihrer und meiner Mutter auch nur vorstellbar gewesen wäre – jener Richtung an, von der das Zweite Vaticanum getragen wurde, weil sie die Kirche mit »der Welt« versöhnen wollte.

Ich habe damit etwas vorgegriffen, und ich muss nun zum Studium zurückkehren, das ich von 1941 an in Münster, Berlin und Freiburg, zuerst als ein in der Fächerwahl zögernder Junge aus der Provinz, absolvierte. Der Weg einer allmählichen Entfernung von der Familie und deren Welt begann vielleicht schon mit dem Philosophie-Seminar, das ich im Sommer 1943 in Berlin bei Nicolai Hartmann besuchte. Aber einen tiefen Einschnitt bedeutete erst die Begegnung mit Martin Heidegger, welche den Kriegssommer von 1944 mit einem für mich ganz ungewohnten Glanz erfüllte, hauptsächlich durch seine Vorlesung und sein Hauptseminar.

Um meinen Eindruck zu beschreiben, zitiere ich am besten einen Satz von Carl Friedrich von Weizsäcker, der nach der ersten Teilnahme an einer Vorlesung Heideggers weniger einen Gedanken als eine Empfindung zum Ausdruck brachte: »Man hielt den Atem an, und meine Reaktion war: ›Das ist Philosophie! Ich verstehe kein Wort. Aber das ist Philosophie!‹«[1] So ähnlich ließe sich mein Eindruck beschreiben, nur dass ich zu verstehen glaubte, dass Heidegger mit dem »Logos« Heraklits, über den er sprach, nichts anderes als den in philosophische Höhe gehobe-

1 In *Erinnerung an Martin Heidegger*, hrsg. von Günther Neske, Pfullingen 1977, S. 241.

nen Gott des Christentums meinte. Es dauerte geraume Zeit, bis ich meinen Irrtum erkannte.

Da auch in diesem Sommersemester 1944 nur wenige Männer unter den Studenten waren – meist nach einer Verwundung zum Studium beurlaubte Mediziner – kam ich Heidegger weit näher, als es die normale Regel war, und ich war mutig genug, ihm kurz vor dem Ende des Semesters ein Papier mit Fragen zu überreichen, die sich meist um den für mich schwer verständlichen Begriff des »seinlosen Seienden« drehten. In der folgenden Sprechstunde sah Heidegger mich mit seinen strahlenden Augen an und sagte: »Diese Ihre Fragen möchte ich nicht in der Sprechstunde beantworten. Dazu ist mehr Zeit erforderlich. Kommen Sie gleich im nächsten Semester zu mir!« Dazu kam es nicht. Bald nach dem Anfang des Semesters verbreitete sich eine bestürzende Nachricht: Heidegger sei zum Volkssturm einberufen und man habe ihn auf einem Lastwagen bei der Abfahrt ins Elsass gesehen, von wo bereits Kanonendonner zu hören war. Er wurde jedoch bald freigestellt und kehrte nicht in das durch den großen Angriff vom 27. November 1944 weithin zerstörte Freiburg zurück, sondern in seine Heimatstadt Meßkirch. (Diese Wendung war dem überzeugtesten Nationalsozialisten unter meinen Lehrern zu verdanken, dem Gräzisten Professor Gundert, der als nach einer Verwundung beurlaubter Offizier freiwillig an Heideggers Stelle trat.)

Dort besuchte ich Heidegger im Februar, und zwar auf Veranlassung seiner Frau, die mich bat, mit meinem Fahrrad nach Meßkirch zu fahren und ihrem Mann einen Rucksack mit dringend benötigten Gegenständen zu bringen. Das tat ich in zwei denkwürdigen Tagen und lernte dann seine Familie so gut kennen, wie es vermutlich nur wenigen Menschen vergönnt war. Heidegger selbst trug ich meinen Wunsch vor, bei ihm eine Dissertation zu schreiben, und er schlug als Thema vor: »Plotins Enneade über Zeit und Ewigkeit«.

Wenige Wochen später fuhr ich mit der Bahn und streckenweise mit dem Fahrrad durch die zerstörten Städte Würzburg und Kassel nach Hattingen, denn ich war im letzten Augenblick im

Rahmen einer Sonderaktion der Partei zum Volkssturm einberufen worden, und der zuständige Kreisleiter hatte mich, als ich bei ihm das Argument meines bevorstehenden Notexamens vorbrachte, mit der bemerkenswerten Begründung für 14 Tage freigestellt, Deutschland müsse in der Zukunft ja auch noch Intellektuelle haben. Für eine Reihe von Wochen teilte ich dann, aber in der nur halbzerstörten Heimatstadt, in etwa das Schicksal der Millionen von Ausgebombten, Flüchtlingen und Vertriebenen, und ich konnte dann sogar in dem ersten »Friedenswinter« unter großen Mühen nach Freiburg zurückkehren, um mich endlich der geplanten Dissertation zuzuwenden. Aber Heidegger befand sich in der Mühle der »politischen Säuberung«, und ich traf ihn nicht mehr; das Ende des Semesters bestand in einer Flucht nach Hause vor dem nagenden Hunger eines ohne hilfreiche Hintergründe im fremd gewordenen »Südbaden« lebenden Studenten. Aber der Einfluss Heideggers wurde nicht geringer, und er ging nicht so sehr von dem erst teilweise vorgelegten »Spätwerk« aus, sondern von *Sein und Zeit* und zumal von den Schriften der späten zwanziger Jahre wie der Abhandlung *Vom Wesen des Grundes,* in der Heidegger seinen Begriff der »Transzendenz« klarer als zuvor entwickelt hatte.

Ich muss jedoch eine andere, auf ihre Weise ebenso »ans Herz greifende« Erfahrung der Kriegszeit wenigstens mit einigen Worten erwähnen, obwohl ich schon an anderer Stelle davon berichtet habe: der Szene auf einem kleinen Bahnhof in der Nähe Marburgs im Herbst 1942, wo ich und eine kleine Gruppe von ebenfalls »Ersatzdienst« leistenden Kommilitonen von zwei mit Gewehren bewaffneten SS-Männern aus unserem Zugabteil gewiesen wurden, weil sie mit einer alten Dame, die den »Judenstern« trug und sich vorher unter Tränen von einer jüngeren Frau, anscheinend ihrer Tochter, die kein Kennzeichen trug, verabschiedet hatte, »irgendwohin« begleiten mussten. Ich wusste nichts von Auschwitz und nicht einmal von Theresienstadt, aber ich dachte mir, »Widermenschlicheres« als diese unblutige Szene könne es nicht geben.

Vor dem Kriegsende waren also drei Merkmale zu verzeichnen, die für mein späteres Geschick bestimmend wurden: die Nicht-Teilnahme am Kriege und den unmittelbaren politischen Auseinandersetzungen der Zeit, die aus der frühen Kindheit herrührende Überzeugung, im Zeitalter eines großen ideologischen Kampfes zwischen extremistischen Parteien und Staaten zu leben, und das Studium bei Martin Heidegger – all das aber im Rahmen einer Vorkriegs- und Kriegszeit, die nicht viel weniger hart und während der letzten Jahre ebenso hart war wie das Leben im Land des wichtigsten Antagonisten, in Sowjetrussland.

Nach dem Ende des Krieges führte ich für fast zwanzig Jahre als Student und als Lehrer für Deutsch und Alte Sprachen an einem Gymnasium in Bonn ein unauffälliges Leben, aus dem nur der erzwungene Verzicht auf die geplante Dissertation bei Heidegger sowie die Promotion bei Eugen Fink über ein Thema hervorstachen, das ein neuartiges Interesse erkennen ließ: »Selbstentfremdung und Dialektik im Deutschen Idealismus und bei Marx«. Erst unter dem Eindruck einer weiteren Zufälligkeit, der Lektüre von eben erst in Italien publizierten Schriften aus der Jugendzeit des radikalen Marxisten Benito Mussolini, fasste ich den Entschluss, mir auf der Grundlage jener individuellen Eigenheiten größere Klarheit über die damals schon viel erörterten und doch noch in den Anfängen des Nachdenkens steckenden Probleme der »Zeitgeschichte« zu verschaffen. Das Ergebnis von vier Jahren Arbeit, die ich von 1958 bis 1962 neben meiner Tätigkeit als Studienrat am Nicolaus-Cusanus-Gymnasium in Bad Godesberg leistete, war mein erstes Buch *Der Faschismus in seiner Epoche. Die Action Française. Der italienische Faschismus. Der Nationalsozialismus.* Es erschien im Mai 1963 im Münchener Verlag Piper und wurde, wie ohne Überheblichkeit gesagt werden darf, neben Fritz Fischers 1961 publiziertem *Griff nach der Weltmacht* zum ersten »Welterfolg« der deutschen Geschichtswissenschaft, der sich der Autor ja eigentlich gar nicht zuzählen durfte – es wurde innerhalb kurzer Frist trotz seiner mehr als 600 Seiten ungekürzt in alle Hauptsprachen der westlichen Hemisphäre übersetzt.

Aber nicht nur im Hinblick auf seinen auch für den Verfasser überraschenden Erfolg verdient das Buch eine kurze Charakterisierung, da es der Ausgangspunkt aller Werke war, die ich bis heute geschrieben habe.

Es handelte sich um die komparative Geschichte von drei Bewegungen, die alle durch ihren »Antimarxismus« charakterisiert waren, von denen zwei in ihren Ländern zur alleinigen Macht gelangten und die zur Zeit ihres Höhepunktes in den Jahren 1936 bis 1942 als »Achsenmächte« die stärkste Machtballung der Erde darstellten. Befremdend wirkte, dass eine zwar einflussreiche, aber bis 1940 sogar von einer Teilhabe an der Macht weit entfernte französische Bewegung, nämlich die »Action française« einbezogen wurde, die als »konservativ« und nicht etwa als »faschistisch« galt. Aber ich konnte zeigen, wie sich im Denken ihres maßgeblichen Ideologen, von Charles Maurras, jene bis zur Feindschaft vorangetriebene Distanz gegenüber Hauptmerkmalen des überlieferten Konservativismus entfaltet – hier gegenüber dem ursprünglichen Christentum –, welche als ein Hauptwesenszug alles »Faschismus« gelten muss. Deshalb wird die Action française dem Begriff des »Frühfaschismus« subsumiert. Kaum weniger befremdlich war die Tatsache, dass der junge Mussolini in ausführlichen Analysen als »Marxist« und nicht etwa bloß als »revolutionärer Syndikalist« gekennzeichnet wird. Erst dadurch wird indessen die bedeutsame Tatsache verständlich, dass einer der radikalsten Führer des europäischen »revolutionären Sozialismus« der Vorkriegszeit unter dem Eindruck des Krieges eine Wandlung durchmachte, die ihn zum »Duce« einer radikal antisozialistischen Partei, des »Partito Nazionale Fascista« werden ließ. Als solcher wurde er rasch zum Vorbild von nicht ganz wenigen ähnlichen (oder ähnlich sein wollenden) Bewegungen im ganzen außersowjetischen Europa, und die Wahl des Terminus »Normalfaschismus« dürfte angemessen sein. Zum dritten ist der Umstand befremdlich, dass der deutsche Nationalsozialismus Adolf Hitlers ebenfalls in den »Faschismus« eingeordnet wird, der ihm doch schon in der Frühzeit der Weimarer Republik oft genug entgegengesetzt wurde. Aber in einer ausführlichen Analyse der Ideologie Hitlers wird gezeigt, weshalb die Unterschiede ebenso wichtig sind wie die Übereinstimmungen und weshalb die Bildung eines Unterbegriffs, nämlich »Radikalfaschismus«, am ehesten adäquat ist. Auch vor der Darstellung der allbekannten historischen Ereignisse wird deutlich, dass unter »Faschismus« eine neuartige politische Erscheinung der ersten Nachkriegszeit zu sehen ist, die mindestens zeitweise ein gleichstarker Gegner eines älteren und stärker in der Geschichte verwurzelten Phänomens werden konnte, nämlich des Marxismus als der Ideologie der »internationalen Arbeiterbewegung«.

Von daher ergibt sich die erste »Definition« des Faschismus, die ihn als einen »Antimarxismus« von besonderer Art charakterisiert, nämlich als eine Bewegung, die »den Gegner durch die Ausbildung einer radikal entgegengesetzten und doch benachbarten Ideologie und durch die Anwendung von nahezu identischen und doch charakteristisch umgeprägten Methoden zu vernichten trachtet ... «.[2] Da aber weder der Marxismus von Marx und Engels noch derjenige der Zweiten Internationale jemals in der Praxis und also jenseits der Theorie Vernichtungsmethoden gegenüber einem konkreten Gegner zur Anwendung gebracht hatten, muss der Marxismus des sowjetischen Kommunismus gemeint sein, und diese Definition enthält bereits die Konzeption des »europäischen Bürgerkrieges ab 1917«.

Da die Anfänge des »Antimarxismus«, der sich geraume Zeit in erster Linie als »Antiliberalismus« verstand, bis auf die frühesten Denker der »Gegenrevolution« wie Joseph de Maistre und Louis de Bonald zurückgeführt werden, ist es unmöglich, dass dieser gegenrevolutionären Tendenz das »historische Recht« gegenüber einem irrationalen Angriff zugeschrieben wird; weit eher müsste darin gerade das historische Unrecht schlechthin, die allenfalls scheinrevolutionäre »Re-Aktion«, verkörpert sein. Nicht ganz selten wurde das Buch daher als »philomarxistisch« verstanden.

2 *Der Faschismus in seiner Epoche,* S. 51

Aber ein weiterer der befremdlichen Züge, der vornehmlich im fünften und philosophischen Teil über den »Faschismus als transpolitisches Phänomen« zu Wort gebracht wird, schließt dieses Verständnis aus, denn die meiste Zustimmung wird weder Marx noch Nietzsche zuteil, sondern Max Weber, der kein überschießendes, sei es enthusiastisches, sei es verdammendes Urteil über den als »Transzendenz« verstandenen Geschichtsprozess entwickelt, sondern der dessen Paradoxien und Widersprüchen bei aller grundsätzlichen Bejahung gerecht zu werden sucht.

Ein Buch wie dieses konnte nicht in einem fachwissenschaftlichen Zusammenhang geschrieben werden, denn eine Fachwissenschaft zum Thema »Faschismus« hatte es nach 1945 nicht gegeben. Es erwuchs so gut wie ausschließlich aus dem sorgfältigen und ausgedehnten Studium von Originaltexten, und was es an Bezugnahmen auf Autoren der Sekundärliteratur gab, war fast nur in den Fußnoten zu finden.

So mochte der publizistische Erfolg dem glücklichen Griff des Dilettanten zuzuschreiben sein, der ein Thema gewählt hatte, das nach langer Verdrängung im Zuge des Wiederauftauchens marxistischer Autoren aus der Zeit der Weimarer Republik wie Georg Lukács, Max Horkheimer und Theodor Adorno sowie der ersten Anfänge der »Achtundsechziger Bewegung« sehr aktuell zu werden begann. Eine Anerkennung von Seiten der Fachwissenschaft schien jedoch unwahrscheinlich, wenn nicht gar ausgeschlossen zu sein. Aber auf Vorschlag von Theodor Schieder, der damals der Doyen der deutschen Geschichtswissenschaft und Rektor der Universität zu Köln war, wurde ich 1964 mit dem schon fertigen Buch von der philosophischen Fakultät dieser Universität habilitiert, und bereits gegen Ende des Jahres erhielt ich den Ruf auf den neugegründeten zweiten Lehrstuhl für Neuere Geschichte an der Philipps-Universität Marburg.

Vom Sommersemester 1965 an habe ich, seit 1956 mit einer teilnehmenden und verständnisvollen Frau verheiratet und Vater zweier Kinder, das normale Leben eines durch sein Buch bzw. seine Bücher weit über die deutschen Grenzen hinaus bekannten, wenn auch gewiss nicht eigentlich »berühmten« Professors geführt: Neben der Vorbereitung von Vorlesungen und Seminaren erhielt ich viele Einladungen zu Vorträgen, Aufforderungen zum Verfassen von Aufsätzen und Artikeln sowie zur Teilnahme an Tagungen, Vorschläge für die Niederschrift anderer Bücher usw. So erfreulich oder wohl auch zerstreuend all das von Zeit zu Zeit sein mochte, habe ich doch immer darauf geachtet, dass nichts derjenigen Arbeit ernsthaft schadete, die ich als die Weiterführung der Ansätze betrachtete, welche im *Faschismus in seiner Epoche* angelegt, aber nicht ausgearbeitet oder weitergeführt worden waren. So schwebte mir schon früh ein »Lebenswerk« vor, das aus Erweiterungen des ersten Buches bestehen, aber sicherlich auch einiges an Neuentwicklungen und Umakzentuierungen aufweisen würde. Es zeigte sich indessen schon bald, dass es sich nicht um einen autonomen Denkprozess handeln würde, sondern dass Erfahrungen und Reaktionen des politischen und intellektuellen Lebens eine unverächtliche Rolle spielten.

Das nächste Buch, *Deutschland und der Kalte Krieg*, 1974 ebenfalls bei Piper erschienen, ist von den Erfahrungen nicht ablösbar, die ich 1968 sowie 1970 in den USA und gleich im Anschluss daran in Deutschland machte. Hajo Holborn, Schüler Friedrich Meineckes und vor 1933 aus politischen Gründen emigriert, Professor in Yale und Nestor der mit Deutschland befassten Geschichtswissenschaft in den Vereinigten Staaten, hatte sich bald nach dem Erscheinen des *Faschismus in seiner Epoche* für mich interessiert, und er sorgte dafür, dass ich eine Einladung nach Yale erhielt, wo ich keine Lehraufgaben hatte und für nahezu ein Jahr völlig für meine eigene Arbeit freigestellt war. Noch war an dieser Universität der »Ivy League« von den Auseinandersetzungen und Kämpfen rund um den »Vietnamkrieg« erst wenig zu bemerken, aber ich stieß bald auf die Streitigkeiten zwischen »etablierten« und »revisionistischen« Historikern um die Interpretation des »Kalten Krieges«. Als Weltkonflikt unter den ehemaligen Verbündeten war dieser »Krieg« noch in vollem Gange, aber schon entwickelte sich eine ganze Schule, die nicht, wie die »Etablierten«, die Sowjetunion als die (Haupt-)Ursache dieses Konfliktes sah, sondern die USA. Dass es sich nicht bloß um einen Streit über aktuelle politische Probleme handelte, war leicht zu sehen, und die meisten Revisionisten gaben sich ohne Widerstreben als »Linke« zu erkennen, während die »Etablierten« sich für das Recht des eigenen, bis dahin von allen Richtungen als »progressiv« verstandenen Landes engagierten. Nicht ganz selten wurden von beiden Seiten und mit entgegengesetzten Perspektiven Analogien zur Geschichte Deutschlands und Europas wahrgenommen, und in der Tat schien es einleuchtend zu sein, dass der weltumfassend gewordene Konflikt eine Ausweitung der europäischen Kämpfe der »Epoche des Faschismus« war, in dem die amerikanische Linke die Rolle des europäischen Marxismus übernommen hatte, während die Etablierten in den Augen ihrer Gegner zwar nicht schon den Faschisten oder Nationalsozialisten entsprachen, aber doch auf dem Wege hin zu einer solchen Entsprechung waren. Ich nahm die Literatur beider Seiten zur Kenntnis und kam zu dem vorläufigen Ergebnis, dieser »Kalte Krieg« müsse in einem noch weiteren Rahmen gesehen werden und die Entsprechungen zu der vorhergehenden Epoche, die mein Thema gewesen war, müssten genauer durchdacht werden. Aber die eigentliche Arbeit würde natürlich erst in Deutschland geleistet werden können.

Jedenfalls wurde ich in den USA sehr freundlich aufgenommen. Mit nicht geringem Erstaunen stellte ich fest, dass ich im *Who is Who in America* einen Platz gefunden hatte, und es waren nicht zuletzt die Söhne jüdischer Emigranten aus Deutschland, an der Spitze Klaus Epstein und Fritz Stern, die den Titel der hervorragenden Übersetzung von Leila Vennewitz *Three Faces of Fascism,* wie man mir versicherte, zu einem »household word« in Amerika gemacht hatten. Meine Frau und ich genossen die offene Atmosphäre nicht nur Yales, sondern vieler anderer Universitäten, von denen ich zu Vorträgen eingeladen wurde; nur in Berkeley wurde uns auf sinnlich erfassbare Weise klar, welche Turbulenzen in manchen Hochschulen zu verzeichnen waren. Im Ganzen zählt der Aufenthalt in New Haven und wenig später derjenige am

»Massachusetts Institute for Technology« in Boston zu den angenehmsten Erinnerungen meines Lebens, und er legte den Grund für das zweite meiner Bücher, das von dem ersten sehr verschieden war und dennoch unzweideutig damit zusammenhing.

Aber noch wichtiger war das, was mich bei der Rückkehr nach Deutschland in Marburg erwartete. Ich hatte schon während meiner ersten Semester mit Befremden wahrgenommen, dass die Vorträge, die von der Philosophischen Fakultät oder deren Instituten und auch die feierlichen Übergaben des Rektorats sehr schlecht besucht waren, während sich große Mengen von Studenten zu den vom Thema her durchweg sehr »politischen« Vorträgen einfanden, die von dem Institut für Politikwissenschaft und dessen Leiter Wolfgang Abendroth veranstaltet wurden.

Abendroth war die interessanteste Persönlichkeit der Philosophischen Fakultät: in der Weimarer Zeit ein sehr aktiver, aber meist zu den Dissidenten zählender Kommunist; im Kriege ein nur durch glückliche Umstände dem Tode entronnener Angehöriger einer Strafkompanie, nach 1945 ein aus der DDR geflohener Antistalinist, war er eins der liebenswürdigsten Mitglieder der Fakultät, und ich erfuhr, dass er sich mit viel Verve für meine Berufung eingesetzt hatte, von der er vor allem eine Belebung der in der Entstehung begriffenen »Faschismus-Diskussion« erwartete. Dann zeigte sich allerdings, dass er im Kern ein Fanatiker geblieben war, der schon vor den Ereignissen von 1967 – der Erschießung eines Studenten durch einen Polizisten bei Gelegenheit des Besuchs des Schahs von Persien in Deutschland und der bereits sehr leidenschaftlichen Diskussion um den Erlass von »Notstandsgesetzen«, genauer: der Ablösung der alliierten Notstandsgesetzgebung durch eine deutsche – einer der Hauptinitiatoren der »Studentenbewegung« der sogenannten Achtundsechziger war. 1967 wurde ich von diesen, sich mehr und mehr auf den Marxismus zu entwickelnden Studenten noch als »einer der ihren« betrachtet, und in der Tat ist der *Faschismus in seiner Epoche* aus der Vorgeschichte dieser Bewegung nicht wegzudenken, weil er den Studenten und den sympathisierenden Professoren einen der wichtigsten ihrer Begriffe nahebrachte, den sie freilich schon bald auf ganz dogmatisch-marxistische Weise verstanden, so dass die Noltesche Interpretation nach kurzer Frist von derjenigen Herbert Marcuses und anderer Marxisten der Weimarer Zeit verdrängt wurde.

Als ich aus den USA zurückkam, war die Zeit intellektueller Diskussionen längst vorbei, und die Marburger Universität war wie viele andere Hochschulen zur Stätte emotionalisierter »Vollversammlungen«, Überschwemmung mit grellen Plakaten und wüster Lärmszenen geworden; der Begriff »Objektivität« fand allenfalls als Schimpfwort Verwendung. Der Weg, den ich einschlagen musste, war für mich nun ganz klar, und ich gehörte zu jener zunächst sehr kleinen Anzahl von Professoren, welche die Gründung einer »Gegenorganisation« vorbereiteten, die den Humboldtschen Begriff von »Wissenschaft« verteidigen sollte. Ich schrieb den Gründungsaufruf dieser Organisation, die »Bund Freiheit der Wissenschaft« genannt wurde, und die große Veranstaltung in Bad Godesberg am 18. November 1970 wurde von vielen Hunderten von Professoren, Assistenten und auch Studenten besucht. Als ich, um Missverständnisse auszuräumen, wenig später in Marburg einen Vortrag mit dem Titel »Was ist und was will der ›Bund Freiheit der Wissenschaft‹« ankündigte, spielte sich eine Szene ab, die mir auch im Rückblick als überaus symptomatisch erscheint, obwohl sie so gut wie unbemerkt blieb: Als ich in der überhitzten und feindseligen Atmosphäre des übervollen Auditorium maximum meinen Vortrag mit großer Mühe zu Ende gebracht hatte, sprang ein junger Student von vielleicht 20 Jahren voller Wut und Empörung auf mich zu und schrie mich an: »Ihr habt uns 1933 ins KZ (Konzentrationslager) gesteckt.« Da wusste ich, dass der Geist der »kollektivistischen Schuldzuschreibung«, den ich als ein Hauptmerkmal des nationalsozialistischen Antisemitismus herausgearbeitet hatte, in anderer und vielleicht ursprünglicherer Gestalt wieder von den Gemütern einer ganzen Generation Besitz ergriffen hatte. Ich aber hatte, jedenfalls in den Augen der marxistischen oder maoistischen oder anarchistischen

Studenten und ihrer publizistischen Wortführer, die wichtigste meiner Wandlungen vollzogen: die Wandlung vom »linken Progressiven« zum »rechten Reaktionär«.

Wer dann im Jahre 1974 *Deutschland und der Kalte Krieg* las, konnte freilich keinen Bruch und kaum auch nur eine Wandlung erkennen, wohl aber eine starke Ausweitung der Fragestellung. »Die Linke« war an die Stelle des Marxismus getreten, und der Schauplatz der Auseinandersetzung war nicht mehr Europa, sondern die ganze Welt. So hatte die Einleitung den Titel: »Grundlagen und Wurzeln des Kalten Krieges«, und einzelne Kapitel daraus machten auf ganz allgemeine Weise »Staatenkämpfe, Glaubenskämpfe, Klassenkämpfe« sowie »Das europäische System, seine Linke und seine Rechte« zum Thema. Darauf folgten Kapitel über die USA als den »ersten Staat der Linken«, den Marxismus als die »erfolgreichste Linke« und die UdSSR als »Staat des Marxismus«. Die unmittelbare Anknüpfung an das frühere Buch nahm nur geringen Raum ein, und zwar unter der Überschrift »Die spezifische Antwort: der Faschismus«.

Erst danach begann die ausführliche Darstellung des Kalten Krieges im Ausgang von der Frage, ob es sich bei der alliierten Koalition seit 1941 um eine »Notallianz der Feinde oder (ein) ideologisches Bündnis« gehandelt habe, und wenn ein besonders langer Abschnitt der Diskussion um die »Wiederbewaffnung« in der Bundesrepublik Deutschland gewidmet war, so richtete sich der Blick doch immer wieder auf die weltweiten Schauplätze der Auseinandersetzungen zwischen den USA und der Sowjetunion, zwischen Kommunismus und liberaler Demokratie, zwischen Kolonialmächten und Unabhängigkeitsbewegungen, zwischen der Sowjetunion und dem kommunistischen China Mao Tsetungs. So finden sich Kapitel mit Überschriften wie »Die erhellenden Parallelen: Japan, Österreich, China, Korea«, »Parallele und Kontrast: Israel« und »Kontrast: Selbstbestimmung in der Dritten Welt«. Weit ausführlicher als im *Faschismus in seiner Epoche* wird im Schlusskapitel »Die Alternativen der Zukunft« von künftigen Möglichkeiten gehandelt.

Im Rückblick wird deutlich, dass der Titel des Buches viel zu eng gefasst war und dass er eigentlich (aber in verlagstechnisch unerwünschter Länge) folgendermaßen hätte lauten müssen: »Die Linke in der Geschichte und die Ära des Kalten Krieges«. Mit Hilfe der »Weisheit der Nachgeborenen« lässt sich sagen: es handelte sich um einen ersten Entwurf meines Werkes *Historische Existenz* von 1998. Aber gerade die Hervorhebung »Deutschlands« im Titel konnte als affirmativ verstanden werden (während es in Wahrheit gerade um das Zurücktreten Deutschlands aus seiner zentralen welthistorischen Rolle ging), und die Folge waren die ersten gravierenden Kritiken, die sich im Grunde gegen meinen ganzen Ansatz richteten. Ich erwähne die beiden wichtigsten: Bald nach dem Erscheinen des Buches war in der *American Historical Review* eine Rezension von Felix Gilbert zu lesen, dem engsten Freund von Hajo Holborn, der mir den Vorwurf machte, ich hätte mich als einer der ersten deutschen Historiker wieder dem »Nationalismus« zugewandt. Sie gab aber auch von einer extremen und spezifisch jüdischen Sensibilität Zeugnis, indem Gilbert mir, wenngleich halb versteckt, vorwarf, ich hätte eine Äußerung Roosevelts zitiert, die sich negativ auf die Tätigkeit vieler Juden im Rahmen der kommunistischen Bewegung der USA bezog.

Ganz unzweideutig war dieser Hintergrund der Kritik in der Einleitung zu dem 1978 publizierten Buch von Peter Gay *Freud, Jews and other Germans. Masters and Victims in Modernist Culture.* Gay war einer jener Söhne jüdischer Emigranten, und er war der einzige, der sich 1968 allen Deutschen und auch mir gegenüber sehr distanziert gezeigt hatte. Aber einige Jahre später besuchte er uns in Marburg, und seine Einstellung erwies sich als völlig verwandelt, da ihm in Deutschland bei Vortragsveranstaltungen und Ehrungen, ganz wie von meiner Seite, eine sehr freundliche Aufnahme zuteil geworden war. Nun aber schrieb er, *Deutschland und der Kalte Krieg* bedeute eine »massive und raffinierte Apologie für das moderne Deutschland« und insbesondere beim Urteil über die Großverbrechen der Gegenwart liege eine »Trivialisierung durch Vergleich« vor, welche die »Nazi atrocities« zwar nicht leugne, aber doch durch solche Vergleiche gleichsam zu »humanisieren« (d.h. verstehbar zu machen) versuche. Auch Gay bezieht sich negativ und mit größerer Klarheit auf jenes von Gilbert kritisierte Roosevelt-Zitat, und vornehmlich macht er mir einen Satz zum Vorwurf, der im Anschluss an die berühmte Rede Chruschtschows auf dem XX. Parteitag feststellt: »Im Vergleich zu den Verhältnissen, die sie beschrieb, muss der nationalsozialistische Staat bis 1939 trotz der Röhm-Affäre geradezu ein rechtsstaatliches und liberales Idyll genannt werden.«[3] Gay geht jedoch auf diese sowjetischen Verhältnisse und den millionenfachen »Klassenmord« mit keinem Wort ein, sondern unterstellt mir die mangelnde Würdigung solcher Ereignisse in Deutschland wie der »Nürnberger Gesetze« und der »Kristallnacht« von 1938, aber der Kern des Vorwurfs besteht in der Einschätzung des Zionismus durch mich, dessen defensive Natur ich übersähe, so dass die These, »Zionismus und Nationalsozialismus waren bei allen Unterschieden nach Ursprung und Zielsetzung zu sehr benachbart, als dass die totale [!!] Entgegensetzung auf die Dauer ihre Überzeugungskraft bewahren konnte ... «[4], völlig falsch sei.[5] Falsch musste dann auch die »Einsicht« sein, die ich vor dem Beginn des Kapitels über »Alternativen der Zukunft« formulierte: Kein Staat stelle schon eine Antizipation dessen dar, was als Zukunft vor der Menschheit liege, und keine Doktrin dürfe beanspruchen, eine angemessene Explikation zu sein.

Im Rückblick drängt sich die Feststellung auf, dass in dieser (einseitigen) Auseinandersetzung zweier Historiker im Jahre 1978, die wenige Jahre zuvor noch geneigt waren, sich wechselseitig als »Freunde« zu bezeichnen, der »Historikerstreit« der Jahre ab 1986 bereits in seinem Kern vorweggenommen war.

Aber noch war es nicht so weit. Als ich zwei Jahre lang das Amt des »Sprechers« (später wieder »Dekans«) des Fachbereichs ausgeübt hatte, wurde ich für ein Jahr beurlaubt, und ich folgte

3 *Deutschland und der Kalte Krieg*, S. 360.

4 Ebd., S. 607.

5 Peter Gay: *Freud, Jews and other Germans. Masters and Victims in modernist Culture*, New York 1978, S. XIII f. (eine deutsche Übersetzung erschien 1986).

mit Frau und Tochter einer Einladung an das »Darwin College« in Cambridge. Es war das zweite meiner »glücklichen Jahre« im amerikanisch-englischen Raum, der sich schon wenig später mir gegenüber so abweisend verhalten sollte. Ich benutzte diese Zeit, um einen meiner ältesten Wünsche zu realisieren, nämlich ein Buch über den Marxismus zu schreiben, welches dasjenige ausführlich explizieren sollte, was in den früheren Büchern auf vielfältige Weise umrissen oder angedeutet worden war. Der wichtigste Arbeitsplatz wurde für mich der Lesesaal des Britischen Museums in London, den ich viele Wochen lang Tag für Tag aufsuchte. Damit erfüllte ich zum ersten Male ein weitverbreitetes Postulat der historischen Fachwissenschaft: dass etwa die Hälfte der Vorstudien für ein neues Buch in einem Archiv oder in einer archivartigen Bibliothek stattfinden solle. Aber das Buch, das dann 1983 unter dem Titel *Marxismus und Industrielle Revolution* in dem Stuttgarter Verlag Klett-Cotta erschien, hat meines Wissens keine Entsprechung in der deutschen historischen Fachwissenschaft gefunden.

Sein Gegenstand sind in dem ersten Teil »Die Industrielle Revolution in England und die Reaktionen der Zeitgenossen«, und darin wird die meist mit alten Formeln (»englische Nationalökonomie, französischer Sozialismus, deutsche Philosophie«) beantwortete Frage nach den »Vorläufern« von Marx und Engels unter besonderer Berücksichtigung der in der Literatur meist völlig übergangenen englischen »Tories« wieder aufgegriffen und in einem umfangreichen systematischen Teil unter Kapitelüberschriften wie »Klassen, Klassenkämpfe, Staat«, »Kapital, Profit, Zins«, »Geschichte, Fortschritt, Niedergang« in einer Weise behandelt, die als Voraussetzung des Marxismus eine ganze Welt von Ereignissen, in erster Linie der »Industriellen Revolution« und der menschlichen Reaktionen von Individuen und Gruppen erscheinen lässt. Insofern handelte es sich, von den Sozialhistorikern unbemerkt, um ein Stück Sozialgeschichte.

Der zweite Teil »Marx, Engels und die Industrielle Revolution« setzt diese Fragestellung und auch die systematische Analyse fort und kommt, sehr verkürzt gesagt, zu dem Ergebnis, dass das Werk von Marx und Engels weitaus vielfältiger und auch vieldeutiger ist, als in der Regel von Marxisten und Nicht-Marxisten angenommen wird. Dazu gehören auch das Kapitel »Vernichtungsdrohung und Angst«, das sich nicht auf die vom Marxismus hervorgerufene »Angst der Bourgeoisie« beschränkt, sondern ebenfalls die Angst von Marx und Engels um die Zukunft ihrer Bewegung thematisiert, und weiterhin die Ausführungen über diejenigen »Ansätze« bei den beiden Ideologen, die im Allgemeinen als unmarxistisch, ja für antimarxistisch erklärt werden, sofern sie überhaupt Erwähnung finden: die Vorstellung von der Vernichtung reaktionärer Völker und Kulturen, der Vitalismus und die Zivilisationskritik, der großdeutsche Nationalismus sowie nicht zuletzt der »Antisemitismus«, in dessen Rahmen Marx, und gewiss nicht bloß metaphorisch, eine Gleichsetzung von Judentum und Geldwirtschaft vornimmt und durch die Radikalität der These »Die Judenemanzipation in ihrer letzten Bedeutung ist die Emanzipation der Menschheit vom Judentum« einen Gipfelpunkt der Polemik erreicht, der als solcher mit dem Radikalismus Adolf Hitlers vergleichbar ist. Obgleich das Buch das weitaus gelehrteste meiner Bücher ist und von zahlreichen Persönlichkeiten handelt, von denen sogar die große Mehrzahl der Engländer nie etwas gehört haben dürfte, hätte es auf ähnliche Weise heftige und gekränkte Reaktionen hervorrufen können wie *Deutschland und der Kalte Krieg,* nicht zuletzt durch den »Ausblick« auf die »Transformation des Marxismus durch den Leninismus und die Situation der Gegenwart«, wo der Leninismus als »Verkehrung und Realisierung des Marxismus« bezeichnet wird und wo der (falsche) Eindruck hervorgerufen werden könnte, Faschismus und Nationalsozialismus würden als »dritte Wege« über die Extreme des Leninismus und der fessellosen Marktwirtschaft gestellt. Aber dem Buch wurden nur verhältnismäßig wenige Rezensionen gewidmet, unter denen durch extreme Schärfe nur diejenige von Eric Hobsbawm hervorstach, und es wurde nicht bloß – wie *Deutschland und der Kalte Krieg* – in keine fremde Sprache übersetzt, sondern es erlebte nicht einmal eine zweite Auflage. Wenn dem Dilettanten ein

»Welterfolg« zuteil wurde, so musste, wie es schien, der »professionelle Historiker« mit einem gravierenden Misserfolg zurechtkommen.

Das fiel ihm allerdings nicht sonderlich schwer, denn der Grad von Bekanntheit und Schätzung in intellektuellen Kreisen blieb unberührt. Im Jahre 1980 erhielt ich die Einladung, als Fellow des Truman-Instituts auf dem Mount Scopus für ein halbes Jahr Gastprofessor der »Hebräischen Universität« in Jerusalem zu werden. Ich habe mich dann im Kreise der übrigen Fellows und der gelegentlichen Besucher wie Shlomo Avineri, Martin Seliger, Zeev Sternhell und nicht weniger anderer sehr wohlgefühlt, und ich rechne diese Zeit ebenfalls zu den glücklichsten Abschnitten meines Lebens. In der großen Bibliothek zum »Mittleren Osten« des Truman-Instituts arbeitete ich mich in das mir bis dahin fast unbekannte Gebiet des Islam und auch in das nicht ganz so unbekannte Feld des »israelisch-arabischen Konflikts« ein.

Es fehlte jedoch nicht ganz an dunklen Tönen. Die Einladung war vermutlich von Jacob L. Talmon veranlasst worden, mit dem ich seit Jahren im Briefwechsel stand. Aber er starb kurz vor meiner Ankunft in Jerusalem, und ich konnte nur 1983 mein Buch über *Marxismus und Industrielle Revolution* dem »Andenken« an diesen bedeutenden Denker widmen. Mit besonderer Deutlichkeit erinnere ich mich daran, wie ich eines Tages auf der großen Terrasse des Instituts stand und auf das judäische Land sowie die Siedlungsstadt Maale Adumim im ehemals jordanischen Gebiet hinaussah, während ein älterer israelischer Student an mich herantrat und sagte: »Da liegt das eine Land, um das zwei Völker mit gleichem Recht ringen. Wie soll sich ein glücklicher Ausweg finden?« Und eben dieser Student, der vermutlich ein Mitglied der israelischen Friedensbewegung war, schlug mir vor, mit ihm zusammen die palästinensische Universität Bir Zeit zu besuchen, wo mir dann durch die Erzählungen der Professoren und Studenten die »andere Seite« Israels ebenso anschaulich wurde wie durch eine Rede, die ich während einer Busfahrt hörte und die mich durch die Heftigkeit und Leidenschaftlichkeit ihres Tones an die Reden Adolf Hitlers erinnerte. Sie stammte von Menachem Begin, dem Ministerpräsidenten, der einst in den Augen der englischen Mandatsmacht ein gefährlicher Terrorist gewesen war. In all dem fand ich keinen Grund zu einseitiger Empörung, wohl aber zum Nachdenken über beide Seiten.

Bald nach der Rückkehr wurde mir von der Hanns Martin Schleyer-Stiftung der Preis »für hervorragende Verdienste um die Festigung und Förderung der Grundlagen eines freiheitlichen Gemeinwesens« für das Jahr 1985 zugesprochen. Der Preisträger für 1984 war Friedrich August von Hayek. Uns beiden wurde der Preis in einer Feierstunde im Stuttgarter Schloss von dem damaligen Präsidenten des Bundesrates und Ministerpräsidenten von Baden-Württemberg Lothar Späth im Mai 1985 überreicht, und damit begann eine Tradition, die noch in der Gegenwart lebendig ist. Der Nobelpreisträger von Hayek sprach über die »Überheblichkeit der Vernunft«; meine Annahmerede galt dem »historischen Begriff des ›Liberalen Systems‹«. Zu den Preisträgern der folgenden Jahre und Jahrzehnte gehörten unter anderen der ehemalige Bundespräsident Karl Carstens, der Philosoph und älteste Heidegger-Schüler Hans-Georg Gadamer, der Historiker Golo Mann, der Lyriker Reiner Kunze, der Dirigent Kurt Masur, der Wiener Kardinal Franz König, die Begründerin der deutschen Demographie Elisabeth Noelle, der Mitherausgeber der *FAZ* Joachim Fest und etwa ein Dutzend andere Persönlichkeiten. Ich empfinde es nach wie vor als hohe Ehre, einem solchen Kreis zugezählt zu werden. Aber der Tag der Preisverleihung glich einem letzten Lichtschein vor einer langen Periode der Dunkelheit.

Im folgenden Jahr, 1986, erfolgte der Ausbruch des »Historikerstreits«, der in aller Welt so bekannt wurde, dass das Wort oft genug nicht einmal übersetzt zu werden brauchte, und der mir in den Augen vieler Menschen, insbesondere Intellektueller, den Stempel des »Berüchtigtseins« aufprägte.

Der Anlass wies noch mehr an Zufälligkeiten auf als die Entstehung des *Faschismus in seiner Epoche.* Im Frühjahr 1986 erhielt ich eine Einladung zur Teilnahme an den »Römerberggesprächen«

in Frankfurt, einer schon zur Tradition gewordenen Veranstaltung der intellektuellen Linken, und als Thema meines Vortrages wurde mir vorgeschlagen: »Die Vergangenheit, die nicht vergehen will. Auseinandersetzung oder Schlußstrich?« Gemeint war offenbar die nationalsozialistische Vergangenheit Deutschlands, und ich erinnere mich nicht, dass jemals eine Fragestellung sozusagen mein Gehirn in eine quasiautomatische Bewegung versetzt hätte. Ich arbeitete nämlich gerade an einem Buch, das den Titel *Der europäische Bürgerkrieg 1917–1945* tragen sollte, und die Vergangenheit, die ich darin in Anknüpfung an meine früheren Bücher begreifbar machen wollte, war gerade nicht die isolierte Vergangenheit Deutschlands, sondern diejenige der totalitären Periode der europäischen Geschichte des 20. Jahrhunderts.

Aber den Veranstaltern kamen offenbar Bedenken, und sie machten mir die definitive Annahme unmöglich, wenngleich unter mancherlei Winkelzügen und Vorwänden. Deshalb schickte ich das Manuskript an Joachim Fest als den für das Feuilleton verantwortlichen Herausgeber der *FAZ*, und der Text wurde dann am 6. Juni 1986 unter dem Titel »Vergangenheit, die nicht vergehen will. Eine Rede, die geschrieben, aber nicht gehalten werden konnte« gedruckt.

Die auffälligsten Sätze darin waren die folgenden: »War nicht der ›Archipel GULag‹ ursprünglicher als Auschwitz? War nicht der ›Klassenmord‹ der Bolschewiki das logische und faktische Prius des ›Rassenmords‹ der Nationalsozialisten?« Gemeint waren offensichtlich nicht die Abteilung in der Zentralverwaltung der sowjetischen GPU und auch nicht das Lager in Oberschlesien, sondern die Vernichtungsmaßnahmen und millionenfachen Massenmorde der beiden Regime, die sich als Vollstrecker einer »Reinigung« der Menschheit von verderblichen Kräften und Mächten betrachteten. So musste die Frage gestellt werden, wenn nicht »Deutschland«, sondern »Europa« als Perspektive leitend sein sollte und die Isolierung eines einzelnen Phänomens zu vermeiden war. Der Sache nach war diese Frage schon als These in der bereits oben genannten, zentralen Definition des Faschismus aus *Der Faschismus in seiner Epoche* vorzufinden, und eine wissenschaftliche Kritik hätte in der Feststellung bestehen können, ich hätte das antikommunistische Moment in dem doch sehr vielfältigen Nationalsozialismus überschätzt und hätte die beiderseitigen Vernichtungsmaßnahmen nicht deutlich genug voneinander unterschieden – obwohl klare Antworten auf beide Einwendungen längst vorlagen.

Stattdessen schlug Jürgen Habermas in seiner Stellungnahme, die am 11. Juli von der *Zeit* publiziert wurde, einen sehr polemischen und anklägerischen Ton an, der nur dadurch verstehbar wurde, dass er unverkennbar durch den Plan der neuen Bundesregierung, ein »Museum für deutsche Geschichte« zu errichten, beunruhigt war und in Aufsätzen von Historikern wie Andreas Hillgruber und Michael Stürmer ebenso wie in meinem Artikel die Tendenz von »Regierungshistorikern« zu erkennen glaubte, die Geschichte Deutschlands zu »entsorgen«. Daher hatte sein Artikel die Überschrift »Eine Art Schadensabwicklung. Die apologetischen Tendenzen in der deutschen Zeitgeschichtsschreibung«, und er richtete sich mit besonderer Schärfe gegen den meinen, in dem er »die skurrile Hintergrundphilosophie eines bedeutend-exzentrischen Geistes« erkennen wollte, der mit »abenteuerlichen Argumenten« und »abstrusen Beispielen« Auschwitz seiner Einzigartigkeit entkleiden und als einer der »Revisionisten« die bisherige deutsche Vergangenheitsbewältigung durch eine »deutsch-national eingefärbte NATO-Philosophie« ersetzen wolle.

In den nächsten Monaten spielte sich dann in den großen deutschen Zeitungen eine Auseinandersetzung ab, für die sogar die Fischer-Kontroverse von 1961 und den folgenden Jahren kein genuines Präzedens war. Von Seiten der Gegner wurde häufig genug eine so schrille Polemik geübt, wie sie unter professionellen Historikern bis dahin ganz unüblich gewesen war: »Untersteller«; »abstruse Assoziationskette«, in welcher die falsche Logik des »post hoc ergo propter hoc« grundlegend sei; »Verdrängungsstrategie«; »intellektuelle Bocksprünge« von »Vergangenheitsrestauratoren«; »Exkulpierung der deutschen Funktionselite«; »antikommunistische Ressentiments«; »klassenübergreifende Konsensstiftung«; »Revisionismus neokonservativen Zuschnitts«; »Gefasel«; »Ausverkauf westlicher Werte«; »Ruf nach der Wiedervereinigung Deutschlands«; »Marsch der historischen Sinnstifter«; »eiertanzähnliche Wendungen«; »Herabstufung der Naziverbrechen zur ›folgerichtigen‹ Reaktion auf die bolschewistischen Untaten« usw.

Immerhin lässt sich nicht leugnen, dass auch die »Regierungshistoriker« ausführlich zu Wort kamen, dass antikritische oder abwägende Artikel von angesehenen Fachleuten wie Joachim Fest, Hagen Schulze, Thomas Nipperdey und Horst Möller publiziert wurden und dass der Titel *Historikerstreit,* den die maßgebende Sammlung der 1987 im Piper-Verlag erschienenen Beiträge trug, gerechtfertigt ist und dass der Streit im Ganzen einen »zivilen« Charakter aufwies, nicht anders als die »abschließende« Stellungnahme des damaligen Bundespräsidenten Richard von Weizsäcker auf dem Bamberger Historikertag von 1988.

Aber was in den mehr als 1000 Artikeln und drei Dutzend Büchern zu lesen war, die bis 1988 in allen möglichen Organen bzw. Verlagen erschienen und die sich immer mehr auf die Zurückweisung der »Thesen« von Ernst Nolte konzentrierten, war ganz überwiegend weit eher einer Kette von Beschimpfungen als einem »Streit« zu vergleichen, und sicherlich war die häufig anzutreffende Behauptung, der »Historikerstreit« habe mit einem eklatanten Sieg der »progressiven Seite« geendet, völlig richtig, sofern ein quantitativer Maßstab angelegt wurde.

Für mich war es dagegen in erster Linie verwunderlich, wie wenig sogar bei einigen bekannten Historikern das Bewusstsein vorhanden war, dass ich es gewesen war, der die »Singularität von Auschwitz« in Deutschland als Erster herausgearbeitet hatte, und dass ich mich nur gegen die mehr und mehr hervortretende Tendenz wenden konnte, Auschwitz geradezu Einzigkeit und Absolutheit zuzuschreiben. Ich wunderte mich auch darüber, wie sehr die Erinnerung an den weltweiten und geradezu transzendentalen Anspruchs des Bolschewismus und an die bereits terroristische Phase seiner Frühzeit geschwunden war und eine Verharmlosung Platz gegriffen hatte, die in der Sache eine Herabsetzung, ja eine Beleidigung bedeutete. Aber ich räume ein, dass der Begriff der »Gegenvernichtung« fragwürdig wird, wenn die Vernichtungsabsicht sich nicht gegen den vieltausendmal beschworenen Todfeind, nämlich die Weltbewegung des Kommunismus richtet, sondern gegen die ethnische Realität der Juden.

Deshalb halte ich ein Gedankenexperiment für erhellend, das ich nirgendwo ausdrücklich formulierte, das mir aber in der Sache immer präsent war: Es gibt keinen edleren und verbreiteteren politischen, ja metapolitischen Impuls unter Menschen als den, diese »schlechte Welt« der Gegenwart durch ein »Reich der Gerechtigkeit« zu ersetzen, das von religiösen Bewegungen das »Reich Gottes« genannt wird. Wenn es einen Impuls dieser Art nicht gäbe, würde der Mensch nicht durch »Transzendenz« bestimmt, sondern wie Bienen und Ameisen in eine durch Jahrhunderttausende unveränderliche »Struktur« eingebunden oder gefangen sein. Aber der Mensch ist trotzdem ein endliches und fehlbares Wesen, und deshalb wird jeder Versuch der Realisierung dieses edlen Impulses mit Merkmalen der Ungerechtigkeit und »dieser Welt« versehen sein. Wer dem Kommunismus diesen Impuls abspricht, setzt ihn herab und macht ihn zu einem bloßen Phänomen der die Geschichte bisher beherrschenden Kämpfe um Befehlsgewalt und Futterkrippe. Wer in dem konkreten Übergang, in der Gegenwart also vornehmlich in der gewaltsamen Machtergreifung des Bolschewismus und deren nächsten Folgen, nichts anderes als den edlen Impuls wahrnimmt, der verschließt die Augen vor der geschichtlichen Realität und rechtfertigt die Vernichtung einer Millionenzahl von Menschen. Wer aber aus Angst und Empörung die Gegenvernichtung in Gang setzt, bleibt von vornherein in »dieser Welt«, ja möglicherweise ideologisiert er sie und ihre ständigen Kämpfe um Machtgewinn und Lebensraum. Eine Gleichsetzung der beiden Vernichtungsprozesse ist daher unzulässig, aber ebenso unzulässig ist die Verdrängung,

Aussparung oder Verneinung des einen der beiden Grundimpulse, des edlen und des nur allzu alltäglichen. Eben das geschieht heute durch die alleinige Hervorhebung von »Auschwitz« und das Verdrängen des »Gulag«. Alle, die sich daran beteiligen, stellen eine Hochschätzung der »edlen Impulse« unter Beweis, doch sie handeln im Hinblick auf die Realität in hohem Grade unmoralisch und kollektiv-egoistisch.

Aber die eigentliche Frage ist damit immer noch ausgespart, und man macht sich durch diese Aussparung das Denken allzu bequem. Sie lautet: Hat eins der in der Welt vorfindbaren Völker eine hervorstechende Beziehung zum Ziel der Errichtung des »Reichs der Gerechtigkeit«, und ist es wahrscheinlich, dass die Überzahl seiner Angehörigen untätig blieb, als der erstaunlichste und doch naheliegende Versuch der Realisierung dieses Reiches gemacht wurde? Meine Antwort ist: Dieses Volk waren vornehmlich die Juden, aber keineswegs ausschließlich die Juden. Der Begriff des »jüdischen Bolschewismus« ist daher sowohl berechtigt wie unberechtigt, aber wer durch die Vernichtung dieses Volkes letzten Endes jenen »edlen Impuls« für immer aus der Welt bringen will, befindet sich in einem radikalen Unrecht und kann als »rationalen Kern« seines Handelns nur die Verteidigung einer Realität anführen, die in den Augen seiner Opfer schlecht und verwerflich ist. Daher ist im *Faschismus in seiner Epoche* zu lesen, die Weltheilungslehre der Nationalsozialisten habe gerade in der Absicht bestanden, die Welt »von der jüdisch-christlich-marxistischen Welterlösungslehre zu befreien« und mit ihrer »Judenvernichtung« hätten sie ihren Opfern die »höchste aller Ehren« erwiesen, nämlich als Stellvertreter bei dem verzweifeltsten Angriff zu sterben, der je gegen jenen edlen Impuls und also gegen die Transzendenz im menschlichen Wesen geführt worden sei.[6]

Aber da ich es für ein Kennzeichen der Moderne halte, dass Historiker und Publizisten viel zu viel lesen und zur Kenntnis nehmen müssen, als dass sie geneigt sein könnten, ein einzelnes

6 *Der Faschismus in seiner Epoche*, S. 512.

Werk gründlich zu studieren, haben jene Siegesverkündigungen nach dem Historikerstreit mich nie sonderlich berührt, und ich habe mein Leben so weitergeführt, als wenn es sie nie gegeben hätte. Freilich hätten durch die unter beträchtlichen Schwierigkeiten 1987 zustande gekommene Veröffentlichung des Werkes über den europäischen Bürgerkrieg von 1917 bis 1945, dessen noch unfertiger Text jenem Artikel vom 6. Juni 1986 zugrundegelegen hatte, alle genuinen Zweifelsfragen beantwortet werden können. Jetzt war ja nicht mehr zu übersehen, dass ich von Anfang an nichts anderes versucht hatte, als ein neues »Paradigma« für die Interpretation der Gegenwart zu entwickeln: das Paradigma des Zusammenstoßes zweier ideologischer Bewegungen, von denen die zweite, aber ältere erst jetzt bis in Details hinein dargestellt wurde. Eben diese, die bolschewistische, hielt ich für die tiefer im menschlichen Wesen verwurzelte, aber gleichwohl für verfehlt, nämlich als Zuspitzung einer tatsächlich vorhandenen Welttendenz, der mit der »Globalisierung« fortschreitenden Egalisierung, zum Begriff einer utopischen »Egalität« unter Vernachlässigung, ja Verneinung der ebenso notwendigen Tendenz der »Differenzierung«. Ihr konnte sich als Re-Aktion eine zunächst viel begrenztere Auffassung entgegenstellen, nämlich die Tendenz zur Verteidigung der immer durch Ungleichheiten bestimmten Realität der Geschichte, welche indessen durch die innere und gutenteils imitative Bezugnahme auf den älteren Feind gekennzeichnet war. Keine Formulierung ist in meinen Augen für diesen Gegen-Willen so charakteristisch wie die Forderung Hitlers, dem Bolschewismus einen Antibolschewismus »von bolschewistischer Entschlossenheit« entgegenzusetzen. Diese innere Abhängigkeit des radikalen Antimarxismus vom Marxismus herauszuarbeiten und insofern einen Vorrang des Marxismus und damit auch des Bolschewismus anschaulich zu machen, war meine nie versteckte und durchaus wissenschaftlich begründete Absicht, aber die Marxisten haben das nie verstanden, und sie hatten mit ihrer Feindseligkeit insofern recht, als ich ihrem Universalismus nicht den vollständigen Sieg zugestand, sondern auch in dem entgegengesetzten Partikularismus verständliche, ja teilweise berechtigte und zukunftsvolle Tendenzen wahrnahm. Aber als ich sah, dass auch die große Mehrzahl der Nichtmarxisten nicht zu einem angemessenen Verständnis gelangte, habe ich den Tatbestand mit Gelassenheit ertragen.

Das war allerdings nicht immer ganz einfach. Am 9. Februar 1988 fand ich nach dem verspäteten Ende einer abendlichen Seminarsitzung mein Auto auf dem Parkplatz des Instituts brennend vor, und es war nicht klar, ob der Anschlag eine Warnung sein sollte oder ob er meiner Person galt. In einem »Bekennerschreiben« hieß es, ich hätte den »faschistischen Massenmord ... als berechtigte Reaktion auf den Freiheitskampf des russischen Volkes« dargestellt. Im Februar 1994 sah ich mich zum erstenmal einem körperlichen Angriff ausgesetzt: Als ich einer Einladung von Studenten zu einem Vortrag über Nietzsche im ehemaligen Ost-Berlin folgte und mich zum Ort der Veranstaltung begab, wurde mir und einigen Studenten, die mich begleiteten, der Zutritt von einer Gruppe »sozialistischer« Fanatiker verwehrt, und mir wurde Pfefferspray ins Gesicht gesprüht, so dass ich bis zum Eintreffen in einer Klinik um mein Augenlicht fürchten musste.

Als in den Jahren 1989 und 1990 zur Überraschung der ganzen Welt die deutsche Wiedervereinigung im westlichen Sinne zustandekam (die ich selbst einmal für ausgeschlossen erklärt hatte, wenn die Bedingungen des Kalten Krieges weiterbeständen), gab mir die *FAZ* in Fortsetzung einer jahrzehntelangen Gewohnheit die Möglichkeit, das Ereignis in umfangreichen Artikeln zu interpretieren, und einer davon hatte die Überschrift »Die Fragilität des Triumphes«. In der Hauptsache versuchte ich, mir einen sehr alten Wunsch zu erfüllen und zur Philosophie zurückzukehren, aber das gelang mir nur auf sehr unvollkommene Weise, denn die »philosophische Trilogie« der zwischen 1990 und 1992 publizierten Bücher über Nietzsche, über Heidegger und über das Geschichtsdenken im 20. Jahrhundert sind bestenfalls philosophiegeschichtlich und entwickeln den gedanklichen Rahmen mit einiger Ausführlichkeit, innerhalb dessen die historischen Werke anzusiedeln sind.

Erst als ich 1993 in einem Parergon *Streitpunkte. Heutige und künftige Kontroversen über den Nationalsozialismus* noch einmal auf mein ältestes Thema zurückgekommen war und, wie es die wissenschaftliche Vorgehensweise verlangt, auch den Gegnern der herrschenden Auffassung, den sogenannten Revisionisten oder Negationisten, ein eigenes (und kritisches) Kapitel eingeräumt hatte, und als der *Spiegel* Anfang Oktober 1994 ein langes »Gespräch« mit mir auf entstellende, aber infolge der Umstände kaum noch korrigierbare Weise unmittelbar vor den Bundestagswahlen veröffentlicht hatte, kündigten mir die Herausgeber der *FAZ* (zu denen Joachim Fest aus Altersgründen nicht mehr gehörte) die Zusammenarbeit eines Vierteljahrhunderts auf, und das war für mich die schwerstwiegende Spätfolge des »Historikerstreits«.

Aber um eben diese Zeit begann auch die bis heute andauernde Periode meiner »Halb-Emigration« nach Italien und bis zu einem gewissen Grade nach Frankreich. Der *Europäische Bürgerkrieg* war schon auf der Buchmesse von 1987 von dem italienischen Verlag Sansoni gekauft und dann in einer guten und recht sichtbaren, mehrfach neuaufgelegten Ausgabe herausgebracht worden. Die zahlreichen Interviews, die ich zu geben hatte, reichten von ganz rechts bis ganz links; und 1994 hielt ich die »römischen Vorlesungen« bei einer vielbesuchten Veranstaltung der eben gegründeten Vereinigung »Sophia«, an der auch Dimitrij Wolkogonow teilnahm, den ich deshalb noch kurz vor seinem allzu frühen Tode persönlich kennenlernte. Sie wurden wenig später vom Verlag Rizzoli unter dem Titel *Gli anni della violenza* publiziert, und auch das nächste Buch, die *Geschichte Europas von 1848 bis 1918*, erschien zunächst nur in Italien.

Am wichtigsten für mich wurde die Verbindung mit der »Fondazione liberal« in Rom, die man als eine rechtsintellektuelle und der »Forza Italia« nahestehende Gruppierung bezeichnen mag, innerhalb deren aber ein beachtliches Spektrum unterschiedlicher Meinungen eine Stätte hatte. Diese Stiftung vermittelte meine Bekanntschaft mit François Furet, und in ihrem Verlag erschien zuerst der Briefwechsel, den ich mit ihm führte, als Buch, nachdem einzelne Briefe schon vorher in der französischen Zeitschrift *Commentaire* veröffentlicht worden waren. Im Dezember 1996 lernten wir einander dann bei einer Tagung in Mailand persönlich kennen, und im Juni 1997 hielten wir Vorträge bei einem großen, von der Stiftung organisierten Kongress in Neapel. Dabei kamen wir einander auch persönlich nahe, und es war einer der härtesten und überraschendsten Schläge, die ich in meiner intellektuellen Existenz hinnehmen musste, als ich vier Wochen später die Nachricht erhielt, Furet habe beim Aufenthalt in seinem Sommerhaus einen schweren Unfall erlitten und befinde sich im Koma, ohne dass noch Hoffnungen beständen. So musste ich einen Nachruf schreiben, bevor unsere Freundschaft richtig begonnen hatte. Die Verbindung mit Frankreich blieb aber bewahrt: mehrere meiner Bücher, darunter der *Europäische Bürgerkrieg* und *Nietzsche und der Nietzscheanismus,* erschienen in Übersetzungen; schon 1996 hatte mich der *Débat* aufgefordert, zusammen mit François Furet, Renzo de Felice, Eric Hobsbawm, Richard Pipes und Giuliano Procacci an einer Debatte über »Kommunismus und Faschismus« teilzunehmen, die im Heft 89 publiziert wurde, und 2002 erschien im Heft 122 eine Diskussion »Autour de la *Guerre civile europénne* d'Ernst Nolte«, an der sich Édouard Husson, Charles S. Maier und Denis Trierweiler beteiligten, denen ich am Ende ausführlich antwortete.

Schon im März 2000 hatte in Paris die Vorstellung der *Guerre civile européenne* stattgefunden, und sie fand eine Fortsetzung im *Figaro Littéraire* und in einer Fernsehdiskussion mit François Revel und Édouard Husson. Am 8. Juni hielt ich im Rahmen einer von Stéphane Courtois organisierten Tagung in Paris einen langen Vortrag über »Revolution und Konterrevolution«, und in der Folge davon erschienen mehrere Interviews in angesehenen Zeitschriften. Diese Verbindung schwächte sich danach zwar ab, aber der Kontakt mit Stéphane Courtois und Pierre-Guillaume de Roux vom Verlag »Éditions du Rocher« blieb erhalten, und im Jahr 2004 erhielt ich die erste Nachricht über die Absicht des Verlags

Laffont, innerhalb der »Édition Bouquins« so etwas wie eine Art Gesamtausgabe meiner »Schriften zum Faschismus« herauszubringen.

Nach Italien fuhr ich schon seit längerem etwa sechs- bis achtmal im Jahr zu Vorträgen und Tagungen, nicht zuletzt nach Turin zu Veranstaltungen der CIDAS (»Centro Italiano Documentazione Azione Studi«); bei der Zeitschrift *liberal* war ich so etwas wie ein ständiger Mitarbeiter, der hin und wieder sogar der Aufforderung folgte, sich zu ganz aktuellen Themen zu äußern, deren Gehalt hin und wieder durch die Titelwahl der Redaktion noch zugespitzt wurde, wie etwa in dem Beitrag über »Joschka e Bill. La generazione senza principi«, d. h. über Joschka Fischer und Bill Clinton. Eine dauerhafte Verbindung war ebenfalls diejenige mit dem »Istituto Italiano per gli Studi Filosofici« in Neapel, wo ich seit 2004 alljährlich Seminare von jeweils einer Woche abhielt (so 2006 über »John Stuart Mill und Alexis de Tocqueville«). Allerdings blieb es mir auch in Italien nicht erspart, einen »Skandal« zu verursachen. Im Jahre 2003 wurde ich von dem Präsidenten des italienischen Senats, Professor Pera, eingeladen, im Palazzo Giustiniani einen Vortrag über »Die europäische Philosophie und die Zukunft Europas« zu halten. Er fand am 6. Mai 2003 statt. Da man die europäische Philosophie in der Regel mit dem antiken Griechenland beginnen lässt und dort eine Art Geschichtsphilosophie nicht zu finden ist, machte ich den Anfang mit der Geschichtstheologie des alten Israel und beendete den Vortrag mit einem Hinblick auf das moderne Israel. Dabei sah ich dessen und indirekt Europas Zukunft in der Entscheidung für eine von zwei Alternativen: dem gewaltsamen, nach Umfragen von einer beträchtlichen Minderheit der Bevölkerung unterstützten »Transfer« der Palästinenser der seit 1967 besetzten Gebiete der »Westbank« oder der friedlichen Einigung zwischen den beiden Völkern – einer Lösung, die ich für die weitaus wünschenswertere erklärte. Schon zu Beginn der Diskussion rief einer der Abgeordneten mit lauter Stimme »Skandal« und erklärte diese meine Äußerung für »antisemitisch«, die faktische Richtigkeit zog er allerdings nicht in Zweifel. Giulio Andreotti und die meisten der anwesenden Senatoren nahmen offenbar keinen Anstoß, aber am folgenden Tage war die Presse voll von Berichten über den »scandalo in Senato«. Wenige Wochen später resultierte daraus eine der schwierigsten Situationen, denen ich mich in meinem Leben gegenübergesehen habe. Ich wurde von der privaten, aber nicht zum Berlusconi-Imperium gehörenden Fernsehstation »L'Indipendente« eingeladen, mich unter der Moderation von Gad Lerner einer Diskussion über die Thematik zu stellen. Als ich in dem Studio eintraf, musste ich in der Mitte zwischen etwa zehn Experten und einem Publikum von 60 bis 70 Leuten Platz nehmen. Die große Schwierigkeit bestand für mich darin, dass immer nur auf Italienisch zu sprechen war, das ich nur sehr unvollkommen beherrsche. Diese Diskussion dauerte vier Stunden, und ich war am Schluss so erschöpft, wie ich es selten gewesen bin. Aber die Debatte verlief trotz mancher Schärfen in zivilisierten Bahnen, nicht zuletzt durch das Verdienst des Moderators, und ich hatte keinen Grund, mich über meinen Status als Halb-Emigrant in Italien zu beklagen.

Das letzte meiner Hauptwerke erschien 1998 überraschenderweise in Deutschland und sogar beim Verlag meiner ersten Autorenzeit, bei Piper. Wenn es sich dabei nicht um ein philosophisches Buch handelte, so doch gewiss um ein Werk des »Geschichtsdenkens«, und ein anspruchsvollerer Titel war nicht leicht zu finden: *Historische Existenz. Zwischen Anfang und Ende der Geschichte?* In seinen Grundzügen ging alles, was ich je geschrieben hatte – ob über den Faschismus, den Bolschewismus, den Marxismus oder den Kalten Krieg – in das Buch ein, aber diese Gegenstände tauchten erst von etwa der Seite 500 an auf. Bis dahin geht es um anthropologische Grundfragen, um einige der wichtigsten frühen Hochkulturen und um die Weltreligionen, und all das wird in die analytischen Kapitel einbezogen, die in zwei »Schemata der historischen Existenz« auf wesentliche Grundzüge wie »Herrschaft, Schichtung, Staat«, »Das Aufbegehren und die Linke« oder »Geschichtsschreibung und Superioritätsbewusstsein« hin analysiert werden. Mein Ziel war, einen

Beitrag zur Beantwortung der Frage zu leisten, ob die Menschheit tatsächlich dabei ist, die ganze »bisherige Geschichte« hinter sich zu lassen und in ein »nachgeschichtliches« Zeitalter einzutreten und in welchem Ausmaß jene unzerstörbaren »edlen Impulse« eine Aussicht auf immerhin partielle Verwirklichung haben. So viel dürfte aber bereits jetzt sicher sein, dass schon die bloße Perspektive dazu zwingt, diese Geschichte, die ja aus Geschichten bestand, auf ungewohnte Weise zu interpretieren. Der Versuch, meine ich, rechtfertigt sich schon durch sich selbst.

Wer einmal unter den Einfluss eines großen Philosophen geraten ist, der wird, wenn er sich veranlasst oder gezwungen sah, sich einem »normalen« Fach wie der Geschichte oder der Politikwissenschaft zuzuwenden und dort die Pflichten eines Fachvertreters zu erfüllen, trotz aller Sorgsamkeit und aller fachgerechten Forschungen über einen gewissen Dilettantismus nicht hinauskommen, den er allenfalls zu einem »professionellen« machen kann.

Die Hauptfrage muss jedoch sein, wie er oder sie sich zu dem philosophischen Erbe stellt, von dem die fachliche Tätigkeit nicht unberührt bleiben kann, sofern es von sich aus Berührungspunkte mit diesem Fach aufweist. Zunächst ist daher die Frage nach diesem Erbe aufzuwerfen, und in einer zweiten Vorwegnahme nenne ich die beiden polaren Möglichkeiten: die schroffe Verneinung auf der einen Seite und den Versuch, dasjenige im fachlichen Rahmen aufzugreifen und fortzuentwickeln, was in der Philosophie des Lehrers bloße Andeutung geblieben sein mag, auf der anderen. Die erste Möglichkeit will ich in großer Kürze am Beispiel von Herbert Marcuse exemplifizieren und die zweite, etwas ausführlicher, an demjenigen von Hannah Arendt.

Ich habe Martin Heidegger, wie ich schon erwähnte, im Jahre 1944 kennengelernt, und ich habe ihn gründlich missverstanden. Ich behaupte nicht, dass ich seine »Spätphilosophie« danach allmählich richtig verstanden habe; der konkrete Einfluss ging vielmehr von *Sein und Zeit* und insbesondere von den kleinen Schriften der späten zwanziger Jahre wie *Vom Wesen des Grundes* aus. Hier steht der Begriff der »Transzendenz« im Mittelpunkt und ich begnüge mich damit, zwei Sätze zu zitieren: »Nur wenn diese Urgeschichte, die Transzendenz, geschieht ... besteht die Möglichkeit, dass Seiendes sich offenbart ... Und so ist der Mensch, als existierende Transzendenz überschwingend in Möglichkeiten, ein Wesen der Ferne. Nur durch ursprüngliche Fernen, die er sich in seiner Transzendenz zu allem Seienden bildet, kommt in ihm die wahre Nähe zu allen Dingen ins Steigen ... «[7] Eben diesen Ansatz habe ich mit den Begriffen der »theoretischen« und der »praktischen« Transzendenz für ein Verständnis der konkreten Geschichte verwendbar zu machen versucht. Dem »Seinsverständnis« der Spätphilosophie habe ich mich nie gewachsen gefühlt, sosehr ich die vielen großartigen Formulierungen bewunderte, die man als Stücke aus einer weltlichen Predigt bezeichnen könnte, etwa den Satz aus dem *Brief über den »Humanismus«*: »Überall kreist der Mensch, ausgestoßen aus der Wahrheit des Seins, um sich selbst als das animal rationale.«[8] Aber weder in *Sein und Zeit* noch in den kleineren Schriften spielen konkrete geschichtliche Vorgänge eine Rolle, und wenn gelegentlich Napoleon erwähnt wird, so ist das ganz marginal. Nur für die Beziehung zum deutschen Nationalsozialismus und für das Engagement von 1933 scheint das nicht zu gelten und auch deshalb ist darin keine bloße Episode zu sehen. Ich erkannte jedoch bald, dass eine andere historische Beziehung für Heidegger älter und dann viel dauerhafter war, nämlich die Beziehung zum Kommunismus.

1928 berichtete Heidegger in einem Brief an seine Freundin Elisabeth Blochmann (die ich später als hochgeschätzte Kollegin in Marburg kennenlernte) von seiner Vortragsreise nach Riga und in das Baltikum: die Schicksale der Balten seien erschütternd, die Stadt habe die Jahre des Krieges und der Bolschewistenherrschaft noch nicht überwunden. Der glaubwürdige Bericht eines seiner ältesten Schüler gibt Äußerungen wieder, die Heidegger am Sil-

7 Martin Heidegger: Vom Wesen des Grundes, in: *Festschrift. Edmund Husserl zum 70. Geburtstag gewidmet*, Halle an der Saale 1929, S. 71–110, hier S. 98 und 110.

8 Martin Heidegger: *Platons Lehre von der Wahrheit. Mit einem Brief über den »Humanismus«*, Bern 1947, S. 89.

vesterabend des Jahres 1931 auf seiner Hütte getan habe: die Situation in Deutschland sei so schwierig und die Bedrohung durch den Kommunismus so stark, dass nur eine »Diktatur, die vor Boxheimer Mitteln« nicht zurückschrecke[9], Hilfe zu bringen vermöge; am 30. März schreibt er, mehrere Wochen vor seinem Eintritt in die Partei, die Auseinandersetzung mit dem Marxismus und dem Zentrum müsse in ihrem eigentlichen Sinn versacken, wenn sie nicht heranreife »zu einer Auseinandersetzung mit dem Widergeist der kommunistischen Welt und nicht minder mit dem absterbenden Geist des Christentums«.[10]

Auf Äußerungen wie diese und natürlich auf die bekannten Vorgänge von Heideggers Engagement im Jahre 1933 zielt die scharfe Kritik, die 1945 sein früherer Schüler Herbert Marcuse an ihm übt: Er habe sich für ein Regime engagiert, das Millionen von Juden umgebracht habe, und er habe keine einzige der Taten und Ideologien des Regimes öffentlich angeklagt. Zum mindesten müsse er aber jetzt den Wandel seiner Gesinnung öffentlich demonstrieren und eine umfassende Selbstkritik üben. Heidegger antwortet darauf, er habe vom Nationalsozialismus »eine geistige Erneuerung des ganzen Lebens, eine Aussöhnung sozialer Gegensätze und eine Rettung des abendländischen Daseins vor den Gefahren des Kommunismus« erwartet. Zwar spricht er von seinem »Irrtum«, aber er legt kein umfassendes Schuldgeständnis ab, und auf eine heute sehr befremdliche Weise setzt er Marcuses »Juden« die »Ostdeutschen« entgegen.[11]

Es wäre also richtig, zu dem »politischen« Heidegger zu sagen, er sei nicht in erster Linie ein »Nationalsozialist« gewesen,

9 Rüdiger Safranski: *Ein Meister aus Deutschland. Heidegger und sein Zeit,* München/Wien 1994, S. 267 f. Der Ausdruck »Boxheimer Mittel« nimmt auf ein Schriftstück Bezug, in dem der damalige junge Jurist und spätere hohe SS-Führer Werner Best ein Bild von den sehr scharfen Mitteln entworfen hatte, mittels derer die kommunistische Partei – nach dem Scheitern eines von ihr in Gang gesetzten Aufstandes – niederzuwerfen sei.

10 Martin Heidegger/Elisabeth Blochmann: *Briefwechsel 1918–1969.* Hrsg. von Joachim W. Storck, Marbach 1989, S. 60. Das vorhergehende Zitat aus diesem Briefwechsel: ebd., S. 27.

11 Zitiert nach Herbert Marcuse: »Correspondence with Martin Heidegger 1947/48« (deutsch und englisch) unter http://www.marcuse.org/herbert/pubs/40spubs/47Marcuse Heidegger.htm.

sondern ein Antikommunist. Und in der Tat kommt er auch in seiner Spätphilosophie auf den Kommunismus zu sprechen, wobei er sogar Lenin erwähnt: »Die Ermächtigung der Macht in das Unbedingte der Machenschaft und aus dieser ist das Wesen des Kommunismus«, und von ihm wird durchaus Konkretes gesagt, etwa dass im Verfügungsbereich des Proletariats jetzt alle Wünschbarkeiten des beseitigten Bürgertums lägen wie Klassenbewusstsein, Parteiherrschaft und Regelung des Lebensstandards, Förderung des ›Fortschritts‹ und die Schaffung der ›Kultur‹. Aber andererseits wird der Begriff in einer so allgemeinen Bedeutung verstanden, dass gesagt werden kann, der Kommunismus müsse unaufhaltsam »zur Seinsverfassung des in seiner Vollendung anhebenden Weltalters der Neuzeit werden ... «.[12] Dem »Kommunismus« wird also, wenngleich mit ganz negativem Akzent, die größte Bedeutung unter allen politischen Phänomenen der Gegenwart zugeschrieben, und zwar so sehr, dass er tendenziell mit der Neuzeit selbst identifiziert wird. Dennoch redet Heidegger einer Kapitulation vor der Übermacht nicht das Wort, aber ob sich ein politischer Kampf daraus entwickeln kann, wird nicht klar.

Dagegen kann im Rückblick deutlich werden, was Heideggers nationalsozialistisches Engagement von 1933 bedeuten konnte und was es nicht bedeutete. Wenn man sich von der herrschenden und identifizierenden Interpretation fernhält – ein Nationalsozialist ist und bleibt ein Nationalsozialist, der in den Hochrufen auf Deutschland und den Führer von 1933 schon das »Auschwitz« von 1942/44 bejahte –, dann wird man der Interpretation zustimmen müssen, die ich an anderer Stelle ausführlich begründet habe[13]: Im sogenannten Nationalsozialismus flossen drei ähnliche, aber trotzdem verschiedenartige Tendenzen zusammen –

12 Martin Heidegger: *Die Geschichte des Seyns.* Hrsg. von Peter Trawny, Gesamtausgabe Bd. 69, Frankfurt 1998, S. 191 ff.

13 Ernst Nolte: »Philosophisches im politischen Irrtum? Heideggers Rektorat im Umfeld der Zeitgeschichte«, in: *Martin Heidegger – Faszination und Erschrecken. Die politische Dimension einer Philosophie,* hrsg. von Peter Kemper, Frankfurt/New York 1990, S. 30–50.

der nationale Sozialismus des Postulats der Volksgemeinschaft, der Sozialnationalismus der Ausdehnung der Gleichheitsforderung auf die »proletarischen« Nationen und die Bejahung von deren Kampf gegen die »bürgerlichen Nationen« wie der Radikalfaschismus der Umkehrung der marxistischen Vernichtungsforderung von »den Bourgeois« auf »die Juden«, um den Kampf gegen den Marxismus auf gleichartige und ebenso radikale Weise führen zu können, d.h. der Radikalfaschismus Hitlers und des Kreises seiner unbedingten Anhänger. Heidegger ist der national-sozialistischen Richtung zuzuzählen, und im Hinblick auf »Auschwitz« brauchte er in der Tat kein »Schuldbekenntnis« abzulegen, es sei denn im Sinne eines allgemeinen Schuldspruchs über die Masse der Deutschen und letztlich der Menschheit. Und nicht einmal seine anscheinend so naive und unbedachte Zusammenstellung von »Juden« und »Ostdeutschen« ist so grundlos oder apologetisch, wie sie der gegenwärtigen deutschen Öffentlichkeit zu sein scheint, denn in der Sowjetunion der Zeit der »Kollektivierung« wurden auch Deutsche als Deutsche zum Angriffsziel gemacht, und dasselbe wiederholte sich gegenüber (meist kommunistischen) Deutschen in den Jahren des »großen Terrors« von 1936 bis 1938. Heidegger sah die Grundwirklichkeit der Gegenwart, wie sie sich seit 1917 gestaltete, ganz richtig, auch wenn er die Zukunft schwerlich auf zutreffende Weise charakterisierte; schuldhaft wäre sein Denken und Verhalten nur dann zu nennen, wenn eine glaubwürdige Aussicht bestanden hätte, dass das Liberale System der (westlichen) repräsentativen Demokratie überall unter Einschluss Russlands gute Entwicklungschancen gehabt hätte.

Hannah Arendt hat nicht bei Heidegger promoviert, und trotzdem war sie in einem hervorstechenden Sinn seine Schülerin. Wenn die Habilitation, die durch Karl Jaspers eingeleitet wurde, nicht infolge der politischen Verhältnisse gescheitert wäre, würde sie vermutlich ein Leben als Professorin der Philosophie in Deutschland geführt haben. Ihr politisches Engagement für den Zionismus war auf ihre frühe Emigration zurückzuführen, und nach 1945 kostete es sie viel Mühe, an amerikanischen Universitäten, wo in der Philosophie Pragmatismus und Linguistik vorherrschten, immerhin eine Wirkungsstätte in der Politischen Wissenschaft zu finden, obwohl sie 1951 bereits ein Buch veröffentlicht hatte, dem ein Welterfolg zuteil wurde, nämlich die *Origins of Totalitarianism,* das vier Jahre später unter dem Titel *Elemente und Ursprünge totaler Herrschaft* auch in Deutschland publiziert wurde.

Dadurch war sie zu einer Mitbegründerin der »strukturellen« Totalitarismustheorie geworden, welche die Regime des Sowjetkommunismus und des deutschen Nationalsozialismus zwar nicht identifiziert, aber unter dem Hauptgesichtspunkt doch weitgehend gleichsetzt. Eben diese Gleichsetzung ist nicht häufig so vorbehaltlos vollzogen worden wie in den *Origins of Totalitarianism:* »Es ist offenbar, dass die bolschewistische Propaganda [gegen die »absterbenden Klassen«] den Mord ebenso vorbereitet wie die Nazipropaganda ... Die Bolschewisten lassen angeblich nur die Millionen in Arbeitslagern verrecken, die vorher bereits ›abgestorben‹ waren, während die Nazis nur diejenigen in die Gaskammern schickten, die es nach den ewigen Gesetzen der Natur gar nicht hätte geben dürfen.«[14] Allerdings hat die Kritik schon bald darauf hingewiesen, dass Hannah Arendts frühes Hauptwerk in den ersten beiden seiner drei Teile, denjenigen über »Antisemitismus« und »Imperialismus«, nur auf das nationalsozialistische Regime vorausweise, während die im Bolschewismus so klar erkennbare marxistische und leninistische Wurzel ausgespart sei. Obwohl Hannah Arendt später des öfteren den Wunsch zum Ausdruck brachte, den Marxismus als eine der Vorbedingungen des Totalitarismus eigens zum Thema zu machen, blieb diese Lücke bestehen, und es kann kein Zweifel sein, dass ihre weitere Tätigkeit bis zum Ende ihres Lebens im Zeichen eines prononcierten »Antifaschismus« verblieb, dem auch ihr zweiter Mann, der ehemalige Spartakist Heinrich Blücher, trotz bemerkenswerter Fortentwicklungen zugehörig blieb.

14 In der deutschen Ausgabe *Elemente und Ursprünge totaler Herrschaft,* Frankfurt a.M. 1955, S. 550. Vgl. oben S. 193.

Aber ihr zweites Hauptwerk, auf Deutsch 1960 unter dem Titel *Vita activa* erschienen, war zum guten Teil eine philosophische Auseinandersetzung hohen Ranges mit Marx, dessen Zentralbegriff der »Arbeit« hier kritisiert und in eine Dreiteilung zergliedert wurde: in Arbeit, Herstellen und Handeln.

Ihr drittes Hauptwerk *Über die Revolution* – 1963 in New York und zwei Jahre später in München erschienen – bedeutete eine Parteiergreifung auf höchstem Niveau für die Amerikanische und gegen die Französische Revolution, die letzten Endes auf Arendts Distanz zu den »sozialen« Zielen der Jakobiner und auf ihrer Hochschätzung des freiheitlichen Handelns mündiger Individuen beruhte, als dessen ideale Stätte sie sowohl die griechische Polis als auch die amerikanischen Kommunen sah.

Die Schrift *Eichmann in Jerusalem* kann man wohl nicht als Hauptwerk bezeichnen, sondern es handelte sich um einen journalistischen Bericht über den Prozess gegen Adolf Eichmann in Jerusalem, durch den nach der Meinung Arendts die Spitze des Staates Israel, vornehmlich Ben Gurion, den nationalsozialistischen Versuch einer »Endlösung der Judenfrage«, den »Holocaust«, in den Mittelpunkt des Weltinteresses stellen wollte. Der Bericht Hannah Arendts wich indessen von diesem Staatsinteresse so weit ab, dass er zu einer außerordentlichen Kampagne Anlass gab, die in ihren radikalen Versionen nicht vor der Frage zurückschreckte, ob Hannah Arendt eine »Nazi« sei. Jedenfalls stellte Arendt durch diese Schrift unter Beweis, dass kein echter Wissenschaftler sich jemals ohne Vorbehalte und Distanzierungen mit einem »Staatsinteresse« identifizieren darf.

Und gerade zum deutsch-jüdischen Verhältnis artikulierte Hannah Arendt einige Auffassungen, die erkennen ließen, dass die wasserklaren Richtigkeiten der sich besonders in Deutschland herausbildenden »politischen Korrektheit« längst nicht so evident waren, wie die nur allzu sehr von der politischen Opportunität begünstigten Urheber meinten.

Mit tiefer Betretenheit berichtet Hannah Arendt nach ihrem Aufenthalt in Jerusalem von einem Gespräch, das sie mit der Außenministerin Golda Meir geführt habe, und in dem diese gesagt habe, sie glaube nicht an Gott, aber sie glaube an das jüdische Volk, ja auf eine ihrer Fragen habe sie sogar geantwortet, bei dem Verbot von Mischehen handle es sich im gegebenen Zustand der Säkularisierung um eine »Rassenfrage«.[15]

Doch schon in den *Elementen* hatte Hannah Arendt geschrieben, der in der Religion begründete Auserwähltheitsanspruch der Juden sei im Rahmen der Säkularisierung nicht verschwunden, aber er sei zu einem leeren Wahn geworden und weise unübersehbare Ähnlichkeiten mit den »Rassevorstellungen« von Nichtjuden auf.[16] Hannah Arendt zögert nicht, von »jüdischen Faschisten« zu sprechen und damit eine so bedeutende Gruppe wie die »Revisionisten« Jabotinskys zu meinen, ja sie publizierte aus Anlass des ersten Besuches von Menachem Begin in den USA zusammen mit Albert Einstein und anderen eine öffentliche Warnung in der *New York Times,* in der dessen Partei, die Cheruth, als »neueste Ausdrucksform des Faschismus« angeklagt wurde, deren Ziel ein »Führerstaat« sei und die eine Propaganda der rassischen Überlegenheit verbreite.[17] Im Fernsehgespräch mit Günter Gaus bezeichnet sie es indessen als eins ihrer persönlichen Hauptmerkmale, dass sie »jüdisch aussehe«, und an anderer Stelle bezeichnet sie die »jahrtausendealte und leider religiös so tief verankerte Zweiteilung der Welt in Juden und Nichtjuden« für nicht mehr zulässig.[18] Unterlag also Adolf Hitler möglicherweise *nicht* einer »Wahnidee«, als er die Welt in Arier und Juden teilte, und hatte er gar etwas Richtiges im Blick, als er die jüdische Existenz in engsten Zusammenhang mit einem körperlichen Typus, einer »Rasse«, brachte?

Nun ist die Frage unumgänglich geworden, ob etwa die Absicht dieser Reflexionen tatsächlich darin zu sehen sei, eine Apo-

15 Elisabeth Young-Bruehl: *Hannah Arendt. Leben, Werk und Zeit,* Frankfurt a. M. 1986, S. 457; Hannah Arendt/Heinrich Blücher: Briefe 1936–1968. Hrsg. von Lotte Köhler, München 1996, S. 531.

16 *Elemente und Ursprünge,* S. 127, 393.

17 *Israel, Palästina und der Antisemitismus.* Aufsätze, Berlin 1991, S. 119.

18 Fernsehgespräch mit Günter Gaus am 28. Oktober 1964, in: *Ich will verstehen. Selbstauskünfte zu Leben … und Werk,* München/Zürich 1996, S. 46–72, hier S. 53.

logie Hitlers vorzunehmen, Hannah Arendt in eine fremdartige Nachbarschaft zu rücken und Heidegger ohne Einschränkungen zu exkulpieren. Das könnte indessen nur dann richtig sein, wenn es als Wiederaufgreifen vergangener Vorurteile und Hassempfindungen anzusehen wäre und sich nicht auf Argumente stützen könnte. Ich will mit einer These schließen, die Befremden und sogar Empörung hervorrufen mag, die aber beanspruchen darf, zunächst einmal als Ergebnis eines jahrzehntelangen Nachdenkens angesehen zu werden:

Die jüdische und nichtjüdische Interpretation des »Holocaust« als des »absoluten Bösen« beruht auf dem Vergessen oder der Verdrängung einer Tatsache, die bald nach 1917 fast allgemein akzeptiert und in keiner Weise nur von »Faschisten« herausgestellt wurde, nämlich auf der Interpretation der Russischen Revolution als einer Auswirkung »des jüdischen Bolschewismus«. Nur von den angehenden Faschisten wurde dieser für die Verkörperung des absoluten Bösen oder »des Teufels« erklärt. Wer aus der tatsächlichen (sozialen) Vernichtung des Adels, des Bürgertums und der Kulaken in Russland das Postulat der (biologischen, ja überbiologischen) Vernichtung des Judentums ableitete, machte sich einer »metábasis eis allo genos« schuldig, aber er blieb im Raum der Verstehbarkeit. Heute muss es darum gehen, auch Hitler aus der metaphysischen Unterwelt, in die ihn seine Feinde in Übersteigerung des großen Rechts versetzt haben, wieder auf die Erde und in das Irdische zurückzuholen, wo es nicht »das Böse« gibt, wohl aber mehrere Stufen von unterschiedlich bösen Handlungen.

Die Perspektive, die in meinen Augen leitend sein muss, ist eine andere als die der wechselseitigen und heute ganz einseitigen Schuldvorwürfe. Ich stelle vielmehr den folgenden Gedanken zur Diskussion: Wenn die Aussagen so vieler Autoren der jüdischen Literatur, dass »die Juden« (oder besser: der entscheidende Hauptteil der Juden) in ihrer Geschichte von mehr als 2000 Jahren immer »für etwas standen«, nämlich für das Ideal der »sozialen Gerechtigkeit«, dann brauchen sie sich für das Engagement des Jahres 1917 im Prinzip nicht zu rechtfertigen, denn was ist der marxistische Sozialismus anderes als die entschiedenste Konzeption der praktischen Verwirklichung von »sozialer Gerechtigkeit« in der ganzen Welt! Es ist eine beklagenswerte Herabsetzung eines welthistorischen Volkes, wenn man annimmt, dessen Angehörige seien passiv und unbewegt geblieben, als sich der bis dahin außergewöhnlichste Versuch der Verwirklichung der »sozialen Gerechtigkeit« vollzog. Erst in einem zweiten Akt kann die Frage nach Schuld oder Unschuld von Einzelnen und von einzelnen Gruppen im Hinblick auf konkrete Taten oder Unterlassungen aufgeworfen werden. Allerdings warten, sozusagen im mittleren Bereich, auch zwei tiefergreifende Fragen auf eine Antwort: ob das Verhältnis von »Gerechtigkeit« und »Gleichheit« richtig bestimmt war und ob in dem »Gewaltsozialismus« der Bolschewiki das künftige Unheil schon zu erkennen war. Und weil das ursprüngliche Recht der früheren und tieferverwurzelten Bewegung nicht zu bestreiten und dennoch ambivalent war, konnte die Gegenbewegung und konnte Adolf Hitler nicht vollkommen im Unrecht sein. Seine Verteidigung des Kriegerstaates, der für ihn der einzig mögliche »Kulturstaat« war, blieb weit weniger zukunftsvoll als die Forderung der »sozialen Gerechtigkeit« der Kommunisten, aber sie verdient gleichwohl die »Sympathie«, wie sie die Niederlage einer historisch bedeutenden Realität verdient, und wie sie auch der Islamismus verdient, der einen so gut wie aussichtslosen Kampf gegen die »westliche Moderne« führt. Und es ist keineswegs ausgeschlossen, dass der Kampf für eine gegliederte und in gewissen Grenzen auch vergangenheitsbezogene, sich von anderen Gesellschaften unterscheidende Gesellschaft letzten Endes nicht weniger an historischem Recht besitzt als das Streben nach einer egalitären Weltgesellschaft.

Vielleicht gibt es nichts Wichtigeres und Zukunftsvolleres als das Verlangen nach unterschiedlichen Synthesen zwischen Universalismus und Partikularismus, die in ihren Keimformen schon in der »Transzendenz« enthalten sind. Aber wir bequem lebenden Nachgeborenen sollten uns davor hüten, die großen Kämpfe der Vergangenheit und teilweise noch der Gegenwart hochmütig herabzusetzen, statt der Forderung des »Verstehens« nachzukommen.

Die auf vielfältige Weise abstoßenden Realitäten des Islamismus machen die Forderung ebenso schwer, wie es einst die Realitäten des Sowjetkommunismus und des Nationalsozialismus taten, aber sie lassen sie nach meiner Überzeugung nicht unmöglich sein.

Mein Leben: das waren und sind seit 1960 meine Werke und all dasjenige, was diese Werke gefördert oder behindert hat. Das Unentbehrlichste war und ist meine Frau, aber die Geschichte unserer nunmehr über fünfzigjährigen Ehe kann für die Öffentlichkeit ebenso wenig interessant sein, wie es die Geschicke meiner Kinder und erst recht meine Reisen, Bekanntschaften oder etwaigen persönlichen Präferenzen und Ressentiments sind. Ich habe in diesem Jahr mein 88. Lebensjahr vollendet, und es ist mir sehr zweifelhaft, ob noch einige arbeitsreiche und fruchtbare Jahre folgen können. Ich bin mir bewusst, dass ich ohne die außergewöhnlichen Umstände der Spätzeit der Weimarer Republik, in denen jene ungewöhnlich frühe Sensibilität für geschichtlich-politische Ereignisse sich entfalten konnte, und ohne die Begegnung mit Martin Heidegger nur ein bestenfalls durchschnittliches Leben hätte führen können. Insofern bin ich sehr zufrieden, dass ich aus einem bescheidenen Fundus von Anlagen und Begabung doch das Beste habe machen können, was möglich war. Wenn ich einen Wunsch habe, so ist es der, dass sich irgendwann einige junge Historiker und Philosophen ebenso gründlich mit meinem Gesamtwerk befassen mögen, wie es als Vorreiter Volker Kronenberg und Siegfried Gerlich getan haben, denn wenn es für den Menschen zu allen historischen und vermutlich auch »nachhistorischen« Zeiten unumgänglich ist, über sich selbst und seine jeweilige Situation nachzudenken, so werden für eine lange Zukunft Deutungen der Geschichte notwendig sein, in denen Phänomene wie Marxismus, Faschismus und Kalte Kriege in ihren Zusammenhängen und Ursprüngen einen adäquaten Platz erhalten. Davon gibt es über essayistische Versuche hinaus in Gestalt von wissenschaftlich orientierten Lebenswerken nach meiner Kenntnis jedenfalls nicht viele. Interpretationen zweiter Ordnung dürften also noch für lange Zeit zu erwarten und jedenfalls geboten sein.

ANHANG

NACHWEIS DER ERSTVERÖFFENTLICHUNGEN

I. »Europa« als Problem

1. Die »westliche Zivilisation«. Vortrag in Turin 4. Dezember 2003, publiziert in: *CIDAS,* Turin 2003 sowie in: *Nuova Rivista storica* IX,1 (2005)
2. L'errore di Fukuyama, in: *Fondazione liberal* 4 (2001), S. 86–90
3. Die verschiedenen Gesichter Europas. Vortrag in Moskau am 23. September 2006 bei einer italienisch-russischen Tagung, publiziert unter dem Titel *I diversi volti dell'Europa,* Neapel 2007 (Istituto Italiano per gli Studi filosofici)
4. Das Rätsel der »europäischen Identität«, in: »Il futuro di Dio. Le religioni nell'era della globalizzazione«. Supplement zu Nr. 9 von *liberal,* Rom 2000, S. 53–67
5. Die Grenzen der »Europäischen Union«. Geschrieben nach einer Einladung zu einer Tagung in Brüssel, die nicht stattfand. *(Erstveröffentlichung)*
6. Die europäische Philosophie und die Zukunft Europas. Vortrag in Rom auf Einladung des Präsidenten des italienischen Senats am 6. Mai 2003 im Palazzo Giustiniani, publiziert in: Senato della Repubblica *La filosofia dell'Europa.* Rubbettino 2004, S. 47–81 (mit der Diskussion); deutsch in: *Sezession* 2 (Juli 2003), S. 20–28
7. Das Europa Karol Wojtyłas, in: *Fondazione liberal* 7 (2001), S. 94–98
8. Schuldbewusstsein und Schamgefühl – Gebote für Europa?, in: *Fondazione liberal* 17 (2003), S. 32–37 unter dem Titel »L'Europa è la madre di tutte le libertà«
9. Die deutsche Linke nach der Wiedervereinigung, in: *Fondazione liberal* 40 (2007), S. 64–71 unter dem Titel »Il Tramonto«

II. Zu einigen Fragen des Geschichtsdenkens

1. Homo sapiens – Homo faber – Transzendenz. Vortrag in Rom am 4. Februar 2002 *(Erstveröffentlichung)*

2. »Konservative Revolutionen« in der Geschichte. Vortrag in Milano 20. März 1997, publiziert in: *Heidegger e la Rivoluzione Conservatrice, con la collaborazione di Alberto Krali,* Milano 1997, S. 53–73
3. Die Werte am Ende des Jahrhunderts. Vortrag in Rimini 19. Oktober 1998, publiziert in: *L'orizzonte di Hermes,* 2. volume Atti (Centro Internazionale Pio Manzù), Nr. 116, Dez. 1998, S. 149–153
4. Am Ende des 20. Jahrhunderts: Das Vermächtnis des Liberalismus. Vortrag bei der Tagung der Fondazione liberal über »Liberalism in the 21st Century« in Neapel vom 4. bis 7. Juni 1997, publiziert in: *Il Liberalismo nel* XXI *secolo,* Rom 1988, S. 183–194
5. Hannah Arendt ..., in: *Fondazione liberal* 38 (2006/07), S. 83–91 unter dem Titel »Il pensiero della Arendt fra ›integrazione‹ e ›sionismo‹«
6. Was bedeutet das Wort »Gott« für die Menschen des 21. Jahrhunderts?, in: *Fondazione liberal* 36 (2006), S. 58–65 unter dem (wie die Mehrzahl der italienischen Überschriften) nicht von mir stammenden Titel »Il Dio che serve all'Europa«

III. Islam und Islamismus

1. Der heutige Islam – im Angriff oder in der Verteidigung?, in: *Mondo Operaio* (Rom) Januar/Februar 2005, S. 58–63
2. Der Islamismus – auch ein Erbteil des Nationalsozialismus?, in: *L'eredità del nazionalsocialismo. Immigrazione di massa – Guerre balcaniche – Islamismo,* Rom 2000, S. 65–71
3. Die Herausforderung des Islamismus und die Zukunft der »westlichen Demokratie«, in: *Vita e Pensiero* (Milano) 4/2003, S. 42–49 unter dem Titel »La lunga marcia dell'Islam e il futuro dell'Occidente«
4. Ein neuer Jakobinismus ...?, in: Supplemento zu Nr. 15 von *liberal,* Dezember 2002 unter dem Titel »I nuovi giacobinismi, da Robespierre a Bin Laden«
5. New York – Afghanistan ..., in: *liberal* Nr. 9 (Dezember 2001), S. 72–75 unter dem Titel »Nasce l'era del terrorismo permanente?«

IV. Interviews

1. Mit Aldo Parmeggiani *(Radio Vaticana)*, 11. Januar 1998
2. Mit Antonio Gnoli *(La Repubblica)*, 20. Januar 2004
3. Mit Maria Valensise *(Il Foglio)*, 20. September 2002

Anhang

Umriss einer intellektuellen Autobiographie, in Ernst Nolte: *Fascisme & Totalitarisme.* Edition établie et présentée par Stéphane Courtois, Paris 2008 *(Hier zuerst in erweiterter Fassung veröffentlicht)*

PERSONENREGISTER

Das Personenregister führt nur die wichtigsten Erwähnungen auf. Persönlichkeiten, denen ganze Kapitel gewidmet sind, wie Francis Fukuyama und Hannah Arendt, sind nicht aufgenommen; das gleiche gilt für historische Figuren, die lediglich erwähnt werden oder an allbekannten Ereignissen beteiligt waren. Der Autor und seine Familie sind ebenfalls nicht aufgenommen. Auch alle Namen, die in der »Intellektuellen Autobiografie« vorkommen, fehlen in diesem Verzeichnis, da sie nur in dem dort vorliegenden Zusammenhang von Bedeutung sind.

SACHREGISTER

Auch dieses Register ist selektiv angelegt. Es soll zeigen, dass die großen Themen der historiografischen Werke Ernst Noltes wie Liberales System, Judentum, Bolschewismus, und Nationalsozialismus auch dann anwesend sind, wenn die (meist auf Anregung oder Anforderung von außen entstandenen) Überschriften der jeweiligen Aufsätze, Artikel und Interviews nicht direkt darauf Bezug nehmen. Ein subjektives Element ist daher unvermeidlich. Anders als im Personenregister sind auch einige Stichworte aus der »Intellektuellen Autobiografie« aufgenommen, wie z. B. »Historikerstreit«.

KURZBIOGRAPHIE DES AUTORS

Ernst Nolte wurde 1923 in Witten (Ruhr) geboren und starb 2016 in Berlin. Wegen eines Körperfehlers an der linken Hand nicht zum Militärdienst einberufen, studiert Nolte u. a. Philosophie bei Martin Heidegger. Nach dem Notexamen 1945 wird er Studienassessor in Neuss. 1953 promoviert er bei Eugen Fink über *Selbstentfremdung und Dialektik im Deutschen Idealismus und bei Marx*. Nach zehnjähriger Lehrtätigkeit am Nicolaus-Cusanus-Gymnasium in Bad Godesberg erscheint 1963 Noltes erstes Buch *Der Faschismus in seiner Epoche* – national und international ein großer Erfolg. Das Buch wird 1964 von der Universität zu Köln als Habilitationsschrift angenommen und 1965 wird Nolte Professor für Neuere Geschichte in Marburg. Von 1973 bis 1991 lehrt er an der Freien Universität Berlin. 1983 erscheint *Marxismus und Industrielle Revolution*. 1986 bricht infolge eines in der *Frankfurter Allgemeinen Zeitung* publizierten Artikels mit dem Titel »Vergangenheit, die nicht vergehen will. Eine Rede, die geschrieben, aber nicht gehalten werden konnte« der sogenannte Historikerstreit über den »kausalen Nexus« zwischen dem russischen Bolschewismus und dem Hitlerschen Nationalsozialismus aus. Von Jürgen Habermas geführt, erringen die Kritiker – unter dem Gesichtspunkt der Quantität – einen unbestreitbaren Erfolg. Nolte wird mehr und mehr boykottiert, wenngleich er noch bis 1994 in der *FAZ* publizieren und bis heute Bücher veröffentlichen kann. Ende der achtziger Jahre verlagert sich Noltes Publikations- und Vortragstätigkeit nach Frankreich und Italien. 1998 erscheint bei Piper das Hauptwerk seines Geschichtsdenkens, *Historische Existenz. Zwischen Anfang und Ende der Geschichte?* 2009 erschien von Ernst Nolte im Landt Verlag *Die dritte radikale Widerstandsbewegung: der Islamismus.*

Zweite Auflage, Februar 2017

Der Landt Verlag ist ein Imprint der
Manuscriptum Verlagsbuchhandlung Thomas Hoof KG, 45731 Waltrop.

Satz: Achim Schmidt, Graphische Konzepte, Mettmann. Gesetzt aus Arno Pro
Druck und Bindung: CPI books, Ebner & Spiegel GmbH, Ulm

Der Verlag dankt den jeweiligen Rechteinhabern für die freundlich erteilte Genehmigung zum Abdruck. Rechteinhaber, die trotz intensiven Bemühens nicht ermittelt werden konnten, werden gebeten, sich an den Verlag zu wenden.

Printed in Germany
ISBN 978-3-938844-22-9

www.landtverlag.de